조선 왕릉

잠들지 못하는 역사

조선왕릉
잠들지 못하는 역사

2008년 7월 10일 초판 1쇄 발행
2010년 9월 10일 초판 4쇄 발행
2014년 2월 15일 개정판 1쇄 발행

글	이우상
사진	최진연
펴낸이	김진희
펴낸곳	SniFactory (에스앤아이팩토리)
디자인	김지연
등록	제2013-000163호 (2013년 6월 3일)
주소	서울시 강남구 삼성로 508 엘지트윈텔2차 1608호
	www.snifactory.com / dahal@dahal.co.kr
전화	02-517-9385 / 팩스 02-517-9386
이메일	dahal@dahal.co.kr
ISBN	979-11-950663-5-3

값 27,000원

조선 왕릉

잠들지 못하는 역사

이우상 글 · 최진연 사진

다할미디어

조선왕릉,
거기에 가면 무엇이 있을까

세월은 모든 것을 아름답게 장식하는 마력이 있다. 신들의 정원, 조선왕릉에 가면 곱게 단장된 잔디가 있다. 안내판을 읽고 느린 걸음으로 능역을 산책하면 조금씩 역사가 살아난다. 말없이 누워있는 무덤의 주인들이 역사를 속삭여준다. 잔디에 앉아 타임머신을 탄다. 긴장된 역사의 현장이 파노라마로 펼쳐진다.

왕릉은 으스스한 묘지가 아니다. 역사와 사색의 교과서요 참고서다. 왕릉은 매우 세련되게 꾸며진 숲이요 정원이다. 낙락장송이 즐비한 고급정원이다. 자연스럽게 삼림욕을 즐길 수 있다. 조상이 남긴 위대한 유산이다. 입장권만 끊으면 역사와 사색, 힐링을 공평하게 누릴 수 있는 정원이다.

최상의 법문은 죽음이다. 왕은 권력의 정점이다. 권력의 정점에 앉았던 이들의 죽음은 최상의 법문일까. 죽음 앞엔 누구나 숙연해진다. 하찮은 미물의 죽음 앞에서도 경건해진다. 500년 조선 왕조의 영욕을 온몸으로 받다가 이승을 하직한 왕들의 무덤을 찾아간다. 거기에 그들이 있다.

왕은 죽지 않는다. 아니 죽지 못한다. 육신은 소멸되었으나 행적은 불멸이다. 잊혀지길 원해도 잊혀질 수 없는 시퍼런 역사로 살아 있다. 피를 동반한 야심과 패기로 권좌에 올랐든, 얼김에 떠밀려서 왕이 되었든 불멸의 이름을 달고 높다란 봉분 이불 아래 누워 있다. 누워있는 그들을 깨워 권좌의 영광과 애환을 들어보자.

생존 당시에는 대궐문 앞에도 얼씬거리지 못했을 테지만 이젠 발치까지 성큼 다가가 무례한 자세로 술잔을 건네고 담판을 지을 수 있다. 그때 왜 그리 난폭하셨수? 얼마나 재밌었수? 우째 자식이 그리 많수? 창살 없는 감옥이라 얼마나 고독했수? 장 검 집고 곁에 선 무인석을 향해, 근무 똑바로 서시오! 제멋대로 떠들어도 처형당하지 않는다. 그래서 죽음은 최상의 법문이다. 최상의 법문은 자비다.

조선 왕조 518년, 27대 역대 왕과 왕비, 추존 왕과 왕비가 있다. 이들의 무덤을 능陵이라 한다. 조선 왕릉은 현재 42기가 있다. 원園은 왕의 사친, 왕세자와 그 비의 무덤이다. 13기가 있다. 묘墓는 대군·공주(왕의 적녀)·옹주(왕의 서녀)·후궁, 귀인 등 의 무덤이다. 64기가 있다. 신분에 따라 분류한 능·원·묘를 합쳐 조선 왕조 왕족 의 무덤은 모두 119기다. 분류상 서글픈 역사도 있다. 10대 연산군, 15대 광해군의 무덤은 능이 아니라 묘로 불린다. 회복될 수 없는 업보다.

능의 형식은 분묘 조성 형태에 따라 구분된다. 단릉은 왕과 왕비의 봉분을 별도로 조성한 단독 형태다. 건원릉(태조)·장릉(단종)·정릉(중종) 뿐이다. 쌍릉은 한 언덕에 왕과 왕비의 봉분을 나란하게 마련한 형태다. 삼연릉은 한 언덕에 왕·왕비 계비의 세 봉분을 나란하게 배치한 형태로 24대 헌종의 경릉(헌종·효현왕후·효정왕후의 무덤)이 유일하다. 동원이강릉은 하나의 정자각 뒤로 한 언덕의 다른 줄기에 별도의 봉분과 상설을 배치한 형태다. 성종 14년(1483) 정희왕후가 세조의 능 옆 언덕에 모셔 짐으로서 동원이강 형식을 이룬 광릉이 효시다. 동원상하봉릉은 왕과 왕비의 능이 같은 언덕의 위아래에 걸쳐 조성된 형태다. 합장릉은 왕과 왕비를 하나의 봉분에 합장한 형태로 조선 초 〈국조오례의〉에서 정한 조선 왕실의 기본 능제다. 삼봉삼실의 삼합장릉은 왕·왕비·계비를 함께 합장한 형태로 유릉(순종)이 유일하다.

단릉이든 합장이든 권력의 성쇠, 역학관계에 의해 결정된다. 태조 이성계는 신덕왕후 강씨를 지극히 사랑해 강비가 죽자 도성 안에 능을 만들었지만(정릉, 현재 영국 대사관 자리) 태조가 죽자 태종은 강비의 무덤을 양주 사한리(현 성북구 정릉동)로 이장해버렸다. 강비를 후궁으로 강등해 능을 묘로 격하시켰다. 죽으면 끝인 게 세속의 이치지만 권력과 연루되면 죽어도 끝이 아니다. 서울 중구 정동과 성북구 정릉동은 그런 사연에 의해 붙여진 지명이다.

영조는 조선 역대 왕 중 가장 오래 왕위에 있었다(52년). 영조는 생전에 현 서오릉 자리에 자신의 수묘(가묘)를 만들었지만 영조가 죽자 정조는 그것을 버리고 반대쪽 동구릉 쪽으로 가서 능을 조성했다. 그 자리는 100년 전 효종 왕릉이 있었던 자리다. 파묘한 자리에 할아버지 영조를 묻은 것이다. 아버지를 죽인 할아버지가 너무나도 미웠기 때문이다. 복수는 죽음으로 끝나지 않는다. 신하의 경우 부관참시(무덤을 파서 시체를 토막 내는 형벌)도 있다.

죽어서도 편히 눈 감지 못하는 자, 살아있는 자만큼 사람들 입에 오르내리는 자, 그들의 이름이 왕이다. 권좌에 앉았다는 이유로 그들은 언제나 동시대인과 함께 산다. 어디들 계신가. 21세기에 다시 무덤을 파헤치고 옮기는 일이야 있을까만 참으로 편치 않다. 지명수배가 필요 없다. 그들의 소재는 만천하에 공개되어 있다.

이 책은 사진작가 최진연 선생과 의기투합한 왕릉 순례의 결과물이다. 최 선생은 20여년 전부터 왕릉 사진을 찍었다. 지금은 푸대접 받고 있는 35밀리 슬라이드 필름으로 찍은 것만도 수천 장이다. 최 선생은 '한국의 산성', '한국의 옛다리' 등에 관심을 기울여 책을 낸 바 있다. 최 선생과 틈만 나면 왕릉 답사를 다녔다. 간단한 정보야 어디서든 쉽게 구할 수 있지만 역사의 냄새는 역시 현장에 가야한다.

　말 없는 무덤은 '길 없는 길, 문 없는 문'이다. 역사는 과거와 현재와의 대화다. 다행히 조선 왕릉은 온전히 보존되어 있다. 둥그런 봉분만 보면 그게 그거다. 그 속에 잠든 이들을 깨워내면 온갖 역사적 공연이 펼쳐진다. 즐거운 여행이다. 광포한 폭군마저 측은하게 여겨지는 너그러움도 생긴다. 왕손도 아닌 주제에 수시로 왕릉을 찾아가고 무례하게 능침 앞까지 다가가는 즐거움이 있다. 반면, 한반도 산야에 산재한 무수한 일반 무덤들은 하찮게 보이는 엉뚱한 오만이 생겼다. 태산에 오른 자는 천하가 작게 보이고, 바다를 본 자는 물이 물 같지 않다고.

　무릇 책이란 저자와 출판사의 공동 작품이다. 어눌한 저자의 시각을 교정하고 사리에 맞도록 이끄는 것은 출판사의 몫이다. 즐겁게 놀러 다닌 흔적을 다듬어서 세상에 선보인다. 우리 문화와 역사에 눈길을 기울이게 하는 보습의 역할이 되었으면 좋겠다. 그 역할을 하고자 선선히 출판에 나선 '다할미디어'에 고마움을 표한다.

　이 책은 2009년 2권으로 출간한 것을 일부 다듬고 개정하여 한 권으로 묶었다.

2014년 2월　이 우 상

차 례

권력 이동의 격변기,
왕·왕비의 장례

죽음은 살아남은 자의 몫이다. 죽은 자의 입은 닫혀 있지만 산 자의 입은 왕성하다. 민가에서 맞는 혈육의 죽음은 곡진한 슬픔마저 태부족이지만, 왕의 죽음은 삼엄한 권력 이동과 동의어다. 국상은 대선과 같다. 장지 선정, 장례 절차에서 입김이 통하면 출세요, 후왕의 의중을 잘못 파악하면 죽음마저 감수해야 한다. 조정 대신들에게 사활을 건 암투의 계절이 국장 기간이다. 수천 명 민초들에겐 무보수 자원봉사, 피땀 어린 부역의 계절이다.

현직 대통령이 죽으면 국가비상사태다. 계엄령이 선포된다. 10·26 때 그런 체험을 했다. 왕의 승하 직전에 계령戒令, 즉 계엄령이 선포된다. 왕의 죽음, 국장은 동시대 최고의 국책사업이다. 새로 뽑힌 대통령은 화려한 취임식과 장밋빛 정책 구상을 펼치지만, 새로 등극한 왕이 맡는 첫 국사는 국상이다.

계령이 발동되면 병조(국방부)는 군사를 동원하여 왕궁을 겹겹이 에워싼다. 승하했다는 소식이 들리면 왕세자, 대군 이하의 친자, 왕비와 내명부, 외명부의 공주 등은 모두 관과 웃옷을 벗고 머리를 풀며, 금·은·옥·비취·노리개 등을 제거한다. 겉으로는 지극한 슬픔 보이기 경연, 속으로는 손익 계산에 숨이 가쁘다.

예조에서 의정부에 보고하고 중앙과 지방에 공문을 보내 도성과 지방 관청으로 하여금 계령을 철저히 지키게 한다. 5일간 장이 열리지 못한다. 왕이 승하한 후 3개월이 지난 뒤 졸곡卒哭(죽은 지 석 달 후 지내는 제사)을 한다. 졸곡 전까지 혼인과 돼지·소 등의 도살이 금지된다. 국상이 나면 당분간 백성은 혼인도 못하고 고기 구경도 못한다.

국상이 나면 장례위원회가 설치된다. 빈전도감山陵都監이 그것이다. 빈전도감의 제조提調(지휘 감독관)가 3명이고 그 중 예조판서는 당연직이다. 빈전도감의 업무는 세 기관 중 비교적 간단하다. 소렴과 대렴에 입을 옷, 빈전殯殿(일반 백성은 빈소라 한다), 찬궁·宮(관을 설치하는 일), 성복成服(상복을 입는 일) 등을 맡는다. 국장도감은 호조판서와 예조판서가 제조를 맡고, 집기류·악기류·대여大輿(관을 싣는 큰 가마)·지석誌石·제기·책보 등을 만드는 일을 맡는다. 산릉도감이 가장 힘들고 조심스런 업무를 맡는다. 능을 조성하는 일을 총지휘하며, 공조판서(건교부장관)와 선공감繕工監의 정正이 제조로 임명되고, 당하관이 10명이다. 광중壙中(무덤)을 파고 정자각·현궁玄宮·비각·수복방·제실 등을 짓는다. 얼얼한 국책사업이 시작된다. 한성부 판윤(서울시장)은 장지까지 가는 다리와 길을 수리하고 설치한다. 3도감의 도제조(총책임자)는 좌의정이 맡는다. 3도감 총호사라 불리고 장례의 모든 일을 총괄 처리한다.

조선의 국장제도는 태조 이성계가 죽자 처음 국장을 맞은 제3대 태종이 중국 송나라의 제도를 도입해 확립했다. 고려의 국장은 1개월 이내였고 두 달을 넘긴 예가 드물다. 조선은 신생 왕국의 위엄을 보이려 왕과 왕비의 국장 기간은 5개월, 정4품 이상 사대부는 3개월, 그 아래 관직은 1개월로 장례 기간을 국법으로 정했다. 장례가 겹치면 상복 입고 1년 내내 보내기도 한다. 죽은 자는 빨리 흙으로 돌아가고 싶어도 갈 수 없다. 더운 날에 죽은 왕은 어떻게 모셨을까? 시신이 썩는 것은 어떻게 막았을까?

서울 용산구 동빙고동과 서빙고동은 얼음 저장고가 있었다 해서 붙여진 지명이다. 동빙고는 왕실 장례와 제사 전용, 서빙고는 왕실의 주방용과 여름철에 문무백관에게 하사하기 위해 얼음을 저장했던 곳으로, 모두 목빙고였다. 그래서 현재 남아있지 않다. 겨울 한강에서 얼음을 채취한다. 두께 12cm 이상, 큰 덩어리는 한 정, 즉 사방 6자(1.8m)의 얼음을 빙부氷夫들이 떴다. 물론 오염되지 않은 청정 지역을 택해서.

왕의 시신이 썩지 않도록 공조에서 빙반氷盤을 만든다. 길이 3m, 너비 1.6m, 깊이 90cm다. 냉동 보관소가 없던 조선시대 냉동 영안실이다. 빙반을 바닥에 놓은 다음 그 위에 대나무로 만든 평상을 설치한다. 평상 위에 시신을 올려놓는다. 그 위에 다시 빙반을 설치한다. 습기를 흡수하기 위해 마른 미역을 사방에 쌓아놓고 계속 갈아댄다. 이것을 '국장미역'이라 한다.

조선 왕조는 왕궁 중심 80리 안에 왕릉을 택지시켰다. 당시 10리는 5.2km, 80리×5.2km=41.6km, 마라톤 코스 거리와 비슷하다. 능제를 지낼 왕이 서둘러 출발하여 하루에 도착할 수 있는 거리다.

능역 공사는 대략 3~5개월 걸린다. 동원된 인원은 6,000~9,000명이다. 택지는 상지관相地官이 풍수지리설에 따라 하고, 왕이 친히 현장에 가서 지세를 살피기도 했다.

제22대 정조는 수원읍치 화산華山에다 왕릉을 택지하려 했다. 아버지인 사도세자(장조로 추존)의 능이다. 수원은 경복궁에서 88리 거리다. 대신들이 반대했다. 왕은 고집을 꺾지 않았다. "이제부터 수원까지 거리를 80리로 명하노라." 절대왕조 시대이니 왕명은 법이다. 지금도 수원 토박이들은 '수원 80리'를 고집한다. 매년 능제가 거행된다. 능제 땐 소를 잡아도 된다. 능제 음식으로 인해 왕릉갈비가 생겼으니, 오늘날 수원갈비다. 태릉갈비, 홍릉갈비 모두 마찬가지다.

왕릉은 천하의 명당이다. 내로라하는 풍수들이 모두 동원된다. 왕릉으로 택지되는 지역은 가문의 영광일까? 천만에! 가문의 불행이다. 무자비한 철거가 시작된다. 왕릉이 들어서면 주변에 산재한 무덤은 강제 이장이다. 주변 마을도 철거다. 철거 이주민 마을이 오늘날 수원이다.

수원 아래 용인이 있다. 그 아래쪽에 진천이 있다. 살아 진천, 죽어 용인이라고? 용인은 수원 80리를 벗어난 안전지대다. 양반 문중에서 마음 놓고 선산을 쓸 수 있는 곳이다. 용인 땅이 포화 상태에 이르면, 진천이 제2 후보지가 된다. 세도가들의 선산이 밀려오면 진천 사람들은 속수무책이다. 그래서 용인은 음택(무덤터)의 명당이고, 진천은 양택(집터)의 명당이라고 열심히 홍보했다.

신라 이후에는 여왕이 등극한 예는 없지만, 왕실 여인들의 역할이 만만치 않다. 왕권 창출, 권력 이동과 세습, 외척의 득세와 몰락은 여인들과 연루되어 있다. 문정왕후, 장희빈, 명성황후 등 여느 왕 못지않게 굵직한 이름으로 새겨진 이들이 많다. 여인들의 품계를 미리 알아두는 것이 좋다.

내명부內命婦는 대궐 안에 머물면서 작위를 받은 여인들을 일컫는다. 내명부의 우두머리는 중전이다. 후궁들은 1품에서 4품 벼슬을 받고 궁녀들은 5품에서 9품의 벼슬을 받는다.

외명부外命婦는 궁궐 바깥에 머물면서 작위를 받은, 여인들을 일컫는다. 공주·옹주·군주·현주를 비롯한 왕과 세자의 딸들, 국왕 친척의 부인, 관리의 부인들이 모두 해당된다.

외명부 특수층의 품계

품계	왕의 유모	왕비의 모	왕의 딸	세자의 딸
			공주(적녀)	
			옹주(서녀)	
정1품		부부인		
종1품	봉보부인			
정2품				군주(적녀)
정3품 당상관				현주(서녀)

내명부 후궁의 품계

품계	내명부	세자궁
정1품	빈	
종1품	귀인	
정2품	소의	
종2품	숙의	양제
정3품	소용	
종3품	숙용	양원
정4품	소원	
종4품	숙원	승휘
정5품	상궁, 상의	
종5품	상복, 상식	소훈
정6품	상침, 상공	
종6품	상정, 상기	수규, 수칙
정7품	전빈, 전의, 전선	
종7품	전설, 전제, 전언	장찬, 장정
정8품	전찬, 전식, 전약	
종8품	전등, 전채, 전정	장서, 장봉
정9품	주궁, 주상, 주각	
종9품	주변치, 주치 주우, 주변궁	장장, 장식, 장의

외명부의 품계

품계	종친의 처	문무관의 처
정1품	부부인(대군의 아내), 군부인	정경부인
종1품	군부인	정경부인
정2품	현부인	정부인
종2품	현부인	정부인
정3품(당상)	신부인	숙부인
정3품(당하)	신인	숙인
종3품	신인	숙인
정4품	혜인	영인
종4품	혜인	영인
정5품	온인	공인
종5품	온인	공인
정6품	순인	의인
종6품		의인
정7품		안인
종7품		안인
정8품		단인
종8품		단인
정9품		유인
종9품		유인

조선왕릉의 분포

조선 왕릉은 답사의 명품이다. 우선 접근성이 좋다. 서울 시내 및 근교에 몰려 있다. 거대하기는 하지만 답사에 며칠씩 걸리는 중국 황제의 능, 이집트 파라오의 무덤에 비하면 대단히 양호하다.

보존 상태가 거의 원형이다. 도굴과 화재가 더러 있었지만 능침과 석물, 정자각, 홍살문 등 부대시설이 온전하게 복원되어 있다. 캄보디아 앙코르 유적처럼 파괴와 훼손의 미학도 볼거리지만 완전한 원형이 더욱 가치 있다. 소풍을 겸한 휴식과 사색의 공간으로 왕릉은 적격이다. 푸른 잔디가 눈부신 계절이거나 백설 분분한 날의 왕릉 풍광은 감격스럽기까지 하다. 42기의 조선 왕릉의 지역별 분포는 이렇다. 서울(8능), 경기도 구리시(9능), 고양시(8능), 파주시(4능), 남양주시(4능), 화성시(2능), 여주시(2능), 양주시(1능), 김포시(1능), 강원도 영월군(1능), 북한 개성시(2능) 등이다.

조선 왕릉은 수도권에 산재해 있는데, 경복궁과의 거리를 참작하여 당시 거리 개념으로 반경 80리(약 42km) 이내로 정했다. 예외도 있다. 태조의 원비 신의왕후 한씨의 제릉과 제2대 정종의 후릉은 개성시에 있고, 단종의 장릉은 영월에 있다.

조선 왕릉은 개별적으로 흩어져 있기도 하고, 왕릉군을 형성해 모여 있기도 하다. 동구릉·서오릉·서삼릉·파주삼릉 등은 왕가의 가족묘인 셈이다. 답사의 편의를 위해 무리를 이룬 왕릉의 개요를 먼저 살펴본다.

동구릉 | 경기도 구리시 인창동에 있는 조선시대의 능. 9릉 17위의 왕과 왕비, 후비 등을 안장한 왕릉이다. 사적 제193호. 1408년(태종 8) 태조의 건원릉健元陵 터로 쓰여지기 시작한 뒤 조선시대 일대를 통해 족분族墳을 이루고 있는 왕릉군이다.

태조가 죽은 뒤 태종의 명을 받아 서울 가까운 곳에서 길지를 물색하다가 검교 참찬의정부사 김인귀의 추천으로 하륜이 양주 검암에 나가 보았다. 주변의 산세·풍수 등을 살펴보니 과연 명당이어서 능지로 택정했다.

항간에 알려진 바에 의하면 동구릉은 태조가 생전에 무학대사를 시켜 자기와 후손이 함께 묻힐 족분의 적지를 택정해서 얻은 것이라고 전하고 있다. 동구릉東九陵이라고 부른 것은 추존왕 문조의 능인 수릉이 아홉 번째로 조성된 1855년(철종 6) 이후의 일이다. 그 이전에는 동오릉·동칠릉이라고 불렀다. 짝수는 음수陰數이기에 호칭하길 피한다. 동이릉·동사릉·동육릉으로 불렸던 기록은 없다. 서삼릉·서오릉도 마찬가지다. 두 개의 왕릉이 있는 공원은 능호를 합쳐서 그대로 부른다. 헌인릉·태강릉이 그렇다.

동구릉이 지세가 풍수지리 이론에 합당한 지세임은 감여가堪輿家(풍수지리를 공부한 사람)들이 여러 대를 걸쳐 9개의 능터를 찾아낸 것으로 미루어 알 수 있다. 또한 태종 때 명나라 사신들이 건원릉을 둘러보고 그 산세의 묘함에 감탄해 "어찌 이와 같은 하늘이 만든 땅이 있는가? 필시 인공으로 만든 산이로다."라고 찬탄하였다 한다.

현재 191만 5,891㎡(약 58만평)를 헤아리는 광대한 숲에 태조의 건원릉을 비롯해 제5대 문종과 그의 비 현덕왕후의 능인 현릉顯陵, 제14대 선조와 그의 비 의인왕후, 계비 인목왕후의 능인 목릉穆陵, 제16대 인조의 계비 장렬왕후의 능인 휘릉徽陵, 제18

대 현종과 명성왕후의 능인 숭릉崇陵, 제20대 경종의 비 단의왕후의 능인 혜릉惠陵, 제21대 영조와 그 계비 정순왕후의 능인 원릉元陵, 제23대 순조의 원자인 익종과 그 비 신정익왕후의 능인 수릉綏陵, 제24대 헌종과 그 비 효현왕후, 계비 효정왕후의 능인 경릉景陵 등 9개의 능이 자리 잡고 있다.

조선왕릉 분포도

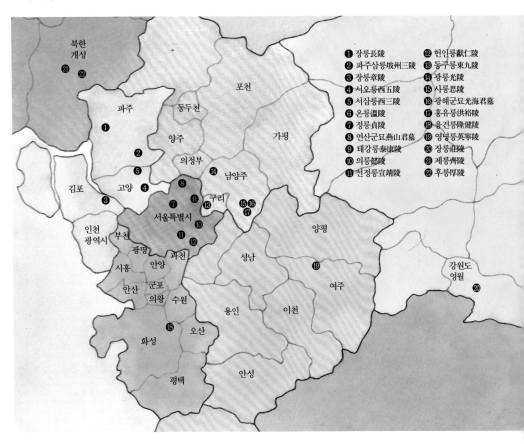

서오릉　｜　경기도 고양시 덕양구 용두동에 있는 조선시대 5개 능을 합한 능
호. 사적 제198호. 서오릉西五陵이 능지로 선택된 계기는 1457년(세조
3) 세자였던 원자元子 장璋(뒤에 덕종으로 추존됨)이 사망하자 풍수지리설에 따라 능지로서
좋은 곳을 찾다가 이곳이 추천되어 부왕인 세조가 답사한 뒤 경릉敬陵 터로 정하고
부터 비롯된다.

그 뒤 1470년(성종 1) 덕종의 아우 예종과 계비 안순왕후 한씨의 창릉昌陵이 들어섰
고, 1681년(숙종 7) 숙종의 비 인경왕후 김씨의 익릉翼陵, 1721년(경종 1) 숙종과 계비 인
현왕후 민씨의 쌍릉과 제2계비 인원왕후 김씨의 단릉의 합칭인 명릉明陵, 1757년(영
조 33) 영조의 비인 정성왕후 서씨의 단릉인 홍릉弘陵이 들어서면서 왕족의 능이 무리
를 이루어 '서오릉'이라는 이름을 얻게 되었다.

그 밖에 이곳에는 명종의 첫째 아들인 순회세자의 순창원順昌園과 사도세자의 어
머니 영빈 이씨의 수경원綏慶園이 경내에 있으며, 또한 숙종의 후궁으로 많은 역사적
일화를 남긴 희빈 장씨의 묘(대빈묘)가 1970년 광주시 오포읍 문형리에서 이곳으로
이장되었다. 능의 총면적은 182만 9,792㎡(약 55만평)으로 경기도 구리시에 있는 동구
릉 다음으로 큰 조선 왕조 왕실의 족분을 이루고 있다.

서삼릉　｜　경기도 고양시 덕양구 원당동에 있는 능호. 서삼릉西三陵은 희릉禧陵
과 효릉孝陵, 예릉睿陵을 합한 능호다. 사적 제200호. 서삼릉은 조선
중종의 제1계비 장경왕후 윤씨의 능인 희릉지禧陵址로 택한 곳으로, 한때는 중종의
정릉이 이 능역에 있었으며, 그의 아들인 인종과 그의 비 인성왕후 박씨의 효릉이
이곳에 자리 잡아 중종과 인종 2대의 능지로 사용되기 시작했다.

그 뒤 근처에 왕실 묘지가 이루어져 명종과 숙종 이후 조선 말기까지 역대 후궁을 비롯하여 대군·군·공주·옹주 등의 많은 분묘가 조성되었다. 1864년(고종 1) 철종과 그의 비 철인왕후 김씨의 예릉이 들어서면서 '서삼릉'이라는 능칭을 얻게 되었다. 총면적은 21만 7,700㎡(약 7만평)이다.

파주삼릉 │ 경기도 파주시 조리면 봉일천리에 있는 능호. 파주삼릉坡州三陵은 공릉·순릉·영릉을 통칭한 능호로서, 공순영릉恭順永陵이라고도 한다. 사적 제205호. 예종의 원비 장순왕후 한씨의 능을 공릉, 성종의 원비 공혜왕후 한씨의 능을 순릉, 영조의 아들 효장세자(진종으로 추존)와 비 효순왕후 조씨의 능을 영릉이라 하였는데, 뒤에 이들의 능이 서로 가까이 있으므로 이들을 합하여 '공순영릉'이라 부르게 되었다. 당시 각 개별 능으로 유지될 때는 이들을 보호하기 위하여 순릉에는 직장直長 1인, 참봉 1인을 두었으며, 공릉과 영릉에는 각각 영슈 1인, 참봉 1인씩을 두어 관리하게 했다. 총면적은 132만 3,105㎡(약 40만평)이다.

왕릉 답사가 붐을 이루고 있다. 문화재는 "아는 만큼 보인다."고 했다. 처음에는 생각 없이 휴식 공간으로 여겨도 좋고, 커다란 무덤으로만 봐도 좋다. 조금씩 다가가면 거기에 묻혀 있는 역사가 보인다. 왕조의 역사는 아름다움 보다는 치열한 권력 쟁투의 마당이다. 하나의 사연과 교훈을 얻는다면 왕릉에 다가간 발품값으로 충분하다.

조선 왕릉 일람 (연대순)

묘호	능호	형식	문화재 지정번호	소재지
제1대 태조 신의왕후 신덕왕후	건원릉健元陵 제릉齊陵 정릉貞陵	단릉 단릉 단릉	사적 제193호 사적 제208호	경기도 구리시 인창동 산4-2 (동구릉) 개성시 판문군 상도리 (북한) 서울시 성북구 정릉2동 산87-16
제2대 정종 정안왕후	후릉厚陵	쌍릉		개성시 판문군 령정리(북한)
제3대 태종 원경왕후	헌릉獻陵	쌍릉	사적 제194호	서울시 서초구 내곡동 산13-1 (헌인릉)
제4대 세종 소헌왕후	영릉英陵	합장	사적 제195호	경기도 여주시 능서면 왕대리 산83-1 (영녕릉)
제5대 문종 현덕왕후	현릉顯陵	동원이강	사적 제193호	경기도 구리시 인창동 산6-3 (동구릉)
제6대 단종 정순왕후	장릉莊陵 사릉思陵	단릉 단릉	사적 제196호 사적 제209호	강원도 영월군 영월읍 영흥리 산133-1 경기도 남양주시 진건읍 사릉리 산65-1
제7대 세조 정희왕후	광릉光陵	동원이강	사적 제197호	경기도 남양주시 진접읍 부평리 산100-1
추존덕종(세조의 장남) 소혜왕후	경릉敬陵	동원이강	사적 제198호	경기도 고양시 덕양구 용두동 산30-1 (서오릉)
제8대 예종 안순왕후(계비) 장순왕후	창릉昌陵 공릉恭陵	동원이강 단릉	사적 제198호 사적 제205호	경기도 고양시 덕양구 용두동 산30-6 (서오릉) 경기도 파주시 조리면 봉일천리 산4-1 (파주삼릉)
제9대 성종 정현왕후(계비) 공혜왕후	선릉宣陵 순릉順陵	동원이강 단릉	사적 제199호 사적 제205호	서울시 강남구 삼성동 131 경기도 파주시 조리면 봉일천리 산4-1 (선정릉)
제10대 연산군 부인 신씨	연산군묘燕山君墓	쌍분	사적 제362호	서울시 도봉구 방학동 산77

묘호	능호	형식	문화재 지정번호	소재지
제11대 중종	정릉靖陵	단릉	사적 제199호	서울시 강남구 삼성동 131 (선정릉)
단경왕후	온릉溫陵	단릉	사적 제210호	경기도 양주시 장흥면 일영리 산19
장경왕후(계비)	희릉禧陵	단릉	사적 제200호	경기도 고양시 덕양구 원당동 산40-4 (서삼릉)
문정왕후(계비)	태릉泰陵	단릉	사적 제201호	서울시 도봉구 공릉동 313-19 (태강릉)
제12대 인종 인성왕후	효릉孝陵	쌍릉	사적 제200호	경기도 고양시 덕양구 원당동 산40-2 (서삼릉)
제13대 명종 인순왕후	강릉康陵	쌍릉	사적 제201호	서울시 노원구 공릉동 313-19 (태강릉)
제14대 선조 의인왕후 인목왕후(계비)	목릉穆陵	동원이강	사적 제193호	경기도 구리시 인창동 산4-3 (동구릉)
제15대 광해군 부인 유씨	광해군묘光海君墓	쌍분	사적 제363호	경기도 남양주시 진건읍 송릉리 산59
추존 원종(인조의 생부) 인헌왕후	장릉章陵	쌍릉	사적 제202호	경기도 김포시 풍무동 산141-1
제16대 인조 인열왕후	장릉長陵	합장	사적 제203호	경기도 파주시 탄현면 갈현리 산25-1
장렬왕후(계비)	휘릉	단릉	사적 제193호	경기도 구리시 인창동 산5-2 (동구릉)
제17대 효종 인선왕후	영릉寧陵	쌍릉	사적 제195호	경기도 여주시 능서면 왕대리 산83-1 (영녕릉)
제18대 현종 명성왕후	숭릉崇陵	쌍릉	사적 제193호	경기도 구리시 인창동 산11-2 (동구릉)
제19대 숙종 인현왕후(계비)	명릉明陵	쌍릉	사적 제198호	경기도 고양시 덕양구 용두동 산30-2 (서오릉)
인원왕후(계비)		단릉		
인경왕후	익릉翼陵	단릉	사적 제198호	경기도 고양시 덕양구 용두동 산30-4 (서오릉)
제20대 경종 선의왕후(계비)	의릉懿陵	쌍릉	사적 제204호	서울시 성북구 석관동 산1-5
단의왕후	혜릉惠陵	단릉	사적 제193호	경기도 구리시 인창동 산10-2 (동구릉)
제21대 영조 정순왕후(계비)	원릉元陵	쌍릉	사적 제193호	경기도 구리시 인창동 산8-2 (동구릉)
정성왕후	홍릉弘陵	단릉	사적 제198호	경기도 고양시 덕양구 용두동 산30-5 (서오릉)

묘호	능호	형식	문화재 지정번호	소재지
추존 진종(효장세자) 효순왕후	영릉永陵	동원이강	사적 제205호	경기도 파주시 조리면 봉일천리 산4-1
추존 장조(사도세자) 헌경왕후	융릉隆陵	합장	사적 제206호	경기도 화성시 안녕동 산1-1 (융건릉)
제22대 정조 효의왕후	건릉健陵	합장	사적 제206호	경기도 화성시 안녕동 산1-1 (융건릉)
제23대 순조 순원황후	인릉仁陵	합장	사적 제194호	서울시 서초구 내곡동 13-1 (헌인릉)
추존 익종(헌종의 생부) 신정왕후	수릉綏陵	합장	사적 제193호	경기도 구리시 인창동 산7-2 (동구릉)
제24대 헌종 효현왕후 효정왕후(계비)	경릉景陵	삼연릉	사적 제193호	경기도 구리시 인창동 산9-2 (동구릉)
제25대 철종 철인왕후	예릉睿陵	쌍릉	사적 제200호	경기도 고양시 덕양구 원당동 산40-3 (서삼릉)
제26대 고종 명성황후	홍릉洪陵	합장	사적 제207호	경기도 남양주시 금곡동 141-1 (홍유릉)
제27대 순종 순명황후 순정황후(계비)	유릉裕陵	합장	사적 제207호	경기도 남양주시 금곡동 141-1 (홍유릉)

왕릉의 기본구조 | 죽은 자의 집이 무덤이나 왕릉은 왕궁을 옮겨 놓은 형상이다. 비록 상징화된 구조물이지만 있을 건 다 있다. 용상, 왕을 호위하는 문무관, 침전 근처까지 접근할 수 있는 내시도 있다. 장례 시 권력의 영속성에 따라 왕릉의 구조와 장엄의 차이가 있다. 우선 보편적인 구조를 살펴본다.

❶ **곡장曲墻** 왕릉을 보호하기 위하여 삼면으로 둘러놓은 담장.

❷ **능침陵寢** 왕·왕비의 봉분. 능상陵上이라고도 한다.

❸ **병풍석屛風石** 봉분을 보호하기 위하여 봉분 밑 부분을 두르는 12개의 돌. 병풍석에는 12방위를 나타내는 십이지신상을 해당 방위에 맞게 양각하였는데, 모든 방위의 외부로부터 침범하는 부정과 잡귀를 쫓아내기 위하여 새겼다. 둘레돌·호석이라고도 한다.

❹ **난간석欄干石** 봉분 주위를 보호하기 위하여 봉분 둘레에 설치한 돌난간. 가장 높은 기둥을 석주石柱, 석주를 가로지른 돌기둥을 죽석竹石, 죽석 중간을 받쳐둔 작은 기둥을 동자석童子石이라 한다.

❺ **지대석址臺石** 병풍석의 면석 밑을 받쳐 놓은 기초 부분.

❻ **상계上階** 능원은 장대석으로 구분지은 세 단계로 되어 있다. 가장 높은 상계는 왕·왕비의 침 전인 능침이 자리한다. 혼유석이 놓여 있는 단으로 초계初階라고도 한다.

❼ **중계中階** 능에서 문인석과 석마가 세워진 중간 단.

❽ **하계下階** 능에서 무인석과 석마가 서 있는 아랫단. 문을 숭상하는 정서를 알 수 있다.

❾ **석양石羊** 능 옆에 세워 놓은, 돌로 만든 양 모양의 조각물. 능침은 왕궁의 침전이다. 대신들은 물론 도승지도 들어올 수 없는 공간이다. 침전에 들어올 수 있는 신분은 내시뿐이다. 석양은 채홍사 임무를 담당한 내시이기도 하다. 수많은 후궁 중에서 오늘 간택할 후궁 방을 찾을 때, 양을 앞세워 다녔던 임금도 있었다. 양이 어느 방에 멈춰서면 이곳에 상서로운 기운이 서렸다 하여 그 방의 후궁과 동침했다. 그러자 후궁 하나가 자기 방 댓돌 아래 소금을 몰래 묻어 놓았는데, 소금을 좋아하는 양은 밤마다 그 후궁 방으로 가서 섰다는 일화도 있다.

❿ **석호石虎** 능침을 지키는 돌로 만든 호랑이 모양의 조각물. 경호 임무를 맡은 내시다.

⓫ **망주석望柱石** 봉분 좌우측에 각 1주씩 세우는 기둥. 그 기능에 대해서는 육신에서 분리된혼이 육신을 찾아들 때 멀리서 봉분을 찾을 수 있도록 하는 표지의 기능을 한다는 설, 음양의 조화를 이루는 기능을 한다는 설, 왕릉의 풍수적 생기가 흩어지지 않게 하는 기능을 한다는 설 등이 있다.

⓬ **혼유석魂遊石** 상석床石과 무덤 사이에 놓는 직사각형의 돌. 일반인의 묘에는 상석이라 하여 제물을 차려 놓는 곳이지만, 왕릉은 정자각에서 제를 올리므로 "혼령이 앉아 노는 곳"이라는 뜻의 용어를 쓰고 있다.

능 상설도

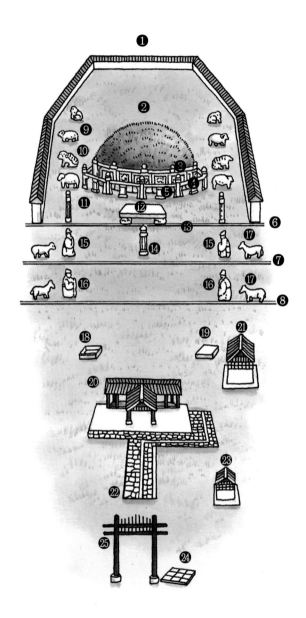

⓭ **고석鼓石** 혼유석의 받침돌로서 모양이 북을 닮았다 하여 붙여진 이름. 사악한 것을 경계하는 의미로 귀면鬼面(귀신의 얼굴 모양)을 새겨 놓았다. '북석'이라고도 한다.

⓮ **장명등長明燈** 밤에 불을 밝히는 등. 왕릉의 장생발복을 기원하는 뜻으로 세웠다. 조선왕조 최초로 만들어진 정릉의 장명등은 사각지붕이었는데, 초기에는 팔각지붕이다가 숙종 명릉부터 다시 사각지붕으로 양식이 변했다.

⓯ **문인석文人石** 능 앞에 세우는, 문관의 형상으로 만든 돌. 장명등 좌우에 있으며, 언제든 지왕명에 복종한다는 자세로 양손에 홀을 쥐고 서 있다.

⓰ **무인석武人石** 문인석 아랫단에 석마를 대동하고 있으며, 왕을 호위하고 왕이 위험에 처했을 때 신속하게 대처한다는 뜻에서 장검을 집고 위엄 있는 자세를 취하고 있다.

⓱ **석마石馬** 능 앞에 세워 놓은, 돌로 만든 말 모양의 조각물. 문인석과 무인석은 각각 석마를 대동하고 있다.

⓲ **예감无坎** 정자각 뒤 서쪽에 제향 후 축문을 태우던 곳으로, 석함石函 · 소대燒臺(소전대) 망료위望燎位라고도 한다.

⓳ **산신석山神石** 정자각 뒤 오른쪽, 보통 예감과 마주보는 위치에 설치한 것으로 장사 후 3년간 후토신后土神(땅을 관장하는 신)에 게 제사를 지내는 곳이다.

⓴ **정자각丁字閣** 제향을 올리는 곳으로, 황제는 一자 모양으로 침전을 조성하고, 왕은 丁자 모양의 정자각을 조성한다. 정자각에 오를 때는 동쪽으로, 내려올 때는 서쪽으로 내려온다. 이것을 동입서출이라 한다.

㉑ **비각碑閣** 비석이나 신도비를 안치하는 곳. 신도비는 능 주인의 생전의 업적을 기록하여 세우는 비석이다.

㉒ **참도參道** 홍살문에서 정자각까지 폭 3미터 정도로 돌을 깔아 놓은 길. 왼쪽의 약간 높은 곳은 신이 다니는 길이라고 하여 신도神道라 하며, 오른쪽의 임금이 다니는 길은 어도御道라고 하며 약간 낮다.

㉓ **수복방守僕房** 능을 지키는 수복이 지내던 곳으로 정자각 동쪽에 지었다.

㉔ **배위拜位** 홍살문 옆에 한 평 정도 돌을 깔아 놓은 곳. 판위板位 · 어배석御拜石 · 망릉위望陵位라고도 한다. 제향 행사 등 의식 때 망릉례 등을 행하는 곳이다.

㉕ **홍살문** 능 · 원 · 사당 등의 앞에 세우는 붉은 칠을 한 문. 붉은 칠을 한 둥근 기둥 2개를 세우고 위에는 살을 박아 놓았다. 신성한 지역임을 알리는 문이다. 홍문紅門 또는 홍전문紅箭門이라고도 한다.

제대 태조와 신의왕후, 그리고 신덕왕후
건원릉 · 제릉 · 정릉

용의 선택, 용의 분노, 용의 눈물

무학대사가 없었다면,
그는 단지 사나운 장수에 불과했을 것 太祖는 조선 역대 왕 중 가장 늦은 나이에 즉위했다. 물려받은 왕위가 아니라 쟁취한 자리다. 역성혁명을 일으켜 57세에 왕이 됐다. 당시의 평균 수명으로 보면 뒷방 늙은이가 되기에도 늦다. 요즘 세상에도 정년퇴직감 아닌가? 태조 이후에는 10대 청소년기에 즉위한 왕이 13명이나 된다.

이성계는 용맹과 추진력으로 뭉쳐진 인물이다. 지혜와 자비, 반성과 성찰이 보충되지 않았다면 실패한 쿠데타의 주역이 되었을 것이고, 조선의 역사는 한여름 밤의 꿈으로 끝났을 것이다. 무학대사는 이성계를 일개 장수에서 군왕으로 이끈 선지식이다. 나옹화상懶翁和尙의 제자인 무학은 고려 공양왕의 왕사 책봉도 받아들이지 않고 오랫동안 토굴에서 수행에 전념했다. 그 역시 고려 왕조의 무능과 부패에 절망하고 있었다. 그러나 이성계를 만난 후 그의 삶이 달라진다. 새 왕국 건설을 꿈꾸

태조 1335~1408(73세) ㅣ 재위 1392. 7.(57세)~1398. 9.(63세), 6년 2개월
신의왕후 한씨 1337~1391(54세) ㅣ 신덕왕후 강씨 ? ~ 1396(태조 5)

조선 왕조의 주궁인 경복궁 전경 (광화문 복원 공사 이전)

는 혁명가임과 동시에 이성계의 충실한 인도자, 스승이다. 무학은 천문지리와 음양 도참설에 밝았고 꿈 해몽에 능했다.

태조의 즉위 전에 이성계의 꿈을 해몽하여 즉위를 예언했다. 무학이 설봉산 아래 토굴에 기거하고 있을 때 이성계가 찾아와 물었다.

"꿈에 집을 부수고 들어와 서까래 셋을 지고 나갔는데 이게 무슨 징조입니까?"

"허허, 경축할 일이오. 서까래 셋을 진 사람은 왕王을 가리킵니다."

"꽃이 거울에 떨어지니 이 꿈은 또 무엇입니까?"

"꽃이 떨어지면 마침내 열매가 열 것이요, 거울에 떨어지니 어찌 소리가 없으리오."

이성계는 즉위 후 송도에서 한양으로 도읍을 옮겼다. 궁궐터를 잡기 위해 무학

제1대 태조 가계도

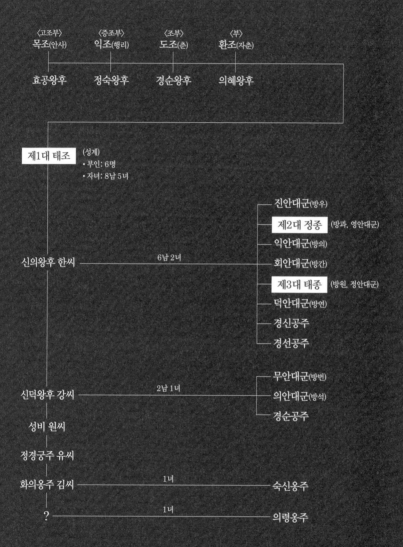

〈고조부〉 목조(안사) 〈증조부〉 익조(행리) 〈조부〉 도조(춘) 〈부〉 환조(자춘)

효공왕후   정숙왕후   경순왕후   의혜왕후

제1대 태조 (성계)
• 부인: 6명
• 자녀: 8남 5녀

신의왕후 한씨 ——— 6남 2녀 ———
├ 진안대군(방우)
├ 제2대 정종 (방과, 영안대군)
├ 익안대군(방의)
├ 회안대군(방간)
├ 제3대 태종 (방원, 정안대군)
├ 덕안대군(방연)
├ 경신공주
└ 경선공주

신덕왕후 강씨 ——— 2남 1녀 ———
├ 무안대군(방번)
├ 의안대군(방석)
└ 경순공주

성비 원씨

정경궁주 유씨

화의옹주 김씨 ——— 1녀 ——— 숙신옹주

? ——— 1녀 ——— 의령옹주

대사를 대동하고 여러 차례 한양을 답사했다. 대사는 지금의 왕십리를 궁궐터로 잡으려 했다. 그때 검은 소를 타고 가던 노인이 소를 툭툭 치면서,

"이놈아, 이 무학만치나 미련한 소야!"

대사는 그 소리를 듣고 노인에게 다가가 절을 하고,

"어르신, 부디 길지를 가르쳐 주십시오."

노인은 껄껄 웃으며,

"여기서 십 리를 더 들어가시오."

이렇게 해서 십 리 더 들어간 곳이 지금의 경복궁이다. 십 리를 더 가라고 하여 왕십리住十里라는 지명이 생겼다. 그런데 경복궁을 짓는 중에 대들보가 자꾸 무너져 내리는 것이다. 대사가 고민을 하는데 하루는 밭을 갈던 노인이, "그 터는 학의 형상이니 날개부터 눌러야 하오."라고 충고했다. 대사는 날개 부분에 4대문을 먼저 지었다. 그러자 궁이 무너지지 않아 무사히 완공했다. 대사는 태조의 왕사로 있으면서 조선의 안정을 위해 노년의 전부를 쏟았다. 하지만 조정의 중심 세력은 유교를 숭상하고 불교를 배척하는 성리학자들이었다. 대사는 이런 현실을 · 탓하지 않았다. 혁명에 대한 염원은 부패가 극에 달한 고려 말 불교계에 대한 반성과 비판에서 출발했기 때문이다.

태조에게 설하기를, "유교는 인仁을 말하고 불교는 자비를 가르치지만, 그 목적은 같은 것입니다. 백성을 자식처럼 보살필 때 백성의 어버이가 되고 나라가 굳건해집니다. 더불어 순간적인 잘못으로 죄를 지어 옥에 갇힌 사람들을 용서하여 새로운 삶을 열어 주십시오."

대사는 자신의 소임이 끝났음을 알고 조용히 왕사직을 물러나 수행에만 전념하

근정전 안의 용상

다가 1405년 78세를 일기로 열반했다. 조선 개국의 핵심 주체, 이성계의 스승이면서 일체의 기득권을 주장하지 않았던 유일한 인물이 무학대사다. 역할에 대한 지분 확대를 주장한 정도전, 이방원 등이 피투성이 싸움을 한 것과 선명하게 대비된다.

왕자의 난이 일어나기 전까지는 이성계의 입가에 넉넉한 웃음이 넘쳤다. 도읍지가 완성되어 축하 잔치에서 있었던 일이다. 태조가 호방하게 웃으며 말했다.

"오늘은 고하를 막론하고 말을 터 봅시다. 무학대사를 보니, 꼭 돼지 같소이다. 허허허!"

대신들도 따라 껄껄 웃었다. 대사는 태연하게 받아쳤다.

"전하께선 부처님처럼 보이십니다." 태조가 오히려 당황했다. "과인은 대사를 돼지라고 했는데, 대사는 어찌 과인을 부처라고 하는 것이오?"

"돼지 눈에는 돼지만 보이고, 부처님 눈에는 부처님만 보이는 법입니다."

태조는 망치로 머리를 맞은 것처럼 멍해졌다. 잠시 후 껄껄 웃으며,

건원릉은 태조 스스로 눕고 싶었던 자리가 아니다. 태조는 고향인 함흥에 묻히길 원했다.

"과인이 졌소이다. 그 말씀 깊이 새기리다."

아직, 자식들끼리 살육전을 벌이리라고는 예감하지 못한 좋은 시절이었다.

건원릉健元陵, 혁명가 이성계가 누워 있는 곳이다. 능호가 유일하게 두 글자다. '건健'은 하늘의 도, '원元'은 나라와 도읍을 처음 세웠다는 뜻이다. 스스로 눕고 싶었던 자리가 아니다. 봉분 위엔 잔디가 아닌 함흥 억새가 무성하게 자라고 있다. 경기도 구리시 검암산 아래 자리 잡은 동구릉은 천하의 명당으로 손꼽힌다. 태종 때 명나라 사신이 와서 지세를 보고는 "어찌 이와 같은 하늘이 만든 땅이 있는가? 필시

조선 최초의 왕릉 건원릉 전경

인공으로 만든 산이로다."라고 할 정도다. 태조의 건원릉은 아홉 개 동구릉 중에서 가장 높은 곳에 있다.

태종 8년(1408), 태조가 73세로 승하했다. 태조의 수릉壽陵(살았을 때 미리 잡아 놓은 능. 민가의 가묘와 같은 것. 현 영국대사관 자리)은 강비가 묻힌 정릉貞陵이었다. 여기에 능을 쓰면 문제는 간단하다. 그러나 때는 이미 제3대 태종의 시대다. 부자간의 반목과 갈등이 극심했던 그들이 아닌가.

태조가 죽자마자 태종은 정릉을 현재 자리(성북구 정릉동)로 이장하고 봉분을 깎아 버렸다. 강비의 능을 묘로 강등하고 강비를 후궁으로 격하시켜 버렸다. 정릉에 있던 병풍석의 석물 일부는 다리(현 청계천 광통교)를 고치는 데 사용하고, 일부는 궁궐 뒤 빈터에 방치했다. 정릉이 다시 종묘에 왕비로 올라가기까지는 250여 년의 세월이 걸렸다. 1669년(현종 10)의 일이다.

죽기 전 태조는 자신을 고향인 함흥에 묻어 달라고 유언했다. 태종은 유언마저 무시했다. 아버지의 유언이지만 조선 개국의 시조를 왕궁에서 멀리 떨어진 함흥에 묻을 수 없다는 이유에서다. 그 대신 함흥에서 억새풀을 뽑아 와서 봉분에 덮었다. 권력의 삼엄함에 살이 떨린다.

태조가 승하하자 태종은 급명을 내렸다. 풍수에 능한 조정 대신에게 총동원령을 내렸다. 아버지의 유언을 지키지 못한 불효를 극복할 지상 최대의 국책사업을 벌여야겠다는 야심에 불탔다. 한양 80리 안에 최고의 명당을 찾아라. 총책임자는 왕의 풍수고문이자 영의정인 하륜河崙이었다. 하륜은 국풍國風을 대동하고 왕릉 택지에 골몰했으나, 숭유배불 왕조인지라 불교풍수의 법맥·법통이 단절되어 반풍수만 남아 있었다.

정작 왕릉 터를 잡은 이는 조정 대신 김인귀였다. 하륜은 뛰어난 궁중건축가였던 박자청朴子靑(1357~1423)을 시켜 왕릉 공사를 시작했다. 박자청은 이 공사를 성공리에 마친 공로로 후에 공조판서가 된다. 어명이 떨어지자 충청도·황해도·강원도에서 징발한 역군 6,000명이 검암산으로 동원됐다. 왕릉 조성 공사는 두 달 열흘 걸렸다. 왕릉 관리기구로 개경사開慶寺라는 원찰을 지었다. 태조 왕릉에서 동남방 700미터 떨어진 곳에 짓고, 스님 100명을 배속시켰다(기록만 전하고 지금은 흔적도 없다).

1408년 9월 9일, 태조는 이렇게 마련된 건원릉에 묻혔다. 조선 최초의 왕릉이자 동구릉이 조성되는 시작이다. 원치 않은 곳, 그러나 최고의 명당에 묻힌 태조 이성계, "전하 행복하시옵니까?"

용의 선택, 용의 분노, 용의 눈물

건원릉 봉분을 덮고 있는 억새풀을 보면 낯설고 섬뜩하다. 죽어서조차 부드러운 잔디 이불을 덮지 못하고 있는 이성계의 운명을 본다. 철침처럼 숭숭 솟은 억새 아래 태조가 누워 있다. 살아생전 함께 묻히길 원했던 그리운 여인, 계비 강씨는 저 멀리 서울 정릉에 있다.

창업은 쉬우나 수성은 어렵다. 맨손으로 호랑이를 때려잡았다는 천하의 맹장 이성계도 권력의 맛을 맘껏 음미하지 못했다. 재위 6년 2개월, 전반기는 개국 창업에 정신이 없었다. 후반기는 업장을 녹이기에 시간이 촉박했다. 또한 개인적 애증에서 자유롭지 못한 중생이었다.

태조는 6명의 부인에게서 8남 5녀를 두었다. 그중 향처鄕妻인 정비 신의왕후 한씨와 그녀의 소생 여섯 명의 아들 방우·방과·방의·방간·방원·방연, 경처京妻인 계비 신덕왕후 강씨와 그녀의 소생 두 아들 방번·방석이 개국 초 역사적 잔혹극

에서 주연·조연을 맡는다. 각본·연출은 태조 이성계다.

　　향처 신의왕후는 이성계와 혼인한 후 함흥 운전리에 살았다. 전장을 누비는 남편을 멀리서 후원하는, 고향을 지키는 굽은 소나무 같은 존재였다. 둘째 부인 강씨는 젊고 총명하고 친정이 권문세가여서 태조의 입신에 큰 힘이 되었다. 그녀는 정도전 등 신진사대부 출신들과 친밀한 관계를 맺고 있었다. 무지렁이 분위기를 풀풀 풍기는 한씨는 조선 건국 전인 1391년에 죽었다. 그래서 그녀의 무덤은 개성(제릉齊陵)에 있다. 태조의 총애가 강씨에게 기운 것은 당연하다. 강씨가 자기 자식을 세자로 책봉하려 한 것 또한 인지상정이다.

고려 말 양식으로 규모가 작은 무인석

사고의 발단은 너무 일찍 일어났다. 조선 개국 한 달 뒤인 1392년 8월 강씨 소생인 여덟째 아들 방석이 세자로 책봉됐다. 방석의 나이 불과 10세였다. 세자 자리를 어린애에게 사탕 한 알 주는 것쯤으로 여겼는가? 아니면 이놈이 장년 될 때까지 키우고 지킬 것이라 여겼는가? 강씨와 그 주변 인물에 대한 신뢰가 공고했는가?

장남 방우의 나이는 38세, 방석의 세자 책봉에 가장 큰 불만을 가진 행동파 야심가인 정안군 방원의 나이는 25세였다. 방원은 맏형인 방우를 세자로 책봉해야 한다고 강력하게 주장했지만, 그는 이미 태조의 눈 밖에 난 인물이다. 체질과 성향이 비슷한 존재들은 서로 경계하고 멀리 한다. 서로의 속내를 잘 알기 때문이다. 양극은 양극을 밀치고, 음극은 음극을 싫어 한다. 현대사도 마찬가지다. 강剛은 강이 싫고 유柔는 강이 좋다.

방원은 억울했다. 비난을 감수하며 정몽주까지 죽였다. 정몽주의 핏자국이 지금도 선죽교에 선명한데 나는 뭐냐? 공양왕을 폐위시킨 악역에 앞장섰지만 개국공신 책록에도 제외당하는 굴욕을 감수했다. 아버지를 위해서, 권력을 위해서 청춘을 바쳤는데, 대가가 없다니. 적절한 보상이 없으니 죽기살기다. 모 아니면 도다. 왕자의 난이 시작된다.

개성 선죽교

'이놈아, 너는 아니야. 너는 살기가 자욱해. 용勇은 빼어나지만 유柔가 없어. 그래서 너는 아니다. 무한 용맹은 나 하나로 족하다. 너는 너무 격해. 그래서 나는 너를 버린다.'

태조의 한숨, 늙은이의 고민은 깊다. 그러나 아리따운 강비의 유혹과 깍두기 머리에 검은 양복 입은 측근들의 90도 인사가 든든하다. 10년 후면 세자가 스무 살이다. 왕권을 거머쥐고 휘두를 수 있다. 그때까지 튼튼하게 키우리라. 태조는 각오를 다진다.

1398년 무인년 8월 25일, 그날 밤은 스산했다. 이른 낙엽들이 풀풀 날리는 가을

정도전 영정 (평택 정도전 사당)

밤이다. 같은 하늘 아래 살기 싫은 계모 강비도 2년 전에 죽었다. 태조는 병환 중이다. 한씨 소생 아들들이 시퍼렇게 벼른 칼을 들고 모였다. 거친 숨을 억누르며 방원이 입을 열었다.

"형님들! 더 이상 때를 놓칠 수 없습니다. 아버님의 마음은 이미 우리 곁을 떠났습니다. 정도전 일당이 우릴 죽일 겁니다. 선수를 치는 것만이 우리가 사는 길입니다. 어떻게 세운 나라인데, 우린 개밥의 도토리보다 못한 지경이 되었습니다."

형제들은 하나같이 비장했다. 그들이 거느린 사병私兵들에게 업무를 분담시켰다. 신속, 정확하게, 그리고 깔끔하게 끝내라. 정도전·남은·심효생 등 세자를 옹위하며 신권정치를 주장하는 무리들을 전광석화처럼 살해했다. 그리고 화의 근원인 세자 방석, 그의 한 살 위 형인 무안대군 방번을 체포했다. 그 후 그들을 귀양 보냈다가 죽였다. 방석의 나이 16세였다. 역사는 이것을 '제1차 왕자의 난', '방원의 난', '무인정사', '정도전의 난'등으로 부른다.

소식을 전해 들은 태조는 가슴을 쳤다.

"이놈들이, 이노옴들이, 방원이 이노옴!"

피는 물보다 진하다고? 이들에겐 아니다. 권력이 피보다 진하다. 병석에 있는 예순세 살의 노인 태조는 식음을 전폐했다. 패배를 모르고 휘달렸던 30년 장수생활, 새 왕조를 일으켜 억조창생을 자식처럼 돌보겠다던 각오가 무참하고 허망하다. 상심의 극한에서 넋이 빠졌다. 이놈들, 오냐! 니놈들 멋대로 해라.

태조는 왕자의 난이 일어난 다음 달, 1398년 9월, 둘째 방과에게 왕위를 물렀다. 거사에 성공하자 하륜·이거이李居易 등 방원의 심복들이 방원을 세자로 책봉하려 했으나 방원이 극구 사양했다. 장남인 방우는 1393년에 이미 병사하고 없었다. 방원의 뜻에 따라 둘째 방과가 세자로 책봉되고 왕위에 오른 것이다.

태조는 1차 왕자의 난 후에 상왕上王, 2차 왕자의 난(1400년 태조의 4남 방간과 동생 방원 사이에 왕위 계승을 둘러싸고 군사적으로 충돌한 사건. 일명 박포의 난) 후엔 태상왕太上王이란 이름으로 시름의 날을 보냈다. 살육전의 중심에 방원이 있음을 알지만, 이빨 빠진 사자, 늙은 용은 마른 눈물을 삼킬 뿐이다. 용서와 화해를 하기에도 늦은 나이에 태조는 분노와 증오를 한아름 안고 고향 함흥으로 간다. 논산훈련소 쪽으로는 오줌도 누지 않는다는 예비역들처럼, 태조는 방원이 있는 곳으로는 얼굴도 돌리지 않았다.

문안차 방원이 보낸 차사差使들을 오는 족족 죽였다. 가서는 소식 없는 이름, 함흥차사다. 아비를 제대로 모시지 못하는 이가 어찌 만백성의 어버이가 될 수 있을까? 방원(제3대 태종)의 심경 또한 쓴맛의 연속이다. 부자간에 불구대천지원수이면서 어찌 국론 통일, 화합을 말할 수 있으랴! 함흥에서 이를 갈고 있는 늙은 용을 궁으로 모셔올 방도는 없는가? 함흥차사로 발탁되면 바로 죽음이니 용기와 재주가 무용지물이다.

증오, 분노, 울화가 가슴 속에 차고 넘친 이성계를 다시 한양으로 모셔온 이는 무학대사다. 무모한 살육을 더 이상 없게 해 달라는 방원의 간청으로 무학대사가 나섰다.

"태상왕 전하, 어찌 악을 악으로 갚으려 하시옵니까? 증오의 우물은 퍼내도 퍼내도 한이 없습니다. 미움을 거두고 백성을 생각하시옵소서."

"자식 없는 대사가 한없이 부럽소. 나는 무엇을 위해 한평생 살아온 것이오? 대답 좀 해 주시오."

태조는 오랜 친구의 무릎에 얼굴을 파묻고 통곡했다. 1402년 태조는 한양으로 돌아왔다. 궐내에 덕안전德安殿이란 법당을 짓고 염불삼매의 나날을 보내다가 1408년 5월 24일 창덕궁 별전에서 향년 73세로 이승을 하직했다. 지금, 원치 않았던 자리, 동구릉 내 건원릉에 누워 있다. 말년의 염불삼매가 아니었더라면 지금 당장 병풍석을 걷어차고 일어날 것 같다. '전하, 밤새 안녕하시옵니까?

굽은 나무처럼 선산만 지키다 간 여인

신의왕후 한씨는 이성계의 첫째 부인이자 정비正妃이다. 안천부원군安川府院君 한경韓卿과 삼한국대부인三韓國大夫人 신씨慎氏의 딸이다. 고려의 동북지방 영흥의 한미한 호족 가문 출신이다. 한씨가 태어났을 때 한씨 가문의 조상들이 묻힌 선산 청학산에서 3년 동안 풍류 소리가 그치지 않아 그 산에 풍류산이란 이름을 붙였다고 한다. 상서로운 조짐이기도 하고 한씨의 운명을 예고하는 소리이기도 하다.

열네 살이 되던 해에 신분이 엇비슷한 2살 연상인 이성계와 혼인하여 6남 2녀를 낳았다. 1364년 이성계가 삼선三善과 삼개三介의 난을 진압하여 화주 이북의 땅을 회복시키는 등 전쟁터를 누비던 동안 집에서 집안의 대소사를 도맡아 처리했다. 이성계는 남편의 소임을 팽개치다시피했다. 한씨의 묵묵한 내조는 이성계가 고려 정계

의 1인자로 부상하는 데 큰 힘이 되었
다. 그러나 이성계가 개경에서 강씨를
경처로 맞이한 다음에는 자식들과 함께
살았다. 오직 너희들만 보고 산다고 속
울음 울며. 영웅의 소실은 행복할지 몰
라도, 정실은 입이 없는 붙박이 장롱에
불과하다.

동쪽에서 바라본 제릉 (위), 장명등 (가운데), 혼유석 (아래).

1388년 이성계의 위화도 회군 때에
는 생명의 위협이 염려되어 식구들을 데
리고 개경에서 벗어나 동북면으로 피신
을 갔다. 올망졸망한 어린 것들을 안고
업고, 앞세우고 뒤세우고 피신길에 올랐
다. 추상처럼 존재하는 남편 이성계, 유
명한 장수지만 돌개바람 같은 아버지 이
성계, 불화의 싹이 자랄 만한 환경이다.

향처의 설움을 누가 알랴. 쇠락한 가
문이라 경제적으로 넉넉하지 못했을 것
이다. 국운을 걱정하며 전장터를 누비는 야심가 남편이 월급인들 제대로 온라인으
로 보내주었으랴. 두세 살 터울의 올망졸망한 아들딸만이 억척스럽게 살아야 하는
이유일 뿐이다. 한씨 소생으로는 방우·방과(정종)·방의·방간·방원(태종)·방연
등의 6남과 경신·경선 등 2녀가 있었다.

태조의 행적으로 보아 부부의 정이 각별하지는 않았던 것 같다. 시골 구석에서 논밭 갈며 자식들 키우는 여자, 매력이라고는 눈을 씻고 보아도 없다. 한미한 가문이라 든든한 빽도 되지 않는다. 이미 이성계에게는 스물한 살 연하인 강씨가 있다. 늙은 아내 한씨보다는 열아홉 살 어린 새댁이다. 당시로서는 자식뻘인 예쁜 소실이다. 권문세족인 강씨의 친가도 매력적이다. 한씨는 잊혀진 여인이 되기에 충분한 조건을 갖추었다. 그러나 그녀에겐 걱실걱실한 아들이 여섯 명이나 있었다.

이들은 어머니의 억척스러움과 아버지의 야망을 몸으로 느끼며 컸다. 그래서 그녀는 남편과 두 아들을 왕위에 오르게 했다. 그러나 영화를 누리는 이는 늘 따로 있는 법이다. 한씨는 조선 개국 1년 전인 1391년 9월 12일, 위장병의 악화로 54세의 나이로 세상을 떠났다. 위장병이란 궁핍과 관련이 있다. 호의호식하는 이는 위장병에 걸리지 않는다. 그녀의 삶은 고달팠으나 죽음은 화려했다. 비록 조선이 개국하기 전에 사망했으나 조선이 개국된 후 1393년(태조 2) 9월 18일 절비節妃로 추존되었고, 그로부터 5년 후 정종이 즉위한 1398년 11월 11일 신의태왕후神懿太王后로 추존하여 종묘에 신주를 부묘했다.

그 뒤를 이어 태종 때인 1408년(태종 8) 9월 6일에는 존호가 추상되어 승인순성신의왕태후承仁順聖神懿王太后라 명명되었고 1899년(광무 3) 12월 19일에는 고종에 의하여 황후로 격상되어 신의고황후神懿高皇后로 추존되었다. 살아서 무지렁이 촌부村婦대접 받던 그녀가 죽어서는 고속 승진했다.

능호는 제릉齊陵이며 개성에 있다. 신의왕후는 조선 개국 이전에 별세했기에 개성 근처에 단릉으로 봉릉封陵하고 조선 개국 이후에 추존하여 제릉으로 명명했다. 1824(순조 24년) 첨지 한철제가 소를 올려 청하여 1825년에는 신의황후가 태어난 안변

부익위사에 그 탄생을 기념하는 신의황후 탄강구기비각을 세웠다는 기록이 있다.

살아 영화가 좋은가, 죽어 평안이 좋은가. 한씨와 강씨는 그것을 극명하게 보여준다. 아들을 왕으로 키운 이는 죽어서나마 영화를 누리지만, 필부匹婦들이야 어찌 그런 호사를 누릴까.

**왕조의 시작,
여인의 파란만장도 시작** | 버들잎 한 줌에 운명이 바뀐 여인, 이성계와 이방원의 갈등을 250여 년 동안 감당해야 했던 여인, 피지도 못한 10대의 아들딸을 죽음으로 몰아넣은 여인, 죽어서도 이리저리 찢기고 밟힌 여인, 그녀가 신덕왕후 강씨다. 정릉貞陵에는 한이 많다. 아들을 왕위에 올리려다가 편한 무덤조차 갖지 못했다.

문상객 뜸한 초상집 풍경은 처연하다. 고인의 생전 이력, 자손들 수와 사회적 신분에 따라 상가 풍경은 흥청거리기도 하고 적막하기도 하다. 외따로 떨어진 쓸쓸한 무덤 또한 처연하다. 죽어서조차 옆구리가 시리다. 신덕왕후의 정릉이 그렇다. 조선 왕릉 중 홀로 묻힌 단릉은 많다. 그러나 대부분 왕릉군에 속해 있어 가까운 곳에 혼령들의 말동무가 있다. 생전에 서로 면식은 없었지만, 관람객이 떠난 밤중에도 소곤거릴 수 있다. 쌍릉·합장릉에 묻힌 이들을 향해 빈정거리기도 한다.

홀로 외따로 떨어진 무덤은 3기뿐이다. 정릉(신덕왕후), 장릉莊陵(제6대 단종, 강원도 영월), 사릉思陵(단종비 정순왕후, 경기도 남양주시). 외로운 고혼들이다.

태조가 젊은 시절 부하들을 거느리고 호랑이 사냥을 하다가 목이 말라 물을 찾았다. 우물가에 물 긷는 처녀가 있어 숨을 헐떡이며 급히 말에서 내렸다.

"낭자, 물 한 바가지 주시오."

우락부락한 무장들이 우물가에 우르르 들이닥치자 처녀는 놀랐다. 고개를 숙이고 그들을 바로 쳐다보지 못하지만 침착했다. 두레박으로 샘물을 길어 바가지에 부어 건네려다가 멈칫하더니 우물가에 있는 버들잎 한 줌을 따서 물에 띄운다. 화가 난 이성계가 버럭 소리를 질렀다.

"이게 무슨 고약한 짓이오?"

수하 장졸들은 허리춤에 찬 칼을 들썩거린다. 고개 숙인 처녀는 냉정했다.

"갈증으로 급히 달려오신 것 같습니다. 급히 드시면 목이 막힐 것이오니 버들잎을 불어가며 천천히 드십시오."

이성계는 그녀의 지혜와 미모에 감탄하여 한동안 넋을 잃었다. 이 처녀가 신덕왕후다. 가끔 들르는 고향 함흥에서 집을 지키고 있는, 촌년 냄새 물씬 풍기는 본처 한씨에 비할 바 아니다.

강씨는 판삼사사 강윤성의 딸이다. 그녀의 숙부 강윤충과 강윤휘 또한 고려의 고관들이다. 고려 말 권문세족이었던 강씨의 친정은 이성계의 권력 형성, 조선 개국에 큰 힘이 된다. 이성계는 빵빵한 처가 덕을 톡톡히 본다.

이성계의 첫 번째 부인 한씨는 걱실걱실한 6남 2녀를 낳고 조선 개국 전에 죽었다(1391년, 54세). 1392년 7월 17일 이성계가 왕위에 오르자 8월 2일 강씨는 현비로 책봉된다. 조선 최초의 공식 왕비다. 방번·방석 두 아들과 딸 경순공주를 낳았다. 태조의 집권 거사에도 친정 세력들과 함께 참여했다. 태조의 총애 또한 흔들림이 없고, 믿음직한 정도전 등 신진 사대부들이 곁에 있다. 자신이 낳은 두 아들 중에서 대통을 이을 세자가 되어야 한다는 확신이 섰다. 비극의 싹이 움튼다.

태조와 은밀히 협의하여 자신이 낳은 첫째 아들 방번을 세자로 내정했으나 정도

전·배극렴·조준 등 원로들이 "성격이 광망하고 경솔하다."고 반대해서 동생인 방석(10세)을 세자로 삼는 데 성공했다. 이 때 주먹을 부르르 떨며 분통을 터뜨린 호랑이가 있었다. 혈기와 조직을 갖춘 펄펄한 25세 청년, 방원이다.

눈이 매우 큰 정릉 석호

그러나 강씨는 친아들의 등극을 보지 못하고, 아들딸에게 엄청난 화의 덩어리를 남기고 병사했다(1396년). 출생 연도에 대한 기록은 없으나 30대 후반~40대 초반으로 추측된다. 이때 예순하나의 태조는 군왕의 품위마저 망각하고 대성통곡했다. 사찰을 찾을 때면 항상 동반하고, 강비가 아프면 궁에 스님을 불러들여 기도를 드리게 했을 만큼 사랑하던 왕비였다.

태조는 궁에서 가까운 도성 안에 정릉을 조성했다. 그리고 원찰願刹로 능 동쪽에 170여 칸의 흥천사興天寺를 세워 조계종의 본산으로 삼았다. 태조는 정릉의 아침 재 올리는 종소리를 듣고서야 수라를 들었다. 흥천사는 연산군 때 화재로 소실되고 태조의 상심을 위무했던 흥천사 대종은 몇 차례 자리를 옮겨 지금은 덕수궁에 있다.

1, 2차 왕자의 난으로 실권을 장악한 방원의 보복은 무자비했다. 그 표적에 죽은 강씨가 있다. 이빨 빠진 사자가 되어 버린 아버지, 그의 말은 방원에게 씨알이 먹히지 않았다. 방원(제3대 태종)이 즉위하자 정릉 파괴가 시작된다.

흥천사 대종 (위, 덕수궁 소재)
흥천사 극락보전 (아래, 서울 성북구 돈암동 소재)

"정릉은 도성 안에 있고 능역이 광대하다. 능역 100보 밖까지 주택지로 허하노라."

태종과 코드가 맞는 하륜 등 세도가들은 얼씨구나! 다투어 정릉 숲을 베어 내고 집을 지었다. 뒷방 늙은이 태조는 말없이 눈물만 흘렸다. 1408년(태종 8) 태조가 죽자 정릉의 운명도 곤두박질친다. 태조가 죽은 1년 후.

"도성 안에 능이 있다는 것은 옳지 못하다. 이장하라. 강비는 선왕의 둘째 부인이다. 후궁으로 예우하라."

그래서 정릉은 양주 사한리(현 서울 성북구 정릉동)로 옮기고 능을 묘로 격하시킨다. 이장 작업에 정성을 기울일 인사는 아무도 없었다. 빚쟁이 이삿짐 싸듯이, 처삼촌 벌초하듯이 무례와 무성의가 난무했다. 병풍석은 허물어 궁궐 공터에 야적했다. 이듬해 청계천 광통교가 홍수로 유실되자 그 석물들을 일부 가져다 썼다. 현재 정릉에는 병풍석이 없다. 어진 임금으로 추앙되는 세종마저 핏줄에서 자유롭지 못했다.

세종 즉위년에는 나라에서 지내던 정릉의 제사마저 폐했다. 족친들에게 제사를 지내게 했다. 세종 8년(1426)에는 신덕왕후의 영정을 불살라 버리라는 명을 내렸다. 세종도 신덕왕후를 정비로 인정하지 않았다는 증거다. 대역죄인의 무덤에 버금가는, 잊혀지고 뭉개지는 무덤으로 변해 갔다.

제18대 현종 10년(1669) 11월 1일, 떨어진 낙엽을 적시는 겨울비가 내리는 날이다. 겨울비답지 않게 주룩주룩 내린다. 정릉 일대가 흥건하다. 이 날은 정릉의 정자각이 완공되고 종묘宗廟에서는 신덕왕후의 신위가 260여 년 만에 태묘太廟에 배향되었다. 명예 회복, 복권의 날이다. 이 날 내린 비를 세원지우洗寃之雨(원한을 씻는 비)라고 지금까지 전해진다.

광통교 기단석으로 사용된 정릉의 병풍석 (위)
창덕궁 뒷뜰에 버려진 정릉의 난간석 (아래)

무자식 상팔자인가. 태조와 신덕왕후는 자식들에게 단단히 혼난 이들이다. 평범한 집안이었으면 어찌 그런 패륜이 있었겠는가? 그들에겐 권력이란 크고, 무겁고, 달콤한, 판도라 상자 같은 것이었다. 태조 등극 전에 죽은 첫째 부인 한씨(신의왕후)는 둘째 아들(정종) 가까이에 편히 잠들어 있다.

건원릉 健元陵

조선을 세운 태조 이성계의 능. 건원릉은 동구릉에서 가장 중앙 깊숙한 곳에 있다. 태조는 생전에 계비 신덕왕후와 함께 묻히기를 원해 신덕왕후의 능인 정릉貞陵에 자신의 묏자리를 축조해 놓았으나 태종은 부왕의 유언을 따르지 않고 신덕왕후의 정릉을 도성 밖으로 이장하고, 태조의 능을 지금의 자리에 조성했다. 보통 능호는 외자로 하지만 건원릉만 두 자이다.

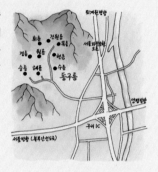

사적 제193호. 경기도 구리시 인창동 산 4-2(동구릉)
동구릉 전체 면적 191만 5,891㎡(57만 9,557평)

제릉 齊陵

조선 태조의 원비 신의왕후 한씨의 능. 처음에는 해풍군 치속촌에 장사지냈다가 조선 개국 다음날(1392년 7월 17일) 한씨의 시호를 절비節妃라 추존하고 능호를 제릉이라 하여 개풍군 상도면 풍천리(현 : 개성시 판문군 상도리)에 방향을 갑좌경향(동쪽에서 서쪽 방향)으로 하여 봉릉했다. 개풍군에 봉릉한 것은 조선 개국 이전에 죽었기 때문이다. 뒤에 능직관으로 권무관 2인과 수릉군 50호를 두고 능의 동쪽 마을에 제궁을 창건하여 초경사라 칭하고, 교종에 속하게 했다. 불교가 흥하던 고려의 문화적 관습대로 능에 제사를 올리는 적을 둔 것이다. 1398년 정종이 즉위한 후에는 신의왕후로 추존되었다. 태종 10년

에 종묘에 신주를 부묘했다. 근세 대한제국 성립 후 1899년(고종高宗: 광무 3)에 황후皇后로 추존되었다. 1407년(태종 7) 태조의 신변보호 무사 출신이면서 토목 건축에 재간이 있던 박자청이 왕비릉의 규모를 갖추지 못하고 있던 제릉을 확장했는데, 이 박자청은 다음해인 1408년 건원릉의 축조 실무를 담당하게 된다. 1676년(숙종 2) 6월 29일 정자각에 불이 나고 1744년(영조 20) 11월에 신도비를 중건했다는 기록이 남아 있다.

경기도 개성시 판문군 상도리

정릉 貞陵

조선 태조 비 신덕왕후 강씨의 능. 원래 정릉은 현재 영국대사관 자리에 있었다. 태조가 고려 왕릉을 본떠 온갖 정성을 쏟아 조성한 조선 최초의 능이다. 현재의 정릉은 이장, 복원된 것이다. 능에 오르면 병풍석 없는 봉분과 고석(받침돌)이 두 개뿐인 혼유석, 무인석은 없고 문인석만 있다. 흥천사의 운명도 정릉과 같다. 정동 자리에 있던 절은 연산군 때 불타 버렸다. 제22대 정조 때 성민 스님과 경신 스님이 현재 위치(서울 성북구 돈암동)에 흥천사를 중창했다.

사적 제208호. 서울 성북구 정릉동 산87-16
면적 29만 9,574㎡(9만 621평)

제2대 정종 가계도

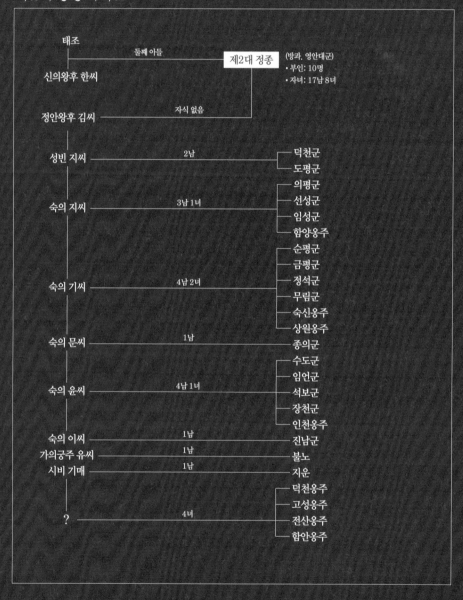

태조 ─── 둘째 아들 ─── 제2대 정종 (방과. 영안대군)
신의왕후 한씨   • 부인: 10명
                                      • 자녀: 17남 8녀

정안왕후 김씨 ─── 자식 없음

성빈 지씨 ─── 2남 ─── 덕천군
                      도평군

숙의 지씨 ─── 3남 1녀 ─── 의평군
                          선성군
                          임성군
                          함양옹주

숙의 기씨 ─── 4남 2녀 ─── 순평군
                          금평군
                          정석군
                          무림군
                          숙신옹주
                          상원옹주

숙의 문씨 ─── 1남 ─── 종의군

숙의 윤씨 ─── 4남 1녀 ─── 수도군
                          임언군
                          석보군
                          장천군
                          인천옹주

숙의 이씨 ─── 1남 ─── 진남군
가의궁주 유씨 ─── 1남 ─── 불노
시비 기매 ─── 1남 ─── 지운

? ─── 4녀 ─── 덕천옹주
              고성옹주
              전산옹주
              함안옹주

제2대 정종과 정안왕후
후릉

마음을 비우고 천수를 누리다

원치 않던 권좌, 삶과 죽음을 넘나드는 아슬아슬한 칼날 위에서 그는 훌쩍 뛰어내렸다. "왕 노릇 못해 먹겠다!" 여론을 슬쩍 떠보니, "전하, 고정하시오소서! 어찌 그런 망극한 말씀을 하시오니까? 신들의 가슴이 천 갈래 만 갈래 찢어지오니이다." 입에 발린 간언을 주유소에서 받은 1회용 휴지처럼 내쳤다.

조선 역대 왕 중 매력 없는 왕의 순위를 매기라면, 정종은 둘째가라면 서럽다. 어딜 둘러보아도 야심, 패기, 술수, 카리스마가 보이지 않는다. 제2대 정종이란 묘호가 아깝다. 그래서 묘호를 얻는 데 262년이 걸렸다. 40대 초반에 2년 2개월 동안 왕위에 있다가 62세에 승하했다. 승하 후 오랫동안 묘호도 없이 공정왕恭靖王으로 불리다가 1681년(숙종 7)에 정종이란 묘호를 받았다. 대통령 권한대행은 대통령인가, 아닌가? 권한대행 기간 중에는 대통령에 준하는 예우를 받지만, 대통령은 아니다. 세월이 흘러도 권한대행이란 꼬리표가 소멸되지 않는다. 정종은 방원이 왕권을 접

정종 1357~1419(62세) | 재위 1398. 9.(41세)~1400. 11.(43세). 2년 2개월 | 정안왕후 1355~1412(57세)

후릉 (북한 개성 소재)

수하기 위해 잠시 머문 부교浮橋였다.

왕위를 물려줄 다음 타자는 당연히 방원이다. 정종에 의해 1400년 2월에 방원이 세자로 책봉되었다. 족보가 이상하다. 방원은 정종의 동생이다. 그렇다면 세자가 아닌 세제가 되어야 한다. 정종을 왕으로 인정하지 않으려는 당시 조정 분위기 때문이다. 형식적으론 방원이 정종의 왕위를 이었지만, 실제론 태조의 세자로 왕위를 이었다는 것이다. 권력은 쟁취하는 것이지 엉겁결에 들어선 잔치집에서 받아든 밥상이 아니다.

우왕좌왕하다가 동생에게 왕위를 내주었으니 기분 참 더러웠을 것이라고? 마음먹기에 달렸다. 아버지 이성계의 역성혁명, 왕자의 난 등을 가까운 거리에서 지켜본 그는 피비린내의 근원, 권력의 속성을 알고 있다. 목숨을 걸지 않으면 보상이 없다.

목숨을 걸어도 금메달은 한 개뿐이다. 나눌 수도 쪼갤 수도 없다.

그 역시 무장武將이다. 청년시절 아버지 이성계를 도와 지리산에서 왜구를 토벌했고, 1390년 창왕을 폐하고 공양왕을 옹립한 공으로 밀직부사에 오르기도 했다. 그는 성품이 근실하고 지행이 방정했다. 음모와 야심은 보이지 않는다. 그래서 또 한 번 일어날 뻔한 살육전을 피할 수 있었다. 자리를 탐하는 측근도 두지 않았다.

1차 왕자의 난이 성공을 거두고 세자 책봉 문제가 초미의 관심사였다. 그는 이미 판세를 읽었다. 그래서 진중한 목소리로 주장한다.

"당초부터 대의를 주장하고 개국하여 오늘에 이른 업적은 모두 정안군靖安君(방원)의 공로인데 내가 어찌 세자가 될 수 있겠는가?"

방원은 흐느끼며 간청한다.

"방우 큰형님이 돌아가시고 없는 마당에 형님이 장자십니다. 형님이 마땅히 대통을 이어야 합니다. 엎드려 비오니 내치지 마십시오."

방원의 속내를 어찌 모르랴. 그러나, 그래 완충 장치가 필요하다. 화병으로 쓰러질지도 모를 아버지를 위해 내가 잠시 방원의 다리가 되자. 내 등을 밟고 옥좌로 가거라. 실권은 이미 네게 있으니, 나는 잠시 세탁소에서 빌린 용포를 입고 사진 몇 장 찍고 물러나리라.

스스로 다짐하며 각오를 지켰다. 세력을 모으는 낌새가 있으면 야밤중에라도 방원의 수하들이 칼을 들고 침전으로 쳐들어올 것이다. 내관들마저 방원측 인물들이다. 정비 정안왕후 김씨와의 사이에는 후사가 없었다. 이것도 그들이 천수를 누린 이유다.

2년 2개월의 짧은 권한대행을 마치고 정종은 상왕이 된다. 편하고 자유로운 상왕 노릇을 19년간 했다. 동네 목욕탕에도 맘대로 못 가고 골프 한번 치러 나갔다가는 기자들이 두더지처럼 따라붙어 구설수를 만들어 내는 전직 대통령들은 정종이 한없이 부러울 것이다.

제3대 임금으로 즉위한 방원은 정종을 상왕으로 삼고 극진히 예우했다. 1400년 12월 상왕전에 나아가 '인문공예상왕仁文恭睿上王'이란 존호를 올리고 이르기를,

"태조에 이어 정사에 나아가 나라를 평안케 하셨고, 소자를 보전케 하셨으며, 인애를 다하여 즉위토록 명하셨습니다. 엎드려 바라옵건대 전하께서는 도를 즐기시고 한가로이 지내시면서 마음을 편안히 가지시옵소서. 충심에서 우러난 소원이오니 굽어 살피시고 다복한 상서祥瑞를 받으소서."

이것은 방원의 진심이었다. 권력을 얻은 자의 아량과 시혜였다. 정종은 그 뜻을 담담하게, 흔쾌히 받아 실행했다. IOC 위원, 왕권 홍보대사란 직책이 있었다면 능히 감당할 능력이 있었다. 상왕은 격구擊毬·사냥·온천여행·파티의 고수였다.

호색한인지 보신책인지 그는 부인을 10명이나 두었다. 정비에게는 자녀가 없고 후실들에게서 17남 8녀를 두었다. 자식들 이름이나 다 기억할까. 부인을 10명 이상 둔 왕들은, 제3대 태종(10명, 12남 17녀), 제9대 성종(12명, 16남 12녀), 제11대 중종(12명, 9남 11녀), 제15대 광해군(10명, 1남 1녀) 등 5명이다. 왕들의 혼인은 스스로의 선택이 아니다. 권력과 연줄을 맺으려는 세도가들이 다투어 딸을 바친 결과물이다. 정종이야 애초에 권력자가 아니었으니 자발적 의지로 보인다. 그렇다고 왕의 다처를 흠잡는 시대도 아니니, 얼쑤! 지화자!

마음 비우기, 하심下心 아니면 그의 행태를 설명할 수 없다. 방원이 막강하나 자객 몇 명이면 처단이 가능하다. 거대한 보상(병조판서 정도)을 미끼로 방원의 측근을 활

용할 수도 있다. 철옹성 같은 궁정동에서도 총성이 울렸는데.

정종보다 7년 먼저 죽은 정안왕후 김씨는 사려 깊고 공손한 성품의 여인이었다. 덕행으로 아랫사람을 다스리고 마음에서 우러나오는 우애로써 친족과 친교를 두텁게 했다. 집안이 한미한 것도 아니다. 고려 공민왕 때 문하좌시중(부총리) 월성부원군 김천서金天瑞의 딸이다. 김씨는 정종의 즉위 때부터 조심스럽게 반대했다.

"그 자리는 우리 자리가 아니옵니다. 바람 부는 방향은 이미 정해졌는데, 돛단배가 어찌 거스를 수 있겠습니까?"

정종은 부인을 달랬다.

"하늘의 뜻이 우리에게 있지 않다는 것을 압니다. 잘못 발을 들어놓으면 목숨을 부지할 수 없다는 것도 압니다. 그러나 방원의 뜻이 하늘의 뜻보다 강하니 어쩌겠소?"

왕위에 앉은 2년 동안, 그들은 그것을 지키기 위해 안간힘을 쓴 것이 아니라 뛰어내릴 궁리만 했다. 권력을 위해서 세계적 수치를 안으로 삭힌 미세스 클린턴 힐러리 님과 대비된다. 그들은 천수를 누렸다. 정종은 62세, 정안황후 김씨는 57세에 승하했다.

정종은 무능하고 겁 많은 소인배인가, 시대의 코드를 읽은 대장부인가? 함량 미달인 인사들도 주변에서 바람을 잡는다고 대권 후보군에 이름을 올리곤 한다. 출마가 직업인 사람도 있지만 성공한 경우는 못 봤다. 참가에 의미를 두는 것은 스포츠다. 마라톤 완주에는 격려를 보내지만 깜냥 모르고 "못 먹어도 고!"라고 설치는 선거병 환자는 공공의 적, 가문의 웬수다.

후릉 厚陵

조선 제2대 정종과 정안왕후의 능. 후릉 가는 길은 지금 없다. 북녘 땅 개성시 판문군 령정리에 있다. 후릉은 당대 명건축가 박자청의 작품으로 추정된다. 태종의 헌릉과 쌍둥이처럼 닮았다. 헌릉을 보면 북녘에 있는 후릉을 본 셈이 된다.
두 쌍의 문인석, 무인석의 모습도 헌릉과 다르지 않다. 병풍석을 둘렀으며 면석에 십이지상을 새겼고 왕과 왕비의 능 앞에 각각의 장명등을 세운 것, 홍유석 받침돌(고석)이 5개인 조선 초기 양식이며, 이는 고려 왕릉의 형식을 답습한 것이다.

개성시 판문군 상도리

제3대 태종과 원경왕후
천릉

업장은 짧고 과보는 길다

**척불의 회오리가 시작되다,
아비를 부정하리라**

태종은 대권 재수생 출신이다. 등극 후에도 합격의 영광을 맘껏 누리지 못했다. 두 차례의 왕자의 난을 치르고 피방석을 깔고 권좌에 올랐다. 왕이 된 이후에도 아버지는 여전히 '방원이 이노옴!'이다. 태종 2년(1402)에 일어난 조사의趙思義의 난은 아버지 태조가 스스로의 복위를 도모하기 위한 반란이다. 태종은 결심한다. 최소한의 도리를 제외하고 아버지를 부정하리라. 마음은 이미 아비를 버렸다.

아비가 귀히 여기는 것이라면 작심하고 능멸하기로 작정했다. 불교를 탄압, 말살하기로 작심한 것도 궤를 같이한다. 숭유억불은 조선의 건국이념이 아니다. 태조는 독실한 불자다. 제2대 정종도 마찬가지다.

부자간의 반목을 오디이푸스 콤플렉스, 거세 콤플렉스로 설명하기도 한다. 거기에 절대 권력이 개입되어 있으면 반목은 활화산이다. 신진 사대부들은 고려의 부

태종 1367~1422(55세) | 재위 1400. 11.(33세)~1418. 8.(51세). 17년 10개월 | 원경왕후 1365~1420(55세)

제3대 태종가계도

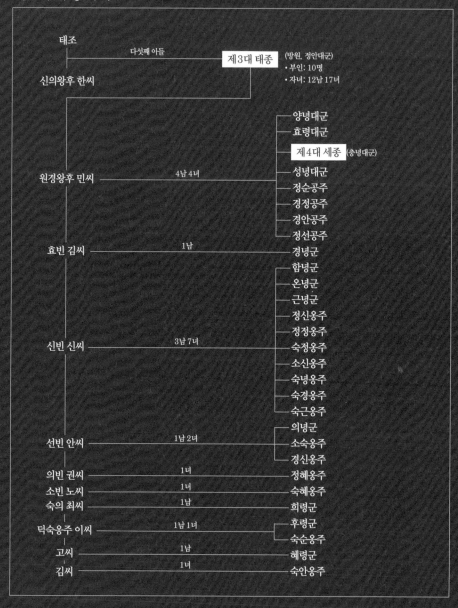

태조

신의왕후 한씨

다섯째 아들 ─── 제3대 태종 (방원, 정안대군)
• 부인: 10명
• 자녀: 12남 17녀

원경왕후 민씨 ─── 4남 4녀
- 양녕대군
- 효령대군
- 제4대 세종 (충녕대군)
- 성녕대군
- 정순공주
- 경정공주
- 경안공주
- 정선공주

효빈 김씨 ─── 1남
- 경녕군

신빈 신씨 ─── 3남 7녀
- 함녕군
- 온녕군
- 근녕군
- 정신옹주
- 정정옹주
- 숙정옹주
- 소신옹주
- 숙녕옹주
- 숙경옹주
- 숙근옹주

선빈 안씨 ─── 1남 2녀
- 의녕군
- 소숙옹주
- 경신옹주

의빈 권씨 ─── 1녀
- 정혜옹주

소빈 노씨 ─── 1녀
- 숙혜옹주

숙의 최씨 ─── 1남
- 희령군

덕숙옹주 이씨 ─── 1남 1녀
- 후령군
- 숙순옹주

고씨 ─── 1남
- 혜령군

김씨 ─── 1녀
- 숙안옹주

패와 패망이 불교와 밀접한 관련이 있다고 주장했다. 사회 전반에 유포된 불교적 요소를 걷어내야 조선이 살 수 있다고 주장했다. 성리학의 토대가 된 공자의 학문은 현실적이다. 불교에 대해 비현실적이라는 비난을 퍼부었다.

개국 초 정도전 등이 척불斥佛을 강하게 주장했지만, 태조의 의지가 굳어 실현되지 못했다. 태종의 세상이 되자 척불은 기름 부은 들불이 된다. 1400년 11월, 태종은 즉위하자마자 궁중의 인왕상仁王像을 대궐 밖으로 옮겨 버린다. 인왕상은 환관 등 궐내에 거주하는 이들의 예불 대상이었다. 궐내 도량법석道場法席도 폐지시킨다.

1402년 4월, 사찰의 토지를 군대에 예속시킨다. 이 소식을 들은 태상왕 이성계가 노발대발하며, 사찰의 토지를 되돌려 주고 스님들을 억압하지 말 것이며, 부녀자들이 절에 가는 것을 금하지 말라고 강력하게 요청한다. 태종은 불교 탄압을 일시적으로 접는다. 왕의 의중을 읽고 있는 대신들의 합창이 그치질 않는다. 1403년 6월, 사헌부의 건의를 받아들여 다시 사찰의 토지를 몰수한다. 1404년 12월, 사간원의 건의로 부녀자들의 사찰 참배 금지, 1405년 8월, 폐사찰의 전답과 노비를 국가에 귀속, 11월에는 전국의 모든 사찰의 토지와 노비를 혁파한다. 유신시절 긴급조치 같은 포고령이 연이어 떨어진다. 불교의 존폐가 벼랑 끝으로 몰렸다.

1406년 2월, 수백 명의 스님들이 대궐 앞에 마련된 신문고를 치며 탄압을 중지해 달라고 요청한다. 조계종 성민 스님을 위시한 스님들이 조정의 처사를 철회해 줄 것을 요구했지만 태종은 거부한다. 오히려 탄압의 강도를 높인다. 교단 내에 남겨 둘 사찰, 스님·노비·전답의 수를 규정하고 종단도 축소시킨다. 한양과 개경에는 오교양종에서 각 종단마다 사찰 1개로 한정하고, 지방의 목·부에는 선종과 교종에서 각 1개 사찰, 군·현에는 선종과 교종을 합하여 1개 사찰만 남기고 나머지는 모두 철폐한다.

이렇게 해서 조선 전역에 총 242개의 사찰만 남는다. 관아에 의해 몰수된 노비는 총 8만 명, 몰수된 전토는 총 6만 결이 넘는다. 11개 종단을 7개 종단으로 통폐합한다. 조계종·천태종·화엄종·자은종·중도종·총남종·시흥종만 남는다. 고려 이후 지속적으로 실시되던 승과僧科와 승계僧階도 폐지해 버린다.

신진 사대부의 정치 이념과 그들의 이해득실, 태종의 개인적 심사, 특히 살부의식의 중심에 불교가 있었다. 개혁의 이름으로 무자비한 탄압의 표적이 불교였다. 아버지 태조의 건원릉健元陵과 어머니 신의왕후의 제릉齊陵에는 마지못해 원찰을 세우게 했으나 자신의 능에는 생전에 엄명을 내렸다. "내 잠들 곳에는 더러운 중들이 가까이하지 못하게 하라."고. 먼저 죽은 왕비 원경왕후 국상 때 재를 올리자, "대소 관원들로부터 노복에 이르기까지 거의 천여 명이 한데 어울려 떠들어 대는구나. 부처에게 혼이 있다면 이런 것은 섬기는 도리가 아니다."라고 화를 냈다. 왕과 왕비이하 사대부, 서인에 이르기까지 수륙재水陸齋만 허용하고 다른 행사는 모두 철폐했다. 절에 참배하는 인원도 제한했다. "부처와 신선은 백성을 속이고 미혹케 한다. 모두 허황하고 망령되다. 천년 후에 이 법을 지키고 안 지키고는 저희에게 달렸다."라고 토를 달았지만, 조선 왕릉 제사에 불교 의식이 개입할 여지를 원천 봉쇄한 것이 태종이다. 고려 말 불교의 타락상에 대한 혐오와 아버지에 대한 증오가 한 덩어리가 되어 철저한 현실주의자가 되었다. 자비·깨달음·성불은 그에게 어지럽고 공허한 연기였다. 용맹과 지략과 정력이 여법하게 쓰였다면, 아쉽다. 산술적 수치가 큰 의미가 있을까마는 태종은 부인이 10명이다. 랭킹 3위다. 1위는 제9대 성종이 12명, 제11대 중종이 12명이다.

자녀수로는 태종이 랭킹 1위다. 12남 17녀 도합 29명이다. 자녀가 많다고 세간에 알려진 세종은 18남 4녀, 22명이다.

왕릉 답사를 다닐 때면 시간 나는 친구들이 가끔 동행한다. 왕들 부인의 숫자, 자녀의 숫자를 말하면 친구들은 입을 실룩거리며 시기한다. 그럴 때면 따끔하게 일침을 가한다. "너, 살아오면서 곁눈질한 횟수를 고백할 수 있겠냐? 군대시절 포함해서. 왕들의 삶은 어항 속의 금붕어다." 그러면 입을 다문다.

업장은 짧고 과보는 길다 | "아바마마, 아바마마! 태상왕 전하!"

태종의 흐느낌이 침전 밖까지 들린다. 강철 덫에 발목 걸린 맹수처럼 깊고 처절한 울음이다. 뜨겁고 끈적끈적한 눈물이 용포를 적신다. 내관들은 파랗게 질린 낯빛으로 안절부절못한다. 철벽 같은 장애를 두려움 없이 까부수고 권좌에 올라 여기까지 왔는데, 숱한 저주의 아우성마저 환호로 여기며 예까지 왔는데, 내일은 또 어떤 보고가 올라올까. 밤이 이슥토록 용포도 벗지 못하고 앉아 주먹으로 눈가를 훔치고 있다.

더 이상 손에 피를 묻히고 싶지 않았는데, 내가 만든 핏물이 몸을 잠그고도 넘치거늘, 앞날은 캄캄하기만 하다. 이승에 없는 아버지를 목 놓아 부르지만 대답이 없다. 자식을 낳고 키워 봐야 어버이의 마음을 알 수 있다는 평범한 진리가 뼛속에 스민다.

세자 양녕의 기행奇行은 날이 갈수록 더하다. 기행의 도를 넘어 만행蠻行이다. 아비의 속은 숯검정이 되어 간다. 태조의 가슴에 박았던 대못이 자신의 가슴에 쇠말뚝이 되어 박힌다.

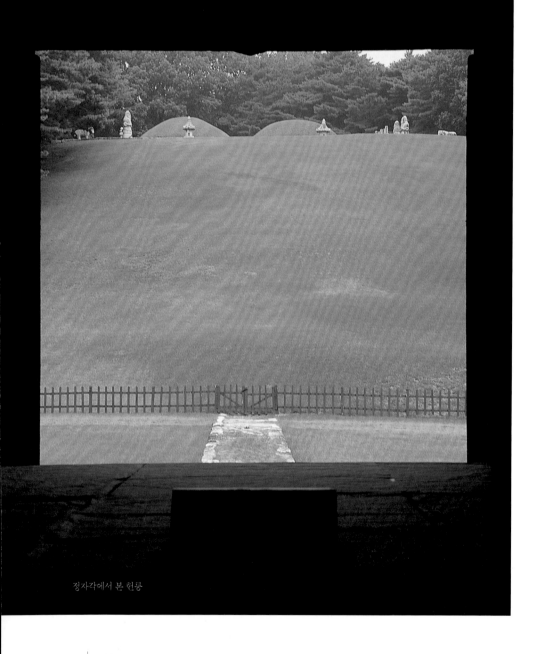

정자각에서 본 헌릉

"전하, 세자 저하가 몰래 궁을 나가 여태 소식이 없습니다."

"전하, 세자 저하가 저자의 기생집에 머무르고 있다 하옵니다. 그 기생은 상왕(제 2대 정종) 전하께오서 아끼는 기생이라 하옵니다."

보고가 두렵다. 여염의 난봉꾼을 능가하는 행태가 연일 보고된다. 세자는 민가의 사내들조차 엄두를 못 낼 야만을 연일 저지르고 다닌다. 최고의 스승은 체험이다. 권력을 위해 아비에게 무자비했던 업보가 고스란히 돌아오고 있다.

태종은 왕권 강화를 절대가치로 규정했다. 신흥 왕조의 왕권에 도전하는 세력은 가차 없이 처단했다. 태종 4년(1404) 10세의 양녕대군을 세자로 책봉했다. 적통 장자의 왕권 계승을 확립하기 위함이다. 자신도 건강한 37세이니 제왕 수련에 자신이 있었다. 그 의도를 거스르는 세력은 용납하지 않았다.

외척 세력이 발호하는 것도 좌시하지 않았다. 정비 원경왕후의 4명의 남동생(민무구·민무질·민무휼·민무회)마저 처형했다. 양녕은 어린 시절을 외가에서 보냈기 때문에 자연스럽게 외삼촌인 그들과 친했다. 민무구와 민무질은 세자의 위세를 은근히 업고 조정의 실세로 행세했다. 그들을 차례로 유배 보내고 자진自盡토록 했다. 끝없는 피의 향연이다.

10여 년 이상 제왕 수업에 공을 들였지만 세자의 싹수는 갈수록 노랗다. 청년이 되어 색정에 눈을 뜨자 본격적으로 호색한이 되어 간다. 24시간 밀착 감시를 명해도 소용없다. 세자에겐 궁궐이 구중심처가 아니라 신출귀몰의 놀이터다. 근신하라는 어명을 코웃음치며 날려 버린다. 수색대를 풀어 세자를 궁으로 잡아들여 놓으면 대궐이 떠나가라 소리치며 난동을 부린다.

"어리야, 어리야! 어디 있느냐? 네년의 요분질이 몹시 그립구나. 이놈들아! 어리를 데려오너라."

주상의 침전 가까이까지 가서 소리를 질러댄다. 시종들만 죽을 맛이다. 어리는 세자 매형의 애첩인 기생이다. 난봉질도 주로 친인척의 애첩을 건드린다. 임금으로서, 아비로서 태종의 체면이 낯을 들 수 없을 정도다. 자식이, 그것도 세자가 저 모양이니 군왕의 권위가 말이 아니다. 온갖 비난을 감수하며 피범벅이 된 손으로 꼿꼿이 세우고자 한 왕권이 세자의 일탈로 조롱거리가 되어 가고 있다. 수시로 기생들을 궐 안에 끌어들이고 눈에 보이는 반반한 궁녀는 닥치는 대로 치마를 벗긴다.

급기야 세자는 아버지 태종에게 포복절도할 편지마저 보낸다.

"원기왕성하신 전하! 아바마마께서는 어찌 그리 정력이 세십니까? 스물일곱에 소자를 낳으신 후 매년 한둘씩 아들딸을 생산하고 계십니다. 어마마마를 포함해 부인이 열 명이옵니다. 아직도 더 늘려갈 계획이지요? 소자는 자랑스러운 아바마마의 자식입니다. 소자 또한 열 이상의 애첩을 거느리고 싶습니다. 소자의 이런 생각을 어찌 나무라려 하옵니까? 전하께서는 후궁 여럿을 거느려도 되고 소자는 기생첩 하나 제대로 간수하지 못하게 하니 이게 무슨 해괴한 법도이옵니까? 소자 또한 전하의 자식답게 정력이 왕성합니다. 소자의 용맹을 탓하지 마시고 격려해 주십시오."

실록에 기록된 편지의 핵심은 위와 같다. 한때 유행했던 "막가자는 거지요?"였다. 차라리 뜯어보지 말고 불태워 버릴 것을. 편지를 읽은 태종은 온몸을 떨었다. 태산도 옮기고 천군만마도 두렵지 않았거늘, 20대 청년 양녕이 무섭고 두렵다. 자신이 휘두른 칼날에 사라져 간 이들의 원귀가 양녕의 몸속에 온통 엉겨 붙어 있는 것 같다. 이승을 떠난 태조 이성계가 비웃는 것 같다.

"방원이 이노옴! 내 눈에 눈물이 아직 마르지 않았다. 남의 눈에 눈물을 흘리게

하면 제 눈에 피눈물을 흘려야 하는 것을 이제야 알겠느냐? 네놈은 아비의 목을 치고도 남을 놈이야. 이제 양녕이 네 목을 치는구나."

태종은 벌떡 일어나 적막한 침전을 휘돌아다니며 소리친다.

"아바마마! 소자는 오직 이 나라 조선, 아바마마께서 세우신 조선을 튼튼하게 만들기 위해 악역을 마다하지 않았습니다. 어느 누구도 왕권을 넘보지 못하도록 야욕 가진 자는 친소를 불문하고 처단했습니다. 권력은 둑과 같아서 적당히 아량을 베풀면 금세 터집니다. 아바마마, 소자의 처신이 진정 그토록 극악한 것이었습니까? 대답해 주십시오."

용포를 찢으며 마취에서 깨어난 맹수처럼 비틀거리며 방안을 휘젓고 다닌다. 사태를 수습하려는 내관마저 호통을 쳐서 내쫓는다. 폐세자를 주장하는 상소가 이미 산더미처럼 쌓였다. 적장자 왕통 계승의 꿈이 서서히 허물어져 간다.

마침내 태종 18년(1418), 양녕대군은 폐세자가 된다. 그의 나이 24세, 세자가 된 지 14년 만이다. 1418년은 태종 재위 마지막 해다. 마지막까지 기대의 끈을 놓지 않았던 태종의 고민이 보인다. 양녕은 태종의 날선 가슴의 칼을 무디게 한 문수보살의 화신이다. 양녕이 아니었다면 태종은 이승에서 자기 성찰의 기회를 갖지 못했을 것이다.

비록 불화 그윽한 관계였지만, 빵빵한 아버지의 유산을 물려받았고, 야심을 충족시킬 수 있는 용맹과 지략을 갖추었다. 그리고 왕이 되었다. 권위에 도전하는 어떤 세력도 단칼에 베어 버리는 과감성도 있다. 양녕 하나를 제외하고는 공손하고 충직한 11남 17녀의 풍성한 자식도 있다. 오만의 극치를 달릴 수 있었다. 양녕의 제동이 없었다면, 그는 지금도 눕지 않고 뻣뻣이 서서 헌릉 위에서 호령할 것이다.

폐세자 양녕은 유배되었다. 동생 충녕이 왕(세종)이 된 후에도 양녕은 감찰 대상이었다. 유배지를 벗어나 함부로 돌아다니고 난잡한 행태를 멈추지 않아 대신들의 탄핵 상소가 끊이지 않았다. 그러나 세종은 형님에 대한 극진한 우애와 예우를 견지했다. 수십 차례 올라온 탄핵 상소를 끝내 거부했다. 양녕대군은 노년에 수양대군 편에 서서 세종의 장손인 단종을 내쫓는 데 앞장섰다. 묘하고 드라마틱한 위인이다. 그는 천수를 누려 1462년(세조 8) 68세를 일기로 죽었다.

태종은 건강한 상태인 51세에 전격적으로 셋째아들 충녕대군에게 왕위를 물려주었다. 양녕을 폐하고 충녕을 세자로 삼은 지 두 달 만이다. 태종다운 과감함이다. 상왕으로 물러난 뒤에도 군권에는 관여했다. 태종은 1422년 55세를 일기로 승하했다.

곁에 누운 정비 원경왕후 민씨와는 4남 4녀를 생산했지만 그리 화목하지는 못했다. 사가에서라면 8남매를 낳은 다복한 부부다. 남편이 왕이 되기 전에는 그녀는 총명하고 결단력 있는 내조자였다. 정도전 일파를 제거하는 데 일조했고, 방원이 위기에 처했을 때 여러 번 능력을 발휘했다.

왕비가 된 후에는 태종과 불화가 그치지 않았다. 태종의 후궁이 많은 것은 권력 분산과 왕권 강화를 위한 책략이었다. 민씨는 이것을 노골적으로 불평하고 투기했다. 남동생들을 부추겨 태종의 심기를 더욱 분기탱천하게 했다. 태종은 4명의 처남을 처형해 버렸다. 이에 민씨는 오만불손을 서슴지 않았다. 폐비의 위기까지 이르렀으나 태종은 후일을 걱정하여 끝내 폐비시키지는 않았다. 그랬다면 연산군 때 일어난 사화가 훨씬 앞당겨졌을지도 모른다. 정이야 싸늘하게 식었지만 원경왕후는 태종 곁에 누워 있다. 합장릉이 아닌 쌍릉인 것만도 다행으로 여길까. 두 개의 능은 1미터 정도 간격으로 바싹 붙어 있다. 굵직한 지대석址臺石이 두 개 능을 이어 주고 있다. 지금 이들은 돌아누워 있을까, 마주 보고 있을까?

한날 한시에 태어난 손가락도 길고 짧다. 양녕에게 혼쭐이 난 태종에겐 불세출의 현군이라 칭송되는 또 다른 아들, 세종이 있다. 과연 세종은 미덕으로만 뭉쳐진 위인일까? 그가 묻힌 영릉으로 간다.

헌릉 獻陵

조선 제3대 태종과 원비 원경왕후 민씨의 쌍릉. 가까이 제23대 순조와 비 순원왕후 김씨의 합장릉인 인릉仁陵이 있다. 합쳐서 헌인릉으로 불린다. 헌릉은 두 개의 능을 난간석으로 연결했다. 남한에 있는 왕릉 중 유일하게 문인석 무인석 석양 석호 석마가 다른 왕릉의 두 배인 각 2쌍씩 설치되어 있다. 곡장 안의 석호 석양 석물이 총 16개다. 특히 능의 뒤편에는 석호 네 마리가 버티고 있다. 모두 바깥쪽을 향하고 있다. 대단한 경호다. 능침의 옆에서 오른쪽을 내려다보면 경호는 더욱 심하다. 국가정보원이 거기 있다. 국가 최고 정보와 방어력이 있는 곳이 아닌가. 태종의 성품과 어울리는 기관이 외호하고 있다.

헌릉이 있는 대모산大母山은 육산肉山이다. 물이 많다. 원래 대고산大姑山 할미산으로 불리었는데, 태종이 이곳으로 오자 할머니 대신 어머니를 써서 대모산으로 바뀌었다. 할머니든 어머니든 그들은 젖을 먹여 자식을 키우는 이다. 대모산에는 약수터가 많다. 용두천 옥수천 임록천 구룡천 대룡천 등 범상치 않은 이름이 붙은 곳만도 20여 개가 된다. 겨울 가뭄이 심해도 약수터 물이 마르지 않는다. 해발 293미터인 야트막한 산인데 심산유곡처럼 물이 많다. 능지로선 부적합하다.

태종은 재위 당시 명당을 찾아 1415년 지관 이양달의 추천으로 이곳을 수릉으로 택했다. 1420년 왕비 원경왕후가 승하하자 이곳에 안장하고 1422년 자신도 이곳에 안장됐다. 후에 태종 곁에 안장됐던 세종은 여주로(영릉), 문종은 동구릉으로 천장했다. 헌인릉 정자각을 조금 벗어나면 작은 늪지대다. 능의 곡장 안에까지 배수로를 파놓았다. 경직성으로 뭉쳐진 태종의 가슴을 적시고자 하는가. 대모산에는 물이 많다.

사적 제194호. 서울 서초구 내곡동 산13-1(헌인릉)
헌인릉 전체 면적 119만 3,071㎡(36만 904평)

제4대 세종과 소헌왕후
영릉

두 얼굴의 영웅

완전한 영웅, 무결점의 완인完人을 우러르고 싶은 것이 민초들의 욕망이다. 그러나 불행하게도 그 욕망을 완벽하게 충족시킬 수 있는 인물은 없다. 그래서 신神이란 추상을 조성하기도 하고, 부처 즉 '각자覺者'란 실체 구현에 매달리기도 한다.

세종은 태종의 셋째 아들이다. 세 살 많은 큰형 양녕대군은 일탈의 극치를 달리다가 폐세자가 되고, 한 살 많은 작은형 효령대군은 동생 충녕이 세자에 책봉되자 제행무상을 통감하고 절로 찾아들어 불교에 귀의했다. 효령은 회암사檜巖寺 중수를 건의하고 원각사 조성도감 제조(총책임자)로 활동하기도 했다. 1465년(세조 11)엔《바라밀다심경》을 언해했다. 그는 권력에 대한 유혹을 경계하고 효성과 우애가 지극하여 세종~성종까지 여섯 왕을 거치며 90세까지 살았다.

세종 치세 불교는 1443년(세종 25) 훈민정음 창제 전과 그 이후로 구분된다. 창제 이전 세종의 모습은 이러하다. 세종은 아버지 태종이 죽고 나서 왕위를 계승한 것

세종 1397~1450(53세) | 재위 1418. 8.(21세)~1450. 2.(53세), 31년 6개월 | 소헌왕후 1395~1446(51세)

제4대 세종 가계도

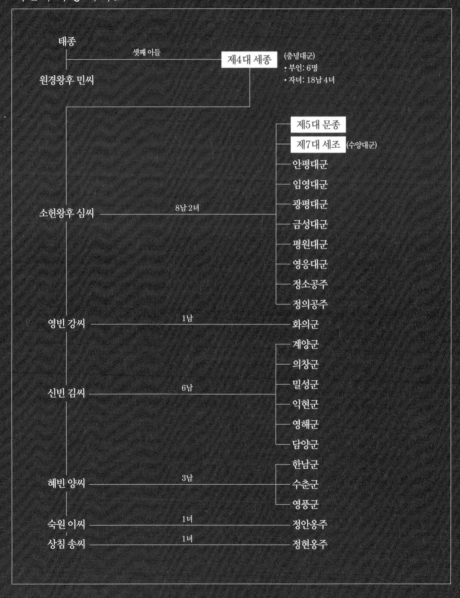

태종 ──── 셋째 아들 ──── **제4대 세종** (충녕대군)
· 부인: 6명
· 자녀: 18남 4녀

원경왕후 민씨

소헌왕후 심씨 ──── 8남 2녀 ────
- **제5대 문종**
- **제7대 세조** (수양대군)
- 안평대군
- 임영대군
- 광평대군
- 금성대군
- 평원대군
- 영응대군
- 정소공주
- 정의공주

영빈 강씨 ──── 1남 ──── 화의군

신빈 김씨 ──── 6남 ────
- 계양군
- 의창군
- 밀성군
- 익현군
- 영해군
- 담양군

혜빈 양씨 ──── 3남 ────
- 한남군
- 수춘군
- 영풍군

숙원 이씨 ──── 1녀 ──── 정안옹주

상침 송씨 ──── 1녀 ──── 정현옹주

이 아니다. 태종은 재위기간 중 네 번에 걸쳐 선위파동을 일으켰다. 외척 세력을 제거하고 왕권을 튼튼히 하기 위한 전략이다. 예나 지금이나 선위파동, 탄핵파동은 엄청난 후폭풍을 몰고 온다. 태종은 51세에 세종에게 왕권을 넘겨준다. 자신은 상왕으로 물러앉아 왕권을 보호하고 왕이 정사를 제대로 처리할 능력을 보이면 권력의 보루인 군정 안정에 주력한다는 계획이었다.

세종대왕 어진

세종은 빼어난 효자, 모범생, 영재다. 아버지의 뜻을 거스르는 반항아가 아니다. 반항아의 모습은 큰형님 양녕에게서 질리도록 봤다.

세종은 즉위하자마자 부왕의 배불정책을 이어 더한층 불교 억압에 몰두한다. 태종 때 혁파한 사찰과 노비 중에서 완전히 처리되지 못한 나머지를 모두 처리했다. 연례행사인 도성 내의 경행(거리를 돌아다니며 불경을 외우는 의식)을 폐지시켰다. 성 밖 승려는 성내 출입을 금하고 동진출가(어려서 출가함)를 엄금했다.

세종 6년(1424) 4월에는 예조의 건의를 받아들여 조계종·천태종·총남종을 합쳐서 선종禪宗으로, 화엄종·자은종·중신종·시흥종을 합쳐서 교종敎宗으로 만들었다. 이념과 종지에 따른 통폐합이 아니라 1980년대 신군부의 언론 통폐합 같은 무작위 재단이었다. 남았던 7종을 선종·교종의 두 종파로 축소한 것이다. 전국에 36개 사찰만 남겨 선종 18사에 전답 4,250결, 각 절의 스님 수 도합 1,970명, 교종 18

영릉의 원찰인 신륵사 앞 남한강

명당에 자리 잡은 영릉

사에 전답 3,700결, 스님 수 1,800명으로 제한했다.

서울 안의 흥천사興天寺를 선종의 도회소都會所(총본사)로 삼고, 흥덕사興德寺를 교종의 도회소로 삼아서 나이 듬직하고 덕행 높은 승려로 하여금 양종의 제반 사무寺務를 관장하게 했다. 태종에 의해 전국 사찰이 242사로 축소되었는데, 세종 때는 사정 없이 줄여서 36사만 남는다. 선교 양종 36사, 전답 7,950결, 총 승려 수 3,770명만 남는다.

종파와 사찰을 축소 폐합하니 거기에 속한 적지 않은 토지와 노비가 국가 재산으로 몰수되었다. 아버지의 뜻, 유학자들의 뜻에 순종한 모범생 세종의 중년 이전 모습이다. 세종 대 초반에 두 차례에 걸쳐 불교 핍박에 항의하는 사건이 있었다. 승려들이 중국으로 가서 명나라 황제에게 국내의 심한 불교 박해 사정과 이에 대한

구원을 호소한 일이 있었다. 명 황제 성조成祖는 독실한 불자였기 때문에 그 호소가 다소 효력이 있었다. 세종은 그 사건으로 배불정책을 늦추고 명 황제의 환심을 사기 위해 잠시 회유책을 쓰기도 했다.

조선왕조실록은 불교에 대해서 참으로 인색하고 용렬하기까지 하다. 척불의 기록은 세세한 것까지 놓치지 않지만, 불교의 기여는 1단짜리 기사로 취급하거나 외면한다. 국시, 왕의 의지가 절대적이던 시대의 유물이다. 불교 탄압의 절정은 성군 세종때다. 석가모니를 석씨, 부처를 불씨라고 표현하기도 했다.

세종이 묻힌 영릉英陵은 방문객이 가장 많은 능이다. 주변 볼거리가 많아 여행, 소풍, 산책의 명소다. 수려한 남한강, 신륵사, 영월루, 명성황후 생가, 목아불교박물관이 멀지 않은 거리에 있다. 성군의 능답게 능역 조경 또한 일품이다. 왕위에 있었으나 능호를 얻지 못한 연산군묘·광해군묘와는 확연히 다르다. 그들의 묘에는 관리소는 고사하고 공익요원 한 명 없다. 역사의 심판은 소멸 시효가 없다.

영릉이 처음부터 경기도 여주에 자리 잡은 것은 아니다. 1446년 왕비 소헌왕후가 승하하자 헌릉獻陵(서울 서초구 내곡동) 서쪽에 조성하여 그 우실을 왕의 수릉壽陵(임금이 죽기 전에 미리 만들어 두는 임금의 무덤)으로 삼았다가 1450년 세종이 승하하자 합장했다. 조선 왕릉 최초의 합장릉이다. 헌인릉이 있는 대모산은 육산이다. 물이 많아 능지로 부적합하다. 그래도 효성 지극한 세종은 아버지 태종 곁에 묻히고자 했다.

세조 때 영릉이 불길하다는 논의가 대두되었으나 서거정 등이 반대하여 옮기지 못하고 예종 1년(1469)에 현 위치로 천장했다. 19년 동안 아버지 곁에 있다가 떠난 효자의 심정이 비통했을 것이다. "아바마마, 소자는 떠나기 싫사옵니다. 망극한 불효를 어찌하오리까?" 세종의 탄식이 흩뿌려진 옛 자리에는 흔적조차 없다. 현재 국가정보원 영내에 영릉

눈길을 끄는 석양의 고환 (왼쪽) , 웅장한 무인석 (오른쪽).

이 있었다. 돌조각 하나라도 흔적을 확인하고 싶어 알음알이로 국가정보원에 연락하니, 아무것도 없다, 사진 찍는 것은 절대 불가다라는 대답이다. 천장 때 그 자리에 묻었던 옛 석물들은 1973년 세종대왕기념사업회가 발굴해서 청량리 세종대왕기념관에 전시하고 있다.

영릉 제향(4월 8일)은 여느 제향보다 성대하다. 참반원(제향에 참석하는 사람들)이 어림잡아 1천여 명이 된다. 역시 대단한 세종대왕이다. 탄신일에는 주무 장관이 참석하고 한때는 대통령도 참석했다.

세종은 6명의 부인에게서 18남 4녀를 생산했다. 아들 숫자로는 조선 역대 왕들 중 넘버 원이다. 그러나 부모복은 있었지만 자식복 있다고 말하기는 어렵다. 두 아들(문종, 세조)이 왕위에 올랐지만 그들의 이름에는 어둠의 그림자, 피비린내가 엉겨 있다. 안평대군(계유정난 연루 35세에 사사), 광평대군(19세 요절), 금성대군(단종 복위 모의 31세에 처형)도 마찬가지다.

복업 짓는 일에 소홀해서 그런가.

　풍수는 고금을 막론하고 마력으로 신봉된다. 종교, 지식 불문이다. 김대중 전 대통령은 대권 재수에 실패하자 하의도의 선영을 용인으로 이장하고 자택을 동교동에서 일산으로 옮겼다. 절대 불리함 속에 기적같이 대통령에 당선되었다. IMF 극복, 남북 화해의 물꼬를 트고 한민족 최초로 노벨 평화상을 탔다. 퇴임 후에도 막강한 정치적 영향력을 행사했다. 풍수를 적극 활용하여 성공한 사례다.

　세종 25년 풍수 최양선崔揚善은 헌릉 곁에 마련한 세종의 수릉터가 불길하다고 수차례 상소했다 (《세종실록》 1443년 2월 2일). 그 내용은 이렇다.

　대모산 아래에는 헌릉만 주혈이며 수릉이 있는 곳은 곁가지에 불과하다.
　주인과 손님이 정이 없고 다투는 형상이다.
　곤방坤方의 물이 새 입처럼 갈라진 것은 맏아들을 잃고 손이 끊어지는 형세다.

　그러나 이 주장은 권신들에 의해 묵살되어 1450년 세종은 부왕의 옆 능선에 묻혔다. 1468년 여주로 천장하기 전까지 19년간 불행한 역사를 살펴보자.

　문종 즉위 2년 3개월 만에 38세로 승하
　단종 계유정난으로 숙부 수양대군에게 왕위를 빼앗기고 16세 나이에 사사됨
　안평대군, 금성대군 형 세조에 의해 죽임을 당함
　세조 심한 피부병으로 평생 시달림
　세조의 장자 의경세자 19세에 급사함

예종 즉위 14개월 만에 19세로 승하

예종의 장자 인성대군 3세에 졸

풍수의 위력인가, 권력 암투의 산물인가, 개인의 운명인가. 세종의 무덤을 옮기기 전까지 그런 일이 있었다.

멀지 않은 곳에 영릉의 원찰 신륵사神勒寺가 있다. 조계종 제2교구 본사 용주사龍珠寺의 말사로, 신라 진평왕 때 원효대사가 창건했다고 전한다. 사세가 쇠락하다가 1469년(예종 1) 영릉의 원찰이 되면서 절이 확장되고 이듬해 세조 비 정희왕후가 보은사報恩寺로 개칭했다. 세종의 은혜에 감사한다는 뜻을 담았다. 사찰이 유생들의 유흥장이 되고 승려가 천민 취급 받던 시대에 원찰로 정해진다는 것은 행운이다. 성종 이후 성리학이 득세하자 왕릉의 원찰 제도가 없어지는 풍토가 되어 신륵사는 옛 이름을 되찾았다.

한글을 쓰는 행복, 가없어라 | 한때 국보 제1호를 재지정하자는 논란이 있었다. 국보 제1호인 남대문이 2008년 불타 버렸을 때 후보 대상으로 훈민정음(한글)이 언급되었다. 뚜렷한 소신을 가진 바 없지만 사태에 관심을 가졌다. 지금은 그 논의가 흐지부지되었으나 한글을 생각하면 자다가도 벌떡 일어나 감격할 노릇이다. 한글만큼 표현 영역이 심화, 광역화, 고등화, 고급화, 다양화된 문자는 없다. 국력과 언어 세력이 약하여 세계에서 힘을 쓰지 못할 뿐이다. 60억 인구 중 남북한 합쳐 7천만 명 정도만 사용하니, 1% 약간 웃도는 세력이다. 언중言衆이 5억 명만 된다면 당당한 세계어다.

세종의 위업을 꼽자면 손가락, 발가락이 부족하다. 그중 엄지손가락의 몫은 한글 창제다. "나랏말씀이 중국과 달라 문자와는 서로 사맛디 아니할쌔……." 지금도 달달 외우

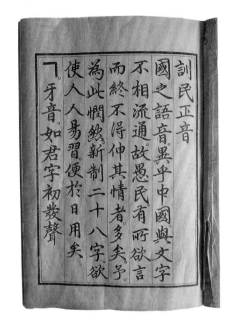

훈민정음

고 있다. "國之語音 異乎中國……." 이것 역시 자다가 깨워도 왼다. 전자가 108자이고 후
자가 54자다.《월인석보》장수는 108쪽, 국보 제70호《훈민정음》(책자)은 33장으로 구성
되었다. 야릇한 냄새가 감지된다.

　한글 창제 후 집현전 부제학 최만리, 집현전 학사 신석조·김문·정창손이 올린 상소
는 이렇다. "굳이 언문을 만들어야 한다 하더라도 마땅히 재상에서 신하들까지 널리 상
의한 후에 행하여야 할 것인데 갑자기 널리 펴려 하시니 그 옳음을 알지 못하겠나이다."
성삼문은 한글이 창제될 무렵 집현전에 들어왔고, 신숙주는 창제 2년 전에 들어왔으나
그 다음해 일본으로 갔다. '한글 창제의 기획 및 총괄 = 세종, 실무 담당 = 집현전 학사들'
이란 통념에 의문이 간다.

민족사 위업에 기여한 공으로 훈장은 고사하고 실록에 기록조차 되지 않은 혜각존자 신미대사를 떠올린다. 범어·티베트어·각필閣筆 부호는 신미대사의 능력 안에 있었다. 훈민정음 창제 후에는 불서의 번역 간행에 깊숙이 관여했다. 세조가 간경도감刊經都監을 설치하여 책임을 맡김으로써 《석보상절》 편집 책임, 《원각경》·《선종영가집》·《수심결》 등을 직접 번역했다. 훈민정음에 통달하지 않고서는 불가능하다. 나중에 한글을 배워서 번역했다면 시간적·물리적으로 불가능하다. "한글 창제에 참여한 스님이 주도면밀한 노력을 은밀하게 기울인 까닭은 새로운 문자를 창제한 큰 목적 중 하나가 불교의 보급에 있었기 때문이다. 종교적 염원이 어지御旨 부분의 글자 수를 불교에서 신성한 수로 여기는 108자와 그 절반인 54자, 또 다시 그 절반인 27자 등으로 조절하는 등 은밀한 방법을 통해 반영됐다고 생각한다." (김광해 서울대 교수)

　　이러한 숫자는 우연의 일치라고 보기에는 너무 정교하다. 그러나 한글 창제와 보급에 관한 신미대사의 공적에 대해서는 흔적 하나 남아 있지 않다. 원로 국어학자 이숭녕 선생은 이렇게 애석해했다. "신미대사는 불경 번역에 큰 공헌을 했다. 그의 행적이 뚜렷하지 않음은 처세의 일단이 아닌가 한다. 고승이 후세에 남긴 범어·시·글 한 편 없다는 것은 너무도 적막한 생애를 스스로 걸어간 것 같고 속세의 허무가 대사로 하여금 자취를 남기지 않게 한 것이 아닌가 여겨진다."라고.

　　몇 가지 상상적 추론을 해 본다.

　　첫째, 한글 창제는 공개적 국책사업이 아니다. 연일 어전회의를 거쳐 추진한 사업이 아니다. 그러면 벌떼 같은 대신들의 반대를 감당할 수 없다. 실록에도 한글 창제에 대해 논의했다는 것은 한 마디도 없다. 세종의 은밀한 독자 작업의 산물이다. 금융실명제 실시, 하나회 척결과 같은 것이다.

둘째, 창제 과정에 집현전 학사들의 도움은 없었다. 창제 후 그들 또한 반대 상소를 올린 것이 증거다.

셋째, 어학에 능한 신미대사가 흔적을 남기지 않은 그림자로 도왔다. 공적에 대한 기록은 없고 어용승이란 비난의 기록만 있다. 그 역시 세종과의 은밀한 밀약으로 자신의 기여에 대해 일절 기록물을 남기지 않았다. 세종의 요청으로 왕의 침전에서 법문을 하기도 했다. 어찌 법문만 했을까. 탁월한 언어학 교습이 은밀히 이루어졌다. 세종은 한글 창제 후 활용, 배포에 대해서도 승가의 도움이 필요했다. 왕성한 불경 언해가 그것이다.

신미대사 (법보신문 제공)

혁명은 화려하나 혁명가는 외롭다. 무혈 문자혁명을 달성한 세종은 생애 후반에 불교에 귀의한다. 숭유억불의 국시를 바꾸지는 못했지만 불사를 자주 행하고 경전 읽기를 즐겼다. 대궐 안에 내불당內佛堂을 세워 예불을 올렸다(세종 30년). 조정 대신, 집현전 학사, 성균관 유생들의 간언과 상소가 끊이지 않았다. 그러나 세종은 흔들리지 않았다. 그의 뜻이 견고했고 업적은 화려했다. 지지율 역시 상한가다. 성공한 혁명가는 은은하게 삼보三寶에 귀의했다.

모든 정치가는 혁명가를 꿈꾼다. 일세를 풍미할 회오리를 만들길 원한다. 그러나 자기희생을 동반한 혁명이 아니라면 바람만 일으켜 민심을 혼미케 한다. 무지개와 꽃보라를 만들어 혹세무민한다. 수하들은 명분 만들기에 바쁘다. 그런 미혹을 민초들도 즐긴다. 혁명의 허전함을 느낄 때면 어느새 한 생애가 끝난다. 역사가 이어지는 한, 지속적으

세종대왕 신도비 (세종대왕기념관 소재)

로 고맙게 사용할 물건을 만들어 준 제왕, 혁명가의 이름이 세종이다.

대학 은사이신 국어학자 이동림 선생은 생전에 이런 말씀을 하셨다. "세종대왕이 만드신 스물여덟 자로 나는 평생 먹고 산다. 어디 나 하나뿐인가. 고마운 일이지. 허허!"

영릉 英陵

조선 제4대 세종과 비 소헌왕후 심씨의 합장릉. 21세에 등극하여 53세로 승하할 때까지 32년간 재위한 세종은 추종을 불허하는 성군이다. 근처에 효종의 영릉寧陵이 있어 합하여 영녕릉으로 불린다.

원래 헌릉(서울 서초구 내곡동) 서쪽에 있었으나 1469년(예종 1) 이곳으로 옮겼다. 조선 최고의 명당이라고 풍수가들은 입을 모은다. 산세가 모란꽃봉오리가 둘러싼 모란반개형牡丹半開形, 용이 돌아와서 정남향으로 영릉을 쳐다보기에 회룡고조형回龍顧祖形, 주위 산세가 봉황이 날개를 펼치고 알을 품듯 능을 감싼다 해서 비봉포란형飛鳳抱卵形이라고도 한다. 정치적 풍파 때문에 멀리 묻힌 제2대 정종(후릉, 개성), 제6대 단종(장릉, 영월)을 제외하면 도성에서 가장 멀다. "왕릉은 도성 100리 안에 있어야 한다."(당시 10리는 5.2km였으나 요즘은 4km이므로, 당시 80리가 요즘 계산으로는 100리다)는 원칙에서 벗어나지만 '물길로 가면 하루거리'라는 논리로 합리화했다.

능은 병풍석을 두르지 않고 난간석만 둘렀다. 능 앞에 혼유석이 두 개 놓여 있어 합장릉임을 알 수 있다. 봉분 속은 석실이 아니라 회격灰隔(관을 봉분 속 광중에 내려놓고 그 사이를 회로 메워서 다짐)으로 한 이유는 예종의 부왕인 세조가 석실과 병풍석을 쓰지 말라는 유언을 남겼기 때문이다. 석실과 병풍석을 조성하지 않았기 때문에 능역에 동원된 부역군이 6,000명에서 절반인 3,000명으로 줄었다고 한다. 그 외 공장 150명이 동원됐으며 쌀 1,323석 5두, 소금 41석 3두가 들어갔다.

원래 영릉은 세조 때 대제학을 지낸 이계전, 우의정을 지낸 이인손의 묘가 있던 자리다. 왕릉으로 택지되면 주변 사신사四神砂(좌청룡, 우백호, 남주작, 북현무) 안에 있는 민간 무덤은 이장해야 한다. 전답은 몰수된다

사적 제195호. 경기도 여주시 능서면 왕대리 산83-1(영녕릉)
영녕릉 전체 면적 215만 9,262㎡(65만 4,322평)

종묘대제

매년 5월 첫째 일요일은, 조선의 왕과 왕비들이 모여 대화합의 축제를 펼치는 날이다. 아들을 지독하게 미워한 아버지 태조, 형제들을 죽이고 자리를 쟁취한 태종, 불변의 성군 세종, 숙부에게 죽임을 당한 단종, 조카를 죽이고 왕위에 오른 세조, 재위 9개월인 인종, 52년간 왕 노릇 한 영조, 나라를 일본에게 넘겨준 순종 등, 모두 차별 없이 정장을 차려입고 한자리에 모인다. 동서남북에 흩어져 있던 혼령들이 고이 간수한 곤룡포를 꺼내 입고 종묘로 모인다. 재위 중 업적에 관계없이 황제 혹은 대왕이란 칭호를 앞세워 모여든다. 종묘 수문장은 연이어 들이닥치는 호화판 가마의 주차 관리에 정신이 없다.

전날부터 분주히 치장한 왕비들도 모여든다. 시중드는 궁녀들이 없는지라 손수 화장을 하고, 최대한 화려하게 차려입고 종묘에 들어선다. 남편과 함께 입장하기도 하고, 홀로 입장하기도 한다. 애증은 모두 떨치고 온화한 웃음으로 들어와 자신의 이름이 새겨진 위패에 조용히 앉는다. 500년 역사의 주역들이 한자리에 모여 후손들의 예를 받는다.

"나는 헌법을 수호하고 국가를 보위하며 조국의 평화적 통일과 국민의 자유와 권리의 증진 및 민족의 문화 창달에 노력하며 대통령으로서의 직책을 성실히 수행

할 것을 국민 앞에 엄숙히 선서합니다."

대통령 취임식 때 낭독하는 선서문이다. 절대군주인 조선 왕들에겐 선서 의식
이 없다. 있다면 이런 문구일 것이다.

"과인은 국법을 수호하고 종묘사직을 보위하며 만백성의 복리 증진과 민족문화
창달에 노력하며 임금으로서의 직책을 성실히 수행할 것을 억조창생 앞에 엄숙히 선
서하노라."

국가 보위와 종묘사직 보위는 동격이다. 종묘宗廟는 조선왕조 왕과 왕비의 신주
를 봉안하고 제사를 받드는 곳이다. 사직社稷은 국토와 곡식의 번창을 기원하는 제

왕이 종묘대제에 참석하고 있다.

송신례
신을 보내드리는 예로 모든제관이 신
위를 향해 네 번 절을 하고 있다 (위),
신에게 첫 술잔을 올리고 있는 임금
(왼쪽),

신관례
신에게 폐백을 올리고 있다 (오른쪽),
64명이 팔일무를 추고 있다 (아래).

종묘 전경

조선왕릉, 잠들지 못하는 역사

사 및 그 장소이다. '사社'는 토지신土地神, '직稷'은 곡신穀神을 상징한다. 사직을 국가나 조정 자체로 인식해 왔다.

조선왕조를 건국한 태조고황제는 수도를 한양으로 옮기고 왕궁의 동쪽에 종묘를 건립하고 서쪽에 사직단을 세웠다. 정전正殿은 건축면적 1,270㎡로, 조선시대 단일 목조건물로는 세계적으로 그 규모가 가장 큰 것으로 추정된다. 영녕전永寧殿은 종묘의 별관이다. 세종 때 중앙에 태묘太廟 4칸, 동서에 협실 1칸씩 6칸으로 지어졌으나, 임진왜란 때 불타버려 광해군 즉위년(1608)에 10칸으로, 현재는 16칸으로 증축하였다. 정전에는 19실 49위, 영녕전에는 16실 34위가 있다. 영녕전에는 정종, 문종, 단종, 경종 등 왕권이 미미했던 왕과 추존왕들이 모셔져 있다. 정전이 축제의 메인 스타디움이라면, 영녕전은 마이너리그 선수들의 합숙소 같다.

종묘는 뛰어난 건축미와 600년 넘도록 이어져 내려온 제례행사 등의 문화적 가치가 인정되어 1995년 유네스코 세계문화유산으로 등록되었다. 2001년에는 종묘제례 및 제례악이 국내 최초로 유네스코 세계무형유산으로 등록되었다.

당사자의 정당성에 결함이 없어야 종묘에 위패가 모셔진다. 개인의 영광이자 후손의 자랑이다. 연산군과 광해군은 종묘에 위패가 없다. 영조가 그토록 애를 썼지만 어머니 숙빈 최씨를 왕후로 추존하지 못했다. 따라서 자격 미달로 신주가 종묘에 봉안되지 못했다. 아무리 돈이 많아도 국립현충원에 묻히려면 자격 요건을 갖춰야 한다.

종묘제례는 왕조 조상들에게 지내는 제사다. 조선왕조에서 지내는 여러 제사 중 가장 규모가 크고 중요한 제사다. 그래서 종묘대제宗廟大祭라고도 한다. 왕릉별로 지내는 제향이 개별 제사라면, 종묘제례는 합동제사다. 조선조 최대의 국가행사였다. 종묘대제는 본래 사맹삭四孟朔이라 하여, 춘하추동 사계절의 첫 달과, 납월臘月이라 하여 12월에 날을 잡아 1년에 다섯 번 지내고, 영녕전의 제례는 봄, 가을로 1년에 두 번 지냈다. 지금은 통합하여 양력 5월 첫째 일요일에 지낸다. 제사의 의미도 있지만, 문화유산 보존 및 재현의 의미가 더 크다.

왕은 제향에 앞서 3일 전부터 몸과 마음을 엄숙하고 깨끗이 한다. 이 기간 동안에는 문상이나 문병을 하지 않으며, 음악도 듣지 않고 형살刑殺 문서에 서명도 하지 않는다. 출궁하는 날 임금을 모시는 신하들은 궁궐 앞에 나누어 서고, 호위 관원을 비롯한 출궁 행렬이 정렬하면 상서원 관원이 옥새를 받들고 문안한다. 왕이 수레에 올라 궁궐 밖의 어연御輦(왕이 타는 가마)을 향하면 일산日傘(햇빛을 가리는 큰 양산)과 부채를 든 시위가 따른다. 임금이 어연에 오르면, 신하들도 일제히 말을 타고 함께 출발한다. 그 뒤에는 호위부대인 현무대가 따른다.

종묘대제는, 신을 맞이하는 절차 → 신이 즐기는 절차 → 신이 베푸는 절차 → 신을 보내는 절차로 진행된다. 정전 남신문에서 축함을 모시고 신로神路를 따라 들어오면 제례가 시작된다. 이때 초헌관인 왕이 소차에서 나와 정전으로 이동한다. 제관들도 손을 씻고 정해진 자리에 선다.

신을 맞이하는 절차는 신관례로부터 시작된다. 하늘에 계시는 혼백을 모시는 의식으로, 향을 세 번 피우고, 술(울창주)을 세 번에 나누어 관지통에 붓고, 신께 선물로 흰 비단 폐를 드린다. 천조례는 신을 위해 상을 차리는 의식이다. 제향에 쓰는 소와 양, 돼지의 생간과 피, 좁쌀을 기름에 버무려 쑥과 함께 태운다. 땅에서 자란 동식물을 봉헌하는 의식을 통해 국가의 안녕과 풍년을 기원한다.

종묘제례악

신이 즐기는 절차는 초헌례로부터 시작된다. 초헌관인 왕이 첫 잔인 예제를 드리면 제관이 축문을 읽는다. 역대 왕들께 받들어 올리는 한 잔 술에 최대 정성을 담아 백성과 왕실의 번영을 축원한다. 아헌례는 세자나 영의정이 두 번째 잔을 올린다. 세 번째 잔을 올리는 종헌례는 종헌관이 맡는다. 세 번에 나눠 잔을 올리는 것은 최고의 정성을 의미한다. 종묘대제에는 음악과 무용이 수반되어 분위기와 위상을 높인다. 종묘제례악은 중요무형문화재 제1호다. 제례악 중 〈보태평〉 1곡과 〈정대업〉 11곡은 세종이 직접 지었으며, 이후 세조가 고쳐서 완성한 곡이다. 서양음악사에서 제례악은 17세기 바로크시대에 시작되었다. 종묘제례악은 이보다 200년 앞섰다.

신이 베푸는 절차는 음복례라 한다. 조상신이 들었던 술과 음식을 후손이 나누어 먹는다.

　종묘대제의 마지막 절차는 신을 보내는 망료례다. 종묘에 머물던 왕과 왕비들의 혼령이 떠날 시간이다. 제사에 사용된 폐와 향을 태울 때 타오르는 연기와 함께 떠난다. 내년을 기약하며 뿔뿔이 떠난다. 동구릉, 서오릉으로 향하는 혼령들은 관광버스로 함께 가면 될 것이고, 정종과 신의왕후는 남북 경계병의 눈치를 보며 휴전선을 넘어가고, 영월까지 가야 하는 단종은 서둘러 떠나야 한다. 세종과 정조는 드라마 촬영장에 들러 훈수를 두고 가도 좋다. 모시고 갈 특별 교통편이 없을라고.

　혼령들이 생전의 애증을 훌훌 털고 한자리에 모인 것처럼, 행사에 참가한 인사들의 면면과 이력, 색깔도 다채롭다. 평소에는 물과 기름, 창과 방패 같은 정치권 인사들이 종묘대제 봉행위원회에 어깨동무하듯이 함께 이름을 올렸다. 역시, 죽음은 최대의 법문이다. 대규모 화합의 축제다. 아무리 무지하고 오만해도 생로병사의 진리를 알기 때문일까?

제5대 문종과 현덕왕후
현릉

29년간의 왕세자, 왕 노릇은 2년 3개월

문종은 세종의 장자다. 조선 왕조 최초로 적통 장자의 왕위 계승이 실현되었다. 문종은 1414년(태종 14) 10월 3일 한양 사저에서 태어났다. 어머니는 소헌왕후이며, 이름은 향珦, 자는 휘지輝之다. 1421년(세종 3) 10월 27일 왕세자로 책봉(7세)되어 1450년 2월 22일 36세로 왕위에 올랐다. 시시콜콜 연월일을 밝히는 이유는 그에게 시간은 참으로 애석한 토막토막이기 때문이다.

왕들의 재위 기간과 업적은 비례한다. 재위 기간이 짧은 왕들을 살펴보면, 제12대 인종(9개월), 제8대 예종(1년 2개월), 제5대 문종(2년 3개월), 제27대 순종(3년 1개월), 제6대 단종(3년 2개월) 순이다. 사연은 많으나 업적을 쌓을 틈이 없었던 왕들이다.

문종에겐 기이한 기록이 많다. 왕세자 자리에 29년간 있었다. 28세 되던 해인 1442년부터 8년간은 아버지 세종의 명으로 섭정을 했다. 준비된 왕 노릇 하기에 충분한 수업을 했다. 그러나 제왕 수업은 착실하게 받았지만 건강을 준비하지 못했

문종 1414~1452(38세) | 재위 1450. 2.(36세)~1452. 5.(38세). 2년 3개월 | 현덕왕후 1418~1441(23세)

제5대 문종 가계도

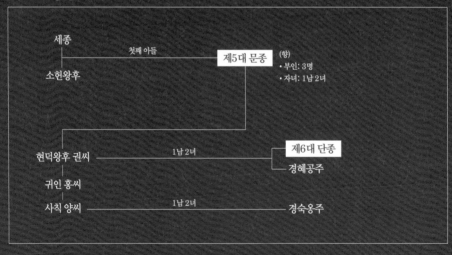

세종 ─── 첫째 아들 ─── 제5대 문종 (향)
소헌왕후   • 부인: 3명
                                      • 자녀: 1남 2녀

현덕왕후 권씨 ─── 1남 2녀 ─── 제6대 단종
                               경혜공주
귀인 홍씨
사칙 양씨 ─── 1남 2녀 ─── 경숙옹주

다. 원래 병약했고, 세자 시절 업무 과중으로 건강이 악화되었다. 즉위 후에는 병세가 더 심해져 재위 기간 대부분을 병상에서 보내다 서른여덟에 병사했다. 역사의 역류가 시작된다.

문종의 정비 현덕왕후 권씨는 1431년 13세에 동궁에 들어와 양원良媛(세자의 후궁)이 되었다가 세자빈 봉씨가 동성애 사건으로 폐위되자 1437년 세자빈으로 책봉된다. 현덕왕후는 경혜공주와 단종을 낳았다. 단종을 낳고 3일 만에 산후병으로 23세에 죽었다. 약도 쓸 틈 없이 갑자기 죽었다고 기록되어 있다. 세종 내외는 5일간 상복을 입었고 세자였던 문종은 30일간 상복을 입었다.

세자빈 권씨가 죽은 후 문종은 더 이상 비를 들이지 않는다. 세자시절인 27세에 권씨를 잃고 38세에 죽을 때까지 새장가를 들지 않는다. 12년 동안 홀아비로 산다는 것은 당시 법도로 불가사의다. 제왕에게 여인은 호불호, 호색과는 별개다. 아들 생산은 종묘사직을 이어갈 의무다. 홀아비 세자, 홀아비 임금이 문종이다. 아버지 세종이 엄연히 살아 있음에도 배필을 들이지 않은 것을 어떻게 이해해야 하나? 여자를 멀리하는 성품? 고집? 병약함? 답이 선뜻 나오지 않는다. 상태가 어떠하든 형식적인 세자빈, 형식적인 중전은 필수 요소인 시대가 아닌가? 역사의 회오리를 예감하는 보이지 않는 손이 있음이 분명하다.

문종은 죽어서도 홀아비 신세를 겪었다. 현덕왕후가 세자빈 신분으로 단종을 낳고 죽자 경기도 시흥 군자면에 안장된다. 1450년 문종이 즉위하자 현덕왕후로 추존되고 소릉昭陵이란 능호를 받는다. 1452년 문종이 종기가 터져 경복궁 강녕전에서 승하하자 건원릉 동남쪽 줄기에 묻힌다. 태조의 건원릉에 이어 동구릉에 들어온 두 번째 능이다. 이때 시흥에 있던 현덕왕후 능도 천장해 현릉顯陵은 합장릉이 되어,

생전에 못 다한 부부의 금슬을 다시 잇
는다. 그러나 다시 이은 금슬은 6년 만에
파국을 맞는다. 세조에 의해 현릉이 파
헤쳐지고 썩을 대로 썩은 왕후의 시신은
시흥 군자 앞 바닷가 10리 바깥에 내팽
겨쳐진다. 사연은 이렇다.

세조 3년(1456) 현덕왕후의 친정어머
니 아지와 친정동생 자신이 단종 복위사
건에 연루된다. 단종은 노산군으로 강
등되고 현덕왕후와 그의 집안은 서인庶
人이 되고 무덤을 파헤쳐 서인의 법식에
따라 다시 장사지낸다. 종묘에 있던 신
주마저 철거되었다. 권력에 도전하는 것
은 바늘 하나도 용납되지 않는다. 죽은
문종은 무덤마저 편치 못했다. 합장릉인
현릉은 단릉이 된다. 문종은 다시 홀아
비가 되어 56년이란 긴 세월을 보낸다.

중종 7년(1512), 현덕왕후 복위 문제가
처음 제기되었으나 실현되지 않았다. 이
듬해 종묘에 벼락이 치는 흉한 일이 있
었다. 그래서 복위 문제를 본격적으로

조선 왕릉 최초의 동원이강 형식의 능. 왼쪽이 문종, 오른쪽이 왕후의 능이다.

논의했다. 발단은 종묘제례 때문이었다. 역대 왕들의 신위는 모두 짝을 이루고 있는데, 문종 신위만 홀아비로 서 있다. 신위에 송구스러워 짝을 맞추어야 한다는 명분이었다. 현덕왕후의 신위를 종묘에 다시 세우려면 능을 복원시켜야 한다. 그래서 시흥 군자 앞 바닷가에서 한바탕 소동이 벌어진다. 시신을 찾아야 능을 쓰지! 56년 전 무성의하게 내다버린 썩은 백골이 아닌가? 기록은 없으나 심덕 좋은 어느 민초가 위험을 무릅쓰고 초라하게 위장해서 묻었을 것이다. 진위는 알 길 없으나 유골 몇 점 수습해서 문종이 묻힌 현릉으로 모셔 온다.

유골을 모셔와 원래대로 합장한 것이 아니다. 원상 복구가 아니라 문종이 묻힌 곳에서 수십 미터 떨어진 곳에 능을 조성했다. 문종의 왕통은 아들 단종을 끝으로 단절되었다. 《국조오례의國朝五禮儀》 왕릉 양식도 단절되었다. 두 번 죽은 현덕왕후는 문종의 좌측 언덕에 묻혀 모진 역사를 증언하고 있다. 시어머니(현덕왕후)와 며느리(단종 비 송씨)의 비극적 운명이 닮았다.

세조가 집요하게 현덕왕후를 증오한 이유에 대해서 야사는 이렇게 전한다. 단종을 낳고 3일 만에 죽었으니 피비린내 자욱한 역사의 현장에 그녀는 없었다. 그녀의 원혼만 현장을 지켰다. 수양대군이 왕위를 찬탈하고 단종을 죽이자 원귀의 비수가 대궐을 휩쓴다. 밤마다 세조와 그 가족들의 꿈에 나타나 식은땀 흥건하게 한다. 급기야 세조의 큰아들 의경세자가 원귀에 시달려 죽고, 세조 역시 꿈에서 그녀가 뱉은 침 때문에 전신에 피부병이 걸려 고생했다. 여법한 권력 승계를 이루지 못한 비극의 되풀이다.

세종의 맏아들 문종 역시 아버지를 닮아 어질고 착한 모범생이었다. 학문을 좋아해 학자들을 가까이했으며, 측우기 제작에 직접 참여할 정도로 천문·역산·산

술에 뛰어났고, 서예에도 능했다. 거동이 침착하고 판단이 신중하여 남에게 비난받는 일이 없었지만, 문약에 병약까지 겹쳐 웅장한 생애가 되지 못했다. 자애로운 자는 권력자가 될 수 없다는 것을 서늘하게 보여 준 이가 문종이다.

언관들의 언로에 대해서도 관대했다. 척불 언론이 대표적이다. 세종 말기에 세종과 왕실에 의해 호불정책이 세력을 펼쳤다. 궐내에 내불당이 설치되고 불교 융성 정책에 대해 유생들의 불만이 쌓였다. 문종이 즉위하자 유학 중심 언관들이 왕실의 불교적 경향을 불식하고 유교적 분위기를 조성하려 했다. 그런 주장은 유약한 문종에 의해 받아들여졌다. 혜안이 없어 무서운 계략과 음모가 착수되는 줄 그는 몰랐다.

태조·세종·세조·중종·선조·영조·정조는 유난히 풍수에 조예가 깊었다. 세조는 이미 진양대군(28세 이전에 불리던 수양대군의 이름) 시절인 25세 때 국풍 실력을 보였다. 세종 24년(1442) 5월 25일 세종이 자신의 수릉壽陵 택지에 그를 참여시켰다. 수릉제도 조직이 갖추어지자 수양대군은 왕릉 조성 시 광에 사용할 내부 관과 석실 제조를 담당하는 책임자를 맡는다. 대군 시절 이미 세종과 소헌왕후, 두 번이나 국상의 풍수 실무를 맡았다. 그는 풍수에 국풍 못지않은 실력을 갖춘 인물이다.

세조 3년(1457) 그의 맏아들 의경세자가 19세로 요절했다. 평소 병약함에 현덕왕후의 저주가 겹친 때문이다. 세조는 국풍들이 잡은 명당을 직접 답사한 후 주맥이 산만하여 혈이 맺혀지지 않는다며 물리쳤다. 자신이 직접 택지하여 의경세자(1471년 성종에 의해 덕종德宗으로 추존)는 현재 서오릉(경릉)에 묻혔다.

문종이 승하하자 왕릉을 서울 서초구 내곡동 대모산 아래쪽에 조성하려 했다. 그곳에는 1442년(세종 24)에 안장된 태종 왕릉(헌릉)이 있고 1450년에 안장된 세종 왕릉(구 영릉)이 있다. 문종은 생전에 할아버지와 아버지 곁에 묻히려고 세종 왕릉 서편

현덕왕후릉에서 본 문종의 현릉

을 능지로 택했다.

　문종은 그곳에 묻히지 못했다. 문종 승하 당시 지관은 목효지와 이현로다. 두 사람 모두 매질을 당하고 난 후 목효지는 노비로, 이현로는 효수당했다. 목효지를 국문에 부쳐 치죄하도록 한 것도 수양대군이고, 이현로를 직접 매질하여 역적으로 몰아 효수케 한 것도 수양대군이다. 또한 국풍 최양선崔揚善을 파렴치 행위자로 몰아 삭탈관직 후 유배시켰다. 그곳을 파 보니 물이 나고 바위가 있다는 이유를 내세웠지만, 실상은 그게 아니다. 형님인 문종의 기를 꺾고, 자신의 등극을 위한 정지작업이었다.

수양대군이 강력한 영향력을 행사해 택지한 동구릉 내 문종의 능, 현릉은 어떤가? 44년 전에 장사지낸 태조의 왕릉과 입지의 겉모습은 비슷하다. 두 왕릉으로 들어오는 산줄기는 똑같이 북쪽에서 흘러내린다. 두 왕릉의 산줄기와 좌향은 같으나 뒷녘 산줄기의 꺾임이 반대다. 태조의 능은 명당이나 문종의 능은 흉당이다. 태조의 능은 생룡生龍의 장생발복 터이나, 문종의 능은 사룡死龍에 절명, 즉 명이 끊긴다는 대흉 중에서도 대흉에 속하는 터다. 그 이후 벌어진 역사는 이런 계략의 풍수를 증명한다.

현릉 顯陵

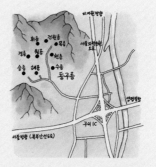

조선 제5대 문종과 비 현덕왕후 권씨의 능. 능호는 1452년(문종 2) 문종이 죽자 정해졌다.

애초에는 옛 영릉英陵(세종의 능) 오른쪽 언덕에 정하고 현릉이라 하였으나 이곳은 물이 나고 돌이 나와 현위치인 동구릉 내 건원릉(태조의 능) 동쪽 언덕을 택하게 되었다. 능제는 《국조오례의》의 본이 된 옛 영릉의 제도를 따랐다. 옛 영릉은 조성한 지 얼마 안 되어 천장하였기 때문에 《국조오례의》식의 제도로 이루어진 현존하는 최고의 능이다. 왕릉 왼쪽 언덕의 현덕왕후 능은 1513년(중종 8) 안산에서 이곳으로 옮겨와서 왕릉과 동원이강 형식으로 배치했다.

동구릉 능역에 두 번째로 조성된 능이다. 참도·홍살문·정자각·능침이 곧게 뻗어 있지 않고 참도가 90도 각도로 두 번 꺾어져 있다. 능침에 누워 있는 이들의 운명을 암시하는 것 같다.

사적 제193호. 경기도 구리시 인창동 산6-3(동구릉)
동구릉 전체 면적 191만 5,891㎡(57만 9,557평)

제6대 단종 가계도

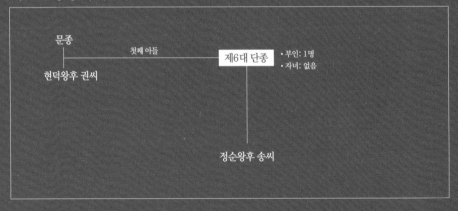

문종

첫째 아들

제6대 단종

• 부인: 1명
• 자녀: 없음

현덕왕후 권씨

정순왕후 송씨

제6대 단종과 정순왕후
장릉 · 사릉

청령포에 떠도는 고혼

천만리 머나먼 길에 고운 님 여의옵고
내 마음 둘 데 없어 냇가에 앉았더니
저 물도 내 안 같아서 울어 밤길 예놋다

　　열일곱 살 소년을 철벽 요새 청령포에 유폐시키고 돌아오는 금부도사 왕방연王
邦衍의 시조다. 세월은 약이다. 역사는 멀리서 바라보는 드라마다. 당대 복잡한 현실
은 접어두고 후대인들의 측은지심 반상 위에 오롯이 놓인 존재가 단종이다. 권력의
묘약이 무엇인지도 모를 나이에 왕위에 올라 항거할 근육도 없는 어린 나이에 이승
을 하직했다. 민주주의란 개념이 씨앗조차 없던 시절, 세습 왕조의 희생물이다. 철
부지로 맘껏 뛰놀 나이에 무거운 용포를 입고 딱딱한 용상에 앉아 있다가, 납치극
의 주인공처럼 밤낮으로 와들와들 떨다가 죽었다.

단종 1441~1457(16세) | 재위 1452. 5.(11세)~1455. 5.(13세). 3년 2개월
정순왕후 1440~1521(81세)

단종 국장(재현)에서 죽안마를 태워 승천을 기원하고 있다.

"숙부! 수양 숙부! 날 살려 주세요. 죽이지만 마세요."

입안 가득 모래알을 넣은 듯 절규마저 말라 버렸다.

"전하! 신이 신명을 다해 전하를 지켜 드리겠습니다."

묵직하고 담대한 음성이 오히려 서늘하게 느껴진다. 동상이몽은 이를 두고 이름인가.

피지도 못하고 떨어진 동백꽃 송이, 험악한 권력 쟁투의 바다에 던져진 조각배, 그가 단종이다. 16년 짧은 생애를 요약해 보자.

- 1441년(세종 23) 아버지 향(문종)과 어머니 권씨(현덕왕후)의 1남 1녀 중 둘째이자 장남으로 태어남. 23세인 어머니는 난산으로 홍위弘暐(단종의 이름)를 낳고 3일 만에 죽음. 위로 친누나 경혜공주가 있고 아래로 이복누이 경숙옹주가 있음.

- 3일 만에 어머니를 여읜 홍위는 할머니뻘인 세종의 후궁 혜빈 양씨에 의해 양육된다. 혜빈 양씨는 후덕한 여자였다. 세손이 될 홍위에게 젖을 먹이기 위해 자신의 둘째 아들(수춘군)을 품에서 떼어 유모에게 맡기기까지 했다.

- 7세. 1448년(세종 30) 세손에 책봉됨. 할아버지 세종은 세손을 무척 아낌. 성삼문·박팽년·이개·하위지·유성원·신숙주 등 집현전 소장학자들을 은밀히 불러 세손의 앞날을 부탁함. 세종 자신도 이미 병세가 악화된 상태이고 세자 향(뒤의 문종) 역시 병약하여 오래 살지 못할 것을 예측하고 있었음. 죽음을 앞둔 노老 성군聖君은 어린 세손이 혈기왕성한 자신의 아들들 틈바구니에서 살아갈 일을 걱정함.

- 9세. 1450년 세종 승하. 문종 즉위. 홍위는 세손에서 세자로 책봉됨.

- 11세. 1452년 병석에만 있던 아버지 문종이 즉위 2년 3개월 만에 어린 세자를 부탁한다는 허약한 고명顧命(임금이 신하에게 유언으로 뒷일을 부탁하는 일)을 남기고 승하함.

- 11세. 1452년 부왕의 승하와 동시에 즉위. 20세 미만 미성년인 왕이 즉위하면 궁중에서 가장 서열이 높은 후비가 수렴청정하는 것이 관례이나 당시 궁중 사정이 여의치 않음. 대왕대비는 물론, 대비도 없고, 심지어 왕비도 없는 상태임. 통치의 무중력 상태, 카오스 상태에 빠짐. 단종의 모후는 죽고, 문종의 후궁으로 귀인 홍씨, 사칙 양씨가 있었으나 세력이 없었음. 세종의 후궁 중에 단

종을 키운 혜빈 양씨가 있었으나 늦게 입궁한 데다 후궁인 탓에 정치적 발언권이 없었음.

• 12세. 1453년(단종 1) 10월 수양대군이 계유정난을 일으킴. 안평대군을 조종하여 종사를 위태롭게 한다는 명목으로 김종서 · 황보인 등 대신들을 살해함. 안평대군 사사.

• 13세. 1454년 1월 송현수의 딸을 왕비로 맞아들임.

• 14세. 1455년 윤6월 수양대군이 금성대군 이하 여러 종친 · 궁인 · 신하들을 죄인으로 몰아 유배시키자 위험을 느낀 단종은 왕위를 내놓고 상왕으로 물러나 수강궁으로 거처를 옮김. 일각이 여삼추 같은 3년 2개월의 재위에 막을 내림. 그러나 아직 비극이 끝나지 않음.

• 15세. 1456년(세조 2) 6월 상왕 복위사건 일어남. 성삼문 · 박팽년 등 집현전 학사 출신과 성승 · 유응부 등 무신들 사형당함.

• 16세. 1457년 노산군으로 강봉되어 영월 청령포로 유배됨.

• 16세. 1457년 9월 유배되었던 금성대군이 단종 복위를 계획하다가 발각되어 단종은 노산군에서 서인으로 강봉됨.

• 16세. 1457년 10월 사사됨. 영월 동강에 버려진 시신을 엄흥도嚴興道가 거두어 동을지산冬乙旨山 기슭에 암장함.

반천년이 지난 지금도 지켜보는 이의 손에 땀이 나고 숨이 막힌다. 권력에 연루된다는 것은 무서운 일이다. 목숨과 치욕을 담보해야 쟁취할 수 있다. 세습제의 비극을 원 없이 보여 준 인물이 단종이다. 이후 전개된 상황은 이렇다.

암장된 60년 후 무덤을 겨우 찾았고, 그로부터 15년 후 그곳에 간단한 석물을 세웠다. 180년이 지난 1698년(숙종 24) 비로소 단종이란 묘호와 장릉이란 능호를 받고서 종묘에 들어갈 수 있었다. 2007년 4월 27일, 영월 일대와 장릉에는 이색적인 혹은 장엄한 행사가 열렸다. 단종의 국장國葬이 있었다. 갸륵한 민초 엄흥도가, 동강 바닥에 팽겨쳐진 시신을 목숨 걸고 암매장한 지 550년 만에 거행된 국장이자 천도재였다. 인산인해를 이룬 인파는 역사의 숙연함을 느끼기도 하고, 한바탕 이벤트로, 구경

거리로 희희덕거리기도 했다.

청령포는 천혜의 요새다. 나룻배가 드나들 수 있는 나룻터를 제외하면 3면이 깎아지른 절벽이다. 입구만 막으면 출입이 불가능하다. 행글라이더로 탈출을 감행하면 가능할까. 기막힌 유배지다. 세조의 무서운 위력이 느껴지는 공간이다. 쫓겨난 어린 왕이 걸터앉아 한숨으로 짧은 시간을 보냈다는 굽은 소나무에는 이미 그의 온기가 없다.

어린 왕의 육신을 찢어 오는 만큼 권력을 차지한다고 믿었던 이들도 이제 모두 이름만 남긴 채 소멸했다. 교훈을 새기는 것은 남은 자, 역사의 거울을 보는 자의 몫이다. 사육신과 생육신, 한명회와 권람 등 계유정난의 공신들, 단종의 짧은 생애에는 빛과 어둠으로 치장한 무수한 이름들이 덧칠되어 있다.

영월 호장戶長으로, 의義와 불의不義를 구별할 줄 알고 충의를 아는 엄흥도를 재조명해 본다. 하급 관리인 엄흥도는 남들의 눈을 피해 자주 청령포를 찾아 어린 임금의 안위를 걱정하며 눈물을 흘리기도 했다. 그러던 어느 날 영월에는 사나흘간이나 장대 같은 빗줄기가 쏟아지면서 단종의 유배지로 가는 뱃길마저 끊어지고 물난리가 났다. 이에 단종은 영월동헌의 객사인 관풍헌으로 거처를 옮겼다. 관풍헌에서 생활하던 어린 단종은 저녁노을이 물들 때면 홀로 자규루에 올라 부인 정순왕후가 있는 한양을 바라보며 애절한 시를 읊었다.

그러자 늙은 충신 엄흥도는 이에 답하여 다음과 같은 차운시次韻詩를 지어서 단종에게 바쳤다.

한번 영월에 오시더니 환궁치 못하시옵고

단종의 국장행렬 재현(2007)

영월 청령포

드디어 흥도로 하여금 두려운 가운데 돌보시게 하였도다.

작은 벼슬아치 육순에 충성을 다하고자 하거늘

대왕은 17세의 운이 어찌 그리 궁하신지

높이 뜬 하늘에는 밤마다 마음의 별이 밝고

위태로운 땅에는 해마다 눈물비가 붉도다.

단종은 1457년 10월 24일 금부도사 왕방연이 가지고 온 사약을 받고 만 16세의
어린 나이로 숨을 거두었다. 단종은 동강에 버려졌으나, 역적의 시신에 손을 대면

삼족을 멸한다는 위협 때문에 그 누구도 시신에 손을 대지 못하였다. 이때 엄흥도는 날이 어두워지자, 아들 3형제와 함께 미리 준비한 관을 지게에 지고 단종의 시신을 염습하여 영월 엄씨들의 선산인 동을지산冬乙旨山(현재 장릉)으로 향했다.

그가 단종의 시신을 장사지내려 할 때 주위 사람들은 후환을 두려워하여 간곡히 말렸으나, 엄흥도는 "옳은 일을 하다가 그 어떠한 화를 당해도 나는 달게 받겠다."라고 하면서 단종의 시신을 거두었다.

이때가 음력 10월 하순이므로 동을지산의 푸른 다복솔 가지 위에는 이미 함박눈이 쌓였고, 살을 에는 듯한 찬바람이 불어왔다. 엄흥도는 잠깐 쉴 만한 장소를 찾고 있는데, 언덕 소나무 밑에 숨어 있던 노루 한 마리가 사람들의 인기척에 놀라 달아나서, 그 자리를 보니 눈이 녹아 있었다. 엄흥도는 단종의 시신이 들어 있는 관을 그곳에 놓은 채 땀을 닦으면서 심호흡을 했다.

그는 사람들의 눈에 띄지 않는 더 깊은 골짜기로 들어가려고 했지만 관이 얹혀 있는 지게가 움직이지 않았다. 그는 속으로 '아! 이곳이 명당인가 보구나.'라는 생각을 하면서 노루가 앉아 있던 그 자리에다 단종의 시신을 몰래 장사지냈다.

그 후 엄흥도는 단종이 입고 있던 옷을 가지고 계룡산 동학사를 찾아가 생육신 김시습과 함께 그곳에다 단을 쌓고 초혼을 부르며 제사를 올린 후 종적을 감추어 버렸다. 지금도 공주 동학사 숙모전에는 엄흥도의 위패가 모셔져 있다. 동강에 버려진 단종을 장사지낸 그의 후손들은 주위 사람들의 눈을 피해 먼 곳으로 피신하여 온갖 어려움과 고통을 견디면서 살아갔다.

정조 때 이르러서야 조정에서 엄흥도의 충성을 높이 기려 강원도 관찰사로 하여금 제물을 대주어 엄 충신의 묘를 단장하고 제사를 모시도록 했다. 현재 그의 묘는 영월읍 팔괴리에 있는데, 후손들에 의해서 잘 관리되고 있다.

단종이 승하한 지 200여 년이 지난 1668년(현종 9년)에 참판 여필용이 엄홍도의 복호復戶를 주청했으며, 그 다음 해에는 송시열의 건의로 그의 후손들을 등용하였고, 1758년(영조 34년)에는 종2품 가선대부인 공조참판으로 추증하고 영조가 친히 제문을 내려 사육신과 함께 모시도록 하명했다.

지금도 영월 창절사彰節祠와 장릉 경내의 충신각, 경북 문경시 산양면 위만리의 충절사에서는 엄 충신의 위패를 모시고 제향을 올리고 있다. 문경 의산서원義山書院에서도 제향을 지냈으나 홍선대원군 때 서원이 훼철되어 복원되지 못하고 있다. 엄홍도 정려각은 단종의 능인 장릉 안에 있는데, 충신 엄홍도의 충절을 후세에 알리기 위하여 영조 2년(1726)에 세운 것이다.

정순왕후시여, 이제 한을 푸소서 | 제향을 서둘러 마치자 기어이 하늘이 터졌다. 아침부터 시커멓게 심술인지, 독기인지, 원한인지, 잔뜩 머금고 있던 하늘이 북북 찢어진다. 천둥번개가 연거푸 으름장을 놓더니 소나기가 쏟아진다. 3월 비 치고는 세차다. 찬비는 이내 우박으로 변한다. 바둑돌만 한 우박이 파편처럼 사정없이 내리꽂힌다. 참반원(제향에 참가한 사람)들은 체면 불구하고 관리소 옆 비닐하우스로 냅다 뛴다. 초대받지 않은 참반원인 나도 총탄을 피하는 전장의 병사처럼 머리를 감싸며 뛰었다.

"왕후마마가 아직도 원한을 풀지 않았구먼."

"쉽게 풀리지 않겠지. 팔십 평생 수모와 핍박으로 살다가 죽어서도 남편을 300리 밖에 두고 그리워해야 하니 오죽하겠는가."

"그러게나. 영월로 천장을 해야 하나, 말아야 하나. 여인의 한풀이니 너무 서운 해 맙시다. 선생은 어느 문중에서 오셨습니까?"

비닐하우스 안에 마련된 제향 뒤풀이 자리다. 검은 양복으로 정장한 이들의 수 군거리는 소리를 듣고 있는데, 불쑥 내게 묻는다. 당황해하며 그냥 추모객이라고 얼버무렸다. 술잔을 주고받으며 오래된 한을 되짚는다.

사릉思陵 제향에 참가한 이들은 세 부류다. 단종과 정순왕후 사이에는 자식이 없 다. 살벌한 분위기에서 가례를 올리고 동거한 기간이 1년도 안 된다. 후사가 있을 리 만무하다. 단종의 직계 후손은 없다. 제향을 주관하는 전주 이씨 문중 사람들, 정 순왕후의 친정인 여산 송씨 문중 사람들, 그리고 이곳이 선산인 해주 정씨 문중 사 람들이 모여 매년 정순왕후의 넋을 위로하는 제사를 올린다.

사릉 능침 근처에 오르면 주변 풍경이 의아하다. 능 주변에 일반 무덤이 여러 기 있다. 능으로 택지되면 사방 10리 안에 있는 주변 무덤은 강제 이장된다. 마을마저 철거된다. 그런데 사릉 바로 곁, 불과 100~200미터 곁에 무덤들이 있다. 사연이 많다.

1440년(세종 22) 판돈녕부사 송현수의 딸로 태어난 정순왕후는 성품이 공손하고 검소해 가히 종묘를 보존할 인물이라 하여 1453년(단종 1) 간택되어, 이듬해 14세로 왕비로 책봉된다. 1455년 세조가 즉위하고 단종이 상왕으로 물러나자 의덕왕대비에 봉해진다. 단종이 사사된 후 세조 3년(1457) 노산부인으로 강봉된다. 송씨의 운명은 기름을 안고 불로 뛰어든, 예견된 길이다.

청계천 영도교永渡橋에서 17세 소녀 왕비 송씨는 영월로 떠나는 16세 소년왕 단종과 영원히 이별한다. 영도교, 영영 이별한 다리, 임이 영원히 건너간 다리라고 후세 사람들은 의미를 붙인다.

궁궐에서 쫓겨난 송씨는 지금의 서울 동대문(흥인지문) 밖 연미정동(숭인동) 동망봉東望峰 기슭에 초가삼간을 짓고 한 많은 여생을 이어간다. 정업원淨業院이라 이름 붙여진 그곳에서 함께 쫓겨난 세 명의 시녀와 살았다. 시녀들이 해온 동냥으로 끼니를 잇는 비참한 생활이었다. 근처 동망봉에 올라 아침저녁으로 단종이 무사하기를 빌었지만 통곡은 허사였다. 왕비의 오열과 궁핍을 인지한 마을 여인네들이 줄을 서서 쌀과 푸성귀를 사립문 위로 던져 놓고 갔다. 서슬이 녹지 않은 세조는 이 보고를 받고 부녀자들이 정업원 근처에 얼씬거리는 것을 금지했다.

민초들은 다시 지혜를 짜냈다. 정업원 인근에 금남禁男 시장인 채소시장을 열었다. 남자의 출입을 금했으니 감시하는 관리가 접근할 수 없다. 북적거리는 틈을 타 여인네들이 곡식과 채소를 정업원 담 너머로 던졌다. 이후 송씨는 자줏물 들이는 염

색업으로 생계를 이었다. 그 골짜기를 지
금도 자줏골이라 부른다.

세월이 흘러 세조는 자신과 가족에
게 액운이 겹치자 퍼런 서슬이 녹아 참
회한다. 송씨의 비참한 생활을 전해들
은 세조는 정업원 근처에 영빈전이란
아담한 집을 짓고 궁핍을 면할 넉넉한
식량을 내렸으나, 그것을 넙죽 받을 송
씨가 아니다. 오로지 정신력으로, 이가
바스러지도록 원한을 짓씹으며 팔십 평
생을 보냈다. 무서운 에너지다. 차라리
요절이라도 했으면 한의 깊이가 덜했으
련만. 공식 통계는 없지만 지금도 우리

아담한 키의 사릉 문인석

나라 무속인들이 모시는 신으로 '송씨 부인'이 가장 많다고 한다. 송씨 부인이 바로
정순왕후일 것이라고 말하는 사람이 많다.

한 많은 여자의 일생, 엉겁결에 권력의 핵심에 발을 들여놓았다가 천추의 한을
남긴 여인 정순왕후는 81세(1521년, 중종 16)로 생을 마감한다. 죽을 당시 신분은 왕후가
아니었다. 국장의 예를 갖춘 능을 조성할 신분이 아니다. 단종의 손위 누이 경혜공주
의 시댁인 해주 정씨 집안에서 장례를 주도했고 해주 정씨 묘역에 안장됐다.

그후 177년이 지난 1698년(숙종 24) 11월 6일, 단종이 복위되자 송씨도 정순왕후로
추상되고 종묘에 신위가 모셔지고 능호를 사릉이라 했다. 능이 되었는데 주변 무덤

정업원구기 비각

은 어떻게 처리하나? 사릉 총리사(관리책임자) 최석정이 숙종에게 아뢰었다.

"사릉은 본래 문종의 외손이었던 정미수의 사유지이옵니다. 정순왕후께오서 살아서 정미수에게 후사를 부탁하고 승하했습니다. 능으로 봉해졌다 해서 정씨 묘소를 옮기면 정순왕후께오서도 마음이 편치 않을 것이옵니다. 정씨 묘들을 사릉 능역에 그대로 존치함이 가할 줄 아옵니다."

이에 숙종은 "오래된 묘는 옮기지 않은 예가 있다. 그대로 두라. 후손들에게 또 다른 한을 만들어서야 되겠느냐?" 하였다. 그래서 사릉 능역 주변은 일반인의 묘소가 있다. 유일한 예다.

정업원 터에는 지금 청룡사라는 작은 절이 있다. 제21대 영조가 이곳을 방문하여 '정업원구기淨業院舊基'라는 비각을 세웠다. 비각에는 영조가 눈물을 흘리며 썼다는 비문이 남아 있다. 업을 말끔히 씻어야 극락왕생할 터인데.

한 시간 정도 내리쏟던 우박과 비가 멈춘다. 제향을 마치면 서둘러 돌아가는 것이 상례인데 오늘은 참반원 모두 소나기 덕분에 비닐하우스 속에서 한참 머물렀다. 나뒹구는 빈 소주병이 흥건하다. 정순왕후시여! 이제 한을 푸소서.

장릉 莊陵

조선 제6대 단종의 능. 1457년(세조 3) 성삼문 등이 도모한 상왕복위 계획이 탄로되어 영월에서 사사賜死되자, 영월호장 엄흥도가 관을 갖추어 장사지낸 뒤 숨겨져 왔다.
중종 이후 조정에서 조심스럽게 단종에 대한 제사와 묘의 영조營造에 대한 논의가 일어나더니 선조 때에 이르러 김성일 정철 등의 장계로 영역塋域을 수축하고 돌을 세워 표를 하였다.
1681년(숙종 7)에 이르러 대군으로 추봉하였고, 1698년 추복追復하여 묘호를 단종이라 하여 종묘에 부묘祔廟하고 왕으로 봉하여 장릉이라 하였다.
추봉된 정릉貞陵(태조의 계비 신덕왕후 강씨의 능) 등의 예에 따라 난간석과 무인석을 설치하지 않았고, 가장 간단하며 작은 후릉(정종의 능)의 양식을 따랐다. 따라서 장릉의 석물은 숙종과 정조 연간에 만들어진 왜소하면서도 간단한 능석물의 선구를 이루며, 명릉(숙종의 능) 이래 만들어진 사각 지붕형의 장명등은 장릉에서 그 첫선을 보인다.
서울에서 가장 먼 왕릉이다. 도성에서 100리를 벗어날 수 없다는 규정이 적용될 수 없는 단종의 운명 때문이다. 부인 송씨가 묻힌 남양주의 사릉과는 300리 밖이다.

사적 제196호. 강원도 영월군 영월읍 영흥리 산133-1
면적 348만 9,103㎡(105만 7,304평)

사릉 思陵

조선 제6대 단종 비 정순왕후의 능. 정순왕후는 수양대군이 왕위를 찬탈한 뒤 단종을 상왕으로 모시면서 의덕대비가 되었고, 단종이 노산군으로 강봉되면서 부인夫人으로 강봉되었다. 정순왕후는 17세에 홀로 되어 소생 없이 81세까지 살았다. 평생을 평범한 서민으로 보내다가 죽은 뒤 단종의 손위 누이 경혜공주 정씨 가문 묘역에 묻혔다가, 1698년(숙종 24) 단종의 복위와 함께 정순왕후로 추상追上되고, 묘를 높여 사릉이라 했다. 석물은 장릉(단종 릉)과 마찬가지로 난간석과 무인석을 생략했다.

사릉은 중종 때 조성되었다. 7대에 걸친 왕대를 산 정순왕후를 중종이 대군부인의 예로 장례를 지낸 뒤 후에 왕후 능으로 추봉되어 다른 능에 비해 단출하게 꾸며져 있다. 능침을 3면의 곡장이 둘러싸고 있으나 병풍석과 난간석이 없다. 무인석도 없고 160cm 정도 되는 자그마한 문인석 한 쌍이 능을 지킨다.

사적 제209호. 경기도 남양주시 진건읍 사릉리 산65-1
면적 14만 6,529㎡(4만 4,325평)

역사란 무엇인가, 권력이란 무엇인가

"내가 죽으면 속히 썩어야 하니 석실과 석곽을 사용하지 말 것이며, 병풍석을 쓰지 마라." 세조의 유명遺命이다. 세조는 1468년 9월 7일 병세가 악화되어 왕세자(예종)에게 왕위를 물려주고 그 이튿날 수강궁에서 51세로 승하했다.

역사의 영욕과 파노라마, 그 기승전결을 온몸으로 보여 준 이, 권력의 잉태와 성장, 소멸을 일목요연하게 보여 준 이가 세조다. 영광과 비난을 한몸에 듬뿍 받으며 지금 '빛나는 무덤'에 누워 있다. 그의 유언은 영욕의 생애를 압축한 묘비명 같다.

광릉은 조선시대 440여 년 동안 풀 한 포기 채취도 금지되었을 정도로 보호되어 산림이 울창하고 우리나라에서만 볼 수 있는 희귀조 크낙새가 서식하는 곳이다. 능역 내 약 100정보에 150종의 활엽수림, 수령 수백 년이 기본인 소나무가 장관을 이룬다. 이곳의 지명이 '광릉내'로 불리는 것은 광릉이 있기 때문이다. 산림청의 국립수목원이 여기에 자리 잡은 이유도 광릉 덕분이다. 세조는, 살아서도 죽어서도 울

세조 1417~1468(51세) | 재위 1455. 윤 6.(38세)~1468. 9.(51세). 13년 3개월 | 정희왕후 1418~1483(65세)

제7대 세조가계도

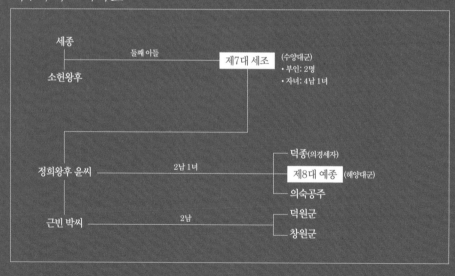

세종

소헌왕후

둘째 아들 ─── 제7대 세조 (수양대군)
· 부인: 2명
· 자녀: 4남 1녀

정희왕후 윤씨 ─── 2남 1녀 ─── 덕종(의경세자)
제8대 예종 (해양대군)
의숙공주

근빈 박씨 ─── 2남 ─── 덕원군
창원군

울창창 속에 있다.

권력을 얻기 위해서 형제와 조카를 무자비하게 살육한 권력의 화신, 치솟는 신권을 누르고 왕권을 강화한 제왕, 궐내에 사찰을 두고 스님을 궁으로 초대해 설법을 들은 호불의 군주, 왕자시절 불경 언해작업에 직접 참여한 학자풍의 군왕. 하나의 잣대로 규정할 수 없는 위인이 세조다.

세조는 불후의 성군인 세종의 18남 4녀 중 둘째 아들이다. 형이 문종(제5대), 조카가 단종(제6대)이다. 대군 시절의 이름도 다양하다. 처음에는 진평대군이었으나 세종 15년(1433) 함평대군으로 고쳤다가 진양대군으로 다시 고쳤으며, 세종 27년(1445)에 수양대군으로 바꾸었다. 이름이 운명을 바꾼다는 것을 암시한다.

세조의 등극은 우연보다는 필연에 가깝다. 용상으로 가는 설계도를 쥐고, 길이 없으면 만들고 검불이 있으면 헤치고 갔다. 역사는 승자의 몫이라는 비난도 있지만, 이기며 만들어 가는 것이 역사이기도 하다. 세조에 항거해 몸을 던진 사육신도 애초부터 저항 세력이었던 것은 아니다.

11세의 어린 나이로 단종이 즉위하자 조정은 고명대신(임금의 유언을 받은 신하)에 의해 장악된다. 권력이 신하들의 수중으로 넘어간다. 영의정 황보인, 좌의정 김종서가 조정을 좌지우지한다. 태종이 왕비 집안을 몰살하면서까지 다져 놓은 왕권이 곤두박질친다. 고명대신들은 황표정사黃標政事라는 것을 행한다. 의정부에서 대신에 임명할 인물의 3배수를 올리되 자신들이 의중에 둔 인물의 이름 위에 노란 점을 찍어 놓으면 단종은 결재만 하는 식의 정치다. 김종서·황보인 등 핵심 고명대신들의 아들과 측근이 대거 등용되었고, 아들들은 초고속 승진을 한다. 사관의 기록에 따르면, "왕은 손 하나 움직일 수 없는 허수아비로 전락하고, 백관은 의정부는 알았으나 군주가 있는 것을 알지 못한 지 오래됐다."고 했다.

재상 중심 체제를 주장하던 성삼문 등 집현전 학자들도 김종서의 지나친 전횡을 비판했다. 할아버지 태종 때 유년기를 보내고, 아버지 세종 때 청소년, 청년기를 보낸 30대 중반의 수양대군은 피가 끓는다. 어떻게 일군 왕조인데, 칼과 피를 두려워하지 않고 세운 왕조의 몰락을 처참하게 보고만 있을 위인이 아니다.

1453년(단종 2) 10월 10일. 역사의 물꼬가 바뀐다. 이른바 계유정난이다. 수양대군의 로드맵은 치밀했다. 그해 초 수양대군은 자청해서 명나라에 간다. 단종의 즉위를 인정한다는 명나라 황제의 뜻에 감사하다는 사은사로 간 것이다. 권력투쟁의 불길이 활활 타오르는 시점이다. 수하들이 극구 만류했지만 덤덤한 표정으로 명으로 떠났다. 고명대신들을 안심시키려는 고도 전략이었고, 전략은 적중했다.

명에서 돌아온 4월에 신숙주를 막하에 끌어들이고, 홍달손·양정 등 칼잡이들을 양성

광릉 홍살문

유언에 따라 병풍석을 세우지 않은 광릉

했다. 6개월 뒤 10월 10일 밤, 거사는 전광석화같이 실행된다. 수양대군은 부하 유
숙·양정·어을윤 등을 대동하고 김종서를 찾아가 철퇴로 살해한다. 또 어명을 빙
자하여 영의정 황보인, 병조판서 조극관, 이조판서 민신, 우찬성 이양 등을 차례로
대궐로 불러들여 참살한다. 피비린내 자욱한 밤이 가고 시린 가을 아침, 세상이 바
뀐다. 세상이 바뀌는 데는 많은 시간이 필요 없는 모양이다. 하룻밤이면 충분하다.

　첫째 동생 안평대군을 붕당 모의의 주역으로 지목해 강화도에 유배시켰다가 사
사했다. 넷째 동생 금성대군도 유배 후 사사하고, 단종을 상왕으로 밀어낸 후 다시
노산군으로, 그리고 서인으로 전락시켜 죽였다. 그의 손에 묻힌 피가 너무 많다. 어

떻게 업장을 녹이랴.

역사는 그것을 '세조의 왕위 찬탈'이라 부른다. 즉위 기간 내내 죄책감에 시달린다. 단종의 어머니이자 형수인 현덕왕후(문종 비) 권씨의 혼백에 시달려 만아들 의경세자가 19세로 요절한다. 병상에 있을 때 21명의 스님이 경회루에서 공작재孔雀齋를 베풀었지만, 그는 끝내 죽는다. 분노한 세조는 현덕왕후의 무덤을 파헤쳐 관을 파내 바닷가에 버린다. 또한 현덕왕후가 자신에게 침을 뱉는 꿈을 꾼 후 온몸에 피부병이 생겨 고생한다. 피부병을 고치려고 오대산 상원사를 찾았다가 문수동자를 만나 쾌유한다. 그 장면은 다음에서 살펴보자.

정통성이 없는 정권은 괴롭다. 국제적 인정과 국내 민심을 얻는 데 눈물겨운 노력이 뒤따라야 한다. 정통성 있는 정권은 자칫 오만해지기 쉽다. 같은 노력이 없으면 오십보백보다. 세조는 문치가 아닌 강권으로, 인재 등용은 실력 중심이 아닌 측근 중심이었다. 비서실(승정원) 중심의 철저한 측근정치를 펼쳤다.

조선 왕조 최고의 대호불왕大護佛王은 세조다. 대군 시절부터 신미대사·수미대사 등 고승과 친교가 두터웠다. 즉위하자 바로 배불정책을 외면했다. 호불은 선, 배불은 악이란 단순 등식에서 벗어나 세조를 살펴볼 필요가 있다. 말없이 누워 있는 그를 광릉 숲 한적한 곳으로 모셔와 담소를 나눠 볼까.

세조, 상원사 계곡에서 문수동자를 만나다 | 상원사로부터 월정사에 이르는 계곡물은 콸콸 거침없이 흐른다. 왕은 호위하는 시종들을 멀찌감치 물리고 홀로 상수리나무 가지를 헤치며 계곡으로 내려간다. 온몸을 뒤덮다시피 한 피부병에 정신이 혼미하다. 긁고 긁어서 진물이 나고 딱지가 일어 그 꼴이 처참하다.

홍살문에서 정자각에 이르는 참도가 없는 광릉

누구를 원망할 힘조차 없다. 꿈에 자신에게 침을 뱉은 형수도, 온 나라를 뒤져 명약이라고 갖다 바친 어의들도 미워하고 호통칠 힘이 없다. 목덜미를 긁으면 옆구리가 또 가렵다. 손톱에 살점이 묻혀나도록 긁는다.

거추장스런 용포가 나뭇가지에 걸린다. 시종들이 보이지 않는 바위 뒤에 이르러, 화려한 용포를 찢듯이 벗어던진다. 진물 질질 흐르는 알몸이 된다. 중천에 든 여름해가 벌거벗은 왕을 내려다본다. 돌부리를 피해 가며 물속에 몸을 담근다. 아! 시원하다. 홀로, 벌거벗고, 맑은 하늘 아래, 처음이다. 이것이 자유인가. 뼛속까지 시린 기운이 파고들지만 개의치 않는다. 얼굴과 가슴, 사타구니를 씻는다.

그때, 떡갈나무 잎사귀 사이로 언뜻 인기척이 난다. 왕은 흠칫 놀란다. 자객인가? 평생 처음 맞는 황홀한 순간인데, 내 목을 노리는 놈이 여기까지? 조그만 아이가 형상을 드러낸다. 왕은 숨을 고르고 몸을 움츠린다.

"너, 넌 누구냐? 이 산중에?"

"아랫마을에 사는 아이예요. 아저씨는 누구세요? 왜 혼자 목욕하세요?"

휴우! 왕은 긴장을 푼다.

"아저씨, 등 밀어 드릴까요? 아저씨 몸에 점이 많네요."

얼룩진 피부를 보고 아이가 그렇게 말한다.

"허허, 그래 점이 많지. 시원하게 등을 밀어다오."

왕은 등짝을 아이에게 맡겼다. 고사리 같은 아이의 손이 정성스럽게 등을 민다. 시린 물을 끼얹으며 등을 민다. 간지럽고 시원하다.

"아가야, 됐다. 허허! 산중에서 아이를 만나 등을 밀다니. 그런데 아가야, 산을 내려가서 누구에게도 지금 일을 말해선 안 된다. 계곡에서 왕을 만나 왕의 등을 밀어 주었다고 말해선 안 된다. 내 뜻은 아니지만 너는 왕의 몸에 손을 댔다는 죄목으로 죽임을 당한다. 명심해라."

"예, 전하. 전하께서도 약속하십시오. 상원사 계곡에서 문수동자가 등을 밀어 주었다고 결코 발설하지 마십시오."

왕이 깜짝 놀라 뒤를 돌아보니, 아이는 이미 흔적도 없다. 아이의 손이 닿은 왕의 몸은 말갛다. 시궁창 같던 온몸이 뽀송뽀송하다. 세조는 아이가 사라진 쪽을 향해 합장했다. '아! 나무관세음보살⋯⋯.'

왕은, 상원사 일대와 오대산 전 암자를 뒤졌지만 동자를 찾지 못했다. 이름난 화공을 불러 자신이 보았던 문수동자의 모습을 자세히 설명하고 화상을 그리게 했는데, 두 번을 그려도 모양이 같지 않더니 세 번째 가서야 겨우 비슷한 형상을 그렸다. 이렇게 그려진 문수동자 화상은 상원사에 받들어 모시고 강릉 신석평 7백석지기 땅

상원사 문수동자상 (왼쪽, 국보 제221호), 상원사 동종 (오른쪽, 국보 제36호).

을 하사하여 문수동자를 위해 매일 불공을 드리도록 했다. 화상은 지금 소실되고 본당 오른쪽에 목각 문수동자상이 모셔져 있다.

상원사와 세조의 인연은 다시 이어진다. 100일 기도 덕분에 문수동자를 친견하고 병이 나았다. 이듬해 세조는 기적의 성지인 상원사를 다시 찾았다. 불전에 참배코자 법당 안으로 들어가려는데 난데없이 고양이 한 마리가 나타나 지엄한 용포 자락을 물고 늘어진다. 깜짝 놀란 시종들이 막대기로 후려치며 고양이를 쫓았으나 앙칼진 비명을 지르며 옷자락을 놓지 않는다. 왕은 불길한 예감이 들어 병사들을 시켜 법당 안을 샅샅이 뒤지라 했다. 그러자 불상을 모신 수미단 속에 자객이 숨어 있었다. 자객을 붙잡아 끌어내자 용포를 물고 늘어진 고양이는 사라졌다.

세조는 상원사 사방 40리의 임야와 강릉 일대 만석 전답을 하사하고 묘전猫田과 고양이 석상을 조성했다. 또한 세조는 신미대사와 상의하여 상원사를 크게 중창하고 안동에 가 있던 상원사 대종을 옮겨 오도록 명했다. 세조 12년(1466) 상원사 중창 낙성식에 왕이 직접 문무백관을 거느리고 상원사에 행차했다.

세조의 숭불 업적은 화려하다. 신륵사 · 내원사 · 쌍봉사 · 해인사 등 여러 사원에 노비를 하사했다. 건봉사 · 표훈사 · 회암사 · 도갑사 등을 중수하고 용문사와 흥천사에 종을 기증했다. 세조 7년에는 천민들의 출가를 허락하고 9년에는 대원각사를 중창했다. 현존하는 원각사지 13층탑(국보 제2호)도 세조 때 조성된 것이다(세조 13년, 1467).

경전의 언해사업도 화려하다. 《법화경》 · 《선종영가집》 · 《금강경》 · 《반야심경》 등을 한글로 번역했다. 석가모니의 전기인 《석보상절》은 세조의 역작이다. 모두가 불교적 · 국어학적 보배다.

세조의 숭불, 불교 융성의 치적을 어떻게 이해해야 할까. 진정한 신앙심의 발로인 것은 사실이다. 그러나 발심과 더불어 선택적 측면도 있다. 세조는 유교적 입지가 취약하다. 불교 융성책은 유교적 입지가 허약한 세조의 선택이기도 하다. 수천 년이 지나도 그가 행한 패륜적 행적은 삭제되지 않는다. 형제들을 죽이고, 조카의 왕위를 찬탈하고 급기야 죽여 버렸다. 명분과 예를 중시하는 유교적 입장에서는 용납될 수 없다. 세조의 친불정책은 유교 이념에 투철한 성리학자들을 견제하는 수단이기도 했다. 개인적으로는 끝없는 참회를 통해 업장을 녹이려는 치열한 수행의 방편이었을 것이다.

광릉은 애초부터 세조가 편히 안장될 곳은 아니었다. 왕릉 택지에 관여된 이들

이끼 낀 광릉 무인석

은 극락과 지옥을 오가야 한다. 채택 되면 일약 벼락출세요, 흠결이 도출 되면 죽음을 각오해야 한다. 조선 왕 실은 툭하면 왕릉으로 신권을 눌렀 다. 신하들의 군기를 잡는 방법 중에 왕릉 점령보다 더 막강한 특효약은 없다. 광릉은 정흠지의 선산으로 주 변 산모양이 기이하고 빼어나다는 품평에 따라 채택되었다.

정흠지는 정창손의 아버지다. 정 창손은 세조 때 영의정을 지냈고 광 릉 택지 때 좌익공신에, 봉원군蓬原君 으로 시퍼렇게 살아 있는 실세였으 나 그의 문중 선산이 왕릉으로 택지 되었다. 이미 8기의 무덤이 자리한 선산을 송두리째 이장당한 정창손을 달래기 위해 예종은 호조에 명한다. "정창손에게 관곽棺槨 8개와 유둔(기름 칠한 천막) 8개, 종이 100권, 쌀과 콩을 100가마 내려 주어라." 또 승정원에

명하여 경기관찰사는 선산 이장에 필요
한 인부 50명을 뽑아 보내게 했다. 그러
나 이것은 특별한 경우다. 인근 수백여
민초들의 무덤은 국물도 없다.

　세조의 오른쪽 언덕에 누운 비 정희
왕후 윤씨 또한 대단한 용맹가, 지략가
다. 계유정난 당시 거사가 누설되었다
며 손석손 등이 만류하자, 중문에 이른
수양대군에게 직접 갑옷을 입혀 거사
를 결행케 했다. 덕종·예종·의숙공주
등 2남 1녀를 두었다. 맏아들(의경세자, 덕
종)이 19세로 요절하고 둘째 아들 예종
이 19세에 즉위하자 최초로 수렴청정
했다. 예종이 재위 1년 2개월 만에 죽자
맏아들인 덕종의 둘째 아들(그녀의 손자)
자을산군을 즉일로 즉위케 했다. 그가
성종이다. 남편, 아들, 손자의 즉위에
직접 힘을 쏟아 부은 대단한 여인이다.
정희왕후는 1483년(성종 14) 온양 행궁
에서 춘추 65세로 승하했다.

고석에 새겨진 귀면

광릉 光陵

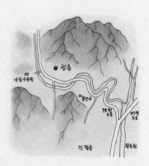

조선 제7대 세조와 정희왕후 윤씨의 무덤. 정희왕후 윤씨는 조선 최초로 수렴청정을 시행했다. 수렴청정은 나이 어린 임금을 대신해서 왕대비가 정치를 대신하는 것으로 당시 예종 성종이 어린 나이에 왕위에 올랐으므로 정사를 돌보게 된 것이다.

왕의 유언에 따라서 무덤방은 돌방을 만드는 대신 석회다짐으로 막았고, 무덤 둘레에 병풍석을 세우지 못하게 하였다. 돌방과 병석을 없앰으로 해서 백성의 고통과 국가에서 쓰는 돈을 크게 줄일 수 있게 되었다. 무덤 주위에는 난간석을 세우고 그 밖으로 문인석 무인석 상석 망주석 호석 양석을 세웠다. 난간석의 기둥에는 십이지신상을 새겼는데 이는 병풍석을 세우지 않았기 때문이다. 이러한 예는 광릉밖에 없으며, 글자로 난간석에 표시하거나 나중에는 24방위까지 새겨 넣게 된다.

무덤 배치에 있어서도 최초의 동원이강의 형식이다. 지금까지는 왕과 왕비의 무덤을 나란히 두고자 할 때는 고려 현릉(공민왕) 정릉(노국공주) 식의 쌍릉이나 조선 세종과 소헌왕후 심씨의 무덤인 영릉의 형식으로 왕과 왕비를 함께 묻는 방법을 취하였으나, 광릉은 두 언덕을 한 정자각으로 묶는 새로운 배치로 후세의 무덤제도에 영향을 끼쳤다. 세종의 영릉이 조선 전기 왕릉 제도를 총정리한 것이라 한다면, 광릉은 조선 전기 왕릉 제도의 일대 변화를 이룬 조선 왕릉 제도상 중요한 위치를 차지하고 있다.

홍살문에서 정자각에 이르는 참도가 없다. 명확한 기록이나 증거는 없으나 유언으로 보는 것이 타당할 것 같다.

사적 제197호. 경기도 남양주시 진접읍 부평리 산100-1
면적 103만 9,909㎡(31만 5,124평)

어? 왕비의 능이 왕의 능보다 높은 곳에 있네

아비의 업보를 지고 꽃다운 열아홉 살에 종생한 의경세자. 산맥보다 더 듬직한 아버지의 아들이다. 어려서부터 예절이 바르고 학문을 좋아했으며, 특히 해서에 능했다. 그러나 철이 들고 세상 이치의 전후를 가늠할 정도가 되자 밤마다 악몽에 시달렸고, 날이 갈수록 악몽의 강도가 세어졌다.

"이놈아! 네 아비가 저지른 악행만큼 네가 받아라."

하얀 소복에 뻘건 핏물을 뒤집어쓴 여인이 칼을 들고 달려든다. 세자는 비명을 지른다. 자리옷은 식은땀으로 축축하다. 내관이 들어와 세자를 흔든다. 야윌 대로 야윈 세자의 몸은 부처의 고행상처럼 뼈만 앙상해져 갔다. 악몽의 끝이 보이지 않는다. 목을 조르고 사지를 비틀고 가슴팍에 비수를 꽂는다. 내의원에서 근기를 돋우는 탕제를 올려도 소용없다. 밤낮없이 세자 주변을 맴돌며 세자를 옥죄는 여인은 단종의 어머니 현덕왕후다. 아들을 원통하게 잃은 여인의 혼령이 저주의 굿판을 멈

덕종 1438~1457(19세) | 소혜왕후 1437~1504(67세)

추존왕 덕종 가계도

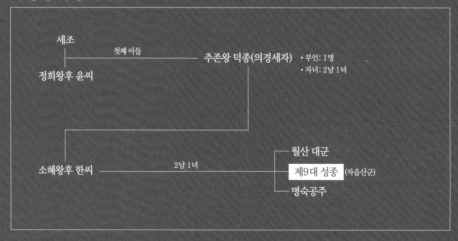

세조 ─────── 첫째 아들 ─────── 추존왕 덕종(의경세자)
정희왕후 윤씨

• 부인: 1명
• 자녀: 2남 1녀

소혜왕후 한씨 ─────── 2남 1녀 ───────
월산 대군
제9대 성종 (자을산군)
명숙공주

추지 않는다. 맏아들에게 달라붙은 원귀를 쫓으려고 세조는 눈이 뒤집힐 정도로 애썼다.

자식에게 대물림된 업보에 억장이 무너진다. 원귀를 향한 분노에 치를 떤다. 현덕왕후의 무덤을 파헤쳐 유골을 바닷가에 흩뿌렸다. 원혼을 달랜 것이 아니라 불타는 원귀의 한에 기름을 부은 것이다. 백골마저 능멸당한 원혼의 저주는 하늘을 찌른다. 결국 세자는 식은땀을 비 오듯 흘리며 가위 눌려 죽었다. 단종이 죽은 지 한 달 후의 일이다.

사태의 전말을 알고 있는 세조는 아들의 시신을 안고 가슴을 치며 통곡했다. 자식을 가슴에 담고 명당을 찾아 나섰다. 아비의 업장을 대신 지고 떠난 아들의 무덤을 위한 세조의 노력은 광적이었다. 세조는 이미 조선에서 내로라하는 풍수의 대가다. 세조는 기구한 팔자에 풍수살이 단단히 끼어 있다. 아버지 세종의 왕릉을 잡으러 다녔고, 형인 문종의 능, 그리고 이제는 자식의 무덤마저 잡아야 하는 기막힌 팔자다. 후일에는 며느리의 무덤에까지 관여했던 것이 세조의 풍수 팔자다.

택지 천거가 봇물처럼 쏟아지자, "상중하로 구별하여 올리라."는 어명과 함께 통행 계획을 짜서 친히 현장 답사를 한다. 고르고 골라 조성된 것이 경릉敬陵이다. 서오릉은 세조가 마련한 세조 혈통의 선산 왕릉이다. 동구릉 지역과 맞먹는 182만여 ㎡(55만 평)의 서오릉이 만들어지게 된다. 경릉은 조선 왕릉 중에서 가장 소박하여 병풍석과 무인석이 없다. 아담한 민간 무덤 같다. 장식을 버리고 편안하게 잠들라는 교훈 같다. 자식이 무슨 죄인가. 세조의 피울음이 홍건히 녹아 무덤을 쓰다듬고 있다.

의경세자는 한확韓確의 딸 한씨(소혜왕후)를 아내로 맞아 1454년 월산대군을 낳고, 1457년에 자을산군(성종)을 낳았다. 경릉 정자각에서 바라볼 때, 왼쪽 높은 언덕에

경릉 금천교

묻혀 있는 이가 소혜왕후다. 그녀의 인생 역정 또한 만만치 않다. 15년간 왕세자비라는 딱지를 달고 살았다. 한창 나이인 20세에 과부가 되어 12년간 사가에서 살았다. 설움의 세월은 아들 덕분에 풀려나간다.

남편 의경세자가 죽기 한 달 전에 태어난 차남 자을산군은 운 좋고 잘난 아들이다. 그녀의 나이 31세에 세조가 승하하자 시동생인 예종이 18세로 보위를 잇는다. 그런데 예종은 재위 1년 2개월 만에 요절한다. 왕위 계승 결정권자는 세조 비 정희왕후 윤씨. 왕통 계승 후보자는 3명이다. 1순위는 예종의 직계 장남 제안대군, 2순위는 소혜왕후 한씨의 장남인 15세의 월산대군, 3순위는 역시 그녀의 차남 12세

경릉의 석조물 (왼쪽), 경릉 무인석 (오른쪽).

자을산군이다. 세조 비 윤씨는 3순위인 자을산군을 전격적으로 결정해 버린다.

왕이 승하한 다음 날 바로 즉위시킨 사례가 없어 조정 대신들의 논란이 들끓는다. 그것도 3순위자에게 덜컥 왕관을 씌웠으니. 분분한 논란은 논란일 뿐, 역사는 흐른다. 차남이 왕이 되자 사가에 머물던 그녀는 존엄한 궁궐로 모셔져 당장 '인수대비'로 명명된다. 5년 후에는 왕대비로 봉해진다. 남편보다 48년이나 더 살다가 1504년(연산군 10) 춘추 67세로 승하했다.

조선 왕릉 중 비의 능이 왕의 능보다 더 높은 곳에 자리 잡은 것은 경릉이 유일하다. 석물도 더 풍성하게 차려져 있다. 지아비 덕종은 1457년(세조 3) 19세로 요절했고 당시 신분은 왕세자였다. 지어미 인수대비는 승하 당시 신분이 왕대비였다. 왕릉 자리 원칙은 남존여비가 아니라 군신 관계가 우선이다. 종묘사직을 위한 왕릉이기에 군신 관계가 절대적이다.

수복방

실제 재위하지는 않았으나 후대 왕이 선왕을 기려 왕위를 올리는 것이 추존왕이다. 조선 개국 이후 최초의 추존왕이 덕종이다. 원귀에 시달리다 죽은 아버지의 죽음을 애석하게 여겨 아들 성종이 왕위에 오르자 1471년(성종 2) 덕종으로 추존했다.

정희왕후는 왜 3순위인 자을산군에게 왕관을 씌워 줬을까? 한명회·신숙주 등이 정치적으로 결탁한 결과라는 설이 있으나, 세조 비 윤씨의 내심을 달리 읽을 수도 있다. 왕실의 번영은 왕손의 다산多産에 있다. 덕종, 예종이 모두 젊은 나이에 요절했다. 왕의 건강이 왕실과 종묘사직의 건강이다. 비록 12세에 불과하지만 자을산군은 튼튼한 강골풍이었다. 어느 날 뇌우가 몰아쳐 옆에 있던 환관이 벼락에 맞아 죽어 주위 사람들이 혼비백산했지만, 자을산군은 얼굴빛 하나 변하지 않았다. 그 예측은 틀리지 않았다. 성종은 재위 25년 1개월 동안 12명의 여인들에게서 16남 12녀, 도합 28명의 자녀를 생산했다.

권세와 영화를 누리던 소혜왕후(인수대비)도 무도한 손자인 연산군 앞에선 무력했다. 노년의 기력을 다해 그의 무례와 부덕을 꾸짖다가 참으로 어처구니없이 삶을 마감했다. 실록에는 완곡하게 표현하고 있지만, 쉽게 말해 할머니를 헤딩으로 박아 죽게 했다. 레슬링, 축구에만 헤딩이 있는 게 아니라, 지엄한 구중심처에도 있었다. "아야! 아이고 머리야!" 왕후의 신음이 능침을 타고 내린다.

경릉 敬陵

조선 제9대 성종의 생부인 추존왕 덕종(의경세자)과 원비 소혜왕후 한씨의 능. 동원이강의 능제를 따르고 있다. 서오릉에 들어선 최초의 왕릉이다. 일반적으로 앞에서 볼 때 왼쪽이 왕, 오른쪽이 왕비의 능이 있기 마련인데 조선 왕릉 가운데 유일하게 왕비가 왕보다 더 높은 자리인 왼쪽 위에 자리 잡고 있다.

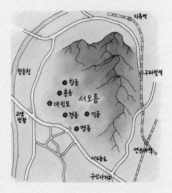

의경세자는 세조의 장남으로 1455년 왕세자에 책봉되었다. 19세에 별세하여 대군묘 제도에 따라 장례를 치렀다. 1471년 둘째 아들인 성종에 의해 덕종으로 추존되었다.

소혜왕후는 1455년 세자빈으로 책봉되었고 성종이 즉위하자 왕대비(인수대비)가 되었다. 성품이 총명하고 학식이 깊어 부녀자들의 예의범절을 가르치기 위한 《내훈(內訓)》이란 책을 간행하기도 했다. 손자 연산군이 생모 윤씨의 폐비 사사사건에 대해 보복하려 하자 이를 꾸짖다가 연산군에게 머리를 박치기당한 얼마 후 승하했다.

사적 제198호. 경기도 고양시 덕양구 용두동 산30-1(서오릉)
서오릉 전체 면적 182만 9,792㎡(55만 3,512평)

제8대 예종 가계도

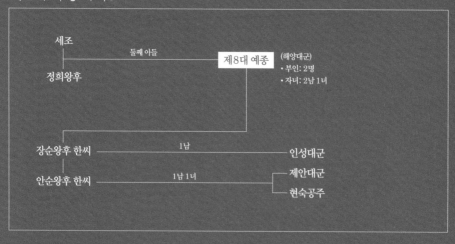

세조 ──── 둘째 아들 ──── 제8대 예종 (해양대군)
정희왕후   • 부인: 2명
                                     • 자녀: 2남 1녀

장순왕후 한씨 ──── 1남 ──── 인성대군
안순왕후 한씨 ──── 1남 1녀 ──── 제안대군
                              현숙공주

스무 살, 짧은 생애가 남긴 몇 개의 기록

형만한 아우가 없다. 아비만한 자식도 없다. 부는 대물림될 수 있지만 건강은 대물림되지 않는다. 세조의 아픔은 자식복 없음이다. 온갖 공을 들인 맏아들 의경세자가 19세에 요절, 부랴부랴 일곱 살의 둘째 놈을 세자로 책봉했다. 그러나 그 놈도 즉위 14개월 만에, 19세로 역시 요절했다. 아비의 펄펄한 정기를 잇지 못하고. 못난 놈들. 창릉昌陵에는 세조의 비통이 자욱하게 서려 있다.

모든 생명은 안락을 바라는데 / 폭력으로 이를 해치는 자는 /

자신의 안락을 구할지라도 / 뒷세상의 안락을 얻지 못한다. (《법구경》131)

허공 중에서도 바다 가운데서도 / 혹은 산속의 동굴에 들어갈지라도 /

악업의 갚음에서 벗어날 / 그런 세계는 어디에도 없다. (《법구경》127)

예종 1450~1469년(19세) | 재위 1468. 9.(18세)~1469. 11.(19세). 1년 2개월 | 안순왕후 ?~1498년
장순왕후 1445~1461(16세)

예종 능침에서 본 안순왕후 능

　요절한 임금은 업적을 남길 틈이 없다. 몇 개의 기록만 남겼을 뿐이다. 예종은
두 명의 부인(장순왕후 한씨, 안순왕후 한씨)에게 서 2남 1녀를 낳았다. 예종의 나이 11세 때
장순왕후가 첫아들 인성대군을 낳았다. 장순왕후는 대군을 낳고 건강이 악화되어
16세로 요절했다. 조선 역대 제왕 중 가장 어린 나이에 아들을 낳은 이가 예종이다.
그러나 그렇게 낳은 인성대군은 3세 때 죽었다. 참을 수 없는 존재의 박복함이여!

　왕릉에 불이 나면 어떻게 될까? 예종의 창릉은 화재의 기록도 갖고 있다. 왕릉은
산세가 좋고 주변에 수목이 울창하다. 부드러운 잔디 이불이 풍성하다. 산불나기
좋은 여건이다. 민가에 불이 나거나 일반 백성의 무덤에 불이 나도 큰일이거늘, 왕릉
에 불이 나면 나라의 변고라 하여 왕은 정사를 폐하고 사흘간 소복을 입고 참회한다.

　1625년(인조 3) 2월 28일 창릉에 불이 나자 인조는 조회를 폐하고 백관과 함께 3일

간 소복을 입었다《인조실록》 권8). 이듬해 1월 26일 또 불이 나자 임금과 백관은 다시 소복을 입었다《인조실록》 권11). 1896년(고종 33) 4월 23일 능상에 화재가 발생하다《고종실록》 권34). 기이한 기록이다. 화기가 센 것만은 틀림없다. 능에 불이 나면 책임을 물어 능을 지키는 수복守僕(관리)의 목을 베거나 중벌로 다스린다.

"남아 20에 나라를 평정하지 못하면 어찌 대장부라고 할 수 있으랴."라는 시를 남긴 남이南怡 장군의 옥사가 일어난 것이 예종 때다. 남이는 태종의 외손자로, 세조 시대 최대 위기를 몰고 온 이시애李施愛의 난(1467년)을 평정하여 적개공신 1등에 책록 되고, 서북면의 여진족을 토벌하는 등 무공을 세운 무인이다. 세조의 총애를 받아 27세에 오위도총부 도총관과 공조판서를 겸하다가 병권의 수장인 병조판서에 발탁 되었으나, 세조가 죽고 예종이 즉위하자 그의 승승장구에 제동이 걸린다.

1468년 세조가 죽자 한명회·신숙주·강희맹 등 훈구대신들의 노골적인 견제를 받는다. 그들이 남이가 병조판서를 수행할 그릇이 못된다고 비판하자 예종은 남이 를 병조판서에서 해임시키고 왕궁을 호위하는 금군의 수장인 겸사복장에 임명했다. 일종의 좌천이다.

예종은 애초부터 남이를 좋아하지 않았다. 남이는 성격이 강직하고 무예에 뛰 어나 세조의 총애를 받은 반면, 예종은 유약하고 결단력이 부족하여 세조의 신뢰가 두텁지 않았다. 그래서 예종은 당숙뻘인 남이를 못마땅하게 여기던 차에 훈구대신 들이 비판하고 나서자 즉시 병조판서직에서 해임시켜 버렸다.

남이가 겸사복장으로 궐내에서 숙직을 하던 중 혜성이 나타나자, "허허! 혜성이 나타남은 묵은 것을 몰아내고 새로운 것을 받아들일 징조로다."라고 중얼거렸다. 이것이 그를 죽음으로 몰고 간 결정적 화근이다. 병조참지 유자광이 이 말을 엿듣

창릉 전경

조선왕릉, 잠들지 못하는 역사

안순왕후의 능 무인석 (왼쪽)
콧등이 긴 석호 (오른쪽)

고 남이가 역모를 꾀한다고 왕에게 고변했다. 역모자로 전락한 남이는 즉시 의금부로 잡혀가 문초를 받는다. 강도 높은 문초와 관련 증언으로 '남이의 역모사건'은 윤곽이 드러난다. 사건에 관련된 자는 남이를 위시하여 강순·조경치·변영수·변자의·문효량·고복로·오치권·박자하 등으로 모두 처형되었다.

이 사건은 임진왜란 이전까지는 역모사건으로 인식되었으나 그 후 일부 야사에는 유자광의 모함으로 날조된 옥사라고 규정하고 남이를 누명으로 억울하게 죽은 젊은 영웅으로 기술하고 있다(《연려실기술》). 용맹스럽고 드라마틱한 인물이기에 남이가 신통력을 발휘하는 설화들이 많이 남아 있다. 때문에, 남이장군신을 떠받드는 무속신앙이 지금도 많다.

북 모양의 고석 (왼쪽)
제기 안에 새겨진 물고기 (오른쪽)

　몇 개의 기록만 남기고 예종은 19세에 승하했다. 사인에 대한 기록은 없으나 조선의 왕들은 과반수가 독살되었다는 설도 있다. 권좌는 건강을 유지하고 천수를 누리기에는 불편하고 부적합하다. 그가 원비 장순왕후에게서 얻은 첫아들 인성대군은 세 살에 죽었고, 계비 안순왕후가 낳은 둘째 아들 제안대군은 예종 승하 당시 세 살에 불과해 왕위에 오르지 못했지만 천수를 누렸다. 다음 왕위는 결정권자인 정희왕후에 의해 의경세자의 둘째 아들 자을산군에게 돌아갔다. 예종은 계비와 함께 창릉에 누워 있다.

압구정동 신화의 그늘,
장순왕후

'압구정동엔 비상구가 없다' 어느 소설가의 소설 제목이다. 필자는 매일 지하철 압구정역을 지나다닌다. '압구정狎鷗亭'은 한명회가 노년에 권좌에서 물러나 한가로이 갈매기와 벗하며 지내고 싶다 하여 한강변에 지은 정자다. 지금 압구정동엔 압구정이 없다. 갈매기도 없다. 대한민국 대표적 부촌의 대명사, 강남 1번지로 자리매김된 곳, 고급 패션, 외제차가 넘치고 성형외과가 즐비한 곳이 압구정동이다.

역사에는 위대한 인물이 있고, 드라마틱한 인물, 문제적 인물이 있다. 한명회는 후자에 속한다. 사극 드라마에 단골로 등장할 만큼 캐릭터가 강하다. 드라마, 소설은 평범한 위인보다 자극적이고 절묘한 캐릭터를 선호한다. 역사는 교훈의 창고만이 아니라 재미의 샘이다. 교훈은 숙성이 끝난 후 훈습되는 차맛 같은 것이다. 재미는 혀끝을 짜르르 쏘는 청량음료다. 한명회의 삶은 팔팔한 재미 욕구를 충족시켜 준다. 절세의 처세가요, 탁월한 책략가, 모사가다. 딸들을 예종과 성종에게 시집보내 세조와 겹사돈을 맺은 유능하고 뻔뻔한 아비다. 셋째 딸이 예종 비 장순왕후, 넷째 딸은 성종 비 공혜왕후다. 셋째는 넷째의 언니임과 동시에 시숙모가 된다. 권력과 연루된 기묘한 촌수다. 위의 두 딸은 이미 출가하여 왕가에 헌납할 수 없었다.

예종의 원비 장순왕후 한씨는 한명회와 부인 민씨의 셋째 딸이다. 한씨는 아름답고 정숙하여 1460년(세조 6) 4월 11일, 15세에 세자빈으로 책봉되었다. 그 책문冊文에는 이런 내용이 있다. "그대 한씨는 훌륭한 집안에서 태어나 온유하고 아름답고 정숙하여 종묘의 제사를 도울 만하다. 이제 효령대군 보補와 우의정 이인손 등을 보내 그대에게 책보冊寶를 주어 왕세자빈으로 삼는다. 그대는 지아비를 공경하고 도와서 궁중의 법도를 어기지 말고 왕업을 융성하게 하라."

세자빈으로 책봉된 지 1년 7개월 만인 1461년(세조 7) 11월 30일 원손 인성대군을 낳고, 산후병으로 닷새 후 열여섯 꽃다운 나이에 눈을 감는다. 목숨 바쳐 나은 자식도 세살 때 죽었다. 세조는 생전에 맏아들 잃고 며느리 잃고 손자까지 앞세웠다. 세조는 재위 중 초상을 치르고 묘역을 조성하느라 늘 바빴다. 아버지 세종, 형 문종의 국상도 그가 발 벗고 나서야 할 책무였다.

그런 세조에게 한명회는 필요한 인물이었다. 어린 단종이 즉위하여 김종서·황

보인 등이 전횡을 휘두르자, 수양대군은 지략과 용맹을 갖춘 참모가 필요했다. 한명회는 대세를 읽었다. 1415년(태종 15) 출생으로 예문관 제학 한상질(조선 개국 당시 명나라에 파견되어 '조선'이란 국호를 확정 짓고 돌아온 공신)의 손자이며, 한기의 아들이다. 본관은 청주, 자는 자준, 호는 압구정·사우당이다. 왜소하고 볼품없는 칠삭둥이로 태어나 일찍이 부모를 여의고 불우한 소년시절을 보냈다. 과거 운이 없어 늘 낙방하여 공신의 자손은 과거에 의하지 않고 관리로 채용하는 문음門蔭 제도에 의해 1452년(문종 2), 37세에 개성 경덕궁직으로 관직에 들어갔다.

수양대군에게 가장 먼저 접근한, 수양의 좌장 권람의 주선으로 한명회는 수양의 '장량', 수양의 최고 책사가 된다. 1453년 계유정난 때 자신이 끌어들인 무사 홍달손 등이 김종서를 살해하고 살생부를 만들어 징적을 제거함으로써 세조의 즉위와 함께 그의 시대가 활짝 열린다.

좌부승지·우승지·도승지·이조판서·병조판서·우의정·좌의정·영의정 등

홍살문 뒤로 보이는 공릉

이 그의 이력이다. 일개 궁직에 불과했던 그가 13년 만에 51세의 나이로 조정을 완전히 장악한다.

그의 지략은 집요했다. 세조와 사돈을 맺어 딸을 예종 비, 성종 비로 만들어 2대에 걸쳐 왕후로 삼게 했다. 집현전 학사 출신 중 세조의 신임이 두터운 신숙주와 인척 관계를 맺고 친구인 권람과도 사돈 관계를 맺는다. 한명회는 세조에서 성종에 이르기까지 요직을 독점하고 이를 바탕으로 엄청난 부를 축적한다. 압구정동이 부촌이 된 것은 우연이 아닌가 보다.

세조·예종·성종에 이르기까지 절대 권력을 행사한 한명회는 네 번이나 1등공신으로 추대되어 많은 토지와 노비를 상으로 받아 부귀영화를 누리다가 1487년(성종 18) 72세의 나이로 이승을 하직했다. 청년시절의 삶은 꼬질꼬질했지만 중년 이후의 삶은 찬란했다. 뛰어난 지략, 권력의 양지쪽을 파고드는 힘이 있었다. 거기에 아름다운 딸들의 헌신적 희생도 한몫을 했다. 아비의 야심에 의해 세자빈이 되었다가 열일곱 어린 나이로 세상을 떠난 장순왕후의 음덕을 아비는 알까?

그후 한명회는 1504년(연산군 10) 갑자사화 때 연산군의 생모 윤씨 폐사에 관련했다 하여 부관참시되었으나 뒤에 복권되었다. 무덤에서 썩은 시신을 꺼내 토막 내는 수모를 당했으나, 살아생전에는 털끝 하나 뽑히지 않았다.

아비의 정략적 야심이 아니었다면 장순왕후는 세자빈이 될 일도, 16세에 요절할 일도 없었을 것이다. 공릉恭陵을 바라보니 어린 장순왕후는 말없이 누워 있고 아비는 능침 위에서 여전히 천하를 주무르는 재주를 부리고 있다. 지금도 권력을 향해 질주하는 이들이 자욱하다. 부디 자식을 방석으로 삼거나 제물로 삼지 말지어다.

공릉의 문인석 (위), 석호 (아래).

공릉은 애초 세자빈 묘로 조성되었다. 봉분의 난간석·병풍석·망주석이 모두 생략되었고, 무인석도 없다. 아담한 문인석 곁에 갈 곳 없는 게으른 석마가 졸고 있다. 소풍 나온 여학생들에게 물어볼까. "네 꿈이 뭐니?" 이렇게 대답하는 아이들이 있을까? "왕비요!"라고. "너, 열여섯 살에 죽어도 왕비 되고 싶니?"라고 되물어 볼까. 허허허! 실없는 농담이다. 결코 그런 질문을 하지 않을 것이다. 죽음 앞에선 경건해진다.

🛖 창릉 昌陵

조선 제8대 예종과 계비 안순왕후 한씨의 능. 서오릉 능역 안에 있다. 예종은 세조와 정희왕후의 둘째 아들로 형인 의경세자가 요절하는 바람에 18세에 세조의 뒤를 이어 왕위에 올랐다. 14개월의 짧은 재위 기간 동안 남이의 옥사 등 정치적 격동을 겪었다. 효성이 지극하여 세조가 승하하자 건강을 해칠 정도로 비통해했다. 세조 때부터 시작한《경국대전》을 완성했으나 반포하지 못하고 1469년 승하했다.

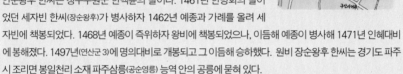

안순왕후 한씨는 청주부원군 한백륜의 딸이다. 1461년 한명회의 딸이었던 세자빈 한씨(장순왕후)가 병사하자 1462년 예종과 가례를 올려 세자빈에 책봉되었다. 1468년 예종이 즉위하자 왕비에 책봉되었으나, 이듬해 예종이 병사해 1471년 인혜대비에 봉해졌다. 1497년(연산군 3)에 명의대비로 개봉되고 그 이듬해 승하했다. 원비 장순왕후 한씨는 경기도 파주시 조리면 봉일천리 소재 파주삼릉(공순영릉) 능역 안의 공릉에 묻혀 있다.

사적 제198호. 경기도 고양시 덕양구 용두동 산30-6(서오릉)
서오릉 전체 면적 182만 9,792㎡(55만 3,512평)

🛖 공릉 恭陵

조선 제8대 예종의 원비 장순왕후 한씨의 능. 장순왕후는 한명회의 셋째 딸이다. 의경세자가 죽고 둘째 아들(예종)이 왕세자에 책봉되자 한명회는 1460년 그의 딸을 세자빈 자리에 앉혔다. 장순왕후는 아름답고 정숙하여 시아버지인 세조의 사랑을 받았다. 세조는 왕세자빈에게 장순章順이라는 시호를 내렸다. 온순하고 너그럽고 아름다우며義, 어질고 자애롭도다順. 1470년(성종 1) 능호를 공릉이라 했고, 1472년 장순왕후로 추존되었다.

예종의 원비 장순왕후의 공릉, 성종의 원비 공혜왕후의 순릉順陵, 영조의 맏아들 진종과 그의 비 효순왕후의 영릉永陵이 모여 있는데, 이를 파주삼릉(공순영릉)이라 부른다.

사적 제205호. 경기도 파주시 조리면 봉일천리 산4-1
파주삼릉 전체 면적 132만 3,105㎡(40만 239평)

제9대 성종과 정현왕후, 공혜왕후, 그리고 폐비 윤씨
선릉 · 순릉 · 회묘

모든 것을 다 이루었는가, 다 잃었는가

땅값이 가장 비싼 서울 강남의 노른자 위에 성종이 묻혀 있다. 주변 땅값이 평당 수억원을 넘나든다. 뚝섬 나루를 건너 봉은사奉恩寺 지나 멀찍이 능을 조성했는데, 세상이 변해 돈과 환락이 몰린 곳이 되었다. 성종은 부인이 12명이다. 조선 역대 왕 중 랭킹 1위다. 공동 1위인 제11대 중종도 12명, 그들은 부자지간이다. 조선조 최대 스캔들을 일으킨 어우동도 성종 때 사람이다. 어우동 야사에는 성종이 어우동과 함께 유흥을 즐겼다는 내용이 있다. 성종이 얼마나 야행을 즐겼는지 짐작케 한다.

성종은 20여 년에 걸쳐 완성한 조선 최고의 법전《경국대전》을 비롯해《동국여지 승람》·《동문선》·《동국통감》·《악학궤범》 등을 완성했다. 모든 것을 다 이룬 왕이라 해서 성종成宗이란 묘호가 붙었다. 그러나 공덕 쌓는 일에는 소홀했다. 업보라 단정짓기는 송구하지만, 폐비 윤씨 사건, 연산군의 폭정, 중종반정 등은 성종이 뿌린 씨앗의 결과물이다. 연산군과 중종은 성종의 친아들이다.

성종 1457~1494(37세) | 재위 1469. 11.(12세)~1494. 12.(37세). 25년 1개월 | 정현왕후 1462~1530(68세)
공혜왕후 한씨 1456~1474(18세) | 폐비 윤씨 1445~1482(37세)

제9대 성종 가계도

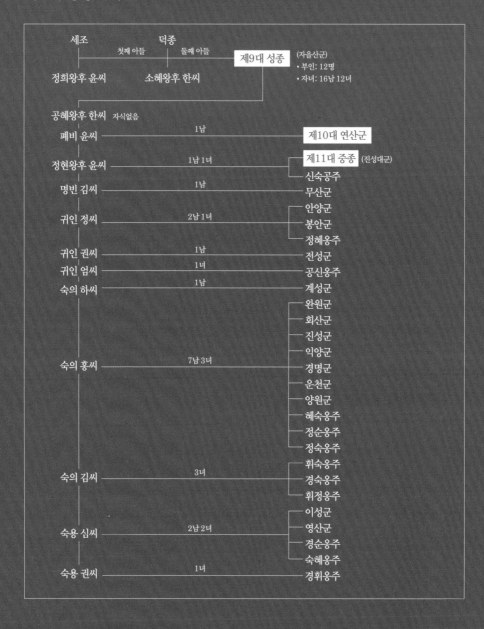

세조 ── 첫째 아들   덕종 ── 둘째 아들 ──── 제9대 성종   (자을산군)
- 부인: 12명
- 자녀: 16남 12녀

정희왕후 윤씨   소혜왕후 한씨

공혜왕후 한씨   자식없음

폐비 윤씨 ──── 1남 ──── 제10대 연산군

정현왕후 윤씨 ──── 1남 1녀 ── 제11대 중종 (진성대군)
                    신숙공주

명빈 김씨 ──── 1남 ──── 무산군

귀인 정씨 ──── 2남 1녀 ── 안양군
                    봉안군
                    정혜옹주

귀인 권씨 ──── 1남 ──── 전성군

귀인 엄씨 ──── 1녀 ──── 공신옹주

숙의 하씨 ──── 1남 ──── 계성군

숙의 홍씨 ──── 7남 3녀 ── 완원군
                    회산군
                    진성군
                    익양군
                    경명군
                    운천군
                    양원군
                    혜숙옹주
                    정순옹주
                    정숙옹주

숙의 김씨 ──── 3녀 ──── 휘숙옹주
                    경숙옹주
                    휘정옹주

숙용 심씨 ──── 2남 2녀 ── 이성군
                    영산군
                    경순옹주
                    숙혜옹주

숙용 권씨 ──── 1녀 ──── 경휘옹주

성종의 능은 현재 유해가 없는 빈 무덤이다. 임진왜란 당시 왜적들이 무덤을 파헤쳐 도굴하고, 정자각은 불태웠다. 왕의 시신은 행방을 알 길 없다. 왜란이 끝나자 선조는 성종의 유해를 찾기 위해 백방으로 노력했으나 끝내 찾지 못했다. 전란 중 몽매한 왜군들이 아무렇게나 흩뿌려 버렸을 것이다. 선조는 새로 관을 짜서 부장품으로 넣었던 옷을 태운 재를 담아 다시 안장했다. 성종의 무덤 속에는 수의로 넣었던 옷을 태운 재만 관에 들어 있다. 몸을 잃은 넋은 어디를 떠돌고 있을까?

세종 대 후반 누그러지기 시작한 배불排佛의 기세는 세조 대에 이르러 완전히 숭불호법의 정책으로 바뀌어 불교가 다시 옛 고려시대로 돌아갈 것 같은 분위기가 풍겼다. 그러나 성종이 즉위하자 다시 척불의 시대가 된다.

성종 2년(1471) 6월 도성 안에 있는 염불소念佛所를 폐지했다. 더불어 무당들을 성 밖으로 내쫓아 버리고, 12월에는 간경도감刊經都監을 폐쇄시켰다. 간경도감은 세조 7년(1461)에 설치된 이래 불전의 국역사업을 하던 기관이다.

성종 4년 8월에는 양반가 부녀자들이 머리 깎고 출가하는 것을 금한다. 6년에는 도성 안팎에 있는 비구니 사찰 23곳을 헐어 버리고, 8년 12월, 국왕의 탄신일에 사찰에서 베풀던 축수재祝壽齋를 못하게 했다. 이듬해 4월에는 당시 존경받는 원로 문신 김수온이 독실한 불자라 해서 성균관 출입을 금지시킨다. 23년 2월에 도첩법度牒法을 정지시켜, 도첩이 없는 승려는 부역과 군역을 해야 했다. 새로이 출가하는 것을 금하고 기존 승려를 강제로 환속시키기까지 했다. 남은 사찰이 텅텅 비게 될 지경이었다.

이를 보다 못해 두 왕대비, 인수대비(소혜왕후)와 인혜대비(안순왕후)가 나선다. 승려 되는 것을 금하지 말라는 전교를 내려 금승禁僧의 법은 한때 중지되고, 불교 억압

성종 계비 정현왕후 능의 장명등에서 본 혼유석과 난간석

이 조금 주춤했다. 그러나 왕과 유생들의 척불사상은 여전히 격렬했다. 인수대비가 불상을 만들어 정업원淨業院(비구니 절)에 보냈는데 무례한 젊은 유생들이 이것을 도중에 빼앗아 불태워 버렸다. 대비가 크게 노했으나 왕은 그들을 벌주지 않았다. 일반 백성이 상을 당해 절에서 재 올리는 것을 금했다. 불사에 공양물 바치는 것을 금하고 새로 절을 짓지 못하게 했다. 승려의 수가 줄어 절들이 텅텅 비어 갔다. 성종 20년(1489) 향시에서 "불교를 믿어 재앙을 다스려야 한다."는 내용의 답안을 작성한 유생을 귀양 보내기까지 했다.

불교의 암흑기는 이후에도 계속되어, 패륜아 연산군 때 절정을 이룬다. 연산은 성종이 얻은 첫아들이다. 공덕 쌓는 일에 소홀하면 어떤 소용돌이가 이는지 생생하고 섬뜩하게 보여준 이가 연산군이다.

두 번째 부인 윤씨는, 왕의 규방 출입이 잦고 자신을 멀리한다고 왕의 얼굴을 손톱으로 긁어 버렸다. 이 일로 성종과 모후 인수대비의 격분을 사서 폐비가 되고 사사되고 만다. 당사자를 죽일 수는 있었지만, 얼굴에 그어진 손톱자국은 역사가 되었다. 왜병의 만행으로 시신마저 사라진 성종, 모든 것을 다 이루었는가, 다 잃었는

가? 그의 넋이 떠도는 선릉 일대의 밤은 오늘도 휘황찬란하다.

요절한 자매, 함께 누워 있어
그들은 외롭지 않다

성종은 몇 개의 타이틀을 보유하고 있다. 부인 수 12명, 1위다. 자녀수 16남 12녀 합 28명, 2위다. 1위는 12남 17녀를 생산한 제3대 태종이다. 생산한 아들의 수는 성종이 태종보다 많다. 1위는 제2대 정종이다. 17명의 아들을 생산했으나 실권이 없었던 왕이라 의미가 없다.

그 많은 아들딸 중 첫째 부인 공혜왕후가 낳은 자식은 한 명도 없다. 속된 말로 하늘을 봐야 별을 따지. 아버지 한명회의 정략에 의해 올린 가례이니 첫날밤인들

도심 속의 선릉

운우지정을 제대로 나눴을까. 성종은 담력과 체력을 타고났다. 왕관을 거머쥔 것도
그 덕분이다. 벼락이 떨어져 지척에서 내관이 죽어 자빠지는 데도 열두 살 소년은
눈 하나 꿈쩍하지 않았다. 왕들의 병약함에 질린 대비마마가 그를 왕으로 임명했
다. 성종은 비록 37세로 승하했지만, 모든 활동에 에너지가 넘쳤다. 당시 스캔들의
여왕 어우동於于同과도 어울렸다는 야사가 전할 정도다. 어우동은 누구인가.

　양가의 여자로서 행동이 문란하여 사회의 물의를 일으킨 성종 때 인물이다. 아
버지는 지승문知承文을 지냈으며 성은 박씨다. 종실 태강수의 아내가 되었으나 행실
이 방탕하여 소박맞았다. 여러 조관 및 유생들과 관계하였다. 조정에서 알고 그와
관계한 자들을 문초한 것이 수십 명이었다. 결국, 어우동도 풍속을 어지럽혔다는

이유로 사형당했다.

"지금 풍속이 아름답지 못하여, 여자들이 음행을 많이 자행한다. 만약에 법으로 엄하게 다스리지 않는다면 사람들이 징계되는 바가 없을 텐데, 풍속이 어떻게 바로 서겠는가? 옛사람이 이르기를, '끝내 나쁜 짓을 하면 사형에 처한다'고 하였다. 어우동이 음행을 자행한 것이 이와 같은데, 중형에 처하지 않고서 어찌하겠는가?"(성종실록 11년 10월 18일). 성종은 어우동을 사형에 처한다는 판정을 내리면서 이렇게 말했다. 그의 내심은 그만이 알고 있다.

왕비는 만백성의 어머니, 국모로 추앙받는다. 그러나 왕비가 왕자를 생산하지 못하면 임금은 물론 후궁들로부터도 괄시를 받는다. 요즘도 그렇지 않은가. 며느리가 첫아들을 낳으면 목소리가 달라진다. 왕의 첫째 부인이면서 자식이 없는 경우가 많았다. 정종·단종·성종·중종·인종·선조·정조·헌종의 원비는 자식이 없다. 아이를 낳지 못하는 불임(석녀)의 경우가 있고, 아예 독수공방으로 세월을 보내야 하는 경우도 있다. 공혜왕후는 후자가 아닐까. 성종과 후궁 숙의 홍씨 사이에는 무려 7남 3녀가 태어났다.

평범한 백성들은 개똥이, 소똥이로 불리는 아이를 잘도 낳지만, 왕비와 후궁, 귀족가문 여인들은 불임이 많다. 운동 부족이 불임의 큰 요인이다. 그들은 거의 궁중이나 집안에서만 생활한다. 주로 앉아 지내며 외출할 때는 가마를 타고 다닌다. 간편한 복장을 할 겨를이 없다. 무겁고 치렁치렁한 정장차림으로 하루 종일 지내야 한다. 운동이라고는 거의 없다. 그러니 임신되기 어렵다.

그런 여인네들이 명산대찰로 백일기도를 다녀오면 임신이 된다. 불공 탓도 있지만 산길을 걷고 절을 많이 하니 하체와 허리운동이 된다. 자궁을 비롯한 생식기

조밀하게 자리잡은 순릉 석물

가 들어 있는 골반의 혈액 순환이 좋아지고 배란이 좋아진다.

국모의 불임은 국가적 불행이다. 소생이 없는 공혜왕후의 죽음에 대한 이유는 기록이 없다. 그녀가 죽자 국모의 자리는 숙의 윤씨가 차지한다. 왕비로 책봉되던 해에 세자 융(연산군)을 낳는다. 그러나 그녀는 지금 폐비 윤씨로 불리고 있다. 불길한 기운이 보이지 않는 곳에서 꿈틀대기 시작한다.

눈보라와 매서운 칼바람 몰아치는 겨울밤, 공릉恭陵과 순릉順陵을 넘나드는 자매의 살가운 대화가 들린다. 길 하나를 사이에 두고 직선거리 30여 미터에 그녀들이 묻혀 있다. 시숙모, 조카며느리라는 엄한 계율을 떠나, 그들은 10대 소녀들이다. 요즘으로 치면 미니스커트 입고 한껏 멋을 부릴 여고생 또래다.

"언니, 춥지 않아?"

"괜찮아. 넌?"

"응, 나도 괜찮아. 하얀 눈이불이 소복한데 뭘."

언니 장순왕후(예종 원비)는 16세, 동생 공혜왕후는 18세에 죽었다. 그들은 열한 살 터울 자매다. 또래의 언어를 써 보지 못하고 지엄한 궁중어에 주눅 들어 죽은 가련한 영혼들이다.

생애만큼 | "경들은 들으시오!"
곡절 많은 회묘 | 성종은 가쁜 숨을 몰아쉬며 마지막 남은 힘을 다해 유언을
한다. 침전에 모인 대신들은 숨소리를 죽이며 유언을 듣는다. 펄펄한 서른일곱이건
만 천명을 어길 수는 없는지라 임종을 눈앞에 두고 있다. 왕은 말을 잇는다.

"명심, 또 명심들 하시오. 내가 죽고 난 후 100년까지는 폐비에 관한 일을 그 누
구도 입에 올리지 마시오. 알겠소이까? 특히 세자의 귀에 폐비라는 말이 들어가서
는 결코 아니되오."

신하들은 엎드려 "망극하여이다"를 합창한다. 성종의 가슴에 암 덩어리처럼 담
겨 있는 것이 폐비 윤씨 문제다. 그러나 그 당부는 오래가지 못한다.

사극 드라마나 영화로 제작되는 최고 순위 인물은 누굴까? 태종·단종·세조·
연산군·숙종·영조 등이 떠오른다. 그들과 엮인 양녕대군·사육신·한명회·폐
비 윤씨·장희빈·사도세자 등의 이름도 거명된다.

폐비 윤씨의 무덤은 능이 아닌 묘이다. 그럼에도 불구하고 얽힌 사연이 많아 그
녀의 묘를 찾아가지 않을 수 없다. 사랑과 증오, 시기와 질투, 모함과 복수, 성취와
상실, 인과응보가 한 덩어리로 뭉쳐진 역사의 중심에 윤씨가 있다. 비장하고 처참
한 드라마의 중심에 윤씨가 있다.

월탄 박종화의 역사소설 〈금삼의 피〉는 폐비 윤씨가 중심인물이다. 사실과 허
구적 상상력을 접목시켜 쓴 소설의 줄거리는 이렇다.

윤비는 일개 궁궐 나인에 불과했으나, 원비 공혜왕후가 죽고, 그녀가 원자를 낳

서삼릉 깊숙이 자리 잡은 폐비 윤씨 묘

자 중전이 되었다. 원자를 낳아 기르는 동안 성종은 또 다른 후궁을 총애하기 시작한다. 후궁 정귀인은 중전 윤비보다 더욱 아름다웠기 때문에 윤비와 갈등이 생긴다.

어느 날, 윤비는 자신의 친잠親蠶 행사에 나오지 않은 정귀인을 잡아다 엄나무 가시를 등에 얹히는 등 하룻밤 동안 석고대죄를 시켰다. 이에 앙심을 품은 정귀인은 점쟁이와 의논하여 바늘을 꽂은 동자상을 동궁의 처소 부근에다 파묻어 동궁 '융'을 병들게 했다. 이 사실을 안 윤비는 정씨를 당장 없애려고 했으나 성종의 총애가 워낙 두터워 죽이지 못한다.

오랜만에 왕이 윤비의 침소에 들었으나 그간 자신을 홀대한 앙심을 참지 못하고 악을 쓰며 대들다 끝내 임금의 얼굴을 손톱으로 할퀴어 버린다. 역사에 남은 빨간 손톱자국이다. 이 일을 계기로 윤비는 사약을 받는다. 사약을 받으면서 윤비는 자신의 피눈물이 묻은 한삼 소매 조각을 친정어머니 신씨에게 주면서 그것을 동궁에게 전해 줄 것을 부탁한다. 윤씨의 피눈물이 묻은 금삼錦衫은 신씨 손에 옮겨져 비밀히 간직된다. 그 후 동궁은 자신의 생모가 한때 왕비로 있다가 폐위된 후 사약을 받고 죽었다는 사실을 알아낸다.

연산군 모 윤씨 태실 (비)

어린 연산의 가슴 속에 어두운 그림자가 생기기 시작한다. 죄인의 아들, 폐비의 아들, 어머니 없는 외로운 자식이라는 생각은 그의 성격에 큰 변화를 일으킨다. 그러던 차에 성종이 승하하고 연산이 왕위에 올랐다. 왕위에 오른 연산은 먼저 폐위된 생모 윤씨를 복위시켜 종묘에 안치하려 했다. 그러나 대왕대비와 조정 신하들의 반대에 부딪힌다. 이 사건을 계기로 연산은 자신의 명을 거역한 조정의 신하들에게 강한 분노를 느낀다.

어느 날, 연산은 궁중 뜰에서 성종이 극진히 귀여워하던 사슴을 활로 쏘아 죽였다. 이 사건은 앞으로 연산의 폭정을 미리 내다보게 하는 전조였다.

그는 무오사화에 이어, 외조모 신씨와 임사홍이 폐위된 윤씨 사건을 들추어내자 생모 윤씨를 윤비로 복귀시켰다. 동시에 신씨로부터 자기 생모 윤씨의 폐비 사건의 전말을 듣고, 정귀인 일파는 물론 생모 윤씨에게 사약을 내리는 데 방조했거나 이에 연루된 신하들에 대해 참혹한 징벌을 가하는 갑자사화를 일으킨다.

이 양대 사화로 인해 연산의 주위에는 충신이 제거되고 간신배들의 횡포가 극심해진다. 연산은 연일 황음방탕荒淫放蕩과 주색잡기에 빠져 백성의 고혈을 짜며 정사를 게을리한다. 백성의 원성은 높아가고 뜻있는 선비들의 비판의 소리가 팔도에 자욱해진다.

마침내 군부를 장악하고 있던 박원종 일파가 연산군 재위 12년 만인 1506년 9월 1일에 휘하 군대를 이끌고 궁궐로 쳐들어가 연산을 왕위에서 끌어내리는 쿠데타를 일으켰다. 그리하여 새로 왕위에 오른 연산의 이복동생 중종은 전왕을 연산군으로 강봉하여 교동에 안치시킨다. 대하비극의 끝이다.

선릉 宣陵

조선 제9대 성종과 계비 정현왕후 윤씨의 능. 성종은 추존왕 덕종과 소혜왕후의 아들로 태어나 생후 두 달 만에 부친을 여의었다. 세조의 뒤를 이은 예종이 즉위 1년 만에 승하하자 정희왕후의 명으로 전격적으로 왕위에 올랐다. 태조 이후 닦아온 모든 체제와 기반을 완성시켜 조선 초기 문화를 꽃피웠다.
정현왕후는 연산군의 어머니 윤씨가 폐출되자 이듬해 1480년 왕비로 책봉되었다. 정현왕후의 아들 진성대군(중종)은 중종반정으로 연산군을 몰아내고 왕위에 올랐다. 선릉은 유난히 많은 변고를 겪었다. 임진왜란 때 왕릉이 파헤쳐지고 재궁이 불태워지는 수모를

겪었다. 인조 3년(1625) 11월 15일에는 홍살문과 정자각에 불이나 완전히 타 버렸다. 능참봉과 능수호군은 하옥되었다. 그 다음 해 2월 4일, 2월 15일 연이어 능상에 불이 났다.

왕과 왕후의 능이 동원이강식으로 배치되었다. 세조의 유언에 따라 석실을 쓰지 않았다. 제반 상설은 《국조오례의》 양식에 준하였다.

〈선정릉〉 제9대 성종 및 계비 정현왕후 윤씨의 능인 선릉과 그들의 아들 제11대 중종의 능 정릉을 합쳐 선정릉이라 한다.

사적 제199호. 서울 강남구 삼성동 131
선정릉 전체 면적 239,947㎡(7만 2,778평)

순릉 順陵

조선 제9대 성종의 원비 공혜왕후의 능. 공혜왕후 한씨는 한명회의 넷째 딸로 예종 비 장순왕후의 친동생이다. 순릉과 장순왕후의 공릉은 파주삼릉(공순영릉) 경역 내에 소재하며, 지척에서 마주보고 있다. 공혜왕후는 11세(1467년) 때 한 살 어린 의경세자(덕종)의 둘째 아들 자산군과 가례를 올렸다. 예종은 선왕 세조의 장례를 치르면서 건강을 잃어 재위 14개월 만에 승하했다. 이때 예종의 아들 제안대군은 겨우 3세에 불과했고 의경세자의 맏아들 월산군은 15세였으나 병약했다. 예종이 죽던 날 왕위 결정권을 가진 세조 비 정희왕후 윤씨는 12세의 자을산군(자산군에서 자을산군으로 개봉)을 왕으로 지명했다. 한씨는 자동적으로 왕비가 되었다.

공혜왕후는 어린 나이에 궁에 들어왔으나 예의바르고 효성이 지극해 내명부의 세 어른(시할머니대왕대비 세조비 정희왕후, 시어머니 왕대비 덕종비 소혜왕후, 시숙모 대비 예종계비 안순왕후) 귀여움을 받았다. 왕비로 책봉된 지 5년 만에, 18세의 나이로 후사 없이 승하했다. 왕비의 신분이었기 때문에 순릉은 세자빈 신분으로 죽은 언니 장순왕후의 공릉에 비해 구성물이 더 많다.

사적 제205호. 경기도 파주시 조리면 봉일천리 산4-1
파주삼릉 전체 면적 132만3,105㎡(40만 239평)

회묘 懷墓

조선 제9대 성종의 둘째 부인이자 연산군의 어머니 폐비 윤씨의 묘. 윤씨는 한미한 양반 판봉상시사 윤기견의 딸이다. 집안이 궁핍해지자 궁에 들어왔다. 성종보다 열두 살 연상이지만 빼어난 미모로 성종 4년(1473) 숙의에 봉해지고 원비 공혜왕후가 승하하자 왕비로 책봉되었다. 그해 연산군을 낳았으나 심한 투기와 모함으로 폐위되어 사약을 받았다. 연산군 즉위 후를 생각한 성종은 1489년 묘비조차 없던 윤씨 묘에 '윤씨지묘'라는 묘비를 세우도록 허락했다.

1494년 성종이 승하하고 국장 기간에 연산군은 자신이 폐비 윤씨의 자식임을 알게 된다. 1504년 연산군은 윤씨의 묘를 능으로 격상시켜, 회묘에서 회릉으로 고쳤다. 능의 석물을 왕릉의 격식에 맞게 조성하고, 제향 절차를 종묘에 위패를 모신 역대 왕들의 제사 절차에 맞추도록 했다.

1506년 연산군이 중종반정으로 폐위되자 회릉은 다시 회묘로 격하되지만 겉모습은 바꾸지 않는다. 회묘는 원래 서울 동대문구 회기동에 있었으나 1969년 10월 25일 경희대학교 공사 때 이곳으로 천묘했다. 회묘가 있던 자리는 현재 경희의료원이 있다. 외따로 있던 회묘가 조선 왕실의 묘가 가장 많이 모여 있는 서삼릉으로 오게 된 것은, 당시 왕실 묘를 대규모로 옮겨 버린 도시 개발 바람 덕분이다.

회묘懷墓, 그 이름조차 심란하다. 회懷 자는 품을 회, 돌이킬 회이다. 품을 것은 무엇이고, 돌이킬 것은 무엇인가. 덕이 부족했던 여인, 중전의 자리와 애정의 자리를 분간하지 못했던 여인, 공덕 쌓는 일에 소홀했던 한 여인으로 인해 온 나라에 피비린내가 자욱했다.

사적 제200호. 경기도 고양시 덕양구 원당동 산38-4(서삼릉)
서삼릉 전체 면적 21만 7,701㎡(6만 5,970평)

제10대 연산군과 폐비 신씨
연산군묘

조선왕조 비극의 하이라이트

연산군묘를 찾아가는 발걸음이 무겁다. 최고의 법문은 '죽음'이라는데, 그의 무덤 앞에서 어떤 법문을 들을 수 있을까? 이미 백골이 진토된 마당이라 두렵지는 않다. 그와 동시대를 살지 않았다는 것이 고마울 따름이다. 부끄러운 듯 초가을 햇살을 손등으로 가리며 그를 만나러 간다.

학술 연구와 취재, 그리고 특별 관람 신청자에 한하여 공개하던 연산군묘가 2006년 7월 11일부터 일반 시민에게 전면 공개되었다. 우리 영화사상 최대의 관객을 끌어 모았던 〈왕의 남자〉가 개방에 한몫을 했는지…….

폐주이기에 능이 아니라 묘라는 이름으로 지하에 묻혀 있다. 유배지 강화도 교동에서 의문의 병사를 한 연산은 사망 7년 후 부인 신씨가 중종에게 간청하여 이곳 방학동으로 이장했다(1513년). 중종은 죽은 형을 위해 콩과 쌀 100석, 면포 150필, 정포 100필, 참깨 2석 등을 하사하여 이장을 도왔다.

연산군 1476~1506(30세) | 재위 1494. 12.(18세)~1506. 9.(30세). 11년 9개월 | 폐비 신씨 1472~1537(65세)

제10대 연산군 가계도

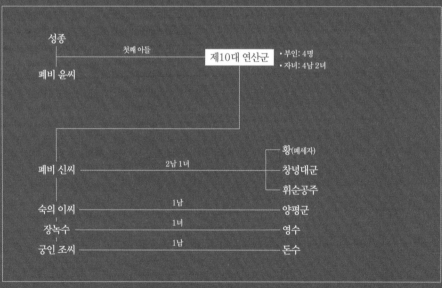

성종 ─────┐
          │ 첫째 아들
폐비 윤씨 ─┘ ──────── 제10대 연산군   • 부인: 4명
                                      • 자녀: 4남 2녀

                                      ┌── 황(폐세자)
폐비 신씨 ──── 2남 1녀 ──────────────┼── 창녕대군
                                      └── 휘순공주

숙의 이씨 ──── 1남 ──────────────── 양평군
장녹수 ─────── 1녀 ──────────────── 영수
궁인 조씨 ───── 1남 ──────────────── 돈수

도봉산 자락 방학동 골짜기 잡초에 묻혀 있던 연산군묘는 봉분이 훼손되고 망주석과 문인석은 쓰러져 있었으며 비석의 글씨는 뭉개져 있었다고 산책 나온 노인이 증언한다. 한 마디로 폐허나 다름없었다. 1980년대까지 그랬다.

묘 아래 마을은 800여 년 전부터 파평 윤씨 씨족마을이었다. 묘 앞에는 800년 수령을 자랑하는 노거수 은행나무가 우람하게 서 있고, 원당천(약수터)이 있다. 예전부터 마을이 가까이 있었으나 개구쟁이 아이들도 무서워서 연산군 무덤 근처에는 가지 않았다 한다.

이러한 연산군묘가 1991년 10월 25일 사적 제362호로 지정되면서 문화재청이 비공개로 관리해 오다가 2006년 전면 개방했다. 500여 년 동안 초야에 묻혀 있던 연산군묘가 비로소 세상으로 나왔다. 그는 재위 중 무오사화와 갑자사화를 일으켜 사림파를 비롯한 문신들을 대거 처형하고 언관 제도를 크게 축소했다. 당시 사대부들의 윤리관에 어긋나는 행동을 거듭하다가 중종반정으로 폐위되었다.

그가 그토록 광포하고 난잡한 성품을 가지게 된 동기를 주로 생모를 잃은 사실에서 찾으려는 견해도 있다. 그러나 실록《연산군일기》에는, 그는 원래 시기심이 많고 모진 성품을 가지고 있었으며, 또 자질이 총명하지 못한 위인이어서 문리에 어둡고 사무 능력도 없는 사람으로 서술되어 있다. 그러나 이것은 반정세력에 의해 편찬된 것임을 고려할 필요가 있다. 연산은 조선 역대 왕 중에서 가장 많은 시를 남겼다. 실록에 전하는 것만 130편이다. 폐위되자 그의 시집과 문집은 전부 불태워졌다. 섬세한 시심을 가진 인간과 폭군은 쉽게 연결이 안 된다. 하기야 네로도 자칭 위대한 시인이라 했으니. 불타는 로마를 보며 광기어린 시를 읊어댔다.

연산군이 불교에 자행한 만행은 척불의 수준을 넘어 극악한 능멸이었다. 성균관과 원각사圓覺寺 등을 주색장으로 만들고, 선종의 본산인 흥천사, 교종의 본산인 흥덕사를 마구간으로 바꾸었다. 삼각산 각 사암에 살고 있는 스님들을 내쫓고 폐사로 만들었다. 성내의 비구니절을 헐어 버리고 비구니를 궁중의 종으로 삼았다. 승려를 환속시켜 관노로 삼고 강제로 결혼시키기까지 했다. 사찰의 토지를 몰수하여 관청에 넘겼다. 이성을 잃은 광기의 시대였다.

성종 때까지 그나마 남아 있었던 승과僧科도 폐지했다. 승과란 승려의 지위와 자격을 부여하는 제도로서 국가 검정고시다. 그것에 의해 승려의 신분·자격·승계를 부여받아 대사찰의 주지가 되는 제도다. 고려 광종 때 시작되어 고려 왕조 내내 유지되었고, 조선조 태종·성종의 척불 때에도 명맥은 유지되었다. 승과의 폐지로 불교의 존재성, 승려가 될 수 있는 길이 사라졌다. 불교의 암흑천지가 된 것이다. 또한 민간의 국문투서사건을 계기로 한글 사용을 엄금한 일도 있었다.

이러한 상황에서 민심은 동요하기 시작했다. 마침내 재위 12년 만인 1506년 9월 박원종·성희안·유순정 등의 주동으로 연산군 폐출운동이 일어났다. 그리고 성종의 둘째 아들 진성대군이 옹립되니, 곧 중종반정이다.

연산군의 묘는 능이란 이름을 갖지 못하고 초라하게 '연산군지묘'라는 비석이 무덤 앞에 있을 뿐, 아무런 장식이 없다. 정자각·장군석·혼유석·병풍석도 없다. 무덤을 둘러싼 곡장은 근년에 설치했다. 봉분은 탈모증 걸린 머리처럼 잔디마저 듬성듬성하다. 악행의 업보로 잔디가 자라지 않는가. 주변을 둘러보니 늘어진 노송 가지가 그늘을 만들고 있다. 하루 중 볕이 드는 시간은 아침녘뿐이다. 가지를 칠 계획은 없는가 보다. 그늘진 언덕에 오래오래 누워 있을 운명이다. 강화도 교동에 위리안치된 곳은 이보다 더했다. 집은 몹시 좁고 3미터 떨어진 사방을 가시 울타리로

방학동 야산에 자리 잡은 연산군묘

막아 햇빛을 볼 수 없을 정도였다. 음식 구멍만 뚫어 밥을 넣어주었다. 유배된 지 두 달 만에 서른 살 연산군은 죽었다. 추운 겨울인데 학질에 걸려서 죽었노라고 기록되어 있지만, 독살임을 짐작할 수 있다.

연산의 아들 네 명 모두 중종 1년(1506) 9월 24일 사사되었다. 이것은 중종의 뜻이 아니었다. 어린 조카들이 불쌍했다. 그러나 반정세력은 차후에 있을 수도 있는 싹을 제거하기 위하여 이들의 처단을 강하게 요구하였다. "황 등은 나이가 모두 어리고 연약하니 차마 처단하지 못하겠다."라고 중종이 버티었으나, 반정세력은 단호하게 임금을 협박했다. "우리의 뜻은 정해졌으니 차마 못하겠다고 하시면 아니되옵니다."라고. 그들에 의해 옹립된 왕으로서는 역부족이었다.

연산군묘

조선 제10대 연산군과 폐비인 거창군 부인 신씨, 궁인 조씨, 사위와 딸의 무덤. 역사의 증언이 없다면 오붓한 가족묘이다. 연산군의 딸이 능성 구씨 집안으로 시집갔는데 사위가 구문경이다. 연산군이 누워 있는 묘역은 능성 구씨 선영이다. 연산은 사돈네 선영에 묻혀 있는 셈이다. 왕릉의 능역 규모는 40만~50만 평이 예사인데 여기는 4,200여 평으로 조촐하다.

사적 제362호. 서울 도봉구 방학동 산77

역사의 교훈을 위해 세세한 안내를 곁들인다.
입장 시간: 하절기(3월~10월) 09:00~17:30
　　　　　동절기(11월~2월) 09:00~16:30
정기 휴일: 매주 월요일
입장료: 능이 아니어서 입장료가 없다.

단촐한 석물의 연산군묘

연산군 묘비석

연산군묘 앞의 은행나무

제11대 중종 가계도

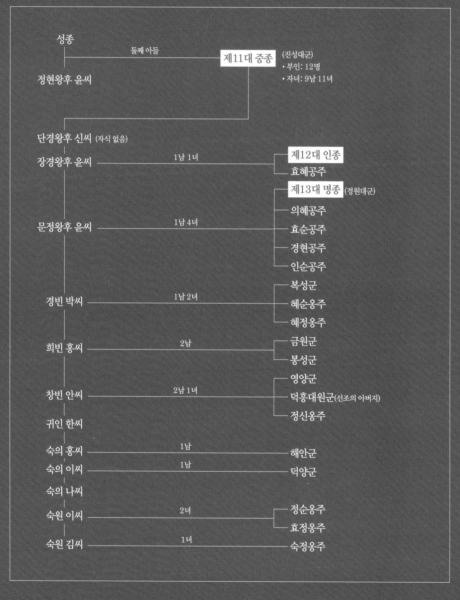

성종 — 둘째 아들 — **제11대 중종** (진성대군)
• 부인: 12명
• 자녀: 9남 11녀

정현왕후 윤씨

단경왕후 신씨 (자식 없음)

장경왕후 윤씨 — 1남 1녀 — **제12대 인종**
효혜공주

문정왕후 윤씨 — 1남 4녀 — **제13대 명종** (경원대군)
의혜공주
효순공주
경현공주
인순공주

경빈 박씨 — 1남 2녀 — 복성군
혜순옹주
혜정옹주

희빈 홍씨 — 2남 — 금원군
봉성군

창빈 안씨 — 2남 1녀 — 영양군
덕흥대원군(선조의 아버지)
정신옹주

귀인 한씨

숙의 홍씨 — 1남 — 해안군
숙의 이씨 — 1남 — 덕양군
숙의 나씨

숙원 이씨 — 2녀 — 정순옹주
효정옹주

숙원 김씨 — 1녀 — 숙정옹주

제11대 중종과 단경왕후, 장경왕후 그리고 문정왕후

정릉 · 온릉 · 희릉 · 태릉

칼이 없는 권력은 힘이 없다

그날 밤 진성대군은 뜬눈으로 밤을 새웠다. 거사를 통보받고 문고리 걸어 잠그고 바들바들 떠는 것이 그가 할 수 있는 유일한 일이었다. 거사가 실패하면 죽음을 면치 못한다. 1506년 9월 1일 밤, 현란한 색깔로 치장한 단풍이 어둠에 묻혀 하릴없이 떨어지고 있다. 박원종 · 유순정 · 성희안 등의 얼굴은 비장하다. 이들의 지시를 받은 군자감부정 신윤무, 군기시첨정 박영문 등은 무사들을 이끌고 임사홍 · 신수근의 집에 들이닥쳐 그들을 살해했다. 이어서 궁중에 들어가 성종의 계비인 정현왕후의 허락을 받아 연산군을 폐위시켰다. 중종반정이라 불리는 거사는 성공했다.

이튿날 아침, 18세 진성대군은 왕이 되었다. 거사에서 그가 한 역할은 아무것도 없다. 가슴 죄며 벌벌 떨었을 뿐이다. 그러니 그의 영향력이 미미할 수밖에. 38년이나 왕위에 있다가, 죽어서도 자신의 뜻과는 무관하게 무덤이 옮겨졌다.

중종은 성종의 둘째 아들이며 연산군의 이복동생이다. 반정 세력의 힘으로 어

중종 1488~1544(56세) | 재위 1506. 9.(18세)~1544. 11.(56세). 38년 2개월
단경왕후 1487~1557 (70세) | 장경왕후 1491~1515(24세) | 문정왕후 1501~1565(64세)

느 날 갑자기 왕이 되었다. 왕위에 올랐지만 반정공신들의 세력에 밀려 조정의 주도권을 장악하지 못했다. 그래서 공신 세력을 견제할 방도를 모색한 끝에 신진 사림 세력이자 급진 개혁론자인 조광조를 등용했다. 조정을 장악하고 있던 공신 세력을 견제하는 동시에 철저한 유교정치를 펼쳐 나가기 시작했다.

이를 위해 성리학을 장려하고 사화를 입은 사림들을 복권시키는 한편, 홍문관을 강화했다. 중종 12년(1517) 중국의 여씨향약을 본받아 전국적으로 향약을 실시하여 향촌을 성리학적 질서로 편성했다. 유교적 질서를 굳게 하여 왕권을 강화하려 애썼다.

불교가 배척당한 것은 당연한 순서였다. 소격서昭格署를 폐지하여 도교적인 의식을 없애는 한편, 도승제도를 폐지하고 도성 안에 새로 절을 짓지 못하게 하는 등 불교를 억눌렀다. 생모 정현왕후 윤씨의 불심으로 연산군 때 살벌했던 불교 능멸이 약간 주춤했으른 흐름은 여전히 척불정책이었다.

중종 2년(1507), 승과를 합법적·공식적으로 폐지했다. 승과가 폐지됨으로써 선종·교종의 종단 자체가 무의미해졌다. 승과는 각 종단에서 종파별로 응시했으며 승과에 의해 승려의 종파를 구별 짓고 있었다. 선·교 양종으로 나뉘어 있던 종파가 무종파 혼합 현상으로 전락하는 원인이 되었다. 그 결과 승려의 사회적 지위 추락은 물론, 덕망 있는 자가 승려가 되려고 하지 않고, 무뢰한 무리나 범죄자, 떠돌이 유민들이 승려가 되었다. 따라서 파계승이 늘고 가짜 중이 출현하여 사찰을 거점으로 도적떼가 나타나기에 이르렀다.

불교에 대한 유생들의 횡포도 자행되었다. 중종 4년(1509)에 유생들이 청계사清溪寺의 경첩을 훔쳐 가고, 5년 3월에는 홍천사 사리각에 방화했다. 또한 각 도에 혁파한 절들의 전답을 향교에 속하게 했다. 7년에는 흥천사와 흥덕사의 종을 녹여 총통을 만들었다. 원각사를 헐어 그 목재를 민가에 나누어 주고, 경주의 동불을 녹여 무기를 만들었다. 11년에는《경국대전》에 수록된 도첩조를 지워서 빼버렸다.

연산군 때 선종 본산 흥천사와 교종 본산 흥덕사가 폐사됨으로써 양종은 발붙일 곳을 잃고 가까스로 경기도 광주 청계사에서 근근이 명맥을 유지하고 있었다. 중종이 승과를 완전히 폐지함으로써 양종은 이름조차 없어지고 말았다.

태종에 의해 7종으로, 세종에 의해 양종으로 축소된 불교 종단은 중종에 와서 양종마저 사라졌다. 그는 실패한 군주로 규정될 수밖에 없다. 믿고 의지했던 조광조 일파의 지나친 도학적 언행에 염증을 느낀 중종은 반정공신 위훈삭제사건을 계기로 훈구대신들의 상소를 받아들여 조광조·김정·김식 등 신진 사림을 숙청해 버렸다. 기묘사화다. 중종은 56세로 승하했다.

7일간 왕비 자리에 있다가 쫓겨난 비운의 여인

온릉을 방문한 날, 폭설이 내린다. 눈보라 속에서 제향이 진행된다. 동행한 사진작가 최 선생은 사뭇 흥분된 표정이다. "그림 좋다"를 연발한다. '온릉溫陵'의 이름과는 달리 매서운 눈발 맞으며 비운의 여인이 누워 있는 능으로 향한다. 온릉은 평생을 자식 하나 없이 중종의 따스한 손길만 그리워하며 살았다 해서 붙인 이름이다. 이 폭설은, 칠십 평생 죄인의 딸이라는 멍에를 지고 춥고 시리게 살았던 여인을 따스하게 덮어 주는 자비의 솜이불이 아닐까.

1506년 연산군 재위 12년째 해 중종반정이 일어나기 직전이다. 우의정 강구손이 좌의정 신수근愼守勤에게 묻는다.

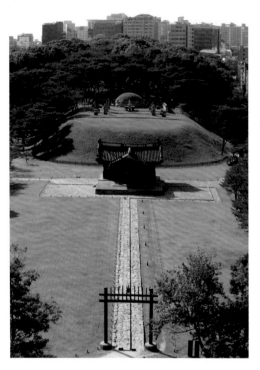
정릉 전경

"좌상대감! 누이와 딸 중에 누가 더 소중하다고 생각하시오?"

그의 의중을 모를 리 없는 신수근은 수심 가득한 얼굴로 한숨처럼 내뱉는다.

"주상이 비록 포악하나 세자가 총명하니 그를 믿고 살 뿐이오."

신수근은 자리를 박차고 일어나며 비통함을 숨기면서 그렇게 대답했다. 그의 진심이 담긴 말이다. 신수근은 이러지도 저러지도 못하는 딱한 처지였다. 연산군을 폐위시키고 진성대군을 옹립하려는 모의를 하고 있던 훈구파의 박원종이 강구손을 통해 신수근의 마음을 떠본 것이다. 신수근의 누이는 연산군의 비 신씨이고, 딸은 진성대군의 부인이다.

신수근은 '매부를 폐하고 사위를 왕으로 세우는 일을 나는 할 수 없다'는 결심을 굳혔다. 이것은 반정을 반대한다는 의미다. 신수근은 성희안 등 반정 세력에 의해 죽임을 당하고, 누이와 딸은 일주일 간격으로 왕비 자리에서 폐위되었다.

12세에 진성대군과 가례를 올린 단경왕후 신씨는 1506년 반정으로 진성대군이 왕으로 추대되자 자동적으로 왕비에 올랐다. 그러나 반정 공신들의 압력에 못 이겨 왕비 책봉 7일 만에 폐출되어 사가로 내쫓겼다. 그녀가 죽은 아버지 신수근의 원수를 갚을 것을 우려해서다. 중종의 간청에도 불구하고 공신들은 주장을 굽히지 않았다.

왕비는 하성위河城尉 정현조의 집으로 쫓겨 갔다가 후에 할아버지 신승선의 집으로 옮겼다. 신승선은 성종 때 우의정과 영의정을 지낸 인물이다. 신씨는 명문가 출신으로 왕비까지 되었다. 그러나 7일간의 짧은 영화와 50여 년간 그늘 속에서 춥게 살다가 죽었다. 조상복, 남편복이 있다고 해야 하나 없다고 해야 하나. 대답할 말이 우울하다.

중종은 그녀에 대한 애정이 남달랐다. 쫓겨난 그녀가 보고 싶으면 궁궐 안 높은 누각에 올라 그녀의 본가가 있는 쪽을 바라보곤 했다. 신씨의 집에서는 그 사실을 전해 듣고 뒷동산 바위 위에다 신씨가 궁중에 있을 때 즐겨 입었던 분홍색 치마를 펼쳐 놓았다. 인왕산 치마바위의 전설은 여기서 유래됐다. 자신의 손아귀에 칼자루가 없었던 그는 사랑하는 지어미마저 지켜 주지 못했다.

온릉은 안 알려진 능이다. 서울 교외선 장흥역 근처 숲속에 있다. 변변한 안내판도 없고 사적으로 지정되어 있지만 비공개 능이라 근처 신도시 사람들도 그 존재를 잘 모른다. 능이 자리 잡은 곳은 명당이다. 그래서 능의 이름을 빌려서 마을 이름을 곧잘 붙인다. 더 불행한 인생을 살았던 단종의 비 정순왕후의 능은 사릉思陵이다. 인근 지역 명칭은 능명을 차용했다. 경기도 남양주시 진건읍 사릉리가 그것이다. 하다못해 갈비집 이름도 능명을 빌려온다. 그러나 온릉은 잊혀진 여인의 이름 같다. 그나마 교외선 온릉역이 있어 위안이 된다.

눈발이 그칠 기세가 아니다. 제관들은 언 손을 호호 불며 잔을 올린다. 최 선생은 첫눈 맞은 초등학생처럼 이리 뛰고 저리 뛰며 셔터를 눌러 댄다. 불우한 여인의 인생 역정이 풍성한 눈발 속에 묻힌다. 여기서 서울 삼성동 정릉까지는 까마득하다. 그러나 지어미를 지켜 주지 못했던 중종의 넋이 오늘 만큼은 이 언덕 언저리를 맴돌 것이다.

반정 공신들에 의해 꽃다운 열아홉 살에 폐위된 단경왕후 신씨는 남편이 왕이 되었지만 거창신씨라는 혈연으로 말미암아 고모인 연산군 부인 신씨와 함께 폐비라는 운명을 같이했다. 그녀는 아버지 신수근을 원망할까? 가정이 허용되지 않는 것이 역사다. 신수근이 반정에 가담했다면, 그녀가 왕비의 자리에 계속 있었다면? 백설 분분한 오늘, 우리는 여기 이 자리에 있지 않을 것이다.

권력 다툼에 무덤이 옮겨지고, 키워 준 이마저 농락거리로 만들다

죽은 자는 말이 없다. 살아 있는 자들의 이해관계에 의해 무덤이 파헤쳐지고 새로운 땅에 묻힌다. 대권을 잡기 위해 조상묘를 옮겼다

정릉(서울강남구 삼성동 소재)

는 소문이 지금도 심심찮게 들린다. 그렇게 해서 성공했다는 뒷얘기도 있다.

희릉禧陵은 제11대 중종의 제1계비 장경왕후 윤씨의 능이다. 윤씨는, 원비 단경왕후 신씨가 왕비 자리에 오른 지 7일 만에 폐위되자 왕비로 봉해졌다. 윤씨는 8년간 왕비로 있다가 세자(인종)를 낳고 산후병으로 7일 만에 승하했다. 춘추 24세였다.

중종과의 금슬도 좋았다. 왕후의 병이 위중하자 왕은 문병을 와서 하고 싶은 말이 무엇인가 묻자, "은혜 입음이 지극히 크온데 드릴 말씀이 없사옵니다."라고 답하며 눈물만 흘렸다. 다음 날 병이 더욱 심해지자 부축을 받아 글을 써서 왕에게 올렸다. "지난 여름 임신 중 꿈에 선인이 나타나 아이를 낳으면 이름을 억명億命이라 지으라고 했습니다. 벽에 기록해 두고 아무에게도 말하지 않았습니다." 중종이 벽을 보니 과연 '억명'이란 글자가 있었다. 장경왕후가 죽자 중종은 특별히 흰 상복을 입고 애통해했다(국상을 당해도 왕은 흰 상복을 입지 않는다.). 핏덩이를 두고 떠나는 어미의 비통한 심정을 누가 알까. 장수를 바란 어머니의 간절한 서원도 보람이 없었다. 7일 만에 어미를 잃은 아들(인종)은 30세에 죽었다. 인종은 독살되었다는 야사가 파다하다.

장경왕후의 인품에 대해 다음과 같이 기록되어 있다. "왕후는 자애롭고 총명하며 어질고 효성이 깊다. 덕이 후하고 공경하는 성품이 독실하여 왕이 어진 정치를 펼치는 데 보탬이 컸다. 사람이 하는 일이 아니지만 베풀고 보답함을 아끼어 세상에 계신 지 겨우 춘추 25세에 돌아가셨으니 이 무슨 이치인가. 그것이 천명인지 아닌지 알지 못하겠노라. 천명이 이렇게도 가혹하고 잔인한가. 아, 애통하도다!"

왕후가 죽자 그날 즉시 좌의정 정광필을 삼도감초호사로 삼아 빈전도감殯殿都監, 국장도감國葬都監, 신릉도감山陵都監이 설치되었다. 택지와 풍수도가 올라오자 중종은 자신의 수릉과 더불어 쌍릉터를 원했다. 그래서 헌릉獻陵(제3대 태종의 능, 서울 서초구 내곡

동)이 있는 대모산 아래 능을 조성하고 능호를 희릉이라 했다. 그런데 중종의 사돈
이 된 이조판서 김안로가 세자(인종)를 보호한다는 구실로 정적을 제거하기 위해 옥
사를 일으켰다. 그중 하나가 희릉 천릉사건이다. 김안로는 정적인 정광필·남곤 등
에게 중죄를 주려고, 희릉 봉분 밑에 큰 돌이 깔려 있는데 그대로 공사를 감행했다
고 주청했다. 큰 돌이 무덤 아래 깔려 있으면 불길하다고 아뢰어서 왕의 마음을 움
직였다.

능역 조성 당시 총호사였던 정광필 이하 지관 및 공사를 담당했던 관리들은 대
역 죄인이 되었다. 신분이 박탈되고 그들의 자손까지 옥에 갇혔다. 결국 능은, 조성
된 지 22년 후인 1537년(중종 32) 현재 위치로 이장되었다. 1544년 중종이 승하하자 유

교遺敎에 따라 중종의 정릉을 희릉 옆에 조영하고 정자각을 왕릉과 왕비릉 중간으로 옮겼다. 능호를 정릉靖陵으로 고쳤다.

그런데 제1계비와 함께 묻혀 있는 꼴을 참지 못한 문정왕후의 주장으로 중종의 무덤만 지금의 정릉(서울 강남구 삼성동)으로 옮겼다. 남은 무덤은 다시 희릉으로 부르게 되었다. 죽어서 무덤이 옮겨지고 곁에 있던 지아비의 무덤은 떠나가고 능의 이름이 바뀌었다. 복잡하고 심란한 사태다. 산 사람 잡으려고 죽은 자를 파헤치고 문패를 이것저것 바꿔 단 것이 희릉이다.

장경왕후는 1491년(성종 22) 영돈녕부사 윤여필의 딸로 태어났다. 본관은 파평으로 7세 때 어머니를 여의고 외종모인 월산대군의 부인 박씨에 의해 양육되었다. 1506년(중종 원년) 궁중에 들어가 처음에 숙의에 봉해지고, 단경왕후가 폐위되어 쫓겨나자 다음 해 왕비에 책봉되었다.

월산대군 부인 박씨는 어머니가 없

단경왕후의 비석 (위)
미소짓는 문인석 (아래)

는 연산군을 키운 주인공이다. 그러나 역사에는 다음과 같이 서술되고 있다. 실록에는 "이런 얘기가 전해진다"라고 간접 인용하고 있지만, 그것이 사실인 양 온갖 사극에서 극적으로 그리고 있다. 호기심을 유발하기에 절묘한 호재이기 때문이다.

중종반정의 주역은 성종이 총애하던 문신 성희안이었다. 그는 벼슬이 이조참판까지 올랐는데, 연산군이 망원정에서 음탕한 연회를 즐기는 것을 비판하는 시를 지어 올렸다가 종9품 부사용 副司勇(5위에 소속된 무관 벼슬)이라는 미관말직으로 좌천됐다.

또 다른 주역인 박원종은 무인으로서 그의 누이(박씨 부인)가 월산대군(성종의 친형)의 후실이었다. 그런데 연산군은 천하절색이었던 박씨 부인을 궁으로 불러들여 겁탈했다. 정조가 더럽혀진 박씨 부인은 자결했다. 그도 그럴 것이 박씨 부인은 연산군에게 큰어머니뻘이었기

능침 앞의 장명등 (위)
회릉 능침 (아래)

때문이다.

이 사건으로 박원종은 연산군에 깊은 원한을 품었는데, 이런 감정이 연산군에게 알려지면서 경기도 관찰사였던 박원종의 벼슬을 거두어 버렸다. 그 후 박원종은 반정의 중심에 선다.

누군가가 조작한 것이다. 이러한 설이 있다는 이야기를 쓰면서 마치 사실인 양 기록한 것이다. 연산군이 큰어머니 월산대군 부인을 겁탈했다고? 연산의 패륜에 치를 떨 만하다. 연산의 황음방탕을 제시하기에 이보다 좋은 소재가 없다. 그러나 당시 월산대군 부인 박씨는 풍으로 몸져누워 있었다. 시름시름 앓다가 죽었다는 것이 사실이다. 불심이 돈독한 것도 이런 비화를 만들어 낸 요인 중 하나다. 척불의 광풍이 휘몰아치는 가운데 박씨는 수십 년을 홀어미로 지내며 불교를 받들고 일찍 죽은 남편 이정李婷의 묘 곁에 흥복사興福寺를 세웠다. 명복을 비느라 자주 그 절에 가니 사람들이 눈총을 보냈다.

박원종은 연산군보다 아홉 살 많다. 그의 누이라면, 어린 연산을 돌볼 나이라면, 족히 50대는 넘는다. 이런 상황인데 '겁탈'을 연관시킨 이야기 구성이 끔찍하다. 박원종의 반정 가담, 반정의 정당성을 튼튼하게 하려고 인자한 여인을 망가지게 했다. 지금도 여러 드라마에서는 박씨를 요염하고 풍만한 여인으로 등장시킨다.

자식이 없었던 박씨는 친자식처럼 연산을 키우고 이어서 장경왕후를 키웠다. 그들에겐 어머니다. 권력을 위해, 재미를 위해, 엉뚱한 오해에 시달리고 있는 박씨를 생각하면, 무덤에 누운 왕후가 통곡할 일이다.

정자각 내부에서의 제향

태릉에서 문정왕후와 보우 | 문정왕후의 별명은 많다. 조선의 측천무후, 조
다시 보기 | 선의 악녀, 질투의 화신, 철의 여인 등으로 부르
길 좋아한다. 보우는? 요승 보우라는 칭호가 귀에 익다. 그렇게 듣고 배웠다. 수백
년 동안 전승된 것이라 불변의 진리로 여기며 숱한 사람들이 비난에 앞장서는 것을
서슴지 않는다. 태릉泰陵에 들어서며 회한에 젖는다. 문정왕후는 중종의 비이지만,
본격적으로 활동한 시기는 명종 대다. 길거리에 놓인 돌부리 차듯 불교를 폄훼하고
승려를 구박해도 예사로운 것이 조선시대의 풍경이다.

명종이 11세에 즉위하여 문정왕후가 수렴청정을 하게 되자 불교 사태는 크게 변했다. 문정왕후가 독실한 불자였기 때문에 불교의 교세가 일어났다. 문정왕후는 불교 중흥을 위하여 대임을 맡을 고승을 물색하여 양주 회암사의 허응虛應 보우를 맞아들였다. 명종 5년(1550) 12월, 선·교 양종을 다시 일으키고 승과를 부활했다. 봉은사를 선종 본산으로, 봉선사를 교종 본산으로 삼았다. 6년 6월에 보우를 봉은사 주지로 삼고, 수진守眞을 봉선사 주지로 삼았다.

명종 7년(1552), 양종의 승려를 선발하는 승과를 실시했다. 다시 양종이 부활되고 교단은 활기를 띠고 인재들이 모여들었다. 고려 보조국사와 더불어 조선 불교 중흥의 대조사라 할 수 있는 서산대사 휴정도 이즈음 승과 출신이다. 사명당 유정도 그후 승과에 의해 등용되었다.

문정왕후가 보우선사와 함께 불교 중흥을 위해 진력했지만 유생들의 반발 또한 만만치 않았다. 각지에서 보우 타도, 종단 및 승과 폐지의 상소가 빗발쳤다. 요승 보우를 죽여야 한다는 상소를 올리다 못해 성균관 유생들이 성균관을 비우는 데모를 했다. 보우는 뒤에 도대선사가 되었지만, 불행히도 명종 20년(1565) 문정왕후가 승하했다. 결국 보우는 잇따른 배불 상소와 유림들의 기세에 밀려 승직을 박탈당하고 제주도로 귀양 갔다가 제주목사 변협에게 피살되었다. 이리하여 모처럼 교단 부활의 기세는 꺾이고 말았다. 15년간 활기를 보였던 불교중흥운동은 다시 빛을 잃는다. 그러나 그 운동의 영향은 매우 크다. 역대 왕실과 조정이 정치적으로는 척불을 외쳤으나 궁중의 왕후와 비의 숭불정신을 깊어지게 했다. 이때 배출된 인물들에 의해 임진왜란이라는 국난을 극복하는 데 큰 힘이 된다.

명종 21년, 문정왕후가 승하한 이듬해 4월에 기어이 양종과 승과가 폐지되고 도

승법도 금지되고 만다. 다시 불교와 승려의 지위는 추락해 사역과 천대를 감수해야만 했다. 결국 불교는 산중으로 깊숙이 숨게 된다.

보우는 15세에 금강산 마하연암摩訶衍庵으로 출가했다. 그 뒤 금강산 일대의 장안사長安寺와 표훈사表訓寺 등지에서 수련을 쌓고 학문을 닦았다. 6년 동안의 정진 끝에 마음을 자유롭게 할 수 있는 법력을 얻었고, 대장경을 모두 섭렵하는 한편《주역》도 공부했다. 재상 정만종이 보우의 인품과 그 도량이 큼을 조정과 문정왕후에게 알려 문정왕후와 깊은 인연을 맺게 되었다.

봉은사 주지에 취임하여 제일 먼저 문정왕후로 하여금《경국대전》의 금유생상사지법을 적용하여, 능침에 침입하여 난동을 부리고 물건을 훔친 유생들 중에서 가장 횡포가 심했던 황언징을 처벌했다. 봉은사와 봉선사에 방을 붙여 잡된 사람들의 출입을 금지시킴으로써 유생들의 횡포를 막았다. 이러한 일은 조선시대에 와서 처음 있는 일로서 유생들의 심한 반발을 사고, 끝내는 이 문제가 조정에까지 비화되었다.

문정왕후가 이러한 조처를 한 것은 보우가 뒤에서 조종한 것이라 하여 1549년(명종 4) 9월 성균관 생원인 안사준 등은 요승 보우의 목을 베고 황언징을 풀어 달라는 내용의 강력한 건의를 조정에 올렸다. 그러나 문정왕후는 "이유 없이 승려들을 괴롭히고 법당에 난입하여 도둑질하는 행위를 처벌하지 않으면 뒷날의 폐단이 걱정된다."는 이유로 상소를 받아들이지 않았다. 이때부터 문정대비·보우와 유생들 사이에는 치열한 암투가 전개되었다.

봉은사와 봉선사에 붙여진 방을 계기로 하여 그 뒤 전국의 각 사찰에는 모두 이러한 공고문이 붙여져 보호를 받게 되었다. 1550년 12월 문정왕후로 하여금 선교

정자각에서 본 문정왕후 태릉 봉분

조선왕릉, 잠들지 못하는 역사

양종을 부활시키는 비망기를 내리게 함으로써, 다음해인 1551년 5월 선종과 교종이 부활되었다.

그리하여 6월 봉은사가 선종의 본사로, 봉선사가 교종의 본사로 지정되었고, 보우는 판선종사도대선사로 임명되었다. 같은 해 11월 도승시를 실시하게 하여 전국 승려들의 도첩제度牒制를 부활시켰다. 이 도첩제의 부활에 따라 전국의 26여 승려들이 도첩을 받았다.

또 1552년 4월 승려 과거시험을 실시하게 함으로써 1504년(연산군 10)에 폐지되었던 승과제도를 부활시켰다. 선·교 양종과 승과제도가 부활됨으로써 승려들의 자질이 향상되었음은 물론 휴정·유정 등과 같은 고승들이 발탁되었다.

그러나 유생들은 선교 양종과 도첩제·승과제의 폐지를 요구하고, 보우의 처벌을 주장하는 상소를 계속 올렸다. 그리하여 승정원·홍문관·예문관·사헌부 등에서 매일 번갈아 상소를 하였고, 좌의정이 백관을 인솔하여 계를 올리는가 하면, 성균관 학생들은 모두 종묘에 고하고 성균관을 비우기까지 했다.

선·교 양종을 부활하라는 문정왕후의 비망기가 내려진 뒤 6개월 사이에 상소문이 무려 423건이나 되었고, 그 중 역적 보우를 죽이라는 것이 75건이나 되었다. 그러나 보우는 "지금 내가 없으면 후세에 불법이 영원히 끊어질 것이다."라는 사명감과 신념을 가지고 불법을 보호하고 종단을 소생시키는 일에 목숨을 걸었다.

각종 제도적 장치의 결과로 종단이 안정된 기반을 가지게 된 1555년 9월 보우는 판사직과 봉은사 주지직을 사양하고, 춘천의 청평사淸平寺에서 수행 정진했다. 그러나 종단과의 관계는 끊을 수가 없었다.

청평사에는 교종판사·선종판사·어사 등이 방문했으며, 종단의 일각에서 선

태릉의 거대한 무인석

종·교종의 대선들이 자리다툼을 하게 되자 1560년에 다시 선종판사와 봉은사 주지 직책을 맡았다. 그러나 운부사雲浮寺에서 왕자의 태봉이 있는 산의 나무를 함부로 베어 사원을 증축한 일이 있게 되자 이 사건에 연루되어 판사직을 박탈당하고 봉은사에서 물러났다.

그 뒤 세심정洗心亭에 머물면서 수행하였고, 같은 해 12월 다시 선종판사로 임명되어 봉은사에 머물렀다. 이후 회암사 중창사업에 착수하여 1565년 4월에 끝내고, 그 달 5일에는 낙성식을 겸한 무차대회無遮大會를 개설했다.

그러나 4월 문정왕후가 죽고, 왕후의 장례를 마친 유생들은 곧바로 보우의 배척과 불교 탄압을 주장하는 상소문을 올렸다. 잇따른 상소에 명종은 보우의 승직을 박탈하고 서울 근교의 사찰 출입을 금지했다.

그러나 이러한 미온적인 처사에 만족할 수 없었던 전국의 유생들은 물론 정승들까지 보우를 죽일 것을 건의하자, 보우는 한계산 설악사雪岳寺에 은거했다. 한 승려의 고발로 은거처를 다시 떠났으나 율곡 이이가 〈논요승보우소〉를 올려 그를 귀양 보낼 것을 주장함에 따라 명종은 보우를 제주도로 귀양 보냈다.

보우는 1565년(명종 20) 6월 12일에서 7월 28일 사이에 붙잡혀 제주도에 유배되었고, 제주목사 변협에 의하여 죽임을 당했다. 보우의 죽음이 한성에 알려진 것은 10월 15일이었다.

보우는 억불정책 속에서 불교를 중흥시킨 순교승으로 평가받고 있다. 또한 그는 선교일체론을 주창하여 선과 교를 다른 것으로 보고 있던 당시의 불교관을 바로 잡았고, 일정설一正說을 정리하여 불교와 유교의 융합을 강조했다.

정릉 靖陵

조선 제11대 중종의 능. 중종은 성종의 둘째 아들로 1494년 진성대군에 봉해졌다. 1506년 반정을 일으켜 연산군을 몰아낸 공신들에 의해 왕으로 추대되었다.

중종이 승하하자 아들 인종은 선왕을 경기도 고양에 예장하고 묘호를 중종, 능호를 희릉으로 했다. 그 후 현재 서삼릉 능역에 있는 제1계비 장경왕후 윤씨의 능인 희릉 오른쪽 언덕에 정릉靖陵을 조성했다. 1562년(명종 17) 중종의 제2계비 문정왕후의 주장으로 중종의 능은 지금의 서울 강남구 삼성동으로 천장했다. 문정왕후는 봉은사 주지 보우普雨와 의논하여 능을 옮겼다. 풍수적으로 불길한 자리에 선왕을 모실 수 없다는 것이 이유였다.

그러나 정릉은 지대가 낮아서 여름철에는 재실까지 강물이 들어 보토하는 데 많은 비용을 들여야 했다. 그런 중에 문정왕후가 승하하자 왕비릉은 부득이 다른 곳(태릉)을 택했다.

3명의 왕후를 두고도 중종의 능은 단릉이다. 원비 단경왕후 신씨는 온릉(경기도 양주시 장흥면 일영리), 제1계비 장경왕후 신씨는 희릉(경기도 고양시 덕양구 원당동, 서삼릉 능역), 제2계비 문정왕후 윤씨는 태릉(서울 노원구 공릉동)에 있다. 부부가 흩어져 네 개의 능을 차지하고 있다. 조선의 능은 모두 42기이다. 약 10%를 중종 부부가 차지했다. 역대 왕 중 최대이다. 왕과 정비, 계비가 오손도손 모여 있으면 좋으련만.

아버지 성종과 계비 정현왕후 윤씨의 능인 선릉이 곁에 있다. 합쳐서 선정릉이라 부른다.

사적 제199호. 서울 강남구 삼성동 131(선정릉)
선정릉 전체 면적 239,947㎡(7만 2,778평)

온릉 溫陵

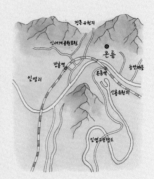

조선 제11대 중종의 원비 단경왕후 신씨의 능. 중종반정으로 진성대군이 왕위에 오르자 왕비로 책봉되었다. 그러나 부친 신수근이 반정에 참살되어 죄인의 딸은 왕비로 부적합하다는 반정 공신들의 주청으로 책봉 7일 만에 폐출되어 사저로 쫓겨났다. 폐비 신씨는 자식 없이 1557년(명종 12) 12월 7일 70세로 승하했으며, 친정 묘역인 이곳에 묻혔다. 명종은 큰어머니뻘인 신씨 장례에 장생전 관목을 내려 1등의 예로 장사지내게 하고 신수근의 손자 신사원의 집안에서 제사를 지내게 했다.

1698년(숙종 24) 현감 신규가 상소를 올려 노산군(단종)과 함께 복위할 것으로 주청했으나 조정의 의견이 분분해 받아들여지지 않았다.

숙종은 연경궁 옛터에 사당을 지어 제사를 지내게 하고, 제수는 국가의 제사를 관장하는 봉상시에서 마련하도록 했다.

그러다가 1739년(영조 15)에 비로소 복위되었다. 새로 상설을 설치하면서 추봉된 왕비릉인 정릉(태조 계비 신덕왕후), 사릉(단종비 정순왕후)의 상설을 따랐다. 병풍석과 난간석을 생략하고 능침 주위로 석양과 석호 각 1쌍을 배치하고, 혼유석 1좌, 양측에 망주석 1쌍을 세웠으며, 3면의 곡장을 설치했다. 한단 아래 문인석과 석마 1쌍씩, 중앙에 장명등이 있고, 능 아래 재실이 있다.

사적 제210호. 경기도 양주시 장흥면 일영리 산19
면적 21만 6,711㎡(6만 5,670평)

희릉 禧陵

조선 제11대 중종의 제1계비 장경왕후의 능. 1515년(중종 10) 장경왕후가 인종을 낳고 사망하자 처음 능지를 경기도 광주 헌릉(현 서울 내곡동 태종의 능) 근처에 정하였다가 불길하다 하여 길지를 찾아 현재의 자리에 옮겼다.

그 뒤 중종의 정릉靖陵이 희릉 곁에 정하여지면서 정자각을 두 능 중간에 옮겨 설치하고 동원이강형식을 취하여 왕의 능호陵號를 쓰다가 1562년(명종 17) 문정왕후의 주장으로 중종 능이 선릉(서울 삼성동 성종의 능) 곁으로 옮겨가자 다시 희릉으로 부르게 되었다.

병풍석 없이 난간만 두른 단릉으로, 배치나 수법이 조선 전기 능석물 양식의 전통을 따르고 있다.

사적 제200호. 경기도 고양시 덕양구 원당동 산40-4
서삼릉 전체 면적 21만 7,701㎡(6만 5,970평)

태릉 泰陵

조선 제11대 중종의 제2계비 문정왕후의 능. 능호는 1565년(명종 20)에 정하여졌다. 문정왕후는 중종의 제1계비 장경왕후와 동원同原에 있는 중종의 정릉靖陵을 봉은사 곁에 옮기고 자신도 후일 이곳에 묻히려 하였으나 지대가 낮아 장마철에 물이 들어오자, 지대를 높이는 데 큰 비용만 들고 결국 별세하여 그곳에 묻히지 못하고 따로 태릉에 묻히게 되었다.

태릉은 운채雲彩와 십이지신상이 새겨진 병석屛石을 둘렀고, 바로 신상神像이 새겨진 위 만석滿石 중간 아래 신상의 설명을 붙이듯 문자로 십이지를 새겼다. 모든 석물제도는《국조오례의》에 따랐다. 문인석과 무인석의 조각은 목이 바르고 얼굴이 커서 사등신四等身 정도의 각주형角柱形이며, 입체감이 없는 것으로 당시 석인의 특징을 잘 보여 준다. 제13대 명종과 인순왕후 심씨의 능인 강릉康陵과 함께 태강릉으로 불린다.

사적 제201호. 서울시 노원구 공릉동 산313-19
태강릉 전체 면적 163만 2,281㎡(49만 3,765평)

제12대 인종 가계도

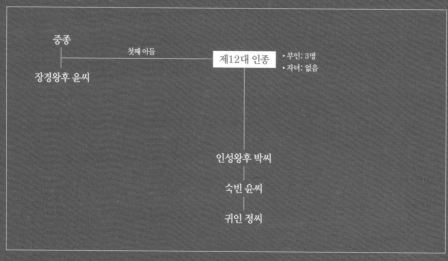

중종

첫째 아들

장경왕후 윤씨

제12대 인종

· 부인: 3명
· 자녀: 없음

인성왕후 박씨

숙빈 윤씨

귀인 정씨

제12대 인종과 인성왕후
효릉

하늘이 낳은 대효자의 짧은 치세

인종은 조선조 제일의 효자 왕이다. 하늘이 낸 대효자라고 칭하고 있다. 정조와는 실체가 다른 극진한 효자다. 근엄한 군왕의 성품도 타고나지 못했다. 핏덩이 시절인 생후 7일 만에 어머니를 여의었다. 검소하고 유약한 군주, 서른 살 한창 나이에 승하한 그에게 인종仁宗이란 묘호를 올렸다. 능호를 효릉孝陵이라 붙인 것도 지당하다. 왕위에 앉은 것은 고작 8개월 보름이다. 역대 조선 왕 중 최단 기간 재위했다. 부인을 셋 두었으나 자녀는 한 명도 남기지 못했다. 후사가 없는 왕은 제6대 단종, 제12대 인종, 제20대 경종, 제27대 순종 등 4명이다.

그의 효성은 타의 추종을 불허한다. 아버지 중종이 병이 들자 어의가 올린 약을 반드시 먼저 맛을 보았다. 번거로운 의관을 벗지 않고 손수 병수발을 했다. 병환이 위중해지자 대신들에게 종묘와 산천에 빌도록 명을 내렸다. 한겨울에 찬물로 목욕하고 분향하며 밤부터 새벽까지 쾌유를 비는 기도를 올렸다.

인종 1515~1545(30세) | 재위 1544. 11.(29세)~1545. 7.(30세). 8개월 | 인성왕후 1514~1577(63세)

중종이 승하하자 엿새 동안 미음조차 들지 않았다. 다섯 달 동안 곡소리를 그치지 않았고 죽만 마시고 소금과 간장을 입에 대지 않았다. 장례를 치르고 나서도 늘 빈소를 지켰다. 정사를 전혀 돌보지 않은 것은 아니지만 군국에 관한 업무는 모두 대신들에게 위임했다. 초상 때부터 수척한 것이 극에 이르러 대신들이 고기를 먹으라 원해도 물리쳤다. 문정대비가 원해도 마지못해 드실 듯하다가 들지 않았다. 왕이 병약한 몸으로 친히 혼전에 제사 지내려 해서 문정왕후와 대신들이 말렸으나 "죽음의 신이 선왕을 데려가는데 자식 된 도리를 못한 것이 매우 아프다"며 들지 않았다. 이때부터 병이 더욱 위중하게 되었다. (《인종실록》 권2)

인종은 중종과 장경왕후의 맏아들로 태어났다. 5세 때(1520년, 중종 15) 왕세자로 책봉되어 24년간 세자로 있었다. 2세 때부터 글을 배워 익히고 7세 때 성균관에 입학해 학문하기를 즐겼다. 지극한 효성과 너그러운 성품으로 당시 사람들은 그를 성군이라 부르는 데 주저하지 않았다. 그러나 정치력, 국가 통솔력에 대한 역량은 회의적이다. 금욕적인 면도 두드러진다. 동궁에 머물 당시 옷을 화려하게 입은 궁녀는 모두 내쫓았다. 이런저런 연유로 부인을 셋 두었으나 후사가 없음은 금욕생활을 짐작케 한다. 그가 군왕이 아니었다면, 척불을 국가시책으로 삼는 시대가 아니었다면, 그는 출가하여 대덕大德이 되기에 넉넉한 그릇으로 여겨진다. 30대에 요절하는 비극도 피할 수 있었을 것이다.

그를 애석히 여기는 야사가 많다. 그를 기리자면 반동인물이 필요하다. 계모인 문정왕후가 그 역을 맡았다. 문정왕후 윤씨는 여러 차례 인종을 죽이려 했다. 세자로 있을 때, 그와 빈궁이 동궁에서 잠자고 있는데 뜨거운 열기가 번져 일어나 보니

효릉 장명등 너머 골프장

하늘이 낳은 대효자의 짧은 치세

효릉 전경

동궁이 불타고 있었다. 그는 당황하지 않고 빈궁을 깨워 먼저 나가라고 했다. 그리고 자신은 조용히 앉아서 타 죽겠다고 했다. 누가 불을 지른 것인지 알고 있기 때문이다. 비록 계모이긴 하지만 어머니인 문정왕후가 그토록 자신을 죽이려 하니 자식된 도리로 죽어 주는 것이 효를 행하는 길이라 작정했다.

"내 전날에 죽음을 피한 것은 부모님에게 악한 소문이 돌아갈까 두려워서였는데, 이제 밤중에 깊은 잠을 자다가 불에 타 죽었다면 그런 소문은 퍼지지 않을 것이니 나는 피하지 않겠소. 빈궁이나 불길을 피해 나가시오."

빈궁도 혼자서는 불길 밖으로 나가지 않겠다고 버텼다. 두 사람 모두 금방 불길에 휩싸여 타 죽을 상황이다. 그때 밖에서 다급하게 그를 부르는 소리가 들렸다. "백돌아! 백돌아! 어서 나오너라." 세자를 애타게 부르는 중종의 목소리였다. 상황이 위낙 급해 중종은 세자의 아명을 부른 것이다. 세자는 그 소리를 듣고, 불타 죽는 것이 문정왕후에겐 효행이 되나 부왕에겐 불효요 불충이라고 여겨 눈물을 흘리며 빈궁을 이끌고 불길을 헤치고 나왔다.

이 불은 누군가가 꼬리에 기름 먹인 솜에 불을 붙여 길게 매단 여러 마리의 쥐를 동궁으로 들여보내 지른 것이다. 중종은 방화가 아니라 한 궁녀의 실화라고 주장했고, 세자는 불을 지른 범인을 색출하라고 명하지 않았다. 시간이 흘러 이 사건은 넘어갔다.

즉위 후에도 인종은 문정왕후에 대한 효성이 변함없었다. 계모이긴 하지만 자신을 키워 준 은공을 갚으려 극진히 예우했다. 그러나 문정왕후는 인종에 대한 증오를 거두지 않았다. 문안 인사를 오면,

"홀로 된 첩과 약한 아들을 어찌 보전하겠소?"

자신과 아들 경원대군(명종)을 가리키는 말이다. 인종은 이 말을 듣고 송구함을 이기지 못해 아침부터 따가운 햇볕이 내리쪼이는 대비전 밖 땅바닥에 오랫동안 엎드려 있었다. 임금이 석고대죄한 셈이다. 문정왕후는 또다시 문안을 오면 자신과 아들 경원대군을 언제쯤 죽일 거냐고 대거리를 했다.

인종이 앓아누워 죽게 된 것도 문정왕후가 내놓은 독이 든 다과가 원인이라고 야사는 전한다. 어느 날 인종이 문안차 대비전에 들렀다. 평소에는 돌 씹은 표정으로 박대하던 대비가 입가에 웃음을 흘리며 인종을 반겼다. 그리고 다과를 내놓았다. 왕은 난생 처음 자신을 환대하는 계모를 보고 기분이 좋아 아무런 의심 없이 다과를 먹었다. 그후로 시름시름 앓다가 죽었다는 것이다. 사실 여부와 관계없이 야사는 독살설로 굳어졌다.

표정이 밝은 동쪽의 무인석 (위)
표정이 어두운 서쪽의 무인석 (아래)

부왕 중종의 장례를 치르느라 몸이 쇠약해진 인종의 건강을 더욱 악화시켰다. 약방제조들이 문안하면, 이렇게 말했다. "더위 증세가 조금 있을 뿐이니 문안하지 마라." "이제는 기후가 덜하니 문안하지 마라. 이렇게 몹시 더운데 문안하니 도리어 미안하다." 심한 설사, 즉 이질이 죽음의 원인이었다. 독살설은 문정왕후의 섭정 기간 내내 찬밥 신세였던 사림파들이 은밀히, 끊임없이 퍼트린 소문이다.

임종을 앞두고 인종은 이런 유언을 남겼다.

"내 죽거든 반드시 부모 곁에 묻고 장례는 소박하게 하여 백성들을 힘들게 하지 마라. 옥좌는 경원대군 이환李峘게 전위한다. 경들은 더욱 힘쓰고 도와서 내 뜻에 부응하라."

경원대군은 문정왕후의 친아들이다. 여러 가지를 생각케 하는 처사이다. 문정왕후는 중종·인종·명종 3대에 걸쳐 악역으로 나온다. 그의 행적은 비난 일색이다. 당시나 그후나 입 가진 자, 붓끝 놀리는 자들에게 비난의 심사가 세습되었다. 당시의 권력 구도, 유림들의 의식 구조, 문정왕후의 숭불 노력 등을 살펴보면 감정적 평가는 반성을 필요로 한다. 조금이라도 숭불의 기색이 보이면 조정 대신들과 유생들이 벌떼처럼 일어나던 시대였다. 사림파의 이념인 성리학이 아니라 불교를 중흥시키려 하자 문정왕후는 비난과 음해의 표적이 되었다. 그 표적에 융단 폭격이 퍼부어졌다.

성종·연산·중종 대를 거치면서 박해와 황폐를 감내해야 했던 불교가 문정왕후에 의해 겨우 기력을 회복하여 불력의 기운에 불을 지폈다. 그러나 그 기운은 동토 가운데 지핀 허약한 불꽃이었다. 절반의 성공도 못 되는, 차가운 불꽃이었다.

효릉 孝陵

조선 제12대 인종과 비 인성왕후 박씨의 능. 인종은 중종의 맏아들로 왕위에 오른지 8개월 보름 만에 30세로 승하했다. 죽기 전, 이복동생인 경원대군에게 왕위를 물려준다는 것과 반드시 부모의 능 곁에 묻어 주고 장례를 검소하게 치르라는 유교를 남겼다.
인종은 유교대로 어머니 장경왕후(희릉) 옆 언덕에 안장되었고, 효성이 지극함을 기려 능호를 효릉이라 했다. 인성왕후도 후일 인종 왼쪽에 비워 두었던 왕비릉 자리에 안장되었다.

사적 제200호. 경기도 고양시 덕양구 원당동 산40-2(서삼릉)
서삼릉 전체 면적 21만 7,701㎡(6만 5,970평)

제13대 명종 가계도

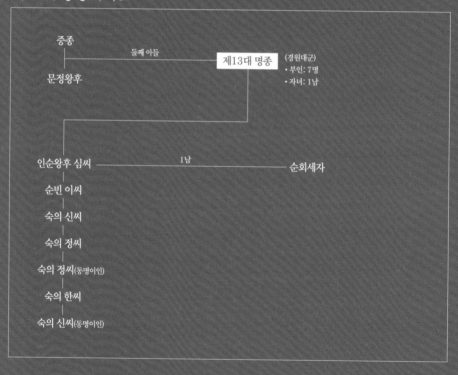

중종

문정왕후

—— 둘째 아들 ——

제13대 명종
(경원대군)
• 부인: 7명
• 자녀: 1남

인순왕후 심씨 ——— 1남 ——— 순회세자

순빈 이씨

숙의 신씨

숙의 정씨

숙의 정씨(동명이인)

숙의 한씨

숙의 신씨(동명이인)

눈물의 제왕

　원칙대로 한다면, 태강릉太康陵의 명칭은 강태릉이 되어야 한다. 태릉은 왕비 신분인 문정왕후의 능이고, 강릉은 임금인 명종의 능이기 때문이다. 그러나 철의 여인을 어머니로 둔 탓에 명종은 죽어서도 어머니의 그늘을 벗어나지 못하고 있다.

　태릉은 서울 강북 지역의 명소다. 휴일이면 능을 찾아 휴식을 즐기는 인파가 부산하다. 연간 30만 명이 방문한다. 좁은 주차장이 미어터져 도로까지 차들이 점령한다. 주변 시설들도 태릉의 이름을 빌려 쓴다. 태릉선수촌, 태릉국제종합사격장, 태릉푸른동산, 태릉컨트리클럽, 심지어 태릉갈비까지. 강릉 바로 곁에 있는 스케이트장마저 태릉스케이트장이다. 살아서는 곤룡포 입고도 어머니에게 종아리를 맞고 반말로 훈계를 듣더니, 죽어서도 어머니는 무섭고 두려운 존재다.

　요즘 사람들도 태릉 곁에 강릉이 있는 줄 잘 모른다. 문정왕후의 호령이 지금까지 통하는지 강릉은 비공개 능이다. 화장실을 짓고 경비 인력을 늘려야 하기 때문

명종 1534~1567(33세) | 재위 1545. 7.(11세)~1567. 6.(33세). 21년 11개월 | 인순왕후 1532~1575(43세)

에 비공개로 한다는 짤막한 안내 쪽지가 태릉 입구 안내판에 붙어 있다. 그래서 강릉은 조용하고 한적하다. 1킬로미터 떨어진 태릉에서 어머니의 호령이 들릴까 봐 숨죽이고 있는 것 같다.

명종은 중종의 둘째 아들로 제2계비 문정왕후에게서 태어났다. 인종이 죽자 11세인 경원대군이 왕위를 이으니 명종이다. 이복형 인종은 이름 그대로 착하고 어진 임금이었다. 왕위를 이복동생에게 전위한다는 유언을 남겼다. 복잡한 정쟁을 정리하고 자신이 낳은 아들을 옥좌에 앉히겠다는 계모 문정왕후의 간절한 소망까지 이룬 것이다.

명종은 문정왕후가 33세에 낳은 아들이다. 당시로서는 대단히 늦은 출산이다. 그녀가 명종을 낳았을 때 중종의 제1계비 장경왕후의 아들 인종은 이미 19세였다. 따라서 명종이 왕이 될 확률은 거의 없었다. 그러나 인종은 후사 없이 30세로 승하했다. 그래서 문정왕후의 인종 독살설은 힘을 받는다.

그러나 명종에겐 불행의 시간, 눈물의 세월이었다. 묘호를 짓는 이가 명종明宗의 속뜻이 명종鳴宗임을 암시한 것일까? 여장부풍의 괄괄한 어머니의 호령, 을사사화, 양재역 벽서사건, 임꺽정의 출현, 을묘왜변 등 하루도 편할 날 없는 세월이었다. 7명의 부인을 두었으나 인순왕후 심씨에게서 겨우 아들 하나 달랑 얻었다. 아들 순회세자마저 12세에 요절했다. 왕후에게서 난 자식이 대를 잇는 맥이 끊어졌다.

명종은 11세로 즉위했기 때문에 성년이 되는 20세까지 9년 동안 문정w왕후의 수렴청정을 받아야 했다. 성년이 된 후에도 수렴만 없어졌지 어머니의 조종을 벗어나지 못했다. 근 22년간 재위했으나 어머니의 압력에 벗어난 시간은 채 2년이 못된다. 어머니가 죽은 후 2년 정도 친정을 하다가 승하했다. 명종 대는 유난히 자연재

해나 도적떼의 출몰에 관한 기록이 많다. 그 원인과 책임을 문정왕후의 국정 문란으로 몰아간다.

명종 9년(1554)에 올라온 상소에는, "흉년에 백성은 죽어 가는데 중들은 손발도 까닥 않고 배를 두드리며 앉아 있습니다. 백관의 녹봉은 줄었어도 선종·교종 등 불교에 퍼붓는 돈은 줄었다는 말은 듣지 못했습니다. 급하지 않은 일을 정지하여 흉년을 구제해야 합니다."라고 적고 있다. 이에 대해 명종은, 국고가 고갈되면 나라 꼴이 말이 아니니 폐단을 제거하라고 한다. 그러나 불교가 국고를 허비하고 있다는 것은 알지 못하겠다고 했다. 이에 사관은, "폐단을 제거하라는 분부는 옳지만 양종兩宗이 허비하는 것은 알지 못하겠다니 한탄스럽다."라고 적고 있다. 양종 부활을 심

강릉 전경

히 못마땅하게 여기고 문정왕후의 숭불을 비난하는 일면이다.

명종 17년(1562) 음력 4월, 경기도 여주와 전라도 진안에 서리가 내렸다. 사관은 이에 대해 기록하기를, "4월에 서리가 내리는 것은 옛사람이 경계한 바다. 아래에서 인사가 잘못되면 위에서 천변이 반응하는 법이다. 날마다 도모하고 의논하는 것들이 나라를 그르치고 임금을 그르치는 계책이니 하늘이 경계를 보이는 것은 당연하다."고 했다.

조선 3대 도적(혹은 의적)은 홍길동·임꺽정·장길산이다. 그중 임꺽정은 명종 때 활동한 인물이다. 임꺽정은 양주의 백정 출신이다. 도적떼의 두령들을 끌어 모아 재물을 약탈하고 관군을 괴롭혔다. 임꺽정의 무리는 황해도와 경기도 등 전국 5도를 누비며 1559년(명종 14)부터 1562년까지 강탈과 노략질을 감행했다. 그러나 백성들 사이에는 의적으로 통했다. 그를 잡으러 다니는 관군을 오히려 미워했다. 관아를 습격하여 창고를 털어 백성들에게 나누어 주는 의적으로 둔갑했다. 백성들은 그들을 숨겨 주거나 달아나도록 도와주었다. 임꺽정은 체포령이 내린 지 3년 만에 황해도 토포사 남치근과 강원도 토포사 김세한에게 붙잡혔다. 체포된 지 15일 만에 처형됐다. 1562년 정월, 명종 17년 때의 일이다.

강릉 참도와 정자각 (위), 강릉 병풍석 (아래).

《명종실록》도 그들을 은근히 감싸고 있다. "나라에 선정이 없으면 교화가 밝지 못하다. 재상이 멋대로 욕심을 채우고 수령이 백성을 학대하여 살을 깎고 뼈를 발리면 고혈이 다 말라 버린다. 수족을 둘 데 없어도 하소연할 곳이 없다. 아침저녁거리가 없어 목숨을 연명하고자 도적이 되었다. 그들이 도적이 된 것은 왕정의 잘못이지 그들의 죄가 아니다."라고 적고 있다. 이 기록은 당시 사람들이 임꺽정을 단순한 도적의 괴수로 여기지 않고 민심을 대변하는 의적으로 인식하고 있었다는 것을 증명한다. 그래서 훗날까지 무수한 설화·소설·드라마·영화가 만들어지고 있다. 하지만 이익은《성호사설》에서 임꺽정을 조선의 3대 도적의 하나로 규정했다. 평민과 몰락한 양반에게는 의적으로, 양반에게는 도적으로 평가되었다.

다사다난했던 명종의 치세, 어머니가 죽자 드디어 굴레에서 벗어난 명종은 권력을 농단하던 윤원형 일파를 제거하고 보우를 유배 보내고 줄기차게 상소를 올려 괴롭히던 교종・선종을 폐지했다. 자신의 치세를 펼쳐 보려고 안간힘을 쓰지만 채 2년도 못돼 33세의 젊은 나이로 승하했다. 지리산 자락에서 후학들을 지도하며 한 번도 조정에 나와 벼슬을 하지 않았던 영남 사림의 거두 남명 조식은 명종의 승하 소식을 접하고 이렇게 심회를 읊었다.

엄동에 베옷 입고 암혈에 눈비 맞아
구름 낀 볕 뉘도 쬔 적이 없건마는
서산에 해 진다 하니 눈물겨워 하노라.

강릉 康陵

조선 제13대 명종과 인순왕후 심씨의 능. 어머니 문정왕후릉(태릉)에서 1킬로미터 떨어진 동쪽 산줄기에 있다.
왕릉과 왕비릉 모두 병풍석을 둘렀으며 12칸의 난간석으로 연결되어 있다. 혼유석은 왕릉과 왕비릉에 각각 설치했다. 좌우측 무인석은 생김새가 다르다. 코에 붉은빛이 돌고 투구와 안면의 크기는 비슷하지만, 우측은 투구가 작고 이마 부분이 좁고 코가 둥글며, 턱과 양볼이 튀어나와 있다.

사적 제201호. 서울 노원구 공릉동 313-19.
태강릉 전체 면적 163만 2,281㎡(49만 3,765평)

제4대 선조와 의인왕후 그리고 인목왕후

목릉

국난을 맞아 불교의 저력을 발휘하다

명종의 유일한 혈육 순회세자는 12세에 요절했다. 왕후와 6명의 후궁 중 누구도 잉태하지 못했다. 그래서 중종의 아홉째 아들 덕흥군의 셋째 아들인 하성군이 왕위를 이어받았다. 그가 선조다. 하성군의 즉위로 조선은 후궁에게서 태어난, 서얼 출신 혈족이 왕위를 잇는 초유의 사태를 맞았다. 부자연스런 즉위만큼이나 선조 대는 조선 최대의 국난의 시기다. 임진왜란과 정유재란은 최대의 국가적 위기였다. 온 나라가 초토화된 전란이었다. 1592년(선조 25)부터 1598년(선조 31)까지 2차에 걸쳐 왜국이 조선을 침범했다. 1차를 임진왜란, 2차를 정유재란이라 부른다.

전란 이전, 배불사상은 여전히 시대를 지배하는 정신이었다. 산중 불교로 만족하며 고된 수행에 전념하는 것이 전부였다. 극심한 탄압은 없었으나 불교를 멸시하는 행위는 여전했다. 정업원의 비구니가 금강산 유점사에서 불사를 하려다가 체포되자, 유생들은 정업원의 개혁을 요구했다. 국내외 정세는 심상치 않게 돌아갔다.

선조 1552~1608(56세) | 재위 1567. 7.(15세)~1608. 2.(56세) 40년 7개월
의인왕후 1555~1660(45세) | 인목왕후 1584~1632(48세)

제14대 선조가계도

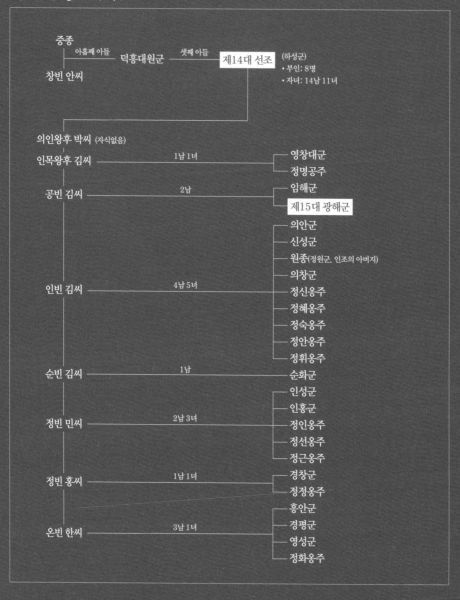

중종
  ├ 아홉째 아들 → 덕흥대원군 ─ 셋째 아들 → **제14대 선조** (하성군)
창빈 안씨   • 부인: 8명
                                            • 자녀: 14남 11녀

의인왕후 박씨 (자식없음)

인목왕후 김씨 ──── 1남 1녀 ──── 영창대군
                              정명공주

공빈 김씨 ──── 2남 ──── 임해군
                      제15대 광해군

인빈 김씨 ──── 4남 5녀 ──── 의안군
                          신성군
                          원종(정원군, 인조의 아버지)
                          의창군
                          정신옹주
                          정혜옹주
                          정숙옹주
                          정안옹주
                          정휘옹주

순빈 김씨 ──── 1남 ──── 순화군

정빈 민씨 ──── 2남 3녀 ──── 인성군
                          인흥군
                          정인옹주
                          정선옹주
                          정근옹주

정빈 홍씨 ──── 1남 1녀 ──── 경창군
                          정정옹주

온빈 한씨 ──── 3남 1녀 ──── 흥안군
                          경평군
                          영성군
                          정화옹주

대내적으로 붕당 간의 권력 쟁탈전이 치열하게 전개되고 있을 때 대외적으로는 여진족과 일본의 외침이 있었다. 선조는 1590년 황윤길·김성일·허성 등을 일본에 파견하여 그들의 동태를 파악하도록 했다. 당시 일본에서는 도요토미 히데요시가 전국시대를 통일하고 자신의 정치적 안정을 도모하기 위해 대륙 침략을 계획하고 있었다.

통신사와 함께 온 일본 사신이 "1년 후에 조선의 길을 빌려서 명나라를 칠 것"이라고 통고하자 조선 정부는 크게 놀라 뒤늦게 경상도와 전라도 연안의 여러 성을 수축하고 각 진영의 무기를 정비하는 등 대비책을 마련했다. 1592년 4월 13일 왜군이 부산포에 상륙, 파죽지세로 보름 만에 서울까지 쳐들어왔다. 선조는 개성으로, 이어 평양을 거쳐 의주까지 몽진蒙塵(피란)했다. 왕이 적의 포로가 되는 것은 시간 문제였다. 실록에는 수군 이순신李舜臣, 의병, 명나라 원군의 활약상을 중심으로 기술되어 있다. 의승의 역할은 미미하게 여기는 당시의 세태 때문이다. 그러나 기록이 허술하다고 그 활약마저 덮여지지는 않는다.

선조는, 묘향산 보현사에 머물고 있던 서산대사 휴정에게 팔도도총섭八道都摠攝의 직함을 내리고 승군을 일으켜 적을 물리치라는 칙명을 내렸다. 배불사상이 지배하던 세상에서 멸시당하던 승려들이 임진왜란이 터지자 갑자기 국가의 유용한 자원이 되었다. 휴정은 72세의 노구를 이끌고 결연히 일어났다. 전국 사찰에 격문을 보내 승군의 봉기를 호소했다. 서산대사는 순안 법흥사에서 의승 1,500명을 모았다. 사명대사는 건봉사에서 의승 700명을, 뇌묵대사는 전라도에서 1,000명을, 기허대사는 공주 갑사에서 700명을 모았다. 전국에서 의승군이 봉기하니 그 수가 5,000여 명이 되었다.

의승군은 생사를 잊고 왜적과 싸웠다. 말을 타고 석장錫杖을 휘두르며 선두에 서

목릉. 정자각 뒤 왼쪽에 왕후의 능이 보인다.

서 분전했다. 명나라 군대와 합세하여 평양성을 탈환했다. 왕이 환도할 때는 휴정이 지휘를 맡고, 정예 의승군 700명을 뽑아 어가를 호위했다. 의승군의 활약상은 화려하게 실록에 기록되지 못했지만 국난 극복에 기여한 공로는 빛이 바랠 수 없다.

이순신과 권율 등이 이끄는 관군도 왜군과 싸워 승리를 거두고, 전국 각지에서 의병이 봉기하여 왜군을 격퇴했다. 1593년 4월 왜군이 남쪽으로 퇴각하자 그해 10월 선조는 서울로 돌아왔다. 이후 1594년 훈련도감을 설치하고 조총과 탄환을 만드는 기술을 연마하도록 했다. 1597년 일본은 명과의 강화 회담이 깨지자 다시 침입했다. 그러나 이순신이 이끄는 조선 수군과의 전투에서 연이은 패배와 도요토미의 사망으로 총퇴각함으로써 임진왜란은 7년 만에 끝났다.

그후 사명대사는 일본에 건너가 도쿠가와 이에야스와 강화를 맺었다. 왜관을

열어 시장을 여는 것을 허락하고 조선인 포로를 데리고 귀국했다. 7년 동안 지속된 전란이 끝나자 선조는 전란으로 인한 피해 복구와 민심 안정을 위해 전력을 다했다. 스스로 의복을 검소하게 입고 사치를 배격했다. 농토를 개간하고 식량 증산을 독려했다. 백성들의 사기를 돋우고 애국심을 고취하고자 전란 중 공을 세운 사람들은 신분에 관계없이 상을 내렸다.

그러나 전란 복구 노력에도 불구하고 거듭되는 흉년과 조정의 당쟁이 악화되어 성과를 거두지 못했다. 전란의 수습과 복구를 깔끔하게 처리하지 못한 채 선조는 56세(1608)를 일기로 40년간의 치세를 마감했다. 이후에도 불행은 이어졌다. 승하하기 전 신하들에게 계비 소생 영창대군을 부탁한다는 유훈을 남겼으나, 광해군에 의해 영창대군은 여덟 살에 살해되었다.

선조는 8명의 부인에게서 14남 11녀를 얻었으나, 그 많은 자식들의 삶은 순조롭지 못했다. 정비 의인왕후는 자식이 없었고, 계비 인목왕후는 너무 늦게 영창대군을 낳았다. 적실이 아닌 공빈恭嬪 김씨가 낳은 광해군으로 왕위가 계승되면서 험난한 역사를 예고한다.

국난 극복을 위해 활약한 선조대의 고승들

선조 대는 조선조는 물론 한반도 역사를 통틀어 최대 난세였다. 난세를 관통하기란 여간 힘든 것이 아니다. 민초들은 물론 옥좌에 앉은 임금도 심신이 괴롭다. 그러나 난세에는, 한편으로 영웅이 만들어진다. 역사의 발전 과정은 '도전과 응전'이란 토인비의 가설은 정확하다. 임진왜란, 조일전쟁, 7년전쟁 등으로 불리는 난세에 숱한 영웅이 탄생했다. 성웅聖雄 이순신, 홍의장군紅衣將軍 곽재우, 서애西厓 유성룡, 율곡栗谷 이이, 불멸의 시인 송강松江 정철 등이 그 시대를 온몸으로 살다 간 영웅들이다.

불교계 역시 난세는 기회였다. 음지에서 명맥을 이어 가던 불법이 세상 밖으로 나와 함성을 지를 수 있었다. 쇠락한 불교와 승려의 명예가 전란을 통해 우뚝 설 수 있었다. 국가의 위기를 외면치 않고, 그간의 능멸을 따지지 않고 분연히 일어난 고승들의 활약 때문이다. 이들의 활약은 앞으로도 재조명되고 발굴되어야 한다.

몇몇 당대 고승의 활동상을 살펴본다.

서산대사 휴정休靜, 국난을 극복하고 불교의 위상을 높이다

1592년 임진왜란이 일어나자 휴정은 선조의 부름을 받고 전국에 격문을 보내 의승군의 궐기를 호소했다. 자신은 순안 법흥사에서 문도 1,500명으로 승군을 조직했

으며, 평양탈환작전에 참
가하여 공을 세웠다. 선조
가 팔도십육종도총섭에 책
봉하자, 나이가 많다는 이
유를 들어 이를 제자인 사
명당 유정에게 물려주고 묘
향산으로 돌아갔다. 선조
가 서울로 돌아오자 승군을
이끌고 나가 호위한 후 승
군장의 직에서 물러나 다시

서산대사 초상 (왼쪽, 진주박물관), 사명대사 초상 (오른쪽, 진주박물관).

묘향산으로 돌아갔다. 이때 선조는 정2품 당상관의 직위를 내렸다.

당시 불교는 조선 왕조의 계속된 억불정책으로 사회적·경제적인 토대를 박탈
당했다. 성리학적 질서에 의해 사회체제가 재편되고 불교에 대한 탄압이 강화되면
서 불교계는 산간에서 겨우 명맥을 유지하고 있었다. 휴정은 이러한 때에 불교 교
단의 존립과 국가 전체의 안위를 의식하고 이에 대처했다.

사명대사 유정惟政, 뛰어난 용맹과 외교력으로 나라를 구하다

유정은 오대산 영감사靈鑑寺에 머물 때, 1589년(선조 22)에 발생한 정여립의 역모사
건에 연루되었다는 모함을 받아 강릉부의 옥에 갇히게 되었으나, 강릉 유생들이 무
죄를 항소하여 석방되었다. 이후 금강산으로 들어가서 수도하던 중 임진왜란이 일
어나자 스승 휴정의 격문을 받고 의승병을 모아 순안으로 가서 휴정과 합류했다.

울산성 전투 장면 (진주박물관)

조선왕릉, 잠들지 못하는 역사

그곳에서 의승대장이 되어 의승병 2,000명을 이끌고 평양성과 중화 사이의 길을 차단하여 평양성 탈환의 전초 역할을 담당했다. 1593년(선조 26) 1월 평양성 탈환의 혈전에 참가하여 혁혁한 전공을 세웠고, 그해 3월 서울 근교의 삼각산 노원평 및 우관동 전투에서도 크게 전공을 세웠다.

선조는 그의 전공을 포상하여 선교양종판사禪敎兩宗判事를 제수했다. 그 뒤 전후네 차례에 걸쳐 적진에 들어가서 적장 가토와 회담을 가졌다. 제1차 회담은 1594년 4월 13~16일 울산 서생포 일본 본진에서 열렸다. 일본은 '강화5조약'이라 하여 무례한 요구를 해왔다.

그 내용은 ① 명나라 황녀皇女로 일본의 후비를 삼은 것, ② 조선 4도를 일본에 할양할 것, ③ 전과 같이 교린할 것, ④ 왕자 1명을 일본에 보내어 영주하게 할 것, ⑤ 조선의 대신과 대관을 일본에 볼모로 보낼 것 등이었다. 유정은 하나하나를 논리적으로 설파하여 모두 물리쳤다.

또한 제2차 회담(1594년 7월 12~16일), 제3차 회담(1594년 12월 23일), 제4차 회담(1597년 3월 18일)에도 대표로 나아가 저들의 모순을 지적하고 적들의 죄상을 낱낱이 밝혔다. 2차의 적진 담판을 마치고 돌아와 선조에게 정황을 보고하는 〈토적보민사소討賊保民事疎〉를 올렸다. 이 상소문은 문장이 웅려하고 논조가 정연하다. 백성을 보호하고 적을 토벌하는 이론과 실천방도를 제시했다. 1595년에는 장편의 〈을미상소〉를 올렸는데, 전쟁에 대비하는 역사적 안목과 현실을 정확히 파악한 혜안을 보여 주고 있다. 즉 목민관을 가려 뽑아 백성을 괴롭히는 탐관오리들을 소탕할 것, 일시적인 강화로 국가 백년의 대계를 망각하지 말고 국세 회복에 만반의 방어책을 세울 것 등을 주장했다.

유정은 국방에 깊은 관심을 보여 산성 수축을 착안했으며, 산성 개축에 힘을 기울였다. 그가 수축한 산성은 팔공산성·금오산성·용기산성·악견산성·이숭산성·부산성 및 남한산성 등이다. 선조는 유정에게 환속하여 장수가 되길 간곡히 청하기도 했다. 군기 제조에도 힘을 기울여 해인사 부근의 야로에서 활촉 등의 무기를 만들었고, 투항한 왜군 조총병을 비변사備邊司에 인도하여 화약 제조법과 조총 사용법을 가르치도록 했다. 1594년 의령에 주둔했을 때는 군량을 모으기 위하여 각 사찰의 전답에 봄보리를 심도록 했고, 산성 주위를 개간하여 정유재란이 끝날 때까지 군량미 4,000여 석을 비축했다. 선조는 그의 공로를 크게 인정하여 가선대부동지중추부사嘉善大夫同知中樞府事의 벼슬을 내렸다.

1604년(선조 37) 2월 선조의 부름을 받고 조정으로 가서 일본과의 강화를 위한 사신으로 임명되었다. 그해 8월 일본으로 가서 8개월 동안 노력하여 성공적인 외교 성과를 거두었고, 전란 때 잡혀 간 3,000여 명의 동포를 데리고 1605년 4월에 귀국했다. 그해 10월 묘향산으로 들어가 비로소 휴정의 영전에 참배했다.

선수대사 부휴浮休, 휴정의 격외선格外禪을 계승한 덕유산 호랑이

부휴는 덕유산 초암에 은신하고 있던 중 왜적 수십 명을 만났다. 뒷짐을 지고 선 그의 앞에서 왜적이 칼날을 휘두르는 자세를 취하였으나, 그가 태연부동하게 있었으므로 왜적들이 크게 놀라 절한 뒤 물러갔다. 이후 가야산 해인사에 머무를 때 명나라 장수 이종성이 찾아와서 법문을 듣고 감동했다. 얼마 뒤 무주 구천동으로 자리를 옮겼는데, 하루는《원각경》을 외우고 있을 때 큰 뱀이 나타나서 계단 아래에

칠백의총 (사적 105호, 충남 금산군 금성면 의총리)

누워 있었다. 경을 다 외운 다음 뱀에게 가서 한 발로 그 꼬리를 밟자 뱀이 머리를 들고 물러났다. 그날 밤 꿈에 한 노인이 절하고는 "화상和尙의 설법의 힘을 입어 이제 고통의 몸을 여의었습니다."라고 했다.

광해군 때는 두류산에 있었는데, 어떤 미친 승려가 무고하여 투옥되었다가 무죄로 풀려났다. 이를 계기로 광해군이 내전으로 초빙하여 설법을 청해 들었다. 스님의 설법을 들은 광해군은 크게 기뻐하며 가사와 장삼, 염주 등을 하사했다. 또 봉인사에 재를 설하여 그를 증명법사(법회의 권위를 인증하는 법사)로 삼았다.

기허당 영규靈圭, 의승군의 선봉에 서서 순국하다

영규는 임진왜란의 와중에서 순국한 승군장이다. 계룡산 갑사에 들어가 출가하고, 뒤에 휴정의 문하에서 법을 깨우쳐 그의 제자가 되었다. 충남 공주 청련암青蓮庵

에 있으면서 무예 익히기를 즐겼다고 한다. 임진왜란이 일어나자 분을 이기지 못하여 3일 동안을 통곡했다. 이후 분연히 일어나 의승을 모집하여 스스로 승장이 되었다.

의승 수백 명을 규합하여 관군과 함께 청주성의 왜적을 쳤다. 관군은 패하여 달아났으나 그가 이끄는 승병은 대창과 낫으로 분전하여 마침내 청주성을 수복했다. 이어 의병장 조헌趙憲이 전라도로 향하는 왜군을 공격하고자 할 때, 그는 관군과의 연합작전을 위하여 이를 늦추자고 했다. 그러나 조헌이 듣지 않자, 그는 조헌을 혼자서 죽게 할 수는 없다고 하면서 그와 함께 금산전투에 참가했다. 그리하여 조헌이 이끄는 의병과 영규가 거느린 승군은 1592년(선조 25) 8월 18일 금산전투에서 최후의 한 사람까지 싸워 왜군의 호남 침공을 저지했다.

 목릉 穆陵

조선 제14대 선조와 원비 의인왕후 박씨, 계비 인목왕후 김씨의 능. 정자각 뒤로 세 개의 언덕이 보이는데, 동원이강 형식의 변형이다. 왼쪽이 선조의 능, 가운데가 의인왕후, 오른쪽이 인목왕후의 능이다.
처음에는 건원릉 서쪽 다섯 번째 산줄기에 안장되었는데, 물기가 있고 불길하다 하여 지금 자리로 옮겼다. 의인왕후는 건원릉 동쪽 셋째 산줄기에, 인목왕후는 건원릉 동쪽 다섯째 산줄기에 안장되었다.

사적 제193호. 경기도 구리시 인창동 산4-3(동구릉)
동구릉 전체 면적 191만 5,891㎡(57만 9,557평)

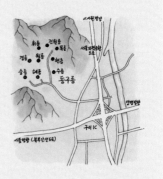

동래부순절도 (보물 제 392호, 육군박물관)

제15대 광해군 가계도

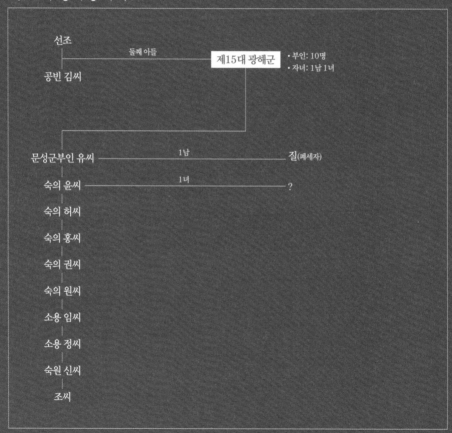

선조

공빈 김씨

둘째 아들

제15대 광해군

• 부인: 10명
• 자녀: 1남 1녀

문성군부인 유씨 ——————1남—————— 질(폐세자)

숙의 윤씨 ——————1녀—————— ?

숙의 허씨

숙의 홍씨

숙의 권씨

숙의 원씨

소용 임씨

소용 정씨

숙원 신씨

조씨

역사는 준엄한가, 너그러운가, 애석한가

광해군묘를 찾아가는 발걸음이 무겁다. 불행한 붕당의 희생자는 경사가 심한 비탈에 조촐하게 누워 있다. 들어가는 입구부터 어색하다. 그가 잠든 일대는 지금 모 교회의 공원묘지다. 공원묘지 통행로를 한참 올라가다 보면 도로 옆 비탈 철망 너머에 그가 누워 있다. 능이란 이름을 얻지 못했기에 주변에 공원묘지가 조성되었다.

광해군은 선조의 둘째 아들이다. 후궁 공빈 김씨에게서 태어난 자식이다. 출생부터 파란을 예고했다. 조선조는 자비가 아닌 논리와 명분을 최대가치로 삼았다. 어느 쪽이든 논리는 항상 견고하다. 논리 이전의 논리, 불립문자가 끼어들 틈이 없는 시대였다. 예나 지금이나 권력의 속성은 제로섬 게임이다. 전부全部 아니면 전무全無다. 목숨까지 담보한 게임이기에 처절하다.

선조는 아들이 14명이나 되었지만 정비 소생은 없다. 하릴없이 서자 중에서 세자를 선택해야 했다. 선조 자신 방계 혈통으로 왕위에 오른 사실이 걸려 세자 책봉

광해군 1575~1641(66세) | 재위 1608. 2.(33세)~1623. 3.(48세). 15년 1개월 | 문성군 부인 1577~1623(46세)

광해군묘의 초라한 문인석 (위)

을 미루었다. 그러나 선조의 나이 40세를 넘기자 대신들은 세자 책봉을 더 이상 미루어서는 안 된다는 주청을 올렸다. 그러던 차에 임진왜란이 터졌다. 동복형 임해군은 성격이 난폭하여 주변의 존경을 받지 못해 제왕 후보에 들지 못했다. 적자도 아니요 장자도 아닌 광해군이 대통을 이을 세자가 되었다.

임진왜란 때 선조와 함께 의주로 몽진(피란) 가는 길에 영변에서 만약의 사태에 대비해 조정의 일부 권한을 위임받았다. 그 뒤 7개월 동안 강원도·함경도 등지에서 의병 모집 등 분조활동을 하다가 돌아와 행재소行在所(임금이 멀리 거동하여 임시로 머물러 있는 곳)에 합류했다.

1608년 선조가 죽자 왕위에 올랐다. 이에 앞서 1606년 선조의 계비 인목왕후 김씨에게서 영창대군이 태어났다. 그의 탄생은 피바람을 일으키는 단초가 되었다. 광해군이 서자이며 둘째 아들이라는 이유로 영창대군을 후사로 삼을 것을 주장하는 소북파와, 광해군을 지지하는 대북파 사이에 붕쟁이 확대되었다.

1613년 조령에서 잡힌 강도 박응서 등이 인목왕후의 아버지 김제남과 역모를 꾀하려 했다는 허위 진술을 함에 따라 김제남을 사사했다. 또 영창대군은 서인으로 강등되어 강화에 위리안치되었다가 이듬해 강화부사 정항에 의해 증살되었다. 이때 영창대군의 나이 여덟 살이었다. 1615년 대북파의 무고로 능창군(인조의 친동생) 추

대사건에 연루된 신경희 등 반대 세력을 제거하고, 1618년 이이첨 등의 폐모론에 따라 인목대비를 서궁에 유폐시켰다.

인조반정의 명분은 두 가지다. 광해군이 명나라에 대한 의리를 저버리고 사대를 거부한 것과, 선조의 적자 영창대군을 죽이고 계모 인목대비를 유폐했다는 것이다. 그러나, 광해군의 외교 전략은 오늘날에도 한반도 정세에 참고가 된다. 작은 나라 한반도는 여우, 쥐와 같은 생존 전략이 필요하다.

만주에서 여진족의 세력이 강성해져 후금을 건국하자, 광해군은 그에 대비하여 대포를 주조하고, 평양감사에 박엽, 만포첨사에 정충신을 임명하여 국방을 강화했다. 이때 후금과 전투를 벌이던 명나라에서 조선에 원병을 요청했다. 왕은 강홍립에게 군사 1만 명을 주어 출병케 했다. 그러나 부차싸움에서 명나라가 후금에게 패하자 강홍립은 적당히 싸우는 체하다가 후금에 투항해 누르하치와 화의를 맺도록 하는 능란한 외교 솜씨를 보였다. 명나라에 대해서는 협력하는 체하고, 후금에 대해서는 명의 강요에 의해서 출병했을 뿐 우호를 거스를 의향이 없음을 내비쳤다. 강홍립은 후금에 억류되어 있으면서 후금의 동향을 보고하는 밀서를 수시로 보냈다. 광해군의 실리 외교는 오늘날에도 참고서가 된다.

그러나 명분론자들은 대명 사대주의를 고수했다. 그들은 국제정세에 어두웠다. 명나라는 이미 기울고 있고, 후금(청)은 일어서고 있음을 알지 못했다. 인조반정을 일으킨 이들은 결국 병자호란을 맞고 삼전도 눈밭에서 왕(인조)이 청태종에게 무릎을 꿇고, 세 번 절하고 머리를 땅바닥에 아홉 번 찍으면서 용서를 빌며 군신관계를 맺어야 했다. 이른바 삼배구고두례三拜九敲頭禮다.

한편, 광해군은 병화로 소실된 서적의 간행에도 노력했다.《신증동국여지승람》·《용비어천가》·《동국신속삼강행실》 등을 다시 간행하고,《국조보감》·《선조실록》을 편찬했으며, 적상산성에 사고를 설치했다. 허균의〈홍길동전〉, 허준의《동의보감》 등의 저술도 이때 나왔다. 외래 문물로는 담배가 1616년에 일본으로부터 들어와 크게 보급되었다.

광해군은 세자로 있을 무렵부터 1623년 폐위될 때까지 성실하고 과단성 있게 정사를 처리했지만, 주위를 에워싸고 있던 대북파의 장막에 의해 판단이 흐려졌다. 또한 인재 기용에도 파당성이 두드러져 반대파의 질시와 보복심을 자극했다.

뒷날 인조반정을 정당화하기 위한 책략과 명분에 의해 패륜적인 군주로 규정되었지만, 실은 당쟁의 소용돌이 속에서 희생되었다고 보아야 할 것이다. 때문에 같은 반정에 의해 희생된 연산군과는 평가를 달리해야 한다.

반정으로 폐위된 광해군은 18년간 유배생활을 했다. 폐위 후 광해군과 폐비 유씨, 폐세자 질과 폐세자빈 박씨 등 4명이 강화도에 위리안치되었다. 두 달 후 폐세자는 사약을 받고, 세자빈은 자살했다. 폐비 유씨도 유배생활 1년 7개월 만에 화병으로 죽었다. 홀로 남은 광해군은 제주도로 유배지가 옮겨졌다. 청나라에 완전 굴복한 인조가 광해군의 복위 움직임이 있을까 두려워 내린 조치다.

유배지에서 그의 삶은 초연했다. 자신을 감시하는 별장이 안방을 차지하고 자신은 문간방에 거처케 해도 분노하지 않았다. 심부름하는 종마저 '영감'이라고 호칭해도 묵묵히 감수했다. 버리기, 비우기를 실천한 여생이었다. 그는 1641년, 귀양생활 18년 만에 생을 마감했다. 죽기 전에 그는 자신을 어머니 공빈 김씨의 묘 발치에 묻어달라고 했다. 조정은 유언에 따라 남양주에 있는 공빈 김씨 묘 아래쪽에 묻고, 박씨 집안으로 출가한 서녀의 자손들로 하여금 무덤을 돌보게 했다. 지금은 사적으로 등록은 되어 있으나, 돌보는 공익요원 한 명 없는 외로운 묘이다.

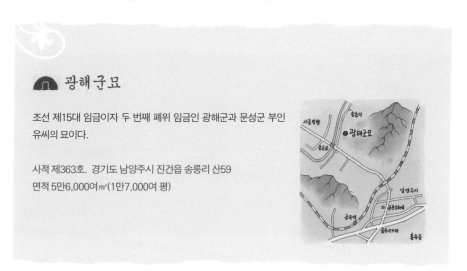

광해군묘

조선 제15대 임금이자 두 번째 폐위 임금인 광해군과 문성군 부인 유씨의 묘이다.

사적 제363호. 경기도 남양주시 진건읍 송릉리 산59
면적 5만6,000여㎡(1만7,000여 평)

추존왕 원종 가계도

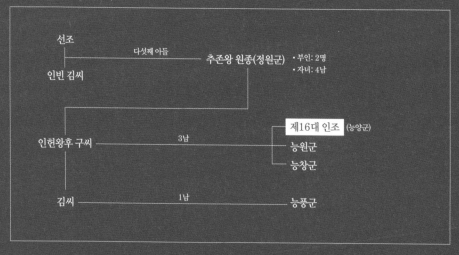

선조

인빈 김씨 ——— 다섯째 아들 ——— 추존왕 원종(정원군)
- 부인: 2명
- 자녀: 4남

인헌왕후 구씨 ——— 3남 ——— 제16대 인조 (능양군)
능원군
능창군

김씨 ——— 1남 ——— 능풍군

추존왕 원종과 인헌왕후
장릉

왕이란 이름은 물려주기도 하고,
올려 바치기도 하네

조선 역대 왕들에 대해 직계 후손들은 하나같이 'ㅇㅇ대왕'이라 부른다. 인조에 대해서는, 완곡하게 말해서 평가가 다양하다. 조선왕조에 반정이 두 번 있었다. 폭정을 일삼던 제10대 연산군을 몰아낸 것은 의로운 거사다. 오늘날로 치면 4·19혁명과 같다. 그러나 인조반정은 그렇지 못하다. 반정이란 미명하에 저지른 역적행위요 밥그릇 싸움이다. 이순신까지 탄핵했던 서인 당파가 일으킨 폭거가 인조반정이다. 광해군이 용상에서 쫓겨나지 않았다면 조선왕조는 국력을 회복할 수도 있었다. 최악의 자충수를 둔 역사가 인조반정이다. 반정 일파는 임진왜란 때 나라를 지킨 의병과 의승군의 문하를 몰아내는 데에도 앞장섰다.

인조반정을 일으킨 이들의 대의명분은 오랑캐 타도였다. 오랑캐 타도라는 어설픈 정책 때문에 온 나라가 병란의 소용돌이에 휩싸였다. 그들이 주장한 오랑캐는

원종 1580~1619(39세) | 인헌왕후 1578~1626(48세)

후금이었고, 후금은 얼마 후 중국을 통일한 청나라였다. 전쟁이 발발하자 큰소리치던 인조와 대신들이 가장 먼저 도망쳤다.

정원군은 선조와 인빈 김씨 사이에서 태어난 4명의 아들 중 셋째다. 정원군의 맏아들이 능양군으로, 반정으로 왕위에 오른 인조다. 능양군의 동생 능창군은 역모 혐의로 광해군에 의해 위리안치되었다가 목을 매 죽었다. 아비인 정원군은 울화병으로 4년 뒤 죽었다. 아비를 잃고 동생을 잃은 인조의 원한은 반정으로 나타났다.

왕이 된 인조는 아버지를 왕으로 추존하려 했다. 그러나 쉽지 않았다. 조선은 명분제일주의 사회다. 명분에 살고 명분에 죽는다. 의리와 명분은 분명 가치를 지닌다. 지조와 절개는 아름답다. 사육신, 삼학사의 행적은 귀감이 되어 마땅하다. 그러나 명분을 만들려는 싸움은 우습다.

인조가 왕위에 오른 후, 누구의 대통을 잇느냐는 정통성 문제가 불거졌다. 할아버지 선조의 종통을 이어 선조를 아버지로 부르고, 친부 정원군을 백부로 불러야 한다는 김장생의 주장과, 친아버지 정원군을 그대로 아버지로 해야 한다는 박지계 등 공신들의 주장이 대립했다. 오늘날의 시각으로 보면 허무개그지만, 당시 대신들은 심각했다. 폼생폼사, 명생명사의 시대였으니까.

선조의 대통을 이어야 한다는 주장의 속내는 정원군을 왕으로 추존하려는 인조의 뜻을 꺾기 위함이었다. 대군도 아닌 왕자(君)에 불과했던 정원군을 왕으로 추존한다는 것은 전례가 없는 일이라 예조와 삼사, 유생들이 극렬하게 반대했다. 성균관 유생들은 추존에 찬성한 박지계를 성균관에서 제명하고 수업까지 거부했다.

인조 6년(1628)부터 정원군 추숭 프로젝트가 본격화되었다. 반정공신 이귀·최명

능침 위로 비행기가 날고 있다.

장릉 전경

길 등이 분위기를 잡아나갔다. 주상 전하의 친부를 왕으로 추존하는 것은 당연하다는 논리였다. 반대가 거세자 인조는 1631년 이귀를 이조판서, 최명길을 예조판서에 임명하여 마침내 1632년 뜻을 관철시켰다. 정원군을 원종으로, 계운궁 구씨를 인헌왕후로 추숭했다.

그러나 논쟁은 끝나지 않는다. 대사헌과 대사간이 반발을 꺾지 않았다. "왕위 재위자가 아니면 종묘에 봉안되지 못하는 것이 고금의 법도이다. 원종(정원군)은 선조와는 군신관계다. 제왕의 종통은 지엄한데, 소종이 대종의 예우를 받을 수 없다. 종묘에 봉안될 수 없다."

추존왕이 되었으나 종묘에 들어갈 수 없다면 헛수고다. 인조의 머리도 아팠지만, 이미 죽은 지 13년, 백골이 진토된 정원군 역시 누운 자리가 편치 않았을 것이다. 제발 날 흔들지 마라. 과공비례過恭非禮, 효성도 지나치면 불효가 되건만, 억지 춘향도 유분수지 등의 말이 떠오른다.

정원군 추숭례는 인조가 즉위한 지 13년 만에 겨우 결정되어 1635년(인조 13)에 원종은 종묘에 위패가 봉안됐다. 인조의 고집은 자신의 정통성을 보완하기 위한 책략이었다. 당시 정권을 잡고 있던 서인에게 스스로 멸시당한다고 말할 정도로 수모를 겪었다. 반정으로 왕위에 올랐으니 성리학의 정통 문법에 반한다. 아비를 왕으로 추존하여 자신의 권위와 위상을 강화하려는 것이었다.

정권의 정통성 확보, 도덕성 확보는 지금도 화두다. 군사정권의 화려한 치적, 수사에도 불구하고, 그들은 여전히 냉소를 감수해야 한다. 정통성과 도덕성은 무한 욕구를 가진 비밀의 방이다. 따뜻한 온기를 모락모락 피우다가도, 잠시만 방심하면 한순간에 시퍼런 칼이 된다. 출가 수행은 물론, 속가의 삶도 크게 다르지 않다. 살아 있는 것은 칼날 위를 걷는 것이다.

인조의 우격다짐 덕분에 김포 사람들은 좋은 휴식공간을 만날 수 있다. 50여만 ㎡(15여만평)의 절대 녹지공간과 공원을 가졌다. 능을 중심으로 좌우로 실개천이 흐른다. 개울의 끝자락에는 연이 수북히 자라는 두 개의 연못이 있다. 규모가 커서 저수지(?)라 부르기도 한다. 인조는 훌륭한 아들인가? 아닌가?

능역 바깥으로 장릉을 돌아 연못 옆으로 난 길을 가면 금정사金井寺가 있다. 조계종 직할교구 본사인 조계사의 말사로 봉릉사奉陵寺라고도 하는데, 장릉의 원찰이다. 장릉을 조성하면서 부근에 있던 절을 폐사시키고 창건했는데, 1920년과 1938년에 중수했으나 1950년 6·25전쟁으로 불에 탔다. 1970년 고근古根 스님이 중수했고, 1974년 비구니 정념淨念 스님이 대대적인 불사를 일으켰다. 1981년 대웅전을 새로 짓고 비구니 수행도량으로 자리 잡았다.

장릉 章陵

조선 제16대 인조의 부모인 원종과 인헌왕후 구씨를 모신 능. 원종은 선조의 다섯째 아들 정원군으로, 용모가 출중하고 태도가 신중했으며, 효성과 우애가 남달라 선조의 사랑을 받았다.

정원군은 처음에 경기도 양주 곡촌리에 묻혔다. 큰아들 능양군(인조)이 인조반정으로 광해군을 폐위시키고 왕위에 오르자, 정원군은 대원군에 봉해졌고, 묘가 원으로 승격되어 흥경원이라 했다. 1627년 인조는 정원군묘를 김포 성산 언덕으로 천장했고, 1632년 다시 왕으로 추존하여 묘호를 원종, 능호를 장릉이라 했다.

인헌왕후는 아들(인조)이 즉위하자 연주부부인이 되었고, 궁호를 계운궁이라 했다. 1626년 48세로 세상을 떠났으며, 김포 성산 언덕에 예장하고 원호를 육경원이라 했다. 이후 흥경원을 이곳으로 천장하면서 원호를 흥경원이라 합쳐 불렀으며, 원종이 왕으로 추존되자 자동으로 흥경원이란 이름 대신 장릉으로 불리게 되었다.

사적 제202호. 경기도 김포시 풍무동 산141-1
면적 52만2,297㎡(15만7,520평)

제16대 인조와 인열왕후 그리고 장렬왕후
장릉 · 휘릉

반정은 짧고 굴욕은 길다

반정으로 왕위에 오른 인조는 반정의 대가를 톡톡히 치른다. 5천 년 역사를 통틀어 최대 굴욕이 병자호란이다. 임진왜란은 세계해전사에 연구 대상인 승리한 전쟁이다. 그러나 병자호란은 한순간에 박살난 수난이었다.

임진왜란 중 의승군의 활약으로 상승세를 타던 불교의 위상이 인조대에 다시 꺾인다. 인조는 즉위 후 바로 승려의 궁성 출입을 금했다. 그런 와중에도 승려들의 애국심은 변함없었다.

남한산성을 견고한 요새로 축성한 것은 승려들의 공력이었다. 팔도도총섭 각성覺性의 지휘 하에 완공되었다. 불심으로 축조된 남한산성이 외교력의 부족과 국력이 반정으로 왕위에 오른 인조는 반정의 대가를 톡톡히 치른다. 불심으로 축조된 남한산성이 외교력의 부족과 국력이 허약하여 부끄러운 역사의 현장이 되어버렸다. 인조 때 일어난 병자호란은 발발, 전개, 결말이 참으로 치욕적이다.

인조 1595~1649(54세) | 재위 1623. 3.(28세)~1649. 5.(54세). 26년 2개월 | 인열왕후 1594~1635(41세)
장렬왕후 1624~1688(64세)

제16대 인조 가계도

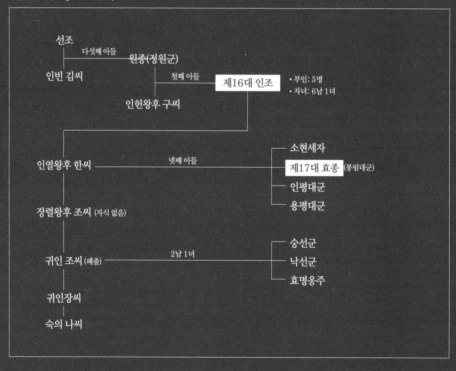

선조
　　다섯째 아들
　　　　　　원종(정원군)
인빈 김씨
　　　　　　　첫째 아들
　　　　　　　　　　　제16대 인조　　• 부인: 5명
　　　　　　　　　　　　　　　　　　　• 자녀: 6남 1녀
　　　　　　인헌왕후 구씨

인열왕후 한씨　───────── 넷째 아들 ─────────── 소현세자
　　　　　　　　　　　　　　　　　　　　제17대 효종 (봉림대군)
　　　　　　　　　　　　　　　　　　　─ 인평대군
　　　　　　　　　　　　　　　　　　　─ 용평대군

장렬왕후 조씨 (자식 없음)

귀인 조씨 (폐출) ───────── 2남 1녀 ─────────── 숭선군
　　　　　　　　　　　　　　　　　　　　─ 낙선군
　　　　　　　　　　　　　　　　　　　　─ 효명옹주

귀인장씨

숙의 나씨

인조 정권은 광해군 때의 후금의 존재를 인정하는 현실주의적 외교정책을 반인륜적인 것으로 비판하고 친명배금정책을 실시했다. 이 무렵 후금은 심양으로 수도를 옮기고 형제 관계를 맺자는 요구에 조선이 응하지 않자, 1627년(인조 5) 군사 3만 명을 이끌고 침략했다. 이른바 정묘호란이다. 의주를 거쳐 평산까지 함락되자 조정은 강화도로 천도했으며, 최명길의 강화 주장을 받아들여 양국 대표가 형제의 의를 약속하는 정묘화약을 맺었다.

오랑캐와 형제 관계를 맺다니. 인조와 당시 집권세력의 심기가 편치 않았다. 힘은 없으면서 분기만 하늘을 찔렀다. 그래서 다시 악수惡手를 둔다. 1635년 인조 비 인열왕후가 승하하자 능을 한양 북쪽에 조성했다. 오늘날 파주시 문산읍 운천리, 임진강 남쪽이다. 병자호란의 불씨가 여기에 있다.

국장 발인 행렬의 모습과 출병하는 군대 행렬은 광경이 비슷하다. 깃발을 펄럭이며 기마병과 군사들이 대열을 이루어 행진한다. 인열왕후 발인 때 6,770명의 대규모 인원이 통일로를 따라 북진했으니, 이는 북침하는 출정군과 흡사하게 보인다. 첩보를 입수한 청나라의 심기가 편할 리 없다. 민심을 읽지 못한 것도 굴욕의 원인이다. 이 일대가 능으로 택지되자, 756기에 달하는 백성들의 묘는 강제로 이장당해야 했다. 이 중 무연고 묘가 667기이고, 연고 있는 묘가 89기라고 하나, 무연고 묘는 대부분 이장할 비용이 없는 백성들의 선조 묘로 추측된다. 당시 운천리에선 '왕비를 묻는데 수백 기의 백성들 무덤을 파헤쳐야 하느냐'는 원망의 소리가 컸다고 한다. 임진왜란의 상처가 아직 아물지도 않았는데 민심을 돌보지 않았다.

1636년 12월 후금은 국호를 청으로 바꾸고 형제 관계를 군신 관계로 바꾸자고 요구하다 거부당하자, 10만 대군을 이끌고 다시 침입해 병자호란을 일으켰다.

그러나 인조 정권은 이를 막지 못하고 봉림대군과 인평대군, 그리고 비빈을 강화도로 보낸 뒤 남한산성으로 후퇴하여 항거했다.

조정에서는 전쟁 수행 여부를 놓고 김상헌·정온을 중심으로 한 척화파와, 최명길 등의 주화파 간에 치열한 논쟁이 전개되었으나, 주화파의 뜻에 따라 45일 만에 항복을 결정하고 삼전도에서 무릎을 꿇고 엎드려 절하는 군신의 예를 맺었다. 이와 함께 소현세자와 봉림대군, 척화론자인 삼학사, 즉 홍익한·윤집·오달제를 청나라에 인질로 보냈다. 삼학사는 결국 그곳에서 처형되었다.

남한산성과 함께 잊지 말아야 할 역사의 유물이 삼전도비이다. 높이 3.95m, 너비 1.4m, 무게 32t의 대리석으로 된 비석이다. 청태종은 항복 의식을 행한 삼전도에 자신의 공덕을 새긴 기념비를 세우라고 요구했다. 당대의 문장가 장유 등이 지은 글을 청에 보냈으나 내용이 미흡하다고 거부했다. 마침내 인조의 특명으로 이조판서 이경석의 글이 받아들여져서 이를 비석에 새기도록 했다. 이경석은 후일에 영의정까지 지내면서 평생 동안 문자 배운 것을 한탄했다.

공조에서는 삼전도에 비단碑壇을 높고 크게 축조한 다음 비석을 세웠다. 글씨는 서예가로 명성을 날렸으며 '이충무공순신비'의 비문을 썼던 오준이 썼는데, 그는 평생 그 한을 안고 살다 죽었다.

결국, 인조의 굴욕적인 항복 장소였던 삼전도에는 1639년 12월 8일에 민족 최대 치욕의 상징인 '대청황제공덕비大淸皇帝功德碑'가 세워졌다. 비문의 내용은 청나라가 조선에 출병한 이유, 조선이 항복한 사실, 항복한 뒤 청태종이 피해를 끼치지 않고 곧 회군한 사실 등이다.

비의 앞면에는 한문, 뒷면에는 만주문滿洲文과 몽골문으로 번역되어 비문이 새겨져 있다. 한 개의 비석 안에 3개국 문자가 들어 있는 특이한 비석이다. 또한 비 머리의 이수, 받침돌의 귀부 조각도 정교하여 조선 후기의 가장 우수한 조각의 하나로 꼽힌다. 원래 서울 송파구 석촌호 주변에 세워졌던 것으로 추정되나, 그 치욕적인 의미 때문에 청일전쟁 때 매몰되었다. 이후 1895년(고종 32)에 다시 세워지고, 1956년 국치의 기록이라 해서 다시 땅 속에 묻었다가, 다시 지금의 위치에 세우는 등 수난을 당했다.

서울시는 후세들에게 패배와 치욕의 역사를 그대로 보여 교훈이 되도록 비 일대에 1,650㎡(500평) 규모의 소공원을 조성하고, 여기에 당시의 모습을 그린 부조비浮彫碑를 세워 1983년 5월 문을 열었다.

인조가 누워 있는 장릉은 비공개 능이다. 공개 못할 특별한 비밀이 있어서라기보다 워낙 외진 곳이기 때문이다. 그의 인생 역정을 대변하듯 외롭고 쓸쓸하다. 관리사무소에 말하면 관람이 가능하다. 동조 세력과 함께 혈기왕성하게 반정을 일으켰으나 재위 내내 불우했다. 정묘년·병자년의 전란을 호란(오랑캐의 난)이라고 겨우 기록했지만, 참담한 굴욕의 역사다.

예송논쟁에 휘말려 살다 간 불우한 여인, 장렬왕후 | 최고의 법문은 죽음이다. 죽음 앞에선 엄숙해지지 않을 수 없다. 왕후장상이든 이름 없는 무지렁이든 죽음의 비중은 같다. 망자를 위한 마지막 예의가 죽음의 의식이다. 차안에서 피안으로 가는 장엄하고 숙연한 의식이 장례다.

장렬왕후는 장례의 격식을 두고 이리저리 휘둘린 여인이다. 자신의 죽음이 아닌 타인의 죽음에 정신없이 출연했다. 한 줌 재가 될 육신, 썩어 흙으로 돌아갈 몸을 두고 창처럼 팔을 치켜세우며 입에 거품을 무는 싸움의 중심에 그녀가 출연했다. 이른바 예송논쟁禮訟論爭의 중심에 그녀가 있었다. 물론 그녀의 의지와는 상관없는 싸움이었다.

조선 건국 후 지식인들은 이구동성으로 불교를 비판하며 성리학을 국가이념으로 가꿔갔다. 한편으로는 사람들의 생활 속에 깊이 뿌리박고 있던 불교의 풍속을 제거하고, 이를 유교적인 것으로 대체해 나갔다.

17세기 조선에서 서인과 남인 사이에 벌어진 예송논쟁은 학문이 정치와 결합하면서 일어난 독특한 현상이었다. 유학에 따르면, 예에 대한 정확한 이해와 실천이 모든 공부의 기본이었고, 또한 모든 공부는 예의 실천을 통해서 삶 속에서 완성된다. 따라서 정계에서 벌어진 예송논쟁은 곧 누가 통치를 담당할 만한 자격이 있는가를 논하는 것이었다.

남한산성 행궁

삼전도비

1차, 2차에 걸친 예송논쟁의 광장에 장렬왕후가 끌려나왔다. 그녀는 인조의 계비다. 원비 인열왕후가 4남 용평대군을 낳고 산후병으로 죽자, 1638년 14세인 장렬왕후가 43세였던 인조와 가례를 올린다.

장렬왕후는 자녀가 없었고 정치적으로 별 영향력 없이 조용히 지냈던 왕비였다. 1649년 인조가 승하할 때 장렬왕후는 25세에 불과했고, 세자(효종)보다 다섯 살이나 적었다. 효종은 1651년 계모 장렬왕후에게 자의대비라는 존호를 올려, 왕보다 젊은 나이에 대비가 되었다.

자의대비가 예송논쟁에 휘말린 것은, 젊은 나이로 대비가 되어 왕실의 어른이 됐고, 효종보다 오래 살아 효종의 국상이 나자 계모인 자의대비가 상복을 얼마 동안 입을 것인가를 놓고 논란이 벌어졌기 때문이었다.

국상을 당하자 복상문제로 송시열·송준길 등의 서인과 허목·윤후·윤선도 등 남인이 다툼을 벌인다. 서인은 성리학을 근거로 자식이 부모보다 먼저 죽었을 때 그 부모는 자식이 장자인 경우는 3년상을, 차자(次子)일 경우에는 1년상을 입도록 규정하고 있다는 논지를 내세웠다. 효종이 차자이므로 자의대비는 1년간 상복을 입어야 한다고 주장했다.

반면 남인은, 차자일지라도 왕위에 오르면 장자가 될 수 있다는 허목의 차장자설을 내세웠다. 효종이 차자이지만, 왕통을 이었기에 3년상을 입어야 한다고 주장했다. 이것이 1차 예송논쟁이다.

이런 경우 남인의 주장이 왕조국가에서는 맞지만, 성리학을 내세운 송시열의 주장을 내치기엔 갓 즉위했던 18세의 현종은 힘

장릉의 화려한 석조물 (위)
병풍석 꽃 무늬 (아래)

이 없었고, 선왕 효종대부터 송시열은 이미 왕권을 능가하는 권력을 쥐고 있었기에 서인의 이런 주장이 가능했다. 조선 전기 왕권이 서슬 퍼렇던 시절이라면, 감히 신하가 이런 망발을 할 수 없었을 것이다.

1차 예송논쟁은 집권세력인 서인의 승리로 돌아갔다. 그러나 현종 15년(1674) 효종 비 인선왕후가 죽자 또 다시 자의대비 복상을 두고 2차 예송논쟁이 벌어지게 된다. 며느리의 상복을 시어머니가 얼마나 입어야 하느냐의 문제였다. 2차 예송논쟁

휘릉 전경

에서 서인은 1차 때와 마찬가지로 인선왕후를 차자부太子婦로 대접해 9개월 복상을
주장하고, 남인은 왕비로 대우해 1년 복상을 주장한다.

　　이때 현종은 선왕을 감히 차자로 몰고 갔던 1차 예송논쟁에 대해 불만이었고, 1
차 예송논쟁에서 1년상을 주장했던 서인이 남인의 주장을 듣고 9개월로 고쳐서 올
렸던 것을 놓치지 않았다. 현종은 이를 추궁했고, 서인은 뚜렷한 답변을 내놓지 못
했다. 이에 현종은《국조오례의》를 따른 것인 줄 알았는데, 중국의 옛날 법을 썼느
냐고 분노했다. 1차 예송논쟁의 1년 복상을 3년상으로 고치고, 인선왕후 복상은 1

년상으로 하라고 명한다.

"신하가 되어 감히 임금에게 야박하게 굴면서 누구에게 두텁게 구는가?"

'누구에게 두텁게 군다'는 현종의 말은, 효종이 차자라면서 1년 복상을 주장했던 송시열을 가리키는 것이었다. 2차 예송논쟁은 서인의 참패였다. 서인은 몰락하고 남인이 등용된다.

6월 4일 장례를 마친 인선왕후를 둘러싼 예송논쟁의 열기가 식기도 전인 8월 18일 현종이 갑자기 승하한다. 왕조실록은 과로로 인한 번열과 설사가 심해 죽었다고 기록했다. 현종대의 실록은 남인이 쓴《현종실록》과, 서인이 집권하면서 다시 쓴《현종개수실록》이 나올 정도로 왕조실록도 어지러운 시대였다.

정자각 (위)
예감 (아래)

조선시대 내내 전통적인 관습인 양 유교를 내세우지만, 내막을 들여다보면 유교

휘릉 무인석

의 철갑으로 꽁꽁 무장된 것은 조선 후기부터였다. 약해진 왕권과 강해진 신권 정
치가 유교를 내세우는 원인이었다.

　왕권이 강했던 조선 전기는 왕이 유교이념을 바탕으로 정치를 했지만, 사림들이
주도권을 잡은 후기는 신권이 유학을 정치무기로 삼은 예가 바로 예송논쟁이다. 송
시열이 왕보다 더 숭상했던 것은 주자였고, 송시열이 영수였던 노론의 세력이 조선
후기를 장악하고 성리학을 무기로 집권했다. 송시열을 봉향하는 서원이 50여 개나

됐던 것을 봐도 단순히 위대한 학자이기 때문만은 아니었다. 서원은 정치세력의 발판이자 정치후보생 양성소였고, 노론은 조선 후기 내내 230여년 동안 기득권을 놓치지 않았다.

복상 소동의 원인이 됐던 자의대비는 어떤 생각을 했을까? 자의대비는 인조부터 효종·현종·숙종 대까지 살다가 숙종 14년(1688)에 창경궁 별당에서 일생을 마친다. 실록이란 왕을 중심으로 기록하는 것이기 때문에 왕비에 관한 기록은 미미하다.

몇 차례의 예송논쟁으로 시끄러웠던 정치사건의 주인공이었지만, 정작 자의대비의 역할은 아무 것도 없었다. 꽃다운 나이에 궁에 들어와 왕비가 되지만, 자녀도 없이 쓸쓸하게 구중궁궐을 벗어나지 못하고 늙어죽은 전형적인 조선시대 왕실 여인의 모습이다.

자의대비는 왕실의 어른이었으나, 그녀의 삶은 신하들의 주장에 의해 상복을 1년 입으라면 1년 입고, 9개월 입으라면 입어야 하는 조선 여인의 숙명이었다. 예송논쟁에 휘말렸던 자의대비는 자식 하나 없이 64세를 일기로 별세했다. 태조 이성계가 묻힌 건원릉 바로 왼쪽 언덕에 생시나 지금이나 말없이 누워 있다. 비록 생전에는 논객들의 삿대질에 이리저리 휘둘렸지만, 죽어서는 가장 든든한 태조가 곁에서 지켜주고 있다.

장릉 長陵

조선 제16대 인조와 원비 인열왕후 한씨의 합장릉. 인조는 1623년
인조반정으로 집권당인 대북파와 광해군을 몰아내고 왕위에 올랐
다. 재위 중 이괄의 난, 정묘호란, 병자호란으로 세 차례나 서울을
떠나 다른 곳으로 몸을 피했다.

인열왕후는 소현세자와 봉림대군(효종), 인평대군을 낳고, 용성대
군을 낳은 후 산후병으로 승하했다. 인조는 왕후를 파주부 북쪽 운
천리에 장사지내고, 그 오른쪽에 자신의 수릉壽陵(왕금이 죽기 전에 미
리 만들어 두었던 왕의 무덤)을 마련해 두었다가 승하 후 그곳에 묻혔다.
이후 능 주변과 석물에 뱀과 전갈, 벌레 등이 집을 지어 불길하다 여
겨 1731년(영조 7)에 현재 위치로 옮겼다.

처음의 능은 건원릉의 석물제도를 본떠 십이지신상과 구름무늬를 보조한 병풍석과 장명등, 석수 등을 상설
했는데, 천장하면서 병풍석·혼유석·난간석·장명등은 새로 만들고, 다른 석물은 그대로 옮겨왔다. 장릉은
17세기와 18세기의 석물이 공존한다.

사적 제203호. 경기도 파주시 탄현면 갈현리 산25-1
면적 34만5,186㎡(10만4,602평)

휘릉 徽陵

조선 제16대 인조의 계비 장렬왕후 조씨의 능. 건원릉 능역 안에 있
다. 장렬왕후는 인조의 계비에 이어 효종, 현종, 숙종 대까지 4대에
걸쳐 왕실의 어른으로 지냈다. 이 시기의 붕당정치는 장렬왕후(자의
대비)의 복상문제를 놓고 치열하게 대립했다.

사적 제193호. 경기도 구리시 인창동 산2-1
동구릉 전체 면적 191만5,891㎡(57만9,557평)

북벌의 영웅인가, 순진한 몽상가인가

소현세자와 봉림대군(효종), 이들 형제에 대한 역사적 평가는 극명하게 갈린다. 1637년(인조 15) 청나라는 병자호란을 종결짓고 돌아가면서 소현세자와 봉림대군, 인평대군 등 인조의 세 아들을 볼모로 잡아갔다. 셋째 인평대군은 이듬해 돌아왔으나 소현세자와 봉림대군은 8년 뒤 1645년에야 돌아올 수 있었다.

인질생활을 하는 동안 그들의 가치관은 판이하게 형성된다. 소현세자는 국력이 막강해지는 청을 현실의 눈으로 인정하고 세계가 달라지고 있다는 것을 인식했다.

봉림대군은 아버지 인조와 자신에게 온갖 굴욕을 안겨준 청에 대해 증오를 키웠다. 귀국해서 소현세자는 청나라에서 배운 서양 문물 수입과 실리 외교를 주창했다. 봉림대군은 대명 사대주의에 더욱 집착하여 반청사상을 고조시켰다. 귀국한 지 두 달 만에 소현세자는 갑자기 병으로 드러누웠고, 와병 3일 만에 의문의 죽음을 맞았다. 이때 그의 온몸이 새까맣게 변해 있었고, 뱃속에서 피가 쏟아졌다. 일부 학자

효종 1619~1659(40세) | 재위 1649. 5.(30세)~1659. 5.(40세). 10년 | 인선왕후 1618~1674(56세)

제17대 효종가계도

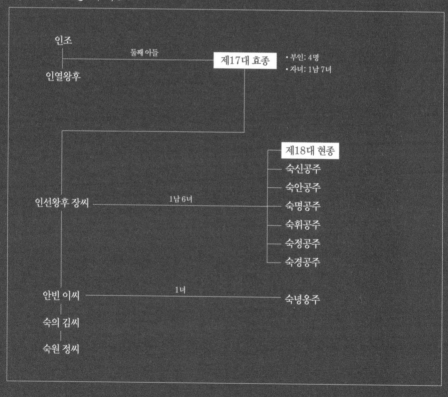

인조 ——— 둘째 아들 ——— 제17대 효종 · 부인: 4명
인열왕후 · 자녀: 1남 7녀

인선왕후 장씨 ——— 1남 6녀 ——— 제18대 현종
숙신공주
숙안공주
숙명공주
숙휘공주
숙정공주
숙경공주

안빈 이씨 ——— 1녀 ——— 숙녕옹주
숙의 김씨
숙원 정씨

들은 아버지 인조에 의해 독살되었다고 주장한다.

세자의 죽음으로 봉림대군이 왕위를 이으니, 효종이다. 효종의 반청 감정에서 비롯된 북벌계획은 다양한 역사적 화두를 던진다. 치열한 민족정신의 발로, 한여름 밤의 꿈, 허공을 향한 몽상가의 딸꾹질, 슬픈 개그 등으로 규정해 본다.

'어영부영'이란 말이 있다. 하는 일 없이 세월만 보내는 행위를 말한다. 조직이나 사회에서 가장 못마땅한 행태다. '어영'은 어영청御營廳에서 유래되었다. 어영청은 조선시대 삼군 중 하나로 최정예 야전군이다. 그런데 어영청의 군기와 훈련상태에서 '어영부영御營不營'이 유래되었다니 아이러니다. 연유는 이렇다.

효종은 즉위하자마자 청나라를 치려는 북벌을 국가 지상목표로 삼았다. 삼전도의 굴욕, 8년간 심양에서 보낸 인질생활을 생각하면 살이 떨린다. 그는 인질로 잡혀갈 때의 심정을 이렇게 읊었다. 그 분개는 여전히 유효하다.

청석령靑石嶺 디나거냐 초하구草河溝 어드매오

호풍胡風도 차도 찰샤 구즌 비는 므스일고

뉘라셔 내 행색行色 그려 내야 님 겨신 듸 드릴고.

함께 끌려가 6년간 고초를 겪은 김상헌이 읊은 글귀도 귀에 쟁쟁하다.

가노라 삼각산아 다시 보자 한강수야

고국 산천을 떠나고자 하랴마는

시절이 하 수상하니 올동말동 하여라.

정자각 뒤로 보이는 영릉

청나라를 치겠다는 북벌은 10년을 목표 기간으로 삼았다. 볼모시절에 전투 정보, 지리 정보를 확보했다. 군사력만 확보하면 된다는 계산이었다. 보안 유지가 첫째다. 다음은 김자점 등 친청파 숙청이다. 10년 동안 3만 명의 정예 북벌군을 양성해서 명나라와 연합군을 형성하면 승산이 있다는 판단이었다.

그러나 북벌계획은 그야말로 계획으로 끝났다. 명과 대치하던 청의 세력이 들불처럼 커지고, 내부 문제는 말이 아니었다.

어영청 상위 직급은 양반 자제들이 차지했다. 실무보다는 형식을 따졌다. 싸움은 아랫것들이 하는 것이라며 종을 대신 내보내고, 그들은 주색잡기를 즐겼다. 병졸들도 그런 분위기에 편승했다. 정예군은 고사하고 당나라 군대보다 못한 오합지

졸이었다. 효종의 3만 정예군 양성 목표는 고작 5,600여명의 어중이떠중이 부대로 만족해야 했다.

양반 자제에게도 군역을 부과하라는 뜻 있는 신하의 주청을 받아들여 이를 실행하려 했다. 실태를 조사할 암행어사를 파견한 지 한 달 만에 효종은 갑자기 승하했다. 북벌계획이 마침표를 찍는다. 여기에도 독살설이 대두된다.

북벌계획에 대한 사림의 동의를 얻기 위해 효종이 사림의 영수 이조판서 송시열과 독대한 지 두 달 만에 40세 창창한 나이에 승하했다.

물증은 없고 심증만 회자된다. 수전증이 있는 신가귀라는 어의가 효종의 얼굴에 난 종기에 침을 놓은 직후 피를 쏟으며 죽었다는 것이다. 시신이 퉁퉁 부어 있었

영릉제실, 보물 1532호 (왼쪽), 회양목, 천연기념물 459 (오른쪽)

으며, 관이 맞지 않아 송시열 등 대신들이 널빤지를 덧대어 왕의 시신을 관에 넣었다.

효종 능 아래 묻힌 인선왕후는 우의정 장유의 딸이다. 13세 때 한 살 어린 봉림대군과 가례를 올려 풍안부부인에 봉해졌다. 1637년 조선이 병자호란에서 패하자 남편과 함께 볼모로 잡혀가 8년 동안 심양에서 보냈다. 소현세자가 죽고 봉림대군이 세자에 책봉되자 세자빈이 되었으나, 책봉이 제때 이루어지지 않아 사저에서 아이를 낳았다. 효종이 즉위하자 왕비가 되었고, 1659년 효종이 승하한 후 효숙대비의 존호를 받았다. 1674년 56세로 승하했다.

효종은 죽은 후에도 편히 잠들지 못했다. 처음 묻힌 곳은 오늘날 동구릉 능역 안 원릉(영조 능) 터이다. 송시열 등 서인들의 주장에 의해서이다. 15년 후 남인들이 반격에 나선다. 터가 불길하고 석물에 틈이 생겨 빗물이 스며들 염려가 있다고 주장했다. 하여 1673년(현종 14) 여주의 영릉(세종 능) 곁으로 옮겼다. 왕릉이 천장되면 처음 능지를 택한 관련자들은 책임을 져야 한다. 서인들이 줄줄이 면직되었다. 죽은 자를 위해 더 좋은 명당을 찾는 행위가 아니라 반대파를 욕보이기 위한 천장이었다. 왕들은 살아서나 죽어서나 괴롭다. 그래도 권력을 향해 온몸을 던지는 이들이 아직도 많다. 권력은 마력과 매력, 괴력을 동시에 지녔다.

결혼은, 해도 후회하고 안 해도 후회한다. 권력도 그와 같다. 탐해서 얻어도 후회스럽고, 얻지 못해 변방을 떠도는 외로운 섬이 되어도 분하다. 깨달음을 위해 자신과의 싸움에 진력하는 것이 가장 보람된 삶이라고 부처는 가르쳤지만, 세속 도시의 즐거움은 거기에 있지 않으니 괴롭고 괴롭도다.

영릉 寧陵

조선 제17대 효종과 인선왕후 장씨의 쌍릉. 제4대 세종의 영릉英陵과 700미터 떨어진 곳에 있다. 원래 효종의 능은 1659년 10월 29일 건원릉 서쪽 산줄기(원릉 자리 근처)에 병풍석을 갖춘 왕릉으로 조성되었다. 그 다음해에 인선왕후가 죽자 정혈에 묻는다는 풍수 이유로 왕릉 앞에 인선왕후의 능을 써서 앞뒤로 나란한 쌍릉을 이루었다. 동원상하봉이라는 특이한 모습이다. 위에 있는 효종의 능에는 곡장을 둘렀으나 인선왕후의 능에는 두르지 않았다. 이는 부부가 같은 방을 쓴다는 의미다. 합장릉의 경우에도 남편 석실과 아내 석실 사이에 구멍을 내어 서로 통하게 해준다. 혼령들이 들락날락하면서 부부 회포를 풀라는 의미다. 세종의 영릉과 함께 영녕릉으로 불린다.

사적 제195호. 경기도 여주군 능서면 왕대리 산83-1
영녕릉 전체 면적 215만9,262㎡(65만4,322평)

소현세자

소경원

명분보다 현실을 중히 여기다가
고혼이 된 선각자

소현세자는 왕이 아니다. 그래서 그의 무덤은 능이 아니라 원이다. 518년 역사를 가진 조선왕조는 27대 역대 왕과 왕비 및 추존 왕과 왕비가 있다. 왕과 왕비의 무덤은 능陵이다. 세자와 세자빈, 후궁의 무덤은 원園이다. 세력이 없는 후궁이나 어린 나이에 죽은 왕자나 공주, 폐서인이 된 자(연산군, 광해군, 폐비 윤씨 등)의 유택은 묘墓란 이름에 만족해야 한다. 조선왕조 왕족의 무덤은 모두 119기이다. 그 중 능이 42기(북한 소재 2기), 원이 13기, 묘가 64기이다.

세자는 다음 대통을 보장받은 예비 대권주자이다. 그러나 아차! 하는 순간에 대권을 날려버린 경우가 있다. 양녕대군·소현세자·사도세자 등이 그렇다. 소현세자는 예지를 갖춘 선각자였으나 권력 암투에 희생되었다. 그의 일생이 애석하여 추모의 정을 담아 경기도 고양시 서삼릉으로 간다.

소현세자 1612~1645(33세)

삼전도의 치욕은 봉림대군은 물론 소현세자에게 반드시 씻어야 할 원죄 같은 것이었다. 그러나 볼모생활을 겪으면서 소현세자와 봉림대군의 현실 인식은 완전히 갈렸다. 소현세자는 청과 조선이 처한 객관적 현실, 즉 국제관계의 역학을 인정했다. 청은 이미 동아시아를 호령하는 실력자였고, 조선은 청이 주도하는 영향권 내에 편입돼 있었다. 조선이 이를 거부하려면 청과 맞서 이길 힘이 필요했다. 그럴 힘이 없는 상태에서 청과 대립하는 것은 수레를 막아선 사마귀 꼴, 즉 당랑거철螳螂拒轍이다.

청이 조선에 요구하는 것은 이전의 중국 왕조들이 요구했던 것과 다를 바 없다. 조공이란 이름의 형식적 주종 관계를 인정하라는 것이다. 조공 대상이 한족漢族이 세운 왕조든 만주족이 세운 왕조든, 현실적으로 볼 때 오십보백보다. 중원을 청이 장악한 이상 조선은 그 질서 속에 편입되어야 한다는 것이 볼모생활을 통해 체득한 소현세자의 현실 인식이었다.

소현세자는 심양에 숙소를 신축해 심양관이라 불렀다. 청나라는 심양관을 통해 조선에 대한 대부분의 현안을 처리하려 했다. 인조도 청나라와 직접 접촉을 꺼렸으므로, 양국 간 현안은 소현세자의 몫이었다. 소현세자는 양국의 접점 지역에서 양국의 직접적인 충돌을 방지하는 완충 역할을 한 것이다. 오늘날로 말하면, 심양관은 주중 조선대사관이며, 소현세자는 주중 대사였던 셈이다.

소현세자가 볼모로 가 있었던 기간은 장장 8년이었다. 인생의 황금기인 20대 중·후반과 30대 전반을 불편한 타국에서 볼모생활로 보냈다. 소현세자는 인조 22년(1644) 2월, 32세의 나이에 고국 조선에 돌아왔다.

소현세자의 귀국 짐보따리 속에는 많은 종류의 서양 과학서적과 지구본이 들어

소경원 전경

있었다. 그는 볼모생활을 하면서 세계에 대한 새로운 견식도 갖게 되었다. 세상이
더 이상 성리학의 시대가 아님을 심양과 북경을 오가며 알게 되었다. 이때 소현세
자가 가져온 과학서적이 훗날 수원 화성 축조 때 정약용으로 하여금 거중기를 만들
게 하는 성과를 거두기도 한다.

소현세자는 조선을 새로운 나라로 만들려는 포부를 지니고 있었다. 더 이상 청
은 원수가 아니었다. 청은 원수의 나라였지만, 주자학의 관점만 버린다면 청은 실
리에 따라 취할 수도 버릴 수도 있는 상대적인 대상일 뿐이었다. 그러나 가슴 가득
포부를 안고 귀국한 소현세자를 기다리고 있던 것은 그를 제거하려는 음모였다. 부

왕 인조에게 있어서 소현세자는 자신을 대신해 이역만리 타국에서 고생하다 돌아온 아들이 아니었다. 자신의 반청 노선에 반기를 든 정적이자, 원수인 청의 회유에 넘어간 반역자일 뿐이었다. 더욱이 인조는, 아들인 소현세자가 자신의 자리를 빼앗을지도 모른다고 의심했다. 그것은 의심의 차원을 넘어 공포였다. 청나라가 소현세자를 임금으로 내세워 자신을 폐출하지 않을까 하는 공포였다.

주춧돌만 남은 정자각

인조가 세자를 의심하는 것을 눈치 챈 일부 정치세력이 세자를 모함하고 나섰다. 인조의 후궁인 소용 조씨도 그 중 한 세력이었다. 그녀는 세자와 강빈이 인조를 내쫓고 즉위할 것이라고 참소했다. 세자에 대한 의심과 주위의 참소는 8년 만에 귀국한 세자의 지위를 불안하게 만들었다. 인조는 심지어 환국한 세자에 대한 신하들의 하례조차도 막을 정도로 그를 냉대했다.

소현세자는 부왕의 이런 냉대에 상심했으나 그 원인을 분석할 만한 여유가 없었다. 귀국한 지 두 달 만에 불귀의 객이 되었기 때문이다. 낯선 이역만리에서 만 8년간이나 꿋꿋하게 지낸 세자가 갑자기 세상을 떠날 이유는 없었다. 당연히 세자의 죽음에 대한 의혹이 뒤따랐다. 세자의 발병일은 인조 23년(1645) 4월 23일이었다. 병명은 학질이었다. 세자는 발병 3일 후인 4월 26일에 돌아올 수 없는 길을 떠났다.

《인조실록》은 그의 시신 상태를 이렇게 적었다. "세자는 병이 난 지 수일 만에 죽었는데, 온몸이 전부 검은빛이었고 얼굴의 일곱 구멍에서는 모두 선혈이 흘러나오므로, 검은 먹목(소렴 때 시체의 얼굴을 싸는 검은 헝겊)으로 얼굴 반쪽만 덮어 놓았으나 곁에 있는 사람도 그 얼굴빛을 분간할 수 없어서 마치 약물에 중독돼 죽은 사람과 같았다."

이는 소현세자가 독살당했다는 증거다. 이 기록은 당시 염습에 참여했던 진원군 이세완의 부인이 시신의 이상한 상태를 보고 나와 말한 것을 토대로 적은 것이다. 그녀는 인열왕후(소현세자의 어머니)의 서제庶弟였기 때문에 염습에 참여할 수 있었다. 소현세자가 독살당한 것이 분명하다면 그를 죽인 이는 누굴까?

《인조실록》은 세자의 시신이 독살당한 사람 같았다는 사실을 "상(인조)도 모르고 있었다."라고 기록했지만, 이는 신빙성이 낮다. 독살에 인조가 관련돼 있다는 증거는 한 둘이 아니다. 그 하나가 소현세자를 치료한 의관 이형익에 대한 처리 문제다. 이형익은 인조의 후궁 소용 조씨의 어미 집을 왕래하던 의관으로, 추한 소문이 많던 자였다. 세자가 이형익에게 침을 맞은 지 3일 만에 세상을 떠나자 양사는 이형익을 처벌하라고 주청했다. "오한이 심하여 몸이 떨리는 증세도 판단하지 못하고 날마다 침만 놓았다."는 것이 탄핵 이유였다. 조선시대에 왕이나 세자가 죽으면, 의관들은 특별한 잘못이 없다 해도 국문을 당하는 것이 관례였다. 그러나 인조는 끝내 이형익을 비호하고 처벌하지 않았다.

이런 야사도 있다. 소현세자가 청에서 돌아와서 인조 앞에서 청나라에서 가져온 물건을 늘어놓고 자랑하니, 인조의 눈에 광기가 돌았다. 청태종이 하사한 벼루를 자랑하던 찰나에 인조는 그 벼루로 소현세자의 머리에 던졌다. 직격탄을 맞은 세자는 시름시름 앓았고, 약에다 독을 타서 죽게 만들었다는 것이다.

인조가 세자 독살에 관련돼 있다는 또 다른 증거는 소현세자의 후사 문제다. 사망 당시 소현세자에게는 세 아들이 있었다. 그 중 큰아들 석철은 원손元孫이었으므로 당연히 그가 세손으로서 세자를 대신해 인조의 뒤를 이어야 했다. 그러나 인조는 종법을 어기고 원손 석철이 아닌 봉림대군을 세자로 책봉했다. 그리고 소현세자의 세 아들을 제주도로 귀양 보내, 그 중 두 아들이 풍토병으로 죽게 했다. 세자빈 강씨도 사약을 받고 죽었다.

소현세자의 꿈과 좌절은 단순히 한 세자의 꿈이 좌절된 데서 끝난 것이 아니라, 조선의 미래가 좌절된 것이었다. 소현세자가 아담 샬을 만나고 서구세계에 눈을 뜬 것은 조선이 개항한 1876년보다 무려 232년이나 빠른 1644년의 일이다. 이때 변화하는 세계에 대해 개방적인 태도를 취했다면, 처참했던 근대사의 아픔은 겪지 않아도 되었을 것이다. 그러나 역사에는 따뜻한 가정假定이 없다. 서늘한 교훈만 있다.

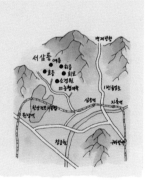

소경원 昭慶園

조선 제16대 인조의 아들 소현세자의 원. 처음에는 소현묘라고 했으나 고종 때 소경원으로 격상되었다. 서삼릉 능역 안에 있다.

사적 제200호. 경기도 고양시 덕양구 원당동 산38-4
서삼릉 전체 면적 21만7,701㎡(6만5,970평)

제18대 현종 가계도

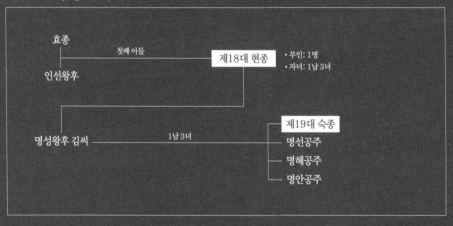

효종

인선왕후

첫째 아들

제18대 현종

• 부인: 1명
• 자녀: 1남 3녀

명성왕후 김씨

1남 3녀

제19대 숙종
명선공주
명혜공주
명안공주

제8대 현종과 명성왕후
숭릉

치적 쌓을 틈도 없이
예송논쟁에 시달린 왕 노릇 15년

사람은 태어날 때에 / 입안에 도끼를 가지고 나온다 / 어리석은 자는 말을 함부로 함으로써 / 그 도끼로 자신을 찍고 만다. 《숫타니파타》 657

조선 왕 중 유일하게 남의 나라에서 태어난 왕, 그 흔한 후궁 하나 두지 못하고 정비 1명뿐인 왕이 현종이다. 현종은 아버지 봉림대군이 어머니 풍안부부인과 함께 청나라에 볼모로 있던 시절에 심양의 심양관에서 태어났다.

네 살 나이의 연(현종의 이름)이 부모를 따라 귀국한 것은 1645년(인조 23)이었다. 소현세자가 급서하자 봉림대군이 세자에 책봉되고, 연은 왕세손에 책봉되었다. 효종이 즉위하자 세자가 되고 1659년 부왕의 뒤를 이어 18대 왕으로 등극했다. 즉위식은 화려했으나 재위기간 내내 귓전을 두드리는 방망이질에 시달렸다.

현종 1641~1674(33세) | 재위 1659. 5.(18세)~1674. 8.(33세). 15년 3개월 | 명성왕후 1642~1683(41세)

숭릉 · 팔작지붕 정자각

　현종시대는 신하들의 목소리가 대전을 찌렁찌렁 울린 시대였다. 왕권을 구석에 밀쳐버리고, 신하들의 예론정쟁이 창처럼 치솟아 나라를 흔들었다. 효종이 죽자 인조의 계비 자의대비(장렬왕후 조씨)가 몇 년간 상복을 입어야 하는가 하는 것이 논쟁의 중심이 되어 국력을 오로지 거기에 쏟았다. 서인의 송시열과 송준길은 효종이 차남이므로 당연히 기년상(1년상)이어야 한다고 주장했다. 남인의 허목과 윤휴, 윤선도는 효종이 비록 차남이지만 왕위를 계승했으므로 장남과 다름없기에 3년상이어야 한다고 주장했다. 결과는 기년상을 주장한 서인의 승리였다.

1673년 효종 비 인선왕후가 승하하
자 복상문제가 다시 쟁점이 되었다. 이번
에도 서인측은 효종이 차남이란 점을 강
조하여 대공설(9개월)을 내세웠고, 남인측
은 인선왕후가 비록 둘째 며느리이긴 하
지만 중전을 지냈으므로 큰며느리나 다
름없다고 기년설(1년)을 내세웠다. 현종은
장인 김우명과 그의 조카 김석주의 의견
에 따라 남인측의 기년설을 받아들여 자
의대비로 하여금 기년 복상을 하도록 했
다. 서인과 남인의 1승 1패다.

논쟁은 표면적으로 왕실의 장례문제
인 것 같지만, 예를 최고의 덕으로 여긴
성리학의 문제다. 더 깊은 속내는 율곡학
파인 서인과 퇴계학파인 남인 간의 정권
주도권을 둘러싼 이념논쟁이다. 또한 효
종의 왕위 계승에 대한 정당성을 묻는
문제다. 신하들의 입김이 그만큼 셌다
는 것이다.

성난 얼굴의 석호상 (위)
홍살문 (아래)

현종조는 신하들 목소리 못지않게 또 다른 목소리가 있었다. 중전의 목소리가
당파를 형성한 신하들과 합세했다. 현종 비 명성왕후明聖王后 김씨는 지능이 비상하

고 성격이 과격했다. 거친 행동도 서슴지 않았다.

명성왕후의 아버지 김우명은 학문에 관심이 없는 위인이었다. 진사시만 치고 강릉康陵(명종 능) 능참봉을 거쳐 종9품인 세마洗馬직이었는데, 현종 즉위로 딸이 중전이 되니 하루아침에 청풍부원군에 봉해져 정1품 대우를 받았다. 김우명은 서인이건 남인이건 뒷거래를 해오면 결탁했다. 용감하고 탐욕스런 인물이었다.

명성왕후 역시 그 아버지에 그 딸이었다. 궁중 일을 처리할 때 인자한 면모가 없었다. 현종은 30대 펄펄한 나이였지만 후궁 하나 들이지 못했다. 기록은 없지만 짐작은 간다. 현종이 죽고 아들 숙종의 등극 이후에는 공공연히 조정의 정무에까지 관여하여 서인들 편을 들다가 남인들의 반발을 샀다. 숙종의 총애를 받던 장희빈을 내쫓는 데 앞장서기도 했다. 장희빈의 집안이 남인과 가까웠던 것이 이유 중 하나다.

숙종 1년(1675)에 '홍수의 변'이라는 해괴한 사건이 일어났다. 홍수紅袖, 즉 붉은 옷소매란, 궁녀를 가리킨다. 복창군, 복성군이라는 왕족이 숙종의 궁녀를 건드려 아이를 낳은 사건이다. 두 죄인은 궁녀와 함께 의금부에 하옥되고 사형을 면치 못하게 되었다. 다음 날 돌연 두 죄인은 풀어주고 궁녀만 사형에 처하라는 어명이 떨어졌다. 조정 대신들이 반발한 것은 당연하다. 대신들이 내전에 달려가 보니 어리둥절한 광경이 펼쳐졌다. 숙종이 방 밖에 꿇어앉아 있고, 방 안에선 방바닥을 치며 요란한 대성통곡이 울려 퍼진다. 겁에 질린 대신들은 할 말을 잃었다. 방 안에서 악을 쓰며 통곡한 이는 명성왕후였다. 결국 두 죄인은 유배 보내는 것으로 마무리 지었다. 종친을 죽일 수 없다는 명분으로 아들(숙종)을 협박한 것이다. 대단한 여인임에 틀림없다. 한글 이름이 같은 26대 고종의 비는 명성황후明成皇后다. 그녀 역시 함량이 만만치 않다.

현종은 서인과 남인의 극단적인 예론정쟁에 시달리다가 1674년 33세의 젊은 나이로 세상을 떴다. 명성왕후는 근 10년 더 살다가 1683년 41세를 일기로 세상을 하직했다. 현종은 죽어서도 편치 못했다. 왕이 죽으면 곧 실록 편찬작업에 들어간다. 《현종실록》 편찬작업은 1675년(숙종 1) 5월에 시작되었지만, 도중에 정권을 장악했던 서인이 몰락하고 남인이 조정을 장악하자 일시 중단되었다. 1677년 왕(숙종)의 독촉이 있자 편찬작업에 참여하는 인원을 늘리고 묘사유파법(오전 7시에 출근하여 오후 7시에 퇴근하는 법)이란 걸 만들어 급히 진행하여 3개월 만에 초고를 완성했다. 초고를 바탕으로 4개월 뒤에 인쇄를 완료했다. 논쟁은 여기서 끝나지 않았다.

숭릉 崇陵

조선 제18대 현종과 원비 명성왕후 김씨의 쌍릉. 동구릉 능역 안 가장 왼쪽 언덕에 있다. 왕과 왕비릉 모두 병풍석 없이 난간석만으로 연결되었고 능침 앞에 혼유석이 각각 놓여 있다.

사적 제193호. 경기도 구리시 인창동 산2-1(동구릉)
동구릉 전체 면적 191만5,891㎡(57만9,557평)

제19대 숙종 가계도

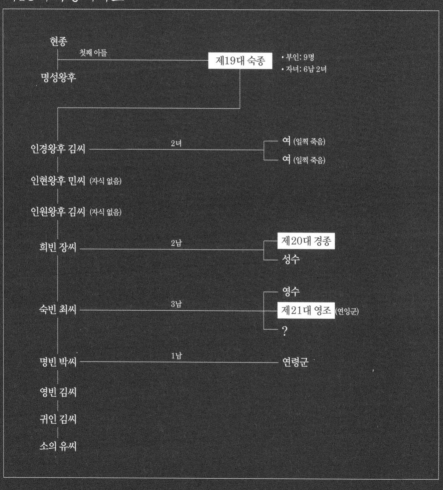

현종 ── 첫째 아들 ──┐
명성왕후 ──────────┴── 제19대 숙종 · 부인: 9명
· 자녀: 6남 2녀

인경왕후 김씨 ──── 2녀 ──┬── 여 (일찍 죽음)
                        └── 여 (일찍 죽음)

인현왕후 민씨 (자식 없음)

인원왕후 김씨 (자식 없음)

희빈 장씨 ──── 2남 ──┬── 제20대 경종
                    └── 성수

숙빈 최씨 ──── 3남 ──┬── 영수
                    ├── 제21대 영조 (연잉군)
                    └── ?

명빈 박씨 ──── 1남 ──── 연령군

영빈 김씨

귀인 김씨

소의 유씨

제19대 숙종과 인현왕후, 인원왕후, 그리고 인경왕후

명릉 · 익릉

여인천하 경연장의 외로운 감독

조선왕조 518년, 27대 역대 왕 중 숙종 부자가 재위한 기간이 조선 역사의 약 1/5 이다. 숙종 본인 45년 10개월, 희빈 장씨 소생 아들 경종 4년 2개월, 숙빈 최씨 소생 아들 영조 51년 7개월, 도합 101년 7개월이다. 재위 기간이 길다 보니 사연도 많다.

왕들에게는 이름이 많다. 아버지가 지어주는 이름, 승하하면 행적을 기려 바치는 시호(묘호), 무덤의 이름인 능호 등이다. 능호는 모두 외글자이나 태조의 능인 건원릉(건健: 하늘의 도, 원元: 나라와 도읍을 처음 세웠다는 뜻)만이 두 글자이다. '사도思悼'는 영조가 세자를 서인으로 폐하여 죽이고 후회되어 슬프고 애처롭게 생각난다고 지은 시호이다. 영조는 역대 왕 중 최고로 장수했고 재위기간도 으뜸이라 능호를 원릉元陵(동구릉 소재)이라 했다.

묘호는 왕이 승하한 뒤 이름을 피하여 종묘에 봉안하는 호칭이다. 백성을 두루

숙종 1661~1720(59세) | 재위 1674. 8.(13세)~1720. 6.(59세), 45년 10개월 |
인현왕후 1667~1701(34세) | 인원왕후 1687~1757(70세) | 인경왕후 1661~1680(19세)

살피고 무력으로 난을 정벌한 치적이 뚜렷하면 '조祖'라고 하고, 덕망을 갖춰 성품이 단정하고 지혜와 용기, 너그러움을 겸비한 왕은 '종宗'을 붙였다. 그러나 100% 일치하는 것은 아니다. 숙종이 그러하다. 숙종肅宗은 '엄숙하고 정중하며 덕망을 갖춘 왕'이란 뜻이며 명릉明陵은 '밝고 깨끗한 능'이란 말인데…….

숙종의 이름은 순焞이다. 외글자 이름을 쓴 것은 세종부터다. 세종의 이름은 도裪이다. 외자 이름이 아닌 왕은 단종(홍위)·철종(원범)·고종(명복) 등이다. 이성계나 이방원은 왕이 되기 이전에 이름이 있었다. 숙종은 현종의 외아들이며, 어머니는 청풍부원군 김우명의 딸인 명성왕후다. 비妃는 영돈녕부사 김만기의 딸인 인경왕후고, 제1계비는 영돈녕부사 민유중의 딸인 인현왕후, 제2계비는 경은부원군 김주신의 딸인 인원왕후다. 희빈 장씨, 숙빈 최씨도 역할이 만만찮았던 숙종의 여인들이다.

명릉에 들어서면 능의 배치가 이상하다. 정자각에서 바라보면, 왼쪽 위 외따로 능이 하나 있고, 오른쪽 아래 정자각과 균형이 맞는 위치에 쌍릉이 있다. 왼쪽부터 제2계비 인원왕후, 숙종, 제1계비 인현왕후의 무덤이다. 이들을 통틀어 편의상 명릉이라 하는데, 법도에 맞지 않다. 동원이강 양식으로 본다면, 서열이 가장 낮은 제2계비가 상석이고 왕과 제1계비가 말석인 셈이다. 유교 풍수 국가인 조선에서 상상할 수 없는 일이다. 숙종 왕릉은 쌍릉에 해당되며 왼쪽에 있는 제2계비 인원왕후의 능은 단릉 양식이다. 정자각도 없는 능이다.

정승집 개가 죽으면 문상객이 와글와글해도, 정승이 죽으면 상가가 적막한 것이 세상 인심이다. 희빈 장씨와 격투를 벌여 중전과 폐서인의 자리를 함께 오간 인현왕후는 1701년 소생 없이 34세를 일기로 세상을 떴다. 남편 숙종이 펄펄하게 살아 있던 시절이다. 장희빈에게 농락당한 회한으로 왕은 성대히 장례를 치르고 후일 자

키작은 무인석 뒤로 보이는 명릉 원경

신도 곁에 묻혔다.

　제2계비 인원왕후의 무덤이 외따로 초라한 것은 그녀의 소생이 없었기 때문이다. 그리고 너무 오래 살았다. 왕보다 먼저 죽었다면 이상한 곳에 배치하지 않았을 것이다. 숙종이 승하하자 청상과부 인원왕후는 33세에 왕대비(경종 재위시)에 올랐고, 37세 때(영조 재위시)는 자동적으로 대왕대비가 되었다. 손자뻘인 영조와는 일곱 살 연상이었다. 그들 간에 갈등이 있었다는 기록은 없으나 자연스럽지 않은 모습이다.

　대왕대비 인원왕후는 1757년(영조 33) 3월 26일 70세로 승하했다. 죽을 자리, 죽을 시기를 잘 찾는 것도 복이다. 인원왕후는 그런 복이 없었다. 인원왕후보다 1달여 앞선 2월 15일, 영조의 원비 정성왕후가 65세로 승하했다. 정성왕후의 국장이 진행됐다. 서오릉 내에 택지된 홍릉의 산릉공사가 거창하게 이루어졌다. 홍릉은 영조가

명릉 전경

자신의 수릉壽陵(왕금이 죽기 전에 미리 만들어 두었던 왕의 무덤)을 겸한 곳이기에 국가적 대역사였다. 며느리의 국상 중에 할머니가 덜컥 죽은 것이다. 국장을 한 번 치르는 데는 막대한 비용과 인력이 들어간다. 인원왕후는 영조의 피가 섞이지 않은 계모에 불과하다.

영조는 대왕대비의 유택을 위해 경비와 인력을 들일 여력도, 의지도 없었다. 벌채 경비도 아끼고 정자각 건립 비용도 생략했다. 명릉 능역 한 모퉁이를 살짝 오려내어 대왕대비를 안장했다. 가장 저렴한 왕릉 공사였다. 그래서 인원왕후의 능은 능호도 없고 정자각도 없다.

숙종시대는 왕의 치적보다 여인들의 쟁투가 더 관심을 끈다. 장희빈과 인현왕후의 먹고 먹히는 싸움의 가운데 숙종이 있다. 국회의원 선거에서 같은 인물들끼리 수차례 출마해서, 1승 1패니 2승 1패니 하는 통계를 언론이 만들어 호기심을 돋운다. 그러나 왕의 여인들은 모 아니면 도다. 중전이 되거나, 아니면 폐서인이 된다. 운이 나쁘면 사약을 받아야 한다. 숙종은 재위기간이 긴 만큼 치적이 많다. 왕권 안정을 위해 진력했고, 백성들을 위해 대동법을 실시했다. 대흥산성·황룡산성 등 변경에 성을 쌓고 대대적인 도성 수리 공사를 했다. 북한산성을 총체적으로 개축하여 남한산성과 함께 서울 수비를 견고하게 했다. 성삼문 등 사육신을 복관시키고, 노산군을 복위시켜 묘호를 단종으로 올렸다.

굵직한 치적에도 불구하고 숙종에겐 '여인에 대한 애증의 편향이 심했다'는 꼬리표가 붙는다. 왕의 여인들에겐 자식이 보물이자 권력 보험이다. 원비 인경왕후 김씨는 19세에 후사 없이 죽었다. 다행히 권력다툼에 끼어들 빌미가 없었다. 계비 인현왕후도 자식이 없었다. 예의가 바르고 덕이 높아 국모로서 백성들의 존경을 받았으나 후사를 잇지 못하니 책임을 다하지 못한 패장꼴이다. 이때, 소의였던 희빈 장씨가 왕자 균을 출산했다. 애정의 물꼬가 장씨에게로 쏠리고 있던 차에 경사가 난 것이다.

태어난 지 두 달 만에 원자로 정호되었다. 대통을 잇게 하겠다는 선포다. 노론의 영수 송시열은 중전인 인현왕후가 아직 젊고 얼마든지 회임할 수 있기 때문에 후궁의 아들을 원자로 삼는 것은 시기상조라고 주장했다. 송시열은 화약을 안고 불에 뛰어든 셈이다. 장씨에게 흠뻑 빠져 있던 숙종은 그녀를 빈으로 승격시키고 노론계 정치인들을 대거 유배 보냈다. 상소를 올렸던 노론의 거두 송시열에게는 사약을 내렸다. 이 사건과 관련지어 중전 민씨(인현왕후)를 폐위시키고 희빈 장씨가 중전이 된다. 이를 기사환국이라 부른다. 1라운드는 장희빈 판정승이다. 2라운드는 희빈 장씨가 묻혀 있는 대빈묘(서오릉 능역 안)에 가서 살펴본다.

　제1계비 인현왕후와 제2계비 인원왕후의 명릉, 원비 인경왕후의 익릉, 장희빈의 대빈묘, 모두 서오릉 영역 안에 있다. 숙종은 죽어서도 여인들 틈바구니에 있다. 오손 도손 정분을 나누었던 여인들이 아니라 죽고 죽이는 칼날을 겨누었던 여인들과 함께.

이승에서는 박복했으나 유택은 웅장하네 ｜ 능의 규모는 무엇에 의해 결정될까. 익릉은 서오릉 중에서 가장 장엄(?)하다. 능호에 썩 잘 어울린다. 홍살문 밖에서 바라보면 막 이륙하는 점보기 같다. 홍살문에서 정자각에 이르는 참도는 위쪽으로 경사지게 계단식으로 설치되어 있다. 정자각 뒤로 능상이 우뚝 솟아 있다. 대단한 권력자의 무덤 같다.

거기에 잠든 이는, 열아홉 살 꽃다운 나이에 요절한 인경왕후다. 왕후는 딸 둘을 낳았으나 모두 일찍 죽었다. 정확한 기록은 없으나 요람에서 사망한 걸로 추측된다.

　숙종의 첫 번째 왕비인 인경왕후는 광성부원군 김만기의 딸이다. 1670년(현종 11) 9세 때 세자빈으로 간택되어 의동 별궁에 들어갔고, 다음해 3월에 왕세자빈으로 책봉되었다. 1674년 현종이 죽고 숙종이 즉위하면서 왕비가 되었고, 1676년(숙종 2) 정식으로 왕비의 책명을 받았다. 1680년 10월에 전염병인 천연두 증세가 보였는데, 이 때 숙종은 천연두를 겪지 않아 면역이 되어 있지 않았다. 약방도제조 영의정 김수항의 건의에 의하여 왕은 창덕궁으로 이어移御하였다. 왕비는 발병 8일 만에 경덕궁(지금의 경희궁)에서 운명했다.

　천연두는 수천 년 동안 인류가 가장 두려워한 전염병 중 하나였다. 치사율이 30%에 이르는데다, 다행히 목숨을 건진다 해도 곰보 자국이 얼굴에 남는다. 발병

원인을 몰랐던 사람들은 심지어 병이 별똥 또는 지진 때문에 생긴다거나, 악령이나 신의 노여움 때문에 생긴다고 여기기도 했다. 그래서 천연두의 공식 병명은 '두창痘瘡'이지만, 민간에서는 '마마' 또는 '손님'으로 불렸다.

숙종릉 명릉 (위)
2계비 인원왕후 능의 규모가 작은 석물 (아래)

상감마마, 중전마마 등 왕과 왕비에게 붙이는 '마마'라는 최상급 존칭을 질병 이름으로 붙이면 병을 옮기는 역신이 노여움을 풀고 기분이 좋아져 환자의 몸에서 떠나가지 않을까 하는 생각에서 유래된 것이다. 또 병이 나면 터줏대감의 노여움을 풀어 주어야 낫는다고 여겨 '대감놀이'를 했다. '몹시 애를 먹다'라는 뜻의 의미로도 쓰이는 홍역은 '작은 손님', 천연두는 '큰 손님'으로도 불렸다. 조상들이 천연두를 얼마나 무서워했는지 엿볼 수 있는 대목이다.

물론 천연두에 걸렸던 통치자들이 다 죽었던 것은 아니다. 운 좋게 천연두 저승 사자로부터 살아남은 사람 중에 유명한 이는 엘리자베스 여왕과 아브라함 링컨이다. 천연두는 1979년 소말리아의 마지막 환자를 끝으로 WHO가 공식적으로 박멸된 것으로 선언했으나 연구용 균은 보관하고 있고, 화생방전의 수단으로 여전히 위협이 되고 있다. 중전마마는 마마에 걸려 급서했지만, 급히 거처를 옮긴 왕은 마마

꽃다운 나이에 세상을 떠난 숙종의 원비 인경왕후의 익릉

조선왕릉, 잠들지 못하는 역사

를 피했다. 숙종이 감염되었더라면 조선의 역사는 다른 방향으로 흘러갔을 것이다.

왕비는 나이 19세에 운명하였기에 장희빈과 오버랩되는 부분이 없다. 장희빈은 1686년(숙종 12) 숙원이 되었고, 1688년에 소의로 승진되었다. 그때 이미 인경왕후는 이 세상에 없었다. 숙종의 여인 편력에 대해 이해되는 측면도 있다. 원비 인경왕후는 자식 없이 천연두로 19세에 사망, 제1계비 인현왕후는 폐결핵으로 34세에 사망, 제2계비 인원왕후는 23세 때 천연두를 앓았으나 극적으로 회생했다. 그러나 흉한 병의 흔적은 남았다. 영리하고 애교스럽고 건강한 희빈 장씨, 숙빈 최씨 등 후궁들에게 마음을 빼앗긴 것은 당연하다.

중전이든 후궁이든 왕의 여자는 정략적 관계의 산물이다. 애초부터 애틋한 사랑이 싹터서 부부가 된 것이 아니다. 권력의 정점인 왕에게 다가가는 다리를 놓는 최고의 방법이 혼인이다. 세도가들의 기대와 왕가의 뜻이 합치된다.

인경왕후는 노론의 대표적 인물인 김만기의 딸이다. 서인은 노장파 송시열을 중심으로 하는 노론과 소장파 한태동을 중심으로 하는 소론으로 분파되었다. 노론, 소론에 속한 사람들은 원래 예악의 태두 김장생의 문인들이며 김장생은 김만기의 고조부다. 인경왕후는 이른바 명문가 출신이다.

숙종조는 남인·북인·노론·소론 등 사색붕당의 격전장이었다. 숙종은 세 차례에 걸쳐 '환국換局'이란 이름의 정계 개편을 통해 붕당 내의 대립을 촉발시키고, 왕에 대한 충성을 강화시켜 나갔다. 이런 과정에서 유능한 신하의 희생도 컸다. 윤휴·이원정·송시열·김수항·박태보 등이 희생되었다. 인현왕후 폐위, 장희빈 사사 등도 정국 전환의 희생물이다.

김만기는 1670년 딸을 세자빈으로 들여보내고, 1673년 영릉寧陵(효종 능)을 옮길

계단식 정자각

때 산릉도감의 당상관이 되었다. 1674년 7월에는 병조판서로서 다시 자의대비의 복제에 대해 소를 올려 3년상을 주장했으며, 그 해 숙종이 즉위하자 왕의 장인으로서 영돈녕부사에 승진되고 광성부원군에 봉해졌다. 총융사를 겸관해 병권을 장악했고 김수항의 천거로 대제학이 되었다. 1680년(숙종 6) 경신환국 때 훈련대장으로서 끝까지 굽히지 않고 남인과 맞섰다. 그리고 강만철 등이 허적의 서자 견堅과 종실인 복창군·복선군·복평군 등이 역모를 꾀한다고 고발하자 이를 다스려 보사공신 1등에 책록되었다. 노론의 과격파로서 1689년 기사환국으로 남인이 정권을 잡자 삭직되었다가 뒤에 복직되었다.

서오릉에 들어서자 여기저기서 꽃비가 흩날린다. 소용돌이 정국의 중심에 있었으나 19세에 죽는 바람에 험한 꼴은 목격하지 않았다. 꽃다운 나이에 낙화가 되어 싸움을 피할 수 있었다. 그녀의 뒤를 이어 중전이 된 인현왕후, 장희빈 등을 생각하면 요절도 때로는 복이 된다.

부부 금슬은 그리 나쁘지 않았던 것 같다. 정략혼인이었지만 딸 둘을 생산한 것으로 보아 정분의 정도를 알 수 있다. 더욱이 능을 이렇게 거창하게, 위엄마저 풍기게 조성한 것은 왕비에 대한 숙종의 속내를 짐작케 한다. 지금도 숙종의 혼령이 밤에 몰래 빠져나와 속삭이고 가는지? 약간 떨어진 외진 곳에 있는 장희빈묘에도 들를까? 서오릉에는 숙종의 여자 4명이 잠들고 있다.

명릉 明陵

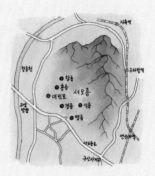

조선 제19대 숙종과 제1계비 인현왕후 민씨, 제2계비 인원왕후 김씨의 능. 숙종과 인현왕후는 쌍릉이고, 인원왕후는 400보 떨어진 왼쪽 위에 있다. 서오릉 매표소를 들어서면 오른쪽 외따로 떨어져 조성된 것이 명릉이다.

사적 제198호. 경기도 고양시 덕양구 용두동 산 30-1
서오릉 전체 면적 182만9,792㎡(55만3,512평)

익릉 翼陵

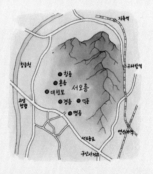

조선 제19대 숙종의 원비 인경왕후 김씨의 능. 서오릉 중 하나로, 능역에서 가장 높은 곳에 있다. 숙종 때 조영되었으나, 숙종이 능의 석물을 간소화하라는 교령을 내리기 이전이므로, 기본적으로는《국조오례의》의 제도를 따르고 부분적으로 임진왜란 이후의 양식을 따랐다.
정자각은 당시 유행하던 익실을 갖추고 전면과 측면이 1칸씩 늘어난 전면 5칸, 측면 5칸의 건물이다. 크기나 모습이 숭릉崇陵(현종 능)의 정자각과 거의 같으나 맞배지붕에 방풍판이 있는 것이 특징이다. 능은 병풍석을 두르지 않고 봉분 주위에 난간석만 둘렀는데, 난간석에는 방위 표시를 위해 십이지를 문자로 새겨 넣었다.
봉분 앞에 있는 장명등과 망주석의 대석臺石에는 꽃무늬를 새겼고, 망주석은 귀의 구멍이 사라지고 세호細虎가 위로 오르는 모양을 조각해 놓았는데, 이는 임진왜란 이후의 양식에 따른 것이다. 이밖에 삼면의 곡장과 봉분을 에워싼 석양 및 석호 각 2쌍, 혼유석 1개, 문무인석 각 1쌍, 석마 2쌍이 있다.

사적 제198호. 경기도 고양시 덕양구 용두동 산 30-1
서오릉 전체 면적 182만9,792㎡(55만3,512평)

희빈 장씨와 숙빈 최씨
대빈묘 · 소령원

애욕은 꽃밭에 숨은 독사와 같다

왕이 거동하면 신하가 뒤따르듯, 애욕이 가는 곳에는 항상 미혹이 뒤따른다. 습한 땅에 잡초가 무성하듯 애욕의 습지에는 번뇌의 잡초가 무성하다. 애욕은 꽃밭에 숨은 독사와 같다. 사람들은 꽃을 탐해 꽃밭에 들어가 꽃을 꺾다가 독사에 물려 죽는다.《열반경》중에서

"이노옴! 세자 이노옴! 못난 놈! 내 너를 어떻게 키웠는데, 이 에미 하나 지켜주지 못하다니, 이노오옴!"

"아악!"

소복을 입고 사약상을 앞에 둔 여인이 갑자기 몸을 날린다. 죄인 된 심정으로 하염없이 눈물을 흘리고 있던 어린 세자가 비명을 지른다. 사약을 가져온 금부도사와 장졸들이 미처 손을 쓸 새 없이 일어난 돌발사태였다. 가냘픈 여인에게서 어찌 그

희빈 장씨 1659~1701(42세)
숙빈 최씨 1670~1718(48세)

런 괴력이 나왔을까. 여인은 세자의 면상을 후려치고 급기야 사타구니를 걷어차는 발길이 무쇠창 같다. 이어서 갈퀴처럼 억세게 그의 하초를 잡아당겨 버린다. 세자는 외마디 비명과 함께 기절해버렸다.

어머니 희빈 장씨가 사사될 때 세자 균은 열세 살이었다. 그는 이 사건으로 줄곧 병에 시달렸으며 후사도 얻지 못했다. 희빈 장씨가 사약을 받고 죽을 때의 풍경이다.

인현왕후를 폐위시키고 중전이 된 장씨의 영화는 오래가지 못했다. 장희빈은 남인 세력을 업고 중전이 되었다. 서인 세력을 척결한 남인의 세가 너무 강해졌다. 그러자 숙종은 은근히 남인을 경계했다. 중전이 된 장씨도 예전의 장씨가 아니었다. 애교스런 여인이 아니라 권력을 탐하고 행사하려 덤볐다. 그녀를 향한 숙종의 애정이 바람 빠진 풍선처럼 식었다. 그러던 차에 무수리 출신인 숙빈 최씨(영조의 어머니)라는 새 인물이 왕의 가슴을 달구었다.

서인과 남인의 끝없는 쟁투 속에서 숙종에게는 여인의 치마폭이 도피처였을까. 구관이 명관이라, 숙종의 마음은 폐비 복위에 기울었다. 장씨를 다시 빈으로 강등시키고 폐위되었던 민씨를 왕비에 복위시켰다. 역사는 이것을 갑술환국이라 부른다. 장씨와 민씨의 1승 1패다.

1701년 왕비로 복위된 인현왕후 민씨는 소생 없이 34세에 세상을 떴다. 그를 모시던 궁녀가 폐비 시절의 애환을 허구를 가미해서 절절히 기록한 〈인현왕후전〉이란 소설이 전한다. 몸은 죽었지만 장씨와의 싸움은 아직 끝나지 않았다. 물론 이것은 장씨, 민씨 간 개인의 싸움이 아니다. 남인과 서인의 대리전 선봉에 그녀들이 놓여져 있었다.

숙종은 후회를 잘하는 인물이다. 갑술환국 이후 사약을 내려 죽게 했던 송시열과 김수항 등을 복권시키고, 남인을 대거 조정에서 몰아냈다. 인현왕후 민씨가 죽자 장희빈이 다시 복위될 위험이 있었다. 남인을 조정에서 완전히 몰아내려고, 서인은 또 다른 여인을 등장시킨다. 숙빈 최씨다.

희빈 장씨가 자신의 거처인 취선당 서쪽에 신당을 설치하고 민비가 죽기를 몰래 빌었다는 것이다. 그 저주로 인현왕후가 죽었다고 숙빈 최씨가 고변했다. 장씨의 애교스러움 뒤에 숨어 있던 영악성을 간파하고 있던 숙종은 크게 노했다. 민비가 병중일 때 장씨가 한 번도 문병하지 않았다는 증언도 나왔다. 숙종은 이 일에 연루된 희빈 장씨와 그녀의 오빠 장희재, 그리고 궁인·무녀 등을 사사했다. 이 사건을 '무고의 옥'이라 부른다. 민씨와 장씨의 종합성적은 2승 1패다. 그러나 장씨의 1패는 죽음으로 대신한 KO패다. 병사한 민씨와 같은 해에 장씨는 사사되었다.

궁녀에서 출발해 후궁이 되고, 드디어 내명부의 수장 왕비의 자리에까지 오른 장옥정. 여인으로서 누릴 수 있는 온갖 영화의 꼭지점을 향해 돌진한 끝에 결국 추락했다. 날개도 없이 추락했다. 그녀의 나이 42세였다. 숙종은 그녀에 대한 애정을 삭제하고 증오만을 남겼다. 사약 받는 장면을 보고받은 숙종은 크게 분개했다. 이후로는 빈이 후비로 승격하는 일을 법으로 금지시켰다. 자신 당대에만 적용된 법에 불과하다. 애증은 무게가 똑 같다.

희빈 장씨의 이름은 옥정玉貞이다. 본관은 인동仁同, 역관 장현張炫의 종질녀이다. 장현은 종1품 벼슬을 받은 역관으로 당대 갑부였으며, 남인의 정치자금을 대던 인물이다. 옥정은 어머니의 정부였던 조사석과 종친인 동평군 항의 주선으로 궁녀로 들어갔다. 21세 되던 1680년에 숙종의 눈에 들어 승은을 입었다. 궁녀의 팔자는 승은을 입는 순간 신분이 수직 상승된다. 행운의 시작이기도 하고 불행의 출발이기도 하다. 장씨에게는 후자일 터.

조사석은 인조의 계비 장렬왕후 조씨의 육촌동생인데, 옥정의 어미와 왕래가 잦았다. 이 때문에 조사석과 옥정의 어미가 내연관계라는 소문이 있었다. 옥정도 조사석의 딸이라는 설이 있다. 미모에 대한 기록은 없으나 어미와 딸이 상당히 매혹적 인물로 추측된다.

역사는 승자의 기록이다. 장씨는 야사에서마저 동정을 얻지 못했다. 선악 대립을 명확하게 규정해야 속이 시원한 당시의 유교적 세태 때문일 터이다. 〈숙조역사〉라는 작자 연대 미상의 국문필사본 고전소설이 있다. 일명 〈장희빈전〉이라고 부르는데 거기서도 장씨는 악이다. 내용을 간추려 소개하면 이렇다.

인경왕후 김씨가 죽자 민 정승의 누이를 중전으로 간택한다. 중전은 윗사람을 효성으로 받들고 아랫사람을 자애로써 다스리며 검소하고 소박하게 생활하니, 모든 이가 그 덕을 칭송한다. 이때 희빈 장씨가 매사에 민첩하고 임금의 뜻을 잘 받들어 임금이 장씨를 매우 총애하니, 대비가 내치지만 중전이 간하여 후궁에 두게 한다.

숙종의 나이 삼십이 되도록 중전에게 후사가 없자, 중전은 후궁을 간택하기를 권한다. 안동 김씨가 후궁으로 들어오자 중전은 예로써 대하고 은혜로써 다스린다. 그러나 장씨는 왕자를 생산하고 방자해져서 중전을 모해한다. 임금은 장씨의 교언영색에 현혹되어 총명이 흐려진다.

결국 임금은 장씨의 꾀임에 넘어가 중전의 생일날 중전을 폐위한다는 명을 내린다. 많은 신하들이 그 잘못됨을 간하다가 참형을 당하는데, 그 중에서도 박태보는

대빈묘 뒤쪽 남근석

끝까지 굴하지 않고 임금의 잘못을 간하다가 죽는다. 중전은 궁을 떠나 본댁으로 돌아온다.

희빈 장씨는 중전에 책봉되자 교만하기가 이를 데 없다. 세월이 흘러 숙종은 성총이 점점 깨어나 중전의 무죄함을 깨닫고 서찰을 보내 위로한다. 숙종은 중전을 무고히 폐위시킨 일을 후회하고 다시 입궁하게 한다. 중전은 다시 복귀하고 장씨는 희빈으로 강등된다.

취선당으로 거처를 옮긴 장씨는 분함을 참지 못하여 세자를 꾸짖고 때리니, 임금이 이를 알고 세자로 하여금 취선당에 가지 못하게 한다. 장씨는 더욱 분해하며 흉계를 꾸며 중전을 죽이고자 한다. 장씨는 취선당 서편에 신당을 차리고, 중전을 저주하며 중전의 화상을 그려놓고 화살로 쏜다.

경신 2월에 중전이 홀연 병이 들어 임금의 지극한 간병도 소용없이 세상을 떠나고 만다. 이때 중전의 나이가 35세니, 임금과 모든 궁녀들이 애통함을 금하지 못한다. 중전에게 인현왕후라는 시호가 내려진다. 임금이 홀로 침전에서 중전을 간절히 생각하다가 잠깐 잠이 든다.

비몽사몽간에 전에 죽은 내관이 들어와서 고하기를, 중궁에 요사한 물건이 많아 중전이 참화를 당했다고 말하고 손으로 취선당을 가리키고 사라진다. 다시 중전이 몸에 피를 흘리고 나타나 울며 장씨의 저주로 죽었음을 고하고 원한을 풀어주기를 간청한다.

임금이 취선당에 이르러 보니 중전의 화상이 걸려 있고 화살 맞은 곳이 무수하다. 임금이 궁녀들을 잡아들여 국문하니 장씨의 모든 죄상이 드러난다. 임금은 장씨 일족을 처형하고 장씨에게는 사약을 내린다.

이 작품은 민비폐출사건을 소설화한 것으로, 인현왕후의 덕행을 기리고 장씨의 간악함을 징계하려는 것이 작자의 주된 의도로 보인다. 작품의 대부분이 인현왕후의 인자하고 후덕함을 칭송하는 데 할애되어 있고, 충신 박태보에 관한 부분도 상당히 자세히 묘사되어 있다.

대빈묘 바로 뒤쪽에 묘한 모양의 소나무와 참나무가 자라고 있다. 남근석처럼

대빈묘

생긴, 갈라진 바위 틈으로 소나무가 뻗어 있다. 호사가들의 입에 오르내리기 좋은 모양새다. 장희빈의 기가 너무 세서 나무가 바위를 뚫고 솟았다, 나무를 만지면 양기가 세진다는 등 농담이 회자된다.

여배우, 여자 탤런트들이 가장 맡고 싶어 하는 사극 여주인공은 장희빈과 황진이다. 인생은 짧고 예술은 길다. 장씨의 삶이 예술이었던가.

무수리에서 왕의 여자, 여자 팔자는 뒤웅박 팔자다'란 말이 있다. 페미니스트에
왕의 어머니가 된 여인 게 칼 맞을 소리지만, 궁녀들의 삶은 그 속담에 어울린

다. 왕의 승은承恩을 입으면 하룻밤 만에 신분이 수직 상승된다. 숙빈 최씨가 그러했다.

아침에 일어나 보니 유명해져 있더라고.

대궐에 근무하는 궁인들 중 최하급 신분이 무수리다. 상궁들에게 세숫물을 떠다 바치는 일을 한다. 드라마에서는 중전과 후궁, 그리고 그들을 모시는 상궁의 모습만 보여준다. 무수리가 주연이 될 이유가 없다. 궁녀가 된다는 것은 가문의 영광일지는 몰라도 개인의 삶은 처참하다. 주로 가난한 백성의 딸들이 열 살 이전에 궁에 들어와 애기나인이 되고, 엄한 훈련을 거쳐 15년 정도 되면 나인이 된다. 이때 관례식 겸 혼례식을 치른다. 신랑은 없고 신부만 있는 이상한 혼례식이다. 가상의 신

대빈묘 비

랑은 당연히 왕이다. 30년 정도 되면 정5품인 상궁이 되어 마마님으로 불린다. 설령 상궁이 되어도 특별한 위치에 있지 않으면 외출, 외박은 꿈도 못꾼다. 밤이 되면 궁궐에 사내라곤 임금뿐이다. 사내 구실 못하는 내시들이 있긴 하지만. 궁녀들에겐 처녀 귀신이 되어야 하는 미래뿐이다. 병들어 궁녀 역할 못할 지경이거나 사건에 연루되어 쫓겨나야 출궁할 수 있다.

최씨는 여섯 살 때 궁에 들어와 궁중 법도를 익히며 무수리로 지내다가 스물세 살에 천재일우의 기회를 맞았다. 대궐을 거닐던 숙종의 시선이, 수십 명의 궁녀들 틈에 섞인 그녀에게 꽂혔다. '저 아이를 오늘밤 침전에 들게 하라!'는 어명이 떨어졌다. 이 한마디는

소령원 전경

궁녀들에게 기절초풍할 정도의 복음이다. 로또 당첨보다 더 어렵고 보상이 더 푸짐하다. 최씨는 후궁이 되었다. 게다가 장희빈을 향한 왕의 애정이 식은 터에, 덜컥 아들까지 낳았다. 그 아들이 영조 임금이다. 후궁이 될 수 있는 자격은 세도가의 딸이다. 무수리 출신이 후궁이 된 경우는 조선왕조 518년에 최씨가 유일하다.

유폐된 생활을 하는지라 궁녀들은 눈치만 발달한다. 권력의 암투에 조연이 되기도 한다. 어느 라인에 서야 일신이 편하고 승진할 수 있는가 하는 게 최대 관심사다. 전하의 은총을 입는다는 것은 하늘의 별따기다. 최씨는 일거에 그것을 얻었다. 장희빈이 무당을 불러들여 인현왕후를 저주하는 굿판을 몰래 벌였다고 고변한 이가 최씨다. 영화를 누렸지만 효성 지극한 아들의 즉위는 보지 못했다.

숙빈 최씨는 숙종 44년(1718)에 48세의 나이로, 영조가 즉위하기 전에 별세했다. 왕실의 법도에 따라 왕비의 무덤인 능에 모셔지지 못하고 묘에 모셔졌다. 효심이 지극했던 영조는 최씨의 무덤 근처에다 시묘막을 짓고 3년간 시묘살이를 했다. 시묘막이라 부르지만 99칸짜리 대저택이었다.

지금은 주춧돌과 담장 일부가 남아 있다. 세제 신분이기에 밤낮으로 무덤가에 기거한 것은 아니고, 사람을 대신 보내고 가끔 출퇴근하는 시묘살이로 추측된다. 친필 비와 비각을 네 곳이나 세웠으나 현재 두 곳이 남아 있다. 비문이 영조의 친필이다. 덤으로 어필을 감상할 수 있으니 소령원 답사는 기쁨 두 배다.

영조는 무수리 출신인 생모에 대한 효심과 열등의식으로 즉위 후 소령묘를 왕비릉으로 격상시키고자 애를 쓰지만, 조정 신료의 반대를 이겨내지는 못했다. '숙빈 해주 최씨 소령묘'라는 친필 비석을 세우는 것으로 만족해야 했다.

영조는 즉위하던 해인 1724년에 생모를 기리기 위해 경복궁 이웃에 숙빈 최씨의 신위를 모신 사당을 짓고 숙빈묘라 했다. 영조는 사당을 짓고는 직접 제문을 지어 올리며 흐느껴 울었다고 한다. 영조 29년(1753)에는 숙빈묘를 승격시켜 육상궁이라 부르고, 다시 한번 소령원에 친필 비석을 세웠다. 숙빈 최씨에게 '화경'이라는 시호를 올리고 '조선국 화경 숙빈 소령원'이라는 친필 비문을 새긴 비석을 만들었다. 생모의 묘에 대한 집착 때문에 영조가 오열했다는 기록은 실록에 몇 차례나 나온다.

"내 어머니 숙빈 최씨의 신위를 모실 사당을 세워야겠소. 종묘와 똑같은 모양과 크기로 짓도록 하시오! 신분이 낮긴 했어도 과인의 어머니께 그 정도는 해 드려야 하지 않겠소?"

신하들은 고심했다. 그러나 거역할 수 없는 어명이라 사당을 원래 집터보다 낮게 깎고 공사를 했다. 사당이 완성되자, 모양은 똑같은데 왠지 작아 보이는 것이었다. 영조는 약간 의아한 마음이 들었지만, 종묘와 같은 모양의 사당에 흡족해했다. 사당이

소령원 입구 (위)
소령원 시묘막 터 (아래)

만들어지자 영조는 숙빈 최씨의 신위를 직접 모시려 했다.

"전하! 후궁의 신위를 직접 모시다니, 아니 되옵니다."

그러자 영조는 노여워하며 일을 강행했다. 상감의 앞을 차마 가로막을 수 없었던 승지(임금의 비서)는 임금의 발을 못 움직이게 했다. 결국 영조는 자신이 직접 신위를 모시는 걸 포기했다.

청와대 서쪽 궁정동에 칠궁이 있다. 숙빈 최씨의 신위를 모신 육상궁은 1908년 왕가 추존왕의 생모 5명의 신위들을 모아 봉안하면서 육궁이 되었고, 1929년 영친왕의 생모인 엄비의 신위가 더해지면서 칠궁이 됐다. 왕(추존왕 포함)의 생모이면서 대비가 되지 못한 일곱 후궁의 사당이 모여 있는 곳이다. 그 옆의 온정동은 뜨거운 샘물이 솟아났다고 하여 붙여진 이름인데, 영조의 지극한 효심에 감동하여 생긴 샘물이라고 전해진다.

10 · 26의 총성과 함께 현대사의 어

두운 그림자가 드리워져 있는 궁정동의 지명 유래는 이렇다. 궁정동宮井洞에는 영조의 어머니인 숙빈 최씨의 신위를 모신 육상궁이 있기 때문에 옛날에는 '육상궁동'이라 불렀다. 그리고 육상궁동 옆의 '온정동'을 합하여 '궁정동'이라고 부르게 된 것이다.

소령원 가기 전 승용차로 5분 정도 거리에 보광사가 있다. 소령원의 원찰이다. 보광사는 원래 신라 진성여왕 8년(894) 도선국사에 의해 창건된 후 고려 공민왕에 이르기까지 세 차례의 중수를 거쳤다. 그러다 임진왜란 때 불타 없어졌다가 1730년(영조 6)에 영조가 생모인 숙빈 최씨의 명복을 빌기 위해 다시 세웠다. 효심이 지극했던 영조는 절 안에 어실각을 짓고 매월 초 벽제원(중국에서 온 사신들이 묵던 집)에서 됫박고개를 넘어와 제사를 드렸다고 한다.

어실각 앞에는 영조가 심은 향나무가 300년 세월을 지키고 서 있고, 어실각 안에는 숙빈 최씨의 위패가 모셔져 있다. 대웅보전에는 영조의 친필로 알려진 편액이 걸려 있다.

이름이 많이 알려진 왕릉에는 휴일이면 방문객들로 붐빈다. 그들이 재위시에 남긴 치적보다 더 훌륭한 업적은 오늘을 사는 후손들에게 좋은 휴식처를 제공한 것이다. 꽃보라가 지천에 흩날리는 봄날, 소령원은 조용하다. 교통이 불편한 외진 곳이라 인적이 없다. 그래서 비공개다. 그러나 관리하는 공익근무요원 청년에게 부탁하니 입장을 허락한다. 적막감마저 감도는 봄날의 소령원, 한 여인의 삶을 추억하고 효심 지극한 그녀의 아들을 추억하니 기분이 흐뭇하다. 시간 넉넉하게 잡아 온다면 좋은 사색의 공간이다.

한적한 곳에 조용히 누운 무덤 주인은 전생에 선업을 많이 닦은 모양이다. 당신 생전 낮은 신분에서 후궁이 되고, 효성 지극한 아들을 두었고, 그 아들은 조선왕조에서 최장수하며 52년간이나 왕위에 있었으니.

대빈묘 大嬪墓

경기도 광주시 오포읍 문형리에 있던 것을 1969년 경기도 고양의 서오릉으로 옮겼다. 희빈 장씨 묘는 아들 경종이 왕위에 오르자 왕 2년(1722) 옥산부대빈으로 추존되어 대빈묘라는 이름이 붙었다. 서오릉 입구에서 왼쪽 오솔길을 따라 홍릉(영조 원비 정성왕후의 능) 쪽으로 가다 보면 있다. 묘인지라 규모가 작아 자칫 스쳐 지나칠 수 있다. 중전의 자리에도 있었던 여인이니 잠시 들러 추억하는 것도 나쁘지 않을 듯.

사적 제198호. 경기도 고양시 덕양구 용두동 산30-1
서오릉 전체 면적 182만9,792㎡(55만3,512평)

소령원 昭寧園

조선 제19대 숙종의 후궁이자 제21대 영조의 어머니 숙빈 최씨의 원소. 숙빈 최씨는 최효원의 딸로 1670년(현종 11) 11월 6일 태어나 6세에 입궁하여 숙종의 후궁이 되었다. 1694년(숙종 20) 9월 13일 창덕궁에서 영조를 낳았으며, 1718년(숙종 44) 3월 19일 춘추 48세로 돌아가 그해 5월 12일 당시 양주땅이었던 지금의 파주시 광탄면 영장리에 장사지냈다.

원역은 산기슭 중단부에 동향으로 조성되어 있으며, 봉분 뒤편에 담장을 설치하고 봉분의 양쪽으로 석호와 석양을 각각 2필씩 배치했다. 봉분 정면에는 비석, 상석, 향로석, 장명등이 일렬로 놓여 있고, 그 좌우로 망주석, 문인석, 석마가 대칭으로 배열되어 있다. 석물들이 전체적으로 간략한 형태를 띠고 있고, 사각의 장명등 기둥과 석마의 다리 사이가 막혀 있는 점 등 조선 후기 석물 형태의 특징을 살펴볼 수 있다. 원소 아래 동북방으로는 비각 2동이 있으며, 동쪽 방향으로 중앙에 정자각과 왼쪽에 수복방이 배치되어 있다. 수복방은 조선시대 원소 중 소령원에만 유일하게 남아 있다. 진입로 초입에는 숙빈 최씨의 신도비가 보호각으로 보호되고 있다.

사적 제358호. 경기도 파주시 광탄면 영장리 267
면적 31만 2,279㎡(9만4,630평)

제20대 경종과 선의왕후, 그리고 단의왕후
의릉 · 혜릉

어머니, 왜 날 낳으셨나요?

부모 복 없기로 따지면 조선 27대 역대 왕 중 제20대 경종이 으뜸이 아닐까? 단종은 비록 어린 나이에 죽임을 당했으나 조부 세종, 아버지 문종의 사랑은 극진했다. 연산군은 불멸의 폭군으로 역사에 새겨졌으나 어머니에 대한 효성은 지극했다. 그것이 온당치 않게 발휘되어 폭군이 되었다. 경종은 열세 살 때, 아버지(숙종)에 의해 생모(장희빈)가 죽는 비극을 목격했다.

장씨는 사약을 받게 되자 마지막으로 자신이 낳은 아들을 보고 싶다고 숙종에게 애원했다. 왕은 처음에는 거절했으나 한때 애틋한 정분을 나눈 사이인지라 인정에 이끌려 청을 들어주었다. 열세 살 세자를 사약을 받아 죽는 생모의 죽음 현장에 데려왔다. 이때 예기치 못한 돌발사태가 발생했다.

장씨는 아들을 보자 광기어린 눈빛으로 아들에게 달려들어 아들의 낭심을 움켜쥐고 거칠게 잡아당겼다. 세자는 그 자리에서 기절했다. 생모가 죽임을 당하는 모

경종 1688~1724(36세) ㅣ 재위 1720. 6.(32세)~1724. 8.(36세). 4년 2개월 ㅣ 선의왕후 1705~1730(25세)
단의왕후 1686~1718(32세)

어머니, 왜 날 낳으셨나요 297

제20대 경종 가계도

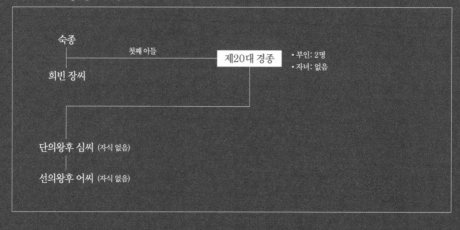

숙종

첫째 아들

희빈 장씨

제20대 경종

• 부인: 2명
• 자녀: 없음

단의왕후 심씨 (자식 없음)

선의왕후 어씨 (자식 없음)

습을 목격한 세자의 충격은 엄청났다. 아들을 위로하고 힘을 실어 주어야 할 아버지 숙종은 오히려 아들을 미워하기 시작했다. 매사 조금이라도 자신의 뜻에 어긋나거나 실수를 하면, 누가 낳은 새끼인데 그렇지 않겠느냐며 성난 목소리로 엄하게 꾸짖었다.

생모의 죽음과 아버지의 냉대 속에서 제대로 성장할 수 없었다. 정신 이상 증세에다 육체는 시름시름 앓았다. 생식 능력을 상실한 채 왕위에 올라 힘겹게 용상을 부여잡고 있다가 4년 만에 세상을 떴다. 치적을 남길 틈도, 기력도 없는 4년이었다. 충신은 없고 노론과 소론의 피 터지는 권력다툼의 틈바구니에서 간신히 숨을 쉬다가 숨을 거뒀다. 그의 나이 36세였다.

숙종에게 희빈 장씨는 극악한 여인으로 입력되어 마침표가 찍혀 있다. 영리하고 애교 많던 곱고 젊은 여인의 추억은 삭제되고, 권력을 탐해 무슨 짓이든 할 수 있는 악녀로 규정되었다. 후회하길 잘 하는 숙종이지만, 장씨를 사사한 것에 대해서는 손톱만큼도 회한이 없다.

숙종은 세 명의 중전에게 아들 하나 얻지 못하고 장씨에게서 아들을 얻어 서둘러 원자로 정하여 두 살이 되자 세자로 책봉했지만, 이제 입맛이 떨어졌다. 악독한 여인의 피가 흐르는 놈, 열세 살 때부터 서른이 넘을 때까지 골골하며 병을 달고 사는 세자에게 믿음이 없어졌다. 대통을 잇게 하기에는 함량 미달이란 생각뿐이었다. 성년이 한참 지났건만, 부인을 두 명 두었으나 자손을 생산할 낌새조차 보이지 않는다. 어미와 아들을 동일시하는 착시현상마저 발동된다. 사랑이 식으면 나무토막보다 못한게 사람이다.

숙종은 소론을 배척하고 노론을 중용한 후, 1717년 세자가 병약하고 자식마저

의릉 전경

낳지 못하니 노론의 영수 좌의정 이이명에게 숙빈 최씨의 소생인 연잉군(영조)을 후
사로 삼을 분위기를 잡으라고 은밀히 분부했다(정유독대). 명을 받은 좌의정은 조정의
분위기를 잡아나간다. 그해에 연잉군으로 하여금 세자를 대신하여 세자 대리청정
(세자를 대신하여 편전에 참석하여 정사를 배우는 것)을 명했다.

　　연잉군의 대리청정이 결정되자 소론 측은 반발했다. 이때부터 세자를 지지하는
소론과 연잉군을 지지하는 노론 간 당쟁이 격화된다. 이 논란은 숙종이 승하하자
일단 끝난다. 왕위를 이은 세자는 여전히 병약하고 무기력했다. 경종은 즉위 후 건
강이 더욱 악화되었다. 자식도 없다. 노론 측은 종묘사직을 위해 세자를 세워야 한
다고 주장했다. 소론의 반대에도 불구하고 즉위 원년(1721) 8월에 연잉군을 세제에

의릉 홍살문 (왼쪽), 의릉주변에 활짝 핀 백일홍 (오른쪽)

책봉했다. 이어서 주장하기를, 왕이 정사를 볼 수 없을 정도로 쇠약하니 연잉군이 대리청정을 해야 한다고 했다. 이는 물러나라는 말과 다름없다.

노론과 소론의 밥그릇 싸움에 힘없고 병든 경종은 마치 하이에나에 뜯기는 사슴의 시신 꼴이었다. 유아기에 잠시 사랑을 받은 후 철이 들면서는 밝은 웃음 한번 웃지 못한 경종. 1724년 8월, 재위 4년 2개월 만에 무거운 용포를 벗고 세상을 떴다. 36세라는 나이도 허무할 뿐이다.

그의 생애만큼이나 그의 무덤도 애달프다. 경종이 묻힌 의릉은 1962년부터 1995년까지 사람들의 시야에서 사라져야 했다. 재위시절 힘없는 왕이라 죽은 육신마저 남에게 의탁했다. 33년 동안 의릉 능역과 그 주변은 중앙정보부(현 국가정보원) 청사가 자리 잡고 있었다. 어두운 그림자가 드리워진 기관이 왕릉 일대를 접수해 무단 사용했다는 비난이 있다. 세월이 지났고 업무가 변했으니 달리 생각해본다.

다병무자多病無子했던 경종을 온전히 지켜줄 방패로 중앙정보부보다 더 확실한 데가 어디 있으랴. 국가 최고 정보기관, 보안과 경비가 철통 같은 기관이 경종을 지

의릉 복원 이전 중앙정보부 시절 조성한 연못

켜준 셈이다. 담장 밖으로 그의 통곡이 새어나가지 않게 보안, 방음도 확실히 했을 것이다. 유적의 보존에 대한 인식이 허약해, 정보부는 홍살문과 정자각 사이에 연못을 만들었다. 그곳에서 권력자들이 뱃놀이를 했다는 소문도 있다. 지금은 완전히 복원되어 참도와 잔디밭이 가지런하다. 능의 왼편에 2층 콘크리트 건물이 있다. 고풍스러움과는 거리가 먼데, 안내판이 서 있다. '이 건물은 구 중앙정보부에서 사용하던 강당과 회의실이었는데 1972년 7월 4일 이후락 중앙정보부장이 7·4남북공동성명을 발표한 곳이라는 역사적 의미가 있어 등록문화재로 지정되었다'는 설명이 적혀 있다. 건물 내부에는 관련 사진 몇 점이 전시되어 있다.

"어머니, 왜 날 낳으셨나요?"

사랑에도 균형이 필요하다. 변함없음이 필요하다. 자식은 도구가 아니다. 경종은 이제 갑옷 같은 중앙정보부의 보호로부터 벗어났다. 계비와 아래 위로 나란히 누운 그에게 들려주고 싶은 노래가 있다.

어머니의 은혜는 열 가지다. 첫째, 잉태하여 열 달 동안 정성을 기울여 지키고 보호해 준 은혜. 둘째, 해산할 때 고통을 이기시는 은혜. 셋째, 자식을 낳고 모든 근심을 잊는 은혜. 넷째, 쓴 음식은 당신이 삼키고 단 것을 먹여준 은혜. 다섯째, 마른자리 골라 눕히고 당신은 젖은 자리에 눕는 은혜. 여섯째, 때맞추어 젖을 먹여 길러 준 은혜. 일곱째, 더러운 것을 깨끗하게 씻어 준 은혜. 여덟째, 자식이 먼 길 떠나면 염려하는 은혜. 아홉째, 자식을 위해서라면 궂은 일도 마다 않은 은혜. 열째, 늙어 죽을 때까지 자식을 염려하고 사랑하는 은혜.《부모은중경》 중에서

죽음은 법문이자, 화해와 용서다. 죽음은 후세에 대한 교훈이다. 원한을 대물림하는 죽음은 좋은 죽음이 아니다. 희빈 장씨도, 경종도 죽었다. 원한이 세월 속에 소멸되었길 기원한다. 역사에 가정은 없다. 그러나 역사를 가정해보는 것은 후손의 자유다. 경종이 건강한 몸으로 왕위에 있었다면? 어머니를 비극적 죽음으로 몰고 간 이들을 그냥 두었을까? 제2의 연산군이 되고도 남지 않을까?

| 이름도, 흔적도 없는 여인이 되고 싶어요 | 조용히 살다가 이름 없이 적멸로 가고픈 인생도 있을 것이다. '사랑도 명예로 이름도 남김없이~' 소멸되고픈 |

삶도 있을 것이다. 소유와 명예는 번뇌의 씨앗이다. 번뇌에 갇힌 삶은 비좁고 번거롭다. 뱀이 허물을 벗어버리듯이 이승의 흔적을 깨끗이 털지 못하고 두고두고 입방아에 올라야 하는 것이 왕과 왕비의 숙명이다.

혜릉은 조선 제20대 경종의 원비 단의왕후가 홀로 잠들어 있는 단릉이다. 권력의 암투에 휘말렸다는 기록도 없고, 여인의 야심을 펼쳤다는 기록도 없다. 그러나 조선왕조 최대의 능역인 동구릉에 번듯하게 자리 잡고 있으니 후세인의 관심에서 벗어날 수 없는 처지다. 그렇다고 태조의 능처럼 인기가 높아 찾는 이가 많은 것도 아니다. 살아서도 적막, 죽어서도 적막이 그녀의 벗이다.

단의왕후 심씨는 청은부원군 심호의 딸로 태어나 10세에 세자빈으로 책봉되고 32세에 자손 없이 죽어 동구릉에 안장되었다. 생전에 왕비 노릇도 못했다. 남편 경종이 왕위에 오르기 2년 전인 1718년(숙종 44) 2월 7일 병으로 죽었다. 경종이 왕위에 오르자 왕비로 추존되어 묘호와 능호를 얻었다. 그녀는 자신의 신분 상승을 크게 반겼을 것 같지 않다.

단의왕후에 대해서는 특별한 기록이 없다. "세자빈 심씨는 품성이 어질고 어릴 때부터 총명했으며 덕을 갖춰 양전兩殿(왕과 왕비)과 병약한 세자를 섬기는 데 손색이 없었다."는 간단한 기록뿐이다. 왕비나 왕실의 여인에 대해 실록은 인색하도록 지면을 아낀다. 죽은 후에는 거의 다 "어질고 효도를 다했고 품성이 아름다웠다."는 의례적인 접대용 언사 정도를 남기고 있다.

단의왕후는 세자빈의 신분으로 죽었고, 자손마저 없었다. 왕실의 여인들에게 왕자 생산은 장래 보장의 절대적 보험이다. 보험이 없는 여인은 아무리 능력과 미모가 출중해도 찬밥 신세를 면치 못한다. 자신이 불임이면 신뢰하는 후궁에게서라도 아들 얻기를 간절히 원해 후원한다.

그녀보다 두 살 어린 경종은 세자 시절부터 이미 남자 구실을 못하는 처지였다. 아들을 얻는다는 것은 불가능하다. 남편이 왕이 된들 그녀에게 무슨 영화가 있으랴. 건강마저 골골하는 남편에게 기댈 건덕지가 없었다. 오직 숨죽이며 사는 것이 최선이다. 붕쟁의 틈새에서 어느 쪽에도 미움을 받지 않는 것이 최선이다. 약간의 야심이 있었다면 세자빈 시절에 인현왕후 측이든 장희빈 측이든, 줄을 댔을 것이다. 그러나 어느 측에도 연루된 흔적이 없다. 병약한 남편과 무자식, 이것이 그녀에게 주어진 운명이었다.

혜릉에 들어서니 수복방이 있던 자리에는 깨진 주춧돌이 먼저 눈에 들어온다. 그때나 지금이나 별 주목을 받지 못하고 있는 쓸쓸한 왕비의 흔적으로 보인다. 혜릉의 정자각과 홍살문은 다 무너지고 없던 것을 1995년 12월에 복원했다.

조선 왕릉의 정자각이나 홍살문은 대부분 산뜻하고 반듯하다. 간혹 단청이 오래되어 고색창연한 것도 있지만, 대체로 역사의 풍파가 느껴지지 않는다. 근자에 복원한 것이 대부분이기 때문이다. 조선 왕릉 정자각은 대부분 6·25전쟁 때 불탔다고 하지만, 전화를 입지 않아 멀쩡하게 건재했던 정자각들도 전쟁 이후 돌보는 이가 없어 무너져 내린 것도 상당수다. 조선 왕릉이 1970년에 와서야 비로소 사적지로 지정되고 국가에서 돌보기 시작했으니, 그 이전에는 방치됐다.

조선 왕릉은 대부분 북쪽으로 머리를 두고 누웠는데, 혜릉의 단의왕후는 서쪽에 머리를 두고 발을 동쪽으로 향하게 누워 있다. 능의 침향枕向, 즉 시신의 머리를 어느 방향으로 두는가는 민족·종교·지역에 따라 다르다. 우리는 선사시대부터 동쪽·남쪽으로 머리를 두는 예가 많았다. 고구려와 백제는 5~6세기부터 중국의 영

헤릉 전경

향으로 북침北枕하기 시작했고, 신라는 통일 이후 동침에서 북침으로 바뀌어갔다.

　이것은 고려와 조선을 거쳐 지금까지 계속되고 있으며,《국조오례의》기록에도 조선 왕릉은 대부분 북쪽에 머리를 두고 남쪽을 바라보고 있다. 그렇다면 단의왕후의 서침을 어떻게 설명해야 하나? 시원한 설명은 듣지 못했다. 엉뚱한 가설만 세워볼까? 남편 경종이 묻힌 의릉을 향해 머리를 두고픈 애달픈 심사였을까? 의릉(석관동)은 헤릉(구리시)의 서쪽에 있다. 그러나 이것도 못 믿을 가설이다. 경종의 의릉은 헤릉보다 6년 뒤에 조성되었다.

　살아서 영화를 못 누렸지만 가장 장엄한 왕가의 가족묘인 동구릉에 자리 잡아

누웠고, 직선거리로 멀지 않은 곳에 남편 경종이 의릉에 누워 있다. 그러나 왕후의 내심은 이런 게 아닐지도 모른다. 이름 없이 살다가 이름 없이 적멸로 가서 호사가의 관심에서 잊혀지길 바랄 게다. 번뇌도 의혹도 괴로움도 없는 저 세상에서 조용히 살고 싶을 게다.

그런 소망마저 이루지 못해 그녀를 지키고 있는 무인석마저 수난을 당했다. 능상을 지키려고 장검을 짚고 서 있는 오른쪽 무인석의 코가 흉하게 깨져 있다. 누구 무덤인지 개념도 없던 시절에, 석물의 코를

코가 깨진 무인석

깨서 갈아먹으면 아들을 낳는다는 속설 때문이다. 아들 하나 낳지 못한 불행한 여인이었는데 말이다. 조선시대, 일제강점기, 해방 이후까지 그 속설은 유효한 비방으로 은밀히 통용됐다. 그래서 유적지마다 석물의 코는 흉한 것이 많다. 흉한 얼굴의 장수일망정 외로운 여인의 무덤을 잘 호위하길 빈다.

의릉 懿陵

조선 제20대 경종과 그의 계비 선의왕후 어씨의 능. 경종은 숙종의 제1
자로 희빈 장씨의 소생이다. 숙종의 승하 후 경희궁에서 즉위하였으나
병약하여 재위 4년 만에 승하했다.

선의왕후는 함원부원군 어유구의 딸로, 13세 때 세자빈이 되었다가 경
종의 즉위와 더불어 왕비로 진봉되었는데, 25세로 소생 없이 승하했
다. 일반적으로 쌍릉은 좌우로 조성하나 이 능은 앞뒤로 능역을 조성했
다. 왕릉과 왕비릉이 각각 단릉의 상설을 모두 갖추고, 뒤에 있는 왕릉에
만 곡장曲墻(굽은 담장)을 둘러 쌍릉임을 나타낸 배치이다. 이러한 동원

상하봉 능설제도는 영릉寧陵(효종 능)에서 처음 나타난 형식으로서, 풍수지리적으로 생기왕성한 정혈에서
벗어날 것을 우려하여 앞뒤로 배치한 것이다.

석물은 병풍석이 없고, 난간석 · 혼유석 · 장명등 · 망주석 · 문무인석과 말 · 양 · 호랑이가 있다. 능의 석물
의 배치와 양식은 명릉明陵(숙종 능)과 같이 규모가 작고 간소하다. 이는《속오례의》를 따른 것으로 보인다.

사적 204호. 서울특별시 성북구 석관동 산1-5
면적 37만8,371㎡(11만4,658평)

혜릉 惠陵

조선 제20대 경종의 원비 단의왕후 심씨의 능. 단의왕후는 청은부원군
심호의 딸로, 1696년(숙종 22) 10세로 세자빈에 책봉되었으나 1718
년(숙종 44) 소생 없이 죽었다. 숭릉 왼쪽 산줄기에 모셔졌다가 1720
년 경종이 즉위하자 단의왕후에 추봉되었고, 1722년(경종 2)에 능으
로 봉하였다.

능제는 인현왕후의 능인 명릉의 제도를 따라 문무인석을 비롯한 모든
석물이 등신대等身大 정도로 왜소화되고 있으나, 무인석의 얼굴은 당
대의 유행과는 달리 옛 형식을 따르고 있다.

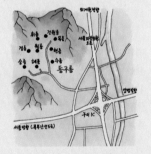

사적 제193호. 경기도 구리시 인창동 산2-1
동구릉 전체 면적 191만5,891㎡(57만9,557평)

제21대 영조와 정순왕후 그리고 정성왕후
원릉 · 홍릉

조선의 장수왕

영조는 조선 역대 왕 중 최장수했고, 가장 오래 왕위에 있었다. 세계사에 내놓아도 손색이 없다. 영국 빅토리아 여왕(82세, 1819~1901), 유럽 최장수 왕조 합스부르크가의 마지막 황제 프란츠 요제프(86세, 1830~1916), 일본의 국왕 히로히토(88세, 1901~1989), 이들은 셋 다 80세 이상 살고 60년 이상 재위한 군주의 트리오다. 재위 기간은 프란츠 요제프 68년, 빅토리아 64년, 히로히토 63년이다. 고구려 장수왕長壽王(394~491)은 97세까지 살았고, 재위기간(413~491)은 78년이다.

영조는 건강하게 오래 살았다. 65세에 14세인 정순왕후를 맞아들일 정도로 정력가였다. 장수와 노익장의 비결은 검소함과 금욕생활이었다. 제사 때 술 대신 식혜를 쓰게 하는 등 음주를 멀리 했다. 그의 침실을 본 사관史官은 이렇게 적었다. "임금이 목면으로 된 잠옷을 입고 명주로 만든 요 하나, 이불 하나가 전부다. 병풍도 없다. 몸을 편하게 하는 도구는 민간의 부잣집 침실만도 못하다."

영조 1694~1776(82세) | 재위 1724. 8.(30세)~1776. 3.(82세). 51년 7개월 | 정순왕후 1745~1805(60세)
정성왕후 1692~1757(65세)

제21대 영조가계도

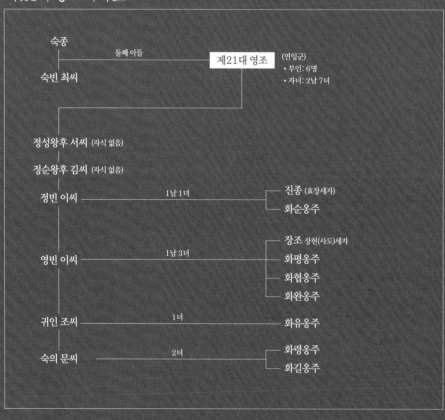

숙종

           둘째 아들 ──────────── 제21대 영조   (연잉군)
- 부인: 6명
숙빈 최씨   - 자녀: 2남 7녀

정성왕후 서씨 (자식 없음)

정순왕후 김씨 (자식 없음)

정빈 이씨 ──────── 1남 1녀 ──────── 진종 (효장세자)
                                         화순옹주

영빈 이씨 ──────── 1남 3녀 ──────── 장조 장헌(사도)세자
                                         화평옹주
                                         화협옹주
                                         화완옹주

귀인 조씨 ──────── 1녀 ──────── 화유옹주

숙의 문씨 ──────── 2녀 ──────── 화령옹주
                                         화길옹주

영조는 재위기간이 긴 만큼 치적과 사연이 많다. 군왕의 지혜에 의해 정책이 만들어지기도 하지만, 사회적 분위기가 정책을 이끌어내기도 한다. 영조 대는 노론과 소론의 대립이 첨예했다. 당파라고 비난 일색으로 규정하는 것은 식민사관의 결과물이다. 현대적 의미로 해석하면 정당이다. 정책 정당이 아니라 이념과 이익을 중심으로 뭉친 정치집단이다. 현대에도 명확하게 정책 정당이라고 규정할 수 있는 정당이 있나?

노론 세력과 성향이 같은 영조와 소론 측에 동조한 세자와의 갈등으로 결국 세자를 죽음으로 몰고 갔다. 스물일곱 팔팔한 청년을 뒤주 속에 처넣어 질식사시킨 전대미문의 사건의 총감독이 영조다.

영조를 평생 괴롭힌 업장이 두 가지다. 어머니인 숙빈 최씨가 천한 신분이란 것과, 선왕이자 이복형인 경종 독살에 연루되었다는 소문이다. 영조는 그 콤플렉스를 극복하기 위해 간절한 노력을 기울였다. 숙빈 최씨의 아버지, 조부, 증조부, 고조부에게 벼슬을 추증했다. 외가 자체를 양반으로 승격시켜 어머니의 출신 성분을 격상시키려 했다. 재위 29년(1753)에는 어머니에게 '화경和敬'이란 시호를 추서했다.

서얼에 대한 규제 완화도 영조의 출신 성분과 유관하다. 서얼에 대한 차별 규정은 태종 대에 만들어진 '서얼금고법'으로부터 시작된다. 양반 소생일지라도 첩의 소생은 관직에 나아갈 수 없다는 것이 골자다. 광해군 때 〈홍길동전〉이 나오게 된 이유가 거기에 있다.

양반 출신 첩의 소생을 서자庶子, 천비 출신 첩의 소생을 얼자孼子, 이 둘을 합쳐 '서얼'이라 한다. 당시 양반들은 주로 자신의 집에 거느리는 인물 반반한 계집종을 첩으로 삼는 경우가 대부분이었다. 때문에 서자보다 얼자가 압도적으로 많았다.

이것이 서얼을 더욱 멸시하는 이유였다.

선조 대에는 서얼 1,600명이 서얼 차별을 없애달라는 상소를 올렸다. 선조는 서출 출신으로 왕이 된 첫 번째 임금이다. 영조 즉위 원년인 1724년에는 서얼 5,000명이 집단 상소했다. 영조의 출신 성분을 십분 활용하겠다는 사회적 환경 때문이다. 아울러 서얼 인구가 전 백성의 절반을 차지할 정도로 많았다. 영조는 이들이 주장하는 '서얼통청'을 무시할 수 없었다. 사회적 환경과 자신의 콤플렉스의 합의점을 찾고자 했다. 차별을 철폐하면 사회 기강이 문란해진다는 주장은 설득력이 약했다.

1772년 영조는 서얼도 관직에 나갈 수 있다는 통청을 허락하는 교서를 내렸다. 서얼도 아버지를 아버지라 부를 수 있고, 형을 형이라 부를 수 있도록 했다. 이를 어긴 자는 처벌을 받게 했다. 물론 왕의 교서로 오랜 관습이 하루아침에 획일적으로 바뀌지는 않았다. 그러나 조선 초부터 지속적으로 제기되던 서얼 차대 철폐를 공식적으로 수용한 것이 영조다. 허균의 〈홍길동전〉도 시대적 배경을 세종시대로 설정하고 있다. 그때부터 홍길동과 같은 의식을 가진 이들이 많았다는 암시다.

영조 자신이 정비 출신 소생이 아님에도 불구하고, 그 또한 정비에게서 자식을 얻지 못했다. 두 명의 정비는 아예 자녀를 생산하지 못했고, 4명의 후궁에게서 2남 7녀를 얻었지만, 두 아들의 운명은 불행했다. 정빈 이씨 소생의 맏아들 효장세자는 9세에 죽었다. 영빈 이씨 소생의 둘째 아들이, 영조가 마흔이 넘어 얻은 금지옥엽, 바로 사도세자다.

왕실의 자식은 그냥 자식이 아니라 공들인 예술작품이다. 무지렁이 백성들은 밭을 매다가도 털컥, 해우소에서 나오다가도 쑥쑥 아들을 낳지만 왕실의 아들은 공들여 만든 유리 작품이다. 화려하나 깨지기 쉬운 유리그릇이다. 중전이나 후궁이 간신히 회임을 하면, 조정 대신들이 거짓 웃음을 철철 흘리며 '경하드리옵니다'라고 법석을 떤다. 그러나 그렇게 만든 작품은 곧잘 동백꽃 망울처럼 어린 나이에 죽어버리거나, 혹여 청년으로 성장하면 권력 암투의 주요 임무를 맡아야 한다. 정상적으로, 여법하게, 축복 속에 왕위를 승계한 경우는 없다. 사도세자를 사도세자로 만드는 데 한몫을 톡톡히 한 여인이 지금 영조 곁에 묻혀 있다.

영조는 정비 정성왕후가 65세로 승하하자 중전 자리를 잠시 비워두었다가 14세의 정순왕후와 가례를 올렸다. 이때 영조의 나이 65세였다. 정순왕후는 어두운 그림자를 몰고 왕실에 입장했다. 자식을 낳지 못한 정순왕후는 정치적 영향력 행사를 낙으로 삼았다. 친정아버지 김한구와 더불어 영빈 소생인 세자를 모함하는 데 앞장섰다. 영조는 그녀의 책동에 분개하기도 하고, 눈감아주기도 했다. 어린 신부의 책동에 늙은 신랑은 애증이 갈팡질팡했다.

결국 그녀는 사도세자를 죽음으로 몰고 가는 물꼬를 텄다. 나아가 미래의 위험인 세손(정조)의 등극을 막으려고 안간힘을 쓰기도 했다. 싸움이 엎치락뒤치락 하는 와중에 영조의 천수가 마감되었다. 늙은 영조는 세손에게 그녀의 목숨만은 보전해달라는 부탁을 하고 82세로 승하했다. 정조는 할아버지의 유훈을 지켰다. 자신보다 겨우 일곱 살 연상인 할머니를 지켜주었다. 구원舊怨을 따지지 않은 덕분에 그녀는 손자 정조보다 오래 살았다. 증손자 순조가 어린 나이로 즉위하자 수렴청정하는 영광을 누리기도 했다.

**천하 명당에 누웠건만
옆구리가 시리다** | 정성왕후는 1692년(숙종 18)에 태어나 1757년(영조 33)에 소생 없이 65세로 승하했다. 달성부원군 서종제의

원릉 전경

딸이다. 1740년(영조 16) 혜경惠敬이라는 존호가 올려지고 생전에 장신莊愼·강선康宣
등이 덧붙여졌다. 죽은 뒤 1772년(영조 49) 공익恭翼이 추존되고, 인휘仁徽·소헌昭獻이
추상되어 '혜경장신강선공익인휘소헌'이라는 존호를 가지게 되었으며, 1778년(정조
2) 휘호로 단목장화端穆章和가 올려졌다. 시호는 '혜경장신강선공익인휘소헌단목장
화정성왕후惠敬莊愼康宣恭翼仁徽昭獻端穆章和和貞聖王后'라는 긴 이름이다.

왜 이렇게 존호가 덧붙여져 긴 이름을 갖게 되었을까? 시호는 살아온 이력서다.

그녀는 43년 동안 궁궐생활을 하면서 풍파에 휩쓸리지 않고 권세를 휘두르지 않았다. 그가 65세로 승하하자 영조는 곡진한 심정으로 그녀의 행장을 기록했다. "40여년 동안 대궐에 살면서 늘 미소띤 얼굴로 과인을 맞아주고 왕실의 두 어른을 극진히 받들어모시고 게으른 빛이 없다. 과인의 생모 숙빈 최씨의 신위를 모신 육상궁에 기울인 정성 또한 지극하여 고마움에 답하고자 기록하노라."

영조는 왕후의 묘 자리를 정하면서 자신도 그 곁에 묻히길 원해 자리를 마련했다. 그러나 영조는 그 자리에 묻히지 못했다. 묘지를 정하고 능을 조성하는 것은 다음 왕의 책무이자 권리다. 다음 왕이 누구인가? 아버지 사도세자의 비통한 죽음을 목격했고, 세손의 자리에서 끌어내리려는 무리들 틈바구니에서 기사회생으로 용상에 오른 정조다. 할아버지 영조의 뒤를 이어 왕이 되었

영조 어진 (위)
원릉 능침 (아래)

망주석 세호 (위)
원릉 난간석 (아래)

지만, 할아버지는 손자의 왕권 승계에 적극적이지 않았다. 세손을 음해하는 무리들을 척결하는 데 팔을 걷어붙이지 않았다. 정조는 자력으로 용상을 거머쥔 것이나 다름없다. 어찌 한이 없겠는가?

영조가 미리 자신이 묻힐 자리를 마련해두었음에도 불구하고 정조는 할아버지를 이곳에 묻지 않았다. 영조가 묻힌 자리는 103년 전 효종이 묻혔다가 천장한 동구릉의 파묘 자리다. 조정의 논란 때문인가, 정조의 복수극인가? 풍수에서 파묘 자리는 혈이 파괴되어 흉지로 여긴다. 일반 백성들도 묘터를 잡을 때 기피하는 곳이 있다. 대표적인 자리가 파묘 자리, 무당이 굿하는 곳, 감옥터, 병영 터 등이다.

정성왕후 승하 당시 영조는 63세였다. 권력이 펄펄하던 시절이니 산릉공사에 막대한 투자와 공력이 가능했다. 멀리서 봐도 홍릉은 높고 웅장하다. 그러나 그는 여기 묻히지 못했다. 홍릉은,

홍릉 전경. 빈 자리가 확연하다.

길 건너편 장희빈이 묻힌 대빈묘보다 관심을 끌지 못하는 외로운 섬 같은 능이 되어버렸다.

능지를 정할 때 조정에서 약간의 논란이 없었던 것은 아니다. 황해도사 이현모가 상소하기를,

"홍릉 위쪽 비워놓은 자리는 선왕께서 오늘과 같은 처지를 미리 염려하여 정해놓은 것입니다. 어찌 이를 버리고 다른 곳에서 찾으려 하옵니까? 풍수설은 주자·공자·맹자가 말한 것이 아니며, 땅 속의 일은 아득하여 알기 어렵습니다. 선왕의 유지대로 따르는 것이 가할 줄 아옵니다."

정조가 답하기를,

"장릉長陵(경기도 파주시 탄현면 갈현리에 있는 조선 제16대 인조와 그의 비 인열왕후 한씨의 능)의 동구洞口 자리도 또한 선왕께서 먼저 정해놓은 곳이다. 유독 홍릉에만 분부를 남겨 놓은 것이 아니다. 풍수를 동원해서 명당을 찾는 일은 이미 정자·주자도 옳다고 했다. 그러니 다시 명당을 찾아보도록 하라."

정조의 내심이 엿보이는 발언이다. 그후 대신들이 옛 영릉 자리(효종 파묘 자리, 즉 지금의 원릉)가 길지라 주장하고, 이의가 없어 능지로 결정했다. 꺼림칙한 기운이 자욱한 논의과정이다. 이런 연유로 홍릉의 오른쪽 공간은 덩그렇게 빈 채로 남아 있다. 그곳이 아무리 명당이라 해도, 영조 아니면 곁에 묻힐 수 없는 공간이다.

정조의 한의 뿌리는 아버지 사도세자의 비참한 죽음에 있다. 열살 바기 어린애가 아버지의 비극적 죽음을 직접 목격했다. 아버지를 도우려는 세력은 없었다. 외할아버지 홍봉한, 어머니 혜경궁 홍씨도 아버지의 편이 아니었다.

혜경궁 홍씨가 쓴 〈한중록閑中錄〉도 사실 문제적 작품이다.

〈한중록〉은 필사본 14종이 있으며, 국문본·한문본·국한문혼용본이 있다. 사본에 따라 〈읍혈록泣血錄〉·〈한중록恨中錄〉·〈한중만록閑中漫錄〉이라고도 한다. 전체 4편이며, 제1편은 1795년(정조 19), 제2편은 1801년(순조 1), 제3편은 1802년, 제4편은 1805년에 각각 씌어졌다.

제1편은 지은이가 회갑되는 해에 친정 조카의 요청에 따라 써준 글이다. 자신의 출생부터 어릴 때의 추억, 9세 때 세자빈으로 간택된 이야기, 이후 50여년간의 궁중생활을 회고했다. 남편인 사도세자의 비극에 대해서는 차마 말할 수 없다며 간략히 언급했고, 후반부에는 정적들의 모함으로 아버지·삼촌·동생들이 화를 입게 된

사건의 전말을 기록했다.

    제2편은 66세에 쓴 글로, 사도세자 사건 이후부터 정조 초년까지 정적들에게 모함 받은 이야기를 자세하게 기록했다. 시누이 화완옹주의 이간으로 정조가 외가를 미워하게 되었으며, 당시의 세도가 홍국영이 개인적인 원한으로 친정을 멸문시켰음을 폭로했다. 삼촌 홍인한과 동생 홍낙임의 억울한 죽음을 슬퍼하며, 하루 빨리 누명을 벗을 수 있기를 하늘에 축원하는 내용이다.

봉분 아래로 정자각 홍살문이 일직선상에 있다

제3편은 67세에 쓴 글로, 제2편과 내용이 비슷하다. 정조가 예전에 자신에게 효성이 지극했으며 검소하게 생활하고 학문에 정진했음을 회상하고 있다. 또 정조가 자신의 아버지와 숙부의 억울한 누명을 후일 반드시 풀어주겠다고 약속한 것을 되새기며, 어린 순조에게 자신의 소원을 풀어달라고 호소하는 내용이다.

제4편은 70세에 쓴 것으로, 제1편에서 차마 말하고 싶지 않다고 한 사도세자의 사건 내막을 기록했다. 사도세자가 영조에게 미움을 받아 뒤주 속에서 죽게 되기까지의 경위를 서술했다. 사도세자를 뒤주에 넣어 죽게 한 발상이 아버지 홍봉한에게서 나왔다는 이야기는 모함이며, 아버지는 결백하다고 역설했다.

지은이가 이 글을 쓰게 된 동기는 사도세자 사건으로 비난받는 아버지 홍봉한의 결백을 입증하는 내용을 손자인 순조에게 읽히기 위한 것이었다. 홍국영 등 정적들의 모함으로 친정이 멸문지화를 당하고 홍봉한이 사도세자가 참변을 당할 때 뒤주를 바쳤다는 혐의까지 받자 아버지의 결백을 입증하기 위해 쓴 것이다.

〈한중록〉은《영조실록》과 더불어 당시 상황을 알 수 있는 중요한 자료다. 그러나 이순신의《난중일기》처럼 긴박한 당시 상황을 그때그때 기록한 것이 아니다. 사도세자의 죽음이 끝나고, 세월이 흘러 정조가 왕위에 오른 후, 그리고 정조가 죽은 후에 쓴 회고록이다. 억울한 죽음을 밝힌 것이 아니라 친정아버지와 친정의 명예회복을 위해 쓴 글이다. 정조는 이런 어머

홍릉의 늙은 석호 (위)
홍릉 혼유석 귀면 (아래)

니를 그리 탐탁하게 생각하지 않았다. 부자간이든 모자간이든, 권력이란 함정 앞에 선 혈육의 의미가 모호해진다.

원릉 元陵

조선 제21대 영조와 그의 계비 정순왕후 김씨의 능, 동구릉 내에 있다. 왕과 왕비의 능을 쌍릉으로 두었고, 각각 혼유석 1좌를 앞에 놓았다. 난간 중간에 사각옥형四角屋形의 장명등을 세웠고, 공간은 꽃문양으로 장식했다. 망주석의 세호細虎를 우주상행右柱上行·좌주하행左柱下行으로 새겼으며, 석상들은 왜소하다.

영조가 숙종의 교령을 근거로 능제도를 정비하여 《국조상례보편國朝喪禮補編》을 펴낸 관계로, 이 능의 석물제도는 숙종·영조연간에 정비된 《국조상례보편》의 표본과 같다.

사적 제193호. 경기도 구리시 인창동 산2-1
동구릉 전체 면적 191만 5,891㎡(57만 9,557평)

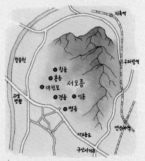

홍릉 弘陵

조선 제21대 영조의 원비 정성왕후 서씨의 능. 1757년(영조 33) 정성왕후가 죽자 서오릉에 능을 조성하고 홍릉이라 하였다.

영조는 먼저 죽은 왕비의 유택을 정하면서, 장차 함께 묻히고자 허우虛右의 제도를 쓸 것을 명하여, 왕비 능의 오른쪽 정혈正穴에 돌을 十자형으로 새겨 묻도록 하였으며, 능의 석물은 쌍릉을 예상하여 배치했다. 그러나 영조의 능이 동구릉에 자리 잡게 되자 빈 채로 남아 있다.

능의 상설제도와 양식은 기본적으로 인현왕후의 능인 명릉明陵의 양식을 따르고 있으면서도 독특한 양식도 보이고 있어 《속오례의續伍禮儀》와 《국조상례보편國朝喪禮補編》의 제도가 반영되어 있다.

'홍릉'이란 능호가 많다. 인천광역시 강화군 강화읍 국화리에 있는 고려 고종의 능, 경기도 남양주시 금곡동에 있는 조선 제26대 고종과 명성황후 민씨의 능도 홍릉洪陵이다

사적 제198호. 경기도 고양시 덕양구 용두동 산30-1
서오릉 전체 면적 182만9,792㎡(55만3,512평)

추존왕 진종과 효순왕후
영릉

아홉 살 나이에 정조의 아버지가 되다니?

영조가 즉위하기 전인 연잉군 시절, 스물다섯 살에 낳은 맏아들이 진종眞宗(효장세자)이다. 어머니는 정빈 이씨이며, 비는 좌의정 조문명의 딸 효순왕후이다. 1724년 영조가 즉위하자 경의대군敬義大君에 봉해졌고, 다음해 여섯 살 나이로 왕세자에 책봉되었다. 그러나 3년 뒤에 10년도 살지 못하고 요절했다. 시호는 효장孝章이다. 영조의 아들 비극이 시작되었다. 이복동생 장헌세자莊獻世子(사도세자)가 새 세자로 책봉되었다. 그 역시 뒤주 속 질식사라는 전대 미문의 형벌로 죽었다.

영조는 사도세자를 폐한 뒤 사도세자의 맏아들인 세손(정조)을 효장세자의 양자로 입적시켜 왕통을 잇게 했다. 명분이 뭐길래? 아홉 살에 죽은 아이가 서류상 정조의 아버지이다. 요즘 시각으로 보면 코미디다. 처연한 블랙 코미디다. 후일 정조는 할아버지 영조의 유지를 받들어 효장세자를 진종으로 추존했다. 1908년(융희 2) 7월 30일 허물어져 가는 조선왕조의 마지막 황제 순종은 진종을 황제로 추존, 진종 황

진종 1719~1728(9세) | 효순왕후 1715~1751(36세)

추존왕 진종가계도

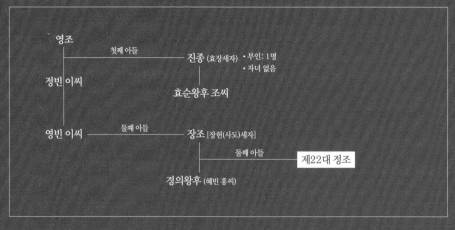

영조

　　　　첫째 아들　　　　　　진종 (효장세자)　• 부인: 1명
　　　　　　　　　　　　　　　　　　　　　　　　• 자녀 없음
정빈 이씨

　　　　　　　　　　　　　　　　효순왕후 조씨

영빈 이씨　　　둘째 아들　　　　장조 [장헌(사도)세자]

　　　　　　　　　　　　　　　둘째 아들　　　　제22대 정조

　　　　　　　　　　경의왕후 (혜빈 홍씨)

제가 되었다. 피지도 못한 채 떨어진 꽃봉오리가 과한 대접을 받은 셈이다. 대군에서 황제까지 고속 승진했다. 그러나 죽은 어린아이에게 그것이 무슨 위로가 될까?

곁에 묻힌 효순왕후는 진종의 비이다. 아버지는 풍양 조씨로, 좌의정 조문명이다. 1727년(영조 3) 12세에 세자빈에 간택되어 8세인 효장세자와 가례를 올리고, 1735년 현빈에 봉해졌다. 남편이 아홉 살에 죽었으니 당연히 소생은 없다. 1751년(영조 27) 창덕궁 건극당에서 춘추 36세로 별세했다. 죽은 뒤 1752년 '효순孝純'이라는 시호를 받았고, 1776년 장헌세자의 장남(정조)을 입양 받아 승통세자빈承統世子嬪의 호를 받고, 정조의 즉위로 왕비로 추존되었다.

영릉은 세자와 세자빈의 예우에 따라 능을 조성했기 때문에 다른 능에 비해 한결 간소하다. 황제와 황후로 추존되었으나 봉분 주위에 병풍석과 난간석 등이 없다. 석양과 석호도 1쌍씩이다.

영조의 장수와 아들들의 요절은 함수 관계가 없을까? 자식들의 수명을 승계 받아 장수한 것은 아닐까? 과보는 참으로 서늘할 정도로 공평하다. 선업善業에는 선과善果가 열리고, 악업惡業에는 악과惡果가 열린다.

영조는 그 어머니의 신분이 미천함에서 오는 심적 갈등이 심한데다가, 이복형인 경종의 독살에 관련되었다는 혐의와, 심지어는 숙종의 아들이 아니라는 유언비어에 시달리기까지 했다. 마침내는 왕으로서의 존재를 부정당하는 무신란戊申亂(이인좌의 난)까지 겪었다.

이런 환경 탓인지는 모르나 영조는 때로 자신의 감정을 억제하지 못하여 이상행동을 보이는 성격장애의 면모를 보이기도 하였다. 자녀에 따라 극단적인 애증을 나타낸 것이 이를 말하며, 이것이 결국 사도세자의 울화병을 유발하고 부자간의 갈

등을 초래했다. 조정의 인사문제에서도 자신의 감정 기복에 따라 사소한 실언을 문제 삼아, 심지어는 3정승을 일시에 파직시켰다가 다음날 바로 복직시키는 경우가 흔했고, 이런 경향은 나이가 들면서 더욱 심해졌다.

영조가 사도세자를 죽인 것은 분명히 살인이다. 그러나 왕에게는 살인죄가 없다. 단지 어명이 있을 뿐이다. 즉흥적 지시이든, 고뇌 끝에 내린 결단이든 어명 한마디면 목숨을 잃는다.

제드 러벤펠드Jed Rubenfeld는 예일 대학 법과대학원 교수로 재직 중인 저명한 법률학자다. 그는 학자이기 이전에 열렬한 문학청년이었다. 2007년 국내에 소개된 그의 소설 〈살인의 해석〉에 비추어 영조의 심리를 조명해본다. 작가가 만들어낸 허구적 인물인 '영거'라는 미국 정신분석자는 오이디푸스 콤플렉스에 대한 색다른 해석을 내놓았다. 영거는, 오이디푸스 콤플렉스는 존재한다. 하지만 오이디푸스 콤플렉스는 아이가 느끼는 것이 아니라, 바로 부모가 느끼는 것이라고 주장했다. 아버지를 죽이고 어머니를 소유하고 싶다고 느끼는 것이 아니라는 것이다. 어머니의 입장에서 보면, 딸이 태어났다. 딸은 자랄수록 예뻐지고 젊음의 생기가 넘친다. 하지만 어머니는 점점 늙어가고 볼품 없어진다. 여기서 딸에 대한 질투심이 생긴다. 어머니는 그런 모습을 보면서 자기 스스로 오이디푸스 콤플렉스를 없애려고 합리화한다.

이 논리에 영조와 사도세자를 대입해보면 약간의 실마리가 풀린다. 영조에게 세자는 개인적 비행을 저지르는 '아들'이 아니라, 아버지의 당파와 대립해 자기 당파를 형성한 '정적'이었다. 사도세자를 죽일 당시, 영조는 칠순을 1년 앞둔 노령에 실제로 노환에 시달리고 있었다. 매일 약원에서 올리는 탕제를 들어야 할 형편이었다. 영조가 언제 죽을지 알 수 없는 상황이었다. 영조는 물론, 영조의 정치적 세력인

영릉 답사객

노론이 긴장했다. 영조가 죽고 세자가 즉위하면, 소론·남인 등과 손잡고 노론을 향해 칼을 뽑을 것이다. 세자는 당시 대리청정을 하고 있었다.

그래서 만들어낸 작품이 나경언의 고변이다. 세자가 저지른 비행은 이미 모두 알고 있는 사실이라 약발이 떨어졌다. 세자를 제거할 마지막 카드는 역모로 모는 것이다. 역모는 혈육의 정도 통하지 않는 전가傳家의 보도寶刀다. 누가 세자에게 역모를 씌울 것인가? 누가 고양이 목에 방울을 달 것인가? 노론 대신들이 치밀하게 대본을 작성하고 고변할 인물을 물색했다. 대리청정하는 권력 실세 세자를 고변하는 것이니, 잘못되면 그 대가는 죽음이다.

영릉 서어나무에 핀 버섯

나경언의 고변은 이렇다. 영조 38년(1762) 5월 22일의《영조실록》기록이다. 세자가 죽은 것은 그로부터 한 달 후, 윤5월 21일이다.

"나경언이 세자를 제거할 묘책을 내어 형조에 글을 올려, 전하의 아주 가까운 인사가 불쾌한 모의를 한다. 형조 참의 이해중이 영의정 홍봉한에게 달려가 고하니, 홍봉한이 말하기를, '이는 전하께 직접 고하지 않을 수 없다'고 했다. 이해중이 세 차례나 주상을 배알하기를 청하니, 임금이 놀라 입시를 명하여 그 글을 바쳤다. 임금이 상을 치면서 크게 놀라, 변란이 주액肘腋(팔꿈치와 겨드랑이, 즉 가까운 주변을 뜻함)에 있구나. 친국하지 않을 수 없다."

나경언의 고변서는 영조와 두 대신이 읽은 후 바로 불태워졌다. 음모의 냄새가 짙다. 나경언은 양반도 아닌 일개 서민이다. 서민이 고변이라는 어마어마한 일을 했을 경우, 그것도 대리청정하는 세자와 관련된 고변이라면, 진위 여부를 파악하는 것이 우선이다. 조사 후 근거가 나왔을 때 임금에게 보고하는 것이 정상이다.《영조실록》은 나경언에 대해, "사람이 불량하고 남을 잘 꾀어냈다. 가산이 탕진되어 자립

하지 못할 지경이다."라고 적고 있다. 오늘날도 가끔 볼 수 있는 매수의 혐의가 있다. 그로부터 세자는 중죄인이 되어 한 달 후 이승을 하직해야 했다.

후회는 결코 앞서는 법이 없다. 맏아들 효장세자가 9세로 병사하자 영조는 시민당에서 곡을 하고, 세자궁의 집영문 밖까지 나왔다. 말년에는 사도세자를 죽인 것을 저리게 후회했다. 그러나 후회와 용서는 동의어가 아니다.

영릉 永陵

조선 제21대 영조의 장자인 진종(효장세자)과 그의 비 효순왕후 조씨의 능. 파주삼릉(공순영릉) 능역 안에 있다. 능호는 1729년(영조 5) 정하였다.

왕릉과 왕비릉을 쌍릉으로 하여 각각 혼유석만 앞에 두었다. 장명등은 그 중간에 배치하였고, 석양과 석호 각 2필이 능 주위를 호위하고 있다. 당초 효장세자의 장례 때, 영조가 정자각은 옛 제도에 따라 지을 것과 석물은 사가私家의 석물에 비하여 좀 풍후豊厚하게 하라고 명하여 그대로 하였다.

사적 제205호. 경기도 파주시 조리면 봉일천리 산4-1
파주삼릉 전체 면적 132만3,105㎡(40만239평)

야속한 아비의 아들, 장한 아들의 아버지, 사도세자

"네가 만약 자진하면 조선국 세자의 이름은 잃지 않을 것이다. 어서 자진하라!"

세자는 이마를 땅바닥에 찧으며 영조를 바라보며 애원했다.

"전하! 전하!"

영조의 벌건 얼굴에는 노기가 철철 흐르고, 세자의 얼굴에는 피눈물이 범벅이다.

"내가 죽으면 300년 종묘사직이 망하고, 네놈이 죽으면 사직이 보존될 것이다. 너 하나 잃지 않으려고 종사를 망하게 할 수 없다. 어서 자진하라!"

윤5월, 한여름이다. 임금의 노기 앞에 바람과 초목도 숨을 죽인다. 햇빛을 가려줄 구름마저 세자의 편이 아닌 듯 종적을 감추었다. 세자를 감싸줄 이는 아무도 없다. 피눈물에 젖은 적삼만이 그를 감싸고 있다.

"아바마마! 군왕은 세상의 동서남북, 전후좌우이옵니다. 전하 앞에서 차마 흉측

장조 1735~1762(27세) | 경의왕후 1735~1815(80세)

추존왕 장조 가계도

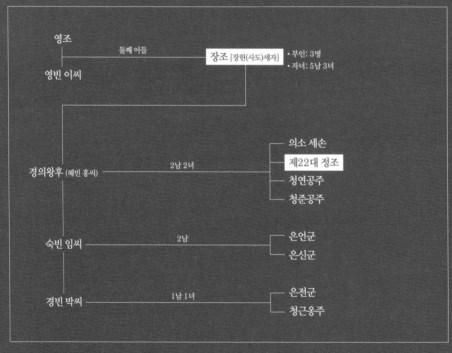

영조 ── 둘째 아들 ── **장조** [장헌(사도)세자]　• 부인: 3명
영빈 이씨　　　　　　　　　　　　　　　　• 자녀: 5남 3녀

경의왕후 (혜빈 홍씨) ── 2남 2녀 ──┬ 의소 세손
　　　　　　　　　　　　　　　　├ 제22대 정조
　　　　　　　　　　　　　　　　├ 청연공주
　　　　　　　　　　　　　　　　└ 청준공주

숙빈 임씨 ── 2남 ──┬ 은언군
　　　　　　　　　　└ 은신군

경빈 박씨 ── 1남 1녀 ──┬ 은전군
　　　　　　　　　　　　└ 청근옹주

한 모습을 보일 수는 없습니다. 청컨대 밖에 나가서 자진토록 해주소서."

"죽으려는 놈이 무슨 말이 그리 많으냐? 온갖 악행을 저지르고 다닐 때도 그리 말이 많았느냐? 어서 자진하라!"

"전하께서 칼로 내리친다 해도 신은 칼끝에 놀라지 않을 것이옵니다. 지금 죽기를 청합니다. 다만 흉한 꼴을 전하께 보이고 싶지 않을 따름이옵니다."

영조는 섬돌 아래로 내려오며 소리쳤다.

"저놈, 저놈, 말하는 걸 봐라. 흉측하기 짝이 없구나. 어서 자진하라."

영조의 노기는 누그러질 낌새를 보이지 않는다. 땅바닥에 팽개쳐진 젖은 빨래처럼 엎드려 있던 세자는 허리띠를 풀어 목을 맸다. 그러자 시강원 강관들이 달려와 매듭을 풀고 부축하며 의관을 부른다. 의관이 청심환을 물에 타서 입에 떠 넣었으나 세자는 계속 뱉어낸다. 영조는 더욱 격앙된 목소리로,

"저자들이 저러니까 저 흉악무도한 놈이 믿고 날뛰는구나. 모두 파직시켜라."

이때 열 살 된 세손(정조)이 살벌한 풍경이 벌어지고 있는 휘령전 마당으로 황급히 뛰어 들어왔다. 세손은 아버지 사도세자처럼 관과 도포를 벗어 던지고 세자 뒤에 엎드려 울부짖는다.

"할바마마! 할바마마! 아비를 살려주옵소서."

"누가 세손을 데려왔느냐? 썩 데리고 나가라!"

발버둥치는 세손을 별군직 김수정이 안고 나간다. 영조는 창처럼 시퍼런 분노를 이기지 못해 고함을 지른다. 이놈, 어서, 어서 자결해라. 세자가 바닥에 널브러진 용포를 찢어 다시 목을 매니 강관들이 또 풀어주었다.

이때 네 명의 내관이 휘령전 쪽문으로 큰 궤를 들고 들어온다. 뜰 가운데 큰 궤

가 놓였다. 역사에 영원히 지워지지 않는 이름, 바로 그 뒤주다.

"속히 그 속에 들어가라."

이미 기진맥진한 세자가 엉금엉금 기어 뒤주를 잡자, 시강원의 강관들이 울면서 만류하며 궤 밑에 엎드린다. 영조가 다시 고함을 지른다.

"저것들도 모두 역적이다. 당장 파직한다. 모두 끌고 나가라."

어명에는 농담이 없다. 발설과 동시에 시행만 있을 뿐이다. 그들은 모두 끌려 나갔다. 세자는 흙투성이가 된 옷자락을 추스리며 두 손으로 뒤주의 모서리를 잡고 힘겹게 일어선다. 처연한 눈빛으로 영조를 올려다본다. 눈물 범벅이 된 얼굴로, 거친 숨을 몰아쉬며 절규한다.

"아버님, 아버님! 소자를 살려주옵소서!"

참으로 오랜만에 임금을 아버지라 불렀다. 이 말은 끝내 이승에서 아비의 눈빛을 바라보며 외친 마지막 말이 되고 말았다. 아들의 절규에 대해 서늘한 아비의 대답이 돌아왔다.

"속히 뒤주 안으로 들어가라."

번복은 있을지언정 헛말이 없는 것이 어명이다. 마침내 세자는 뒤주 속에 들어갔다. 영조는 섬돌 아래로 내려와 직접 뚜껑을 닫고 자물쇠를 잠궜다. 긴 판자를 가져오라 하여 뒤주 위에 덧대어 못을 박고 밧줄로 뒤주를 봉했다. 뒤주 안에서 울부짖는 세자의 목소리가 영조에게는 들리지 않는다. 영조의 눈빛은 사람의 눈빛이 아니다. 새끼를 잃은 맹수가 발광하는 눈빛 같았다. 이날이 1762년(영조 38) 윤5월 13일이다. 무심한 햇살은 밀폐된 뒤주 위에 사정없이 내리꽂힌다.

조정朝廷 상황실이 분주하게 움직였지만, 세자에 대한 구명은 찻잔 속에 태풍일

용릉 앞에서 정조대왕 능행차 재연에 참석한 사람이 포즈를 취하고 있다.

뿐이다. 8일 후, 윤5월 21일, 좁은 뒤주 속에서 발버둥조차 치지 못한 채 세자는 숨을 거두었다. 정쟁의 소용돌이에 온몸으로 항거하다 스물 일곱의 생을 마감했다.

세자가 죽은 바로 그날, 영조는 '사도思悼'라는 시호를 내렸다. 생각 사思, 슬퍼할 도悼! 영조가 직접 지은 것이다. 세자가 뒤주 속에서 사그라져가는 목소리로 살려주기를 애원하고 있을 때, 영조는 세자의 목숨이 아니라 세자의 명예만 살려주기로 작정하고 있었다. 세자가 죽은 직후 영조는 이렇게 말했다.

"과인은 미물도 불쌍히 여겨 부나비가 등잔으로 달려들면 손을 휘저어 내쫓고 길바닥에 개미가 지나가면 밟지 않고 건너갔다."

미물의 불살생不殺生 계율에는 충실했으나, 아들을 죽인 아비라는 낙인은 영원히 지워지지 않는다. 불 같은 성격의 태종도 말썽꾸러기 세자 양녕대군을 죽이지는 않

융릉의 화려한 병풍석

았다. 스물네 살에 세자 자리에서 내쫓긴 양녕은 비록 유배생활을 했으나 노년에는 왕실의 어른 대접을 받으며 68세까지 장수했다. 사도세자의 장례는 두 달 후인 7월 23일에 치러졌다. 장지는 양주(현재의 서울 동대문구 휘경동) 배봉산으로 정해졌다.

맏아들 효장세자가 9세에 죽고 16년간 아들이 없어 애태우던 영조가, 마흔 하나에 얻은 자식이 사도세자다. 머뭇거릴 이유가 없어 태어난 이듬해 세자에 책봉했다. 영조의 기대가 컸고 세자는 기대를 배반하지 않았다. 두 살 때 부왕과 대신들 앞에서《효경》을 외웠고, 여섯 살 때《동몽선습》을 독파했다. 서예에 조예가 깊어 수시로 문자를 쓰고 직접 지은 시를 대신들에게 나누어 주었다.

    아홉 살 때 홍봉한의 딸 혜빈 홍씨와 가례를 올렸다. 이것이 불행의 씨앗이었다. 사도세자 죽음의 향연에 등장하는 핵심 소품인 뒤주를 제안하고 준비한 이가 세자의 장인 홍봉한이다. 세자를 죽음으로 몰고 간 죄목은 세 가지다. 의대증(옷을 입으면 못견디는 병)이 도져 옷시중을 드는 궁녀를 때려죽이고, 한성의 안암동에 있던 여승을 세자궁으로 불러들이고, 왕의 허락 없이 한 달 동안 관서지방을 유람하고 돌아왔다는 것이다. 이 정도 죄목이면 꾸중이나 근신, 심하면 폐세자 등의 벌이 합당하다. 그의 주변에 그를 도와주는 세력이 너무 없었다. 하늘이 무너지고 땅이 꺼질 듯이 비난하는 목소리만 자욱했다. 부인 혜경궁 홍씨도 세자 편이 아니었다. 친정에 충실한 딸이었으나, 지아비의 애틋한 지어미는 아니었다.

융릉 隆陵

장조(사도세자)와 그의 비 경의왕후敬懿王后(혜경궁 홍씨)의 능. 근처에 위치한 건릉과 함께 융건릉으로 불린다.

장조는 1735년(영조 11) 창경궁에서 탄생해 그 이듬해에 세자에 책봉되고, 1762년 27세 때 창경궁에서 죽었는데, 영조가 뒤에 '사도思悼'라는 시호를 내렸다. 그 뒤 정조가 즉위하자 장헌세자라 하고 고종 때 장조로 추존되었다가 1899년 의황제懿皇帝로 다시 추존되었다.

경의왕후는 영의정 홍봉한의 딸로서 1744년(영조 20) 세자빈에 간택되었다가 세자가 죽은 뒤 1762년 혜빈惠嬪의 호를 받았다. 1776년 아들 정조가 즉위하자 궁호가 혜경惠慶으로 올랐다. 1815년(순조 15) 80세로 창경궁에서 죽었는데, 1899년 의황후懿皇后로 추존되었다.

융릉은 원래 양주의 배봉산에 있었던 영우원永佑園을 수원의 옛 도읍 뒤의 화산花山으로 옮겨 현륭원顯隆園이라 했다가 고종 때 장조로 추존되면서 융릉이라 했다. 정조는 현륭원을 마련할 때 온갖 정성을 기울였다. 그 결과 조선시대의 어느 원보다도 후하고 창의적인 상설象設을 했다.

석인도 예전에는 가슴까지 파묻혀 있었으나, 목이 위로 나와 있어 시원한 분위기를 나타내는 등 조각 수법이 사실적이다. 능의 뒤에는 곡장을 돌렸다. 19세기 이후의 능 석물 양식에 많은 영향을 주었다

사적 제206호. 경기도 화성시 안녕동 1-1
융건릉 전체 면적 83만9,669㎡(25만4,445평)

제22대 정조와 효의왕후
건릉

나는 사도세자의 아들이다!

"경들은 똑똑히 들으시오. 과인은 사도세자의 아들입니다."

화려한 즉위식을 마치고 처음 주재하는 어전회의에서 정조가 내뱉은 첫 번째 선언이다. 대신들은 경악했다. 사도세자를 죽음으로 몰고 갔던 노론은 숨이 멎는 것 같다. 비단천의 핏자국을 확인한 연산군이 광란의 칼을 휘둘렀던 250년 전의 역사를 기억하고 있다. 내면을 숨기고 살아온 와신상담臥薪嘗膽의 결과가 어떠리라는 것을 어렵지 않게 짐작할 수 있다. 금방이라도 땅이 갈라지고 하늘이 내려앉을 것이라는 불길한 예감이 든다. 지금 용상에 앉은 이는 어제까지 세손이었던 인물이 아니라, 14년 전 좁은 뒤주 속에서 비참하게 질식사한 사도세자가 다시 살아나 앉아 있다는 착각마저 든다.

사도세자가 뒤주 속에서 질식사한 후 세손 정조는 효장세자의 아들로 입적되어 이미 14년 전에, 9세로 죽은 효장세자의 아들로 살아야 했다. 영조는 수시로 너는

정조 1752~1800(48세) | 재위 1776. 3.(24세)~1800. 6.(48세). 24년 3개월 | 효의왕후 1753~1821(68세)

제22대 정조가계도

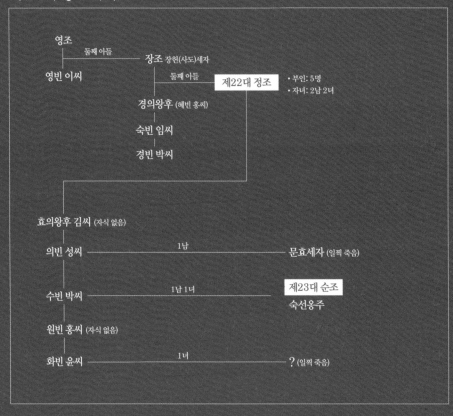

영조
　　　　　둘째 아들
영빈 이씨　　　　　　　장조 장현(사도)세자
　　　　　　　　　　　　　　　둘째 아들
　　　　　　　　　　　　　　　　　　　　제22대 정조
　　　　　　　　　　경의왕후 (혜빈 홍씨)
　　　　　　　　　　숙빈 임씨
　　　　　　　　　　경빈 박씨

• 부인: 5명
• 자녀: 2남 2녀

효의왕후 김씨 (자식 없음)

의빈 성씨 ——————————— 1남 ——————————— 문효세자 (일찍 죽음)

수빈 박씨 ——————————— 1남 1녀 ——————————— 제23대 순조
　　　　　　　　　　　　　　　　　　　　　　　　　　　　숙선옹주

원빈 홍씨 (자식 없음)

화빈 윤씨 ——————————— 1녀 ——————————— ? (일찍 죽음)

누구의 아들이냐고 확인했다. 14년간 그렇게 살다가 이제 친아버지를 찾았다. 양주(지금의 서울 동대문구 휘경동) 배봉산 기슭에 초라하게 묻혀 있는 사도세자를 세상 가운데로 끌어내는 순간이다. 당연한 말, 피는 물보다 진하다. 그 이전까지 사도세자라는 이름은 금기의 대상이었다. 온 나라가 연좌제에 걸려 있었다.

정조는 그 사슬을 풀기 시작했다. 즉위 열흘 후, 사도세자의 존호를 장헌세자莊獻世子라 올리고 배봉산 기슭에 외롭게 방치된 무덤의 묘호를 영우원永祐園, 사당은 경모궁景慕宮이라 높였다. 정조는 매년 영우원에 참배했다. 비로소 사도세자는 금기의 대상에서 국왕의 아버지가 되었다.

그는 아버지 사도세자를 죽이고 세손마저 끌어내리려고 온갖 음모를 자행했던 무리들을 똑똑히 기억하고 있다. 홍인한 등과 결탁해 자신을 제거하려 했던 화완옹주(정조의 고모)의 양아들 정후겸을 귀양보내고, 화완옹주는 서녀로 강등시켰다. 홍인한·홍상간·윤양로 등도 제거했다. 영조의 후궁인 숙의 문씨의 작호를 박탈하고 사저로 내쫓았다. 문씨는 할아버지의 후궁이었기에 목숨만은 보전해 주려 했으나 대신들과 삼사三司가 거듭 상소를 올려 결국 사약을 내렸다.

정조의 가장 큰 고민은 외조부 홍봉한의 처리 문제였다. 사도세자를 죽인 주범이 홍봉한이라는 것은 공인된 사실이었다. 형조판서 이계, 성균관 유생들까지 홍봉한을 처벌해야 한다고 나섰다. 홍봉한의 목숨이 끊어지기 전에는 군신 상하가 편히 잘 수 없다고 주청했다. 그러나 정조는, 아버지의 원수를 갚으면 어머니의 원수가 될 수밖에 없다는 딜레마에서 고민하다가, 결국 용서의 길로 가닥을 잡았다. 대신 아버지 사도세자를 화려하게 복원하는 데 전력을 기울였다.

정조 13년(1789) 10월 4일, 사도세자의 영구靈柩가 양주 배봉산에서 수원으로 가는

정조의 능행차 의식 재현 장면

날이다. 비참하게 죽은 지 27년 만에 벌어진 화려한 행차다. 목적지는 수원 용복면 龍伏面에 있는 화산花山이다. 지명조차 예사롭지 않다. 왕릉이 입지한 곳은 명당 아닌 곳이 없다. 택지할 당시 최고 명당을 찾는다. 물론 정성의 차이는 있을 것이다. 아버지에 대한 정조의 지극정성을 누가 따르겠는가? 그래서 경기도 여주에 있는 세종의 영릉과 함께 국내 최고의 길지로 꼽히는 곳이 수원 화산의 융건릉이다.

"화산이 왼쪽으로 돌아 서북쪽(건방乾方)으로 떨어져서 주봉우리가 되고, 서북쪽의 주산主山이 서북과 북쪽 사이(해방亥方)로 내려오다가 북쪽(계방癸方)으로 돌고, 다시 북동쪽(축방丑方)으로 뻗어오다가 동북쪽(곤방坤方)으로 바뀌면서 입수入首합니다. 앞에 쌍봉이 있는데 두 봉우리 사이가 비었고, 안에 작은 언덕이 있는데 그 형상이 마치 구슬 같습니다. 청룡 네 겹과 백호 네 겹이 에워싸 지세가 만들어졌는데, 혈穴

이 맺힌 곳은 마치 자리를 깐 것처럼 평퍼짐합니다. 뻗어온 용의 기세가 7백리를 내려왔는데 용을 보호하는 물이 모두 뒤에 모였으며 현무玄武로 입수했으니 천지와 함께 영원히 더할 수 없는 길지吉地입니다."

당시 명성 있는 지관들의 한결같은 말이다. '용이 엎드린 곳(용복면)'이란 지명도 예로부터 길지라는 증거다. 능역을 조성하는 작업도 남달랐다. 능지로 택지되면 민간의 집이든 묘든 군말 없이 철거해야 하는 것이 당시의 관례였다.

정조는 백성들의 원성을 최소화하는 데 노력했다. "사도세자의 묘를 이전하는 것은 백성들의 고통이 아니라 축제여야 한다. 민심이 즐거워야 내 마음이 편하다."는 확고한 소신이 있었다. 철거되는 민가에는 내탕금을 내려 땅값을 넉넉하게 보상해주고, 새집을 지을 자금까지 주었다. 전무한 일이니 이주하는 백성들이 감격의 눈물을 흘렸다.

정조는 사도세자가 묻힌 곳을 현륭원이라 이름 짓고, 이장 후부터 승하하기 전까지 열두 차례나 참배했다. 요즘 같으면, 대통령이 서울에서 수원까지 이동한다는 것이야 뉴스거리도 안 되지만, 당시는 거국적인 행사였다. 어가를 따르는 인원이 6천명이 넘고, 동원된 말이 1천4백여 필이다. 뚝섬에 띠배를 엮어 한강을 건너고, 말죽거리와 과천을 거쳐 수원 화산에 당도한다. 정조의 잦은 능행은 참배의 목적과 함께 왕실의 위엄을 과시하여 노론 세력의 기를 꺾기 위한 목적도 있었다.

능의 조성과 함께 정조의 머리 속에는 새로운 도시를 건설하겠다는 계획이 있었다. 팔달산 아래가 큰 고을이 들어서기에 적합하다는 보고를 받았다. 현륭원이 있는 수원에 행궁을 설치하고 정조 17년(1793)에는 수원을 유수부로 승격시켰다. 그리고 수원에 화성행궁을 건립했다. 화성행궁은 모두 555칸이나 되는 최대 규모의 행궁이다. 이어서 현륭원과 행궁을 보호하기 위해 정조 18년 1월부터 20년 9월까지 화성華城(수원성)을 완성했다. 대단한 추진력이자 효성이다. 정약용의 거중기가 축성 작업에 위력을 발휘했다.

정조의 꿈을 펼친   융건릉, 수원 화성과 행궁, 그리고 용주사는 정서적으로
수원화성과 행궁   한 덩어리다. 정조의 혼과 열정이 담겨 전해지는 곳이다.
답사의 방향을 수원으로 잡았다면, 이 세 곳을 필히 둘러보아야 한다.

수원 화성은 정조의 효심이 축성의 근본이 되었을 뿐만 아니라, 당쟁에 의한 당파정치 근절과 강력한 왕도정치의 실현을 위한 원대한 정치적 포부가 담긴 정치 구상의 중심지로 축조된 것이다. 아울러 수도 한성 남쪽의 국방 요새로 활용하기 위한 포석도 내포되어 있다.

수원 화성은 규장각 문신 정약용이 동서양의 기술서를 참고하여 만든《성화주략》(1793년)을 지침서로 하여, 재상을 지낸 영중추부사 채제공의 총괄 아래 조심태의 지휘로 1794년 1월에 착공하여 1796년 9월에 완공했다. 축성 시에 거중기·녹로 등 새로운 장비를 고안하여 성벽에 필요한 장대한 석재 등을 옮기고 쌓는 데 이용했다. 이러한 장비는 공사기간의 단축, 인부들의 노력과 위험을 감소시키는 데 큰 구실을 했다. 수원 화성 축성과 함께 부속 시설물로 화성행궁·중포사·내포사·사직단 등 많은 시설물을 건립하였으나 6·25전란으로 소멸되고, 화성행궁의 일부인 낙남헌만 남아 있던 것을 최근에 복원했다.

축성의 동기가 군사적 목적보다는 정치적·경제적 측면과 부모에 대한 효심으로 성곽 자체가 '효'사상이라는 동양의 철학을 담고 있어 문화적 가치 외에 정신

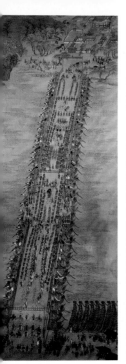

정조 능행도

적 · 철학적 가치를 지니는 성이다.

수원 화성은 중국과 일본 등지에서 찾아볼 수 없는 평산성의 형태로, 군사적 방어 기능과 상업적 기능을 함께 보유하고 있다. 시설의 기능이 가장 과학적이고 합리적이며, 실용적인 구조로 되어 있는 동양 성곽의 백미라 할 수 있다.

성벽은 외측만 쌓아 올리고 내측은 자연 지세를 이용해 흙을 돋우어 메우는 외축내탁의 축성술로 자연과 조화를 이루는 성곽을 만들었다. 또한 수원 화성은 철학적 논쟁 대신에 백성의 현실생활 속에서 학문의 실천과제를 찾으려고 노력한 실학사상의 영향으로 벽돌과 석재를 혼용한 축성법, 거중기의 발명, 목재와 벽돌의 조화를 이룬 축성방법 등은 동양 성곽 축성술의 결정체로서 희대의 수작이다. 특히, 당대

학자들이 충분한 연구와 치밀한 계획에 의해 동서양 축성술을 집약하여 축성하였기 때문에 건축사적 의의가 매우 크다.

화성 축성 후 1801년에 발간된《화성성역의궤》에는 축성계획·제도·법식뿐 아니라, 동원된 인력의 인적 사항, 재료의 출처 및 용도, 예산 및 임금 계산, 시공 기계, 재료 가공법, 공사 일지 등이 상세히 기록되어 있어 성곽 축성 등 건축사에 큰 발자취를 남기고 있을 뿐만 아니라 기록으로서의 역사적 가치가 크다.

수원 화성은 18세기에 완공된 짧은 역사의 유산이지만, 동서양의 군사시설 이론을 잘 배합시킨 독특한 성으로서 방어적 기능이 뛰어나다. 약 6km에 달하는 성벽 안에는 4개의 성문이 있으며, 모든 건조물이 각기 모양과 디자인이 다르다. 소장 문화재로 팔달문(보물 제402호)·화서문(보물 제403호)·장안문·공심돈 등이 있다.

수원 화성은 현재 사적 제3호로 지정, 관리되고 있으며, 1997년 12월에는 유네스코 세계문화유산으로 등록되었다.

세계문화유산에 등록되는 기준은 다음과 같다.

- 독특한 예술적 혹은 미적인 업적, 즉 창조적인 재능의 걸작품을 대표할 것.
- 일정한 시간에 걸쳐 혹은 세계의 한 문화권 내에서 건축, 기념물조각, 정원 및 조경디자인, 관련 예술 또는 인간 정주 등의 결과로서 일어난 발전 사항들에 상당한 영향력을 행사한 것.
- 독특하거나 지극히 회귀하거나 혹은 아주 오래된 것.
- 가장 특징적인 사례의 건축양식으로서, 중요한 문화적·사회적·예술적·과학적·기술적 혹은 산업의 발전을 대표하는 양식.
- 중요하고 전통적인 건축양식, 건설방식 또는 인간주거의 특징적인 사례로서, 자연에 의해 파괴되기 쉽거나 역행할 수 없는 사회적·문화적 혹은 경제적 변혁의 영향으로 상처받기 쉬운 것.
- 역사적 중요성이나 함축성이 현저한 사상이나 신념, 사진이나 인물과 가장 중요한 연관이 있는 것.

한 장의 사진으로 남은 화성의 남북공심돈의 옛모습(1907년)

　현재 한국에서 유네스코의 심사를 거쳐 세계문화유산으로 등록된 것으로는, 창덕궁, 수원 화성, 석굴암과 불국사, 해인사 장경판전, 종묘, 경주 역사지구, 고창·화순·강화의 고인돌유적, 훈민정음, 조선왕조실록, 직지심체요절, 승정원일기, 종묘제례 및 종묘제례악, 판소리 등이 있다. 조선 왕릉도 2009년 6월 세계문화유산으로 등재되었다.

　한편, 행궁行宮은 왕이 지방에 거동할 때 임시로 머물거나 전란·휴양·능행(능원 참배) 등에 대비하여 지방에 별도로 마련한 임시 궁궐을 말한다. 그 용도에 따라서 크게 세 가지로 구분할 수 있다.

　전란과 같은 비상시에 위급함을 피하고 국사國事를 계속하기 위해 마련된 행궁으로는 강화행궁·의주행궁·남한산성 내의 광주부행궁 등이 있고, 온양행궁은 휴양을 목적으로 설치된 행궁으로 조선 세종 이래 역대 왕이 즐겨 찾던 곳이다. 대통령도 별장이 필요할 터인데, 청남대는 권위주의 타파, 특권 파괴라는 분위기에 휩쓸려 없애고 관광지가 되었다. 다만 '안가'라는 곳은 있는 모양이니 그건 눈감아 주자.

왕이 능원에 참배할 때 머물던 행궁이 바로 화성행궁이다. 정조는 아버지 사도세자의 묘소를 현륭원으로 이장하면서 수원 신도시를 건설하고 성곽을 축조했으며, 1790년(정조 14)에서 1795년에 이르기까지 서울에서 수원에 이르는 중요 경유지에 과천행궁·안양행궁·사근참행궁·시흥행궁·안산행궁·화성행궁 등을 설치했다. 가히 편집증적인 효성이다. 그 중에서도 화성행궁은 규모나 기능면에서 단연 으뜸으로 뽑히는 대표적인 행궁이다.

화성행궁은 평상시에는 화성부 유수留守가 집무하는 관청으로도 활용했다. 정조

정조 어진

는 1789년 10월에 이루어진 현륭원 천봉 이후 이듬해 2월부터 1800년(정조 24) 1월까지 10년간 12차에 걸친 능행을 행하였다. 이때마다 화성행궁에 머물면서 여러 가지 행사를 거행했다.

정조가 승하한 뒤 순조 1년(1801) 행궁 옆에 화령전華寧殿을 건립하여 정조의 진영眞影을 봉안했다. 곤룡포 차림이 아닌 군복 입은 진영이다. 드라마 〈이산〉에서 궐밖 나들이할 때 정조의 복장은 이 진영을 참조하여 복원했다. 그 뒤 순조·헌종·고종 등 역대 왕들이 이곳에서 머물렀다. 화성행궁은 성곽과 더불어 단순한 건축 조형물이 아니라, 개혁적인 계몽군주 정조가 지향하던 왕권강화 정책의 상징물로 정치적·군사적인 큰 의미를 지니고 있다.

| 정조와 효찰 | 승무 조지훈 |
| 대본산 용주사 | |

　　얇은 사 하이얀 고깔은 고이 접어서 나빌레라.

　　파르라니 깎은 머리 박사 고깔에 감추오고

　　두 볼에 흐르는 빛이 정작으로 고와서 서러워라.

빈 대에 황촉불이 말없이 녹는 밤에

오동잎 잎새마다 달이 지는데

소매는 길어서 하늘은 넓고

돌아설 듯 날아가며 사뿐히 접어 올린 외씨보선이여!

까아만 눈동자 살포시 들어

먼 하늘 한 개 별빛에 모두오고

복사꽃 고운 뺨에 아롱질 듯 두 방울이야

세사에 시달려도 번뇌는 별빛이라.

휘어져 감기우고 다시 접어 뻗는 손이

깊은 마음속 거룩한 합장인 양하고

이 밤사 귀또리도 지새우는 삼경인데

얇은 사 하이얀 고깔은 고이 접어서 나빌레라.

    조지훈의 절창, 〈승무〉가 지어진 곳이 용주사龍珠寺이다. 용주사에서 펼쳐진 승무제를 여러 번 감상하고 2년에 걸쳐 완성한 시가 〈승무〉이다. 용주사 승무제는 사도세자의 넋을 위로하는 진혼제다. 매년 10월에 열린다. 사도세자의 이름은 선愃, 정조의 이름은 산祘이다. 부자간인 '이선'과 '이산'의 비극과 효심이 용주사에 자욱히 서려 있다.

용주사는 경기도 화성시 송산동 화산花山에 있는, 대한불교조계종 제2교구 본사다. 신라 문성왕 16년(854)에 창건하여 고려 광종 3년(952)에 소실된 갈양사葛陽寺의 옛터에 창건된 사찰이다.

갈양사는, 원효대사의 '해골바가지 물' 설화와 유래가 깊은 절이다. 원효가 의상과 함께 당나라 유학길에 올랐다가 지금의 화성시 서신면 상안리에 위치한 당성(일명 당항성)의 토굴 속에서 하룻밤을 지내게 된다. 컴컴한 새벽에 갈증이 나서 주변을 더듬거려보니 바가지에 물이 담겨 있어 시원하게 마셨다. 날이 밝아 그것을 보니 해골바가지였다. 대경실색과 동시에 활연대오했다. 의상은 당나라로 향하고 원효는 발길을 돌렸다. 일체유심조一切唯心造라. 원효는 하산길에 화산에 들러 지세가 빼어난 이곳에 갈양사를 창건했다. 아직도 이곳 주민들은 원효가 득도한 토굴이 당성 어딘가에 있다고 믿고 있다.

정조는 양주(현재의 서울 동대문구 휘경동) 배봉산에 있던 부친의 묘소를 천하제일의 복지福地라는 화산으로 옮겨와 현륭원(후에 융릉으로 승격)이라 했다. 1790년(정조 14)에 보경 스님을 팔도도화주八道都化主로 삼아 팔도 관민의 시전施錢 8만7천여 냥을 거두어 갈양사 옛터에 145칸의 사찰을 창건했다. 이 절은 사도세자의 능인 현륭원에 명복을 빌어 주는 능사陵寺로 창건되었다. 낙성식 전날 밤에 정조가 용이 여의주를 물고 승천하는 꿈을 꾸었다 하여 용주사龍珠寺로 이름 지었다. 용주사는 정조의 불타는 효심이 응결된 명실상부한 효행의 본찰이다.

용주사는 전통적 가람 배치 양식이 아닌, 궁궐의 전각 배치 방식을 채택한 독특한 사찰이다. 대웅보전 왼쪽에 있는 호성전護聖殿에는 장조와 경의왕후, 정조와 효의왕후의 위패가 모셔져 있다. 호성전 앞에는 부모은중경탑이 서 있다.

정조의 효성이 어찌 개인 정조에게만 국한된 정신이랴? 당시의 만백성은 물론 오늘을 사는 후대에게도 긴요하고 절실한 귀감이다.

'부모님의 지중한 열 가지 은혜'는 소멸 시효가 없는 가르침이다. 흘러간 옛노래가 아니라 역사와 함께 공존해야 할 애창곡이다. 다시 한번 새긴다.

(1) 회탐수호은懷眈守護恩(잉태하여 정성을 기울여 지켜주시는 은혜)

오랫동안의 인연이 귀중하여 / 금생에 와서 어머니 뱃속에 몸을 맡기네 / 달이 지나면서 오장이 생기고 / 일곱 달로 접어들어 육정이 열리네 / 몸이 무겁기는 큰 산과 같고 / 가고 서고 할 때마다 바람조차 겁을 내며/비단옷이라곤 입어보지도 않고 / 단장하던 거울에는 먼지만 쌓여 있네.

(2) 임산수고은臨産受苦恩(해산할 때 고통을 이기시는 은혜)

잉태한 지 열 달이 다가오니 / 해산의 어려움이 아침저녁으로 임박했네 / 나날이 중한 병든 사람 같고 / 나날이 정신이 혼미해지네 / 무섭고 두려운 마음 표현하기 어려워 / 하염없이 눈물 흘려 옷깃을 적시네 / 슬픔을 머금은 채 친척에게 말하기를 / 이러다가 이 몸 죽을까 겁이 나오.

(3) 생자망우은生子忘憂恩(자식을 낳고 모든 근심을 잊는 은혜)

자비로우신 어머니가 그대를 낳을 때에 / 오장이 모두 터지고 갈라지듯 했고 / 몸과 마음이 고통으로 혼미해졌네 / 흐르는 피는 양을 잡은 듯하지만 / 낳은 아기 건강하단 말 들으니 / 반갑고 기쁜 마음 비길 데 없네/기쁜 마음 가라앉고 슬픈 마음 다시 일어나니 / 아픔과 괴로움이 온몸에 사무치네.

(4) 인고토감은咽苦吐甘恩(쓴 음식은 당신이 삼키고 단것을 먹여 준 은혜)

부모의 은혜 깊고도 중하여 / 사랑하심을 한시도 잊지 않으시네 / 좋은 음식 마

용주사 홍살문 (위), 혜경궁 홍씨 회갑잔치 재현 (아래)

다하니 무엇을 잡수시나 / 쓴것만을 삼키서도 그 얼굴 밝으시네 / 지중하신 그 사랑에 솟는 정 한이 없고 / 은혜 더욱 깊으시어 더욱더 애절하네 / 어린 자식 배부르게 하려고/자비로운 어머니 배고픔도 마다 않네.

(5) 회건취습은廻乾就濕恩(마른자리 골라 눕히고 당신은 젖은 자리에 눕는 은혜)

어머니의 몸은 모두 젖더라도 / 아기는 언제나 마른 자리에 누이시네/젖으로 아기의 주린 배를 채워 주시고 / 비단 옷소매로 찬바람 막아 주시네 / 한결같은 사랑으로 잠조차 폐하시고 / 아기의 재롱에서 기쁨을 찾으시네 / 다만 아기를 편케 하려고 / 자비로운 어머니는 편함을 원치 않네.

(6) 유포양육은乳哺養育恩(때 맞추어 젖을 먹여 길러 주신 은혜)

자비로우신 어머니 땅과 같고 / 근엄하신 아버지 하늘과 같네 / 고루고루 펴신 은혜 똑같이 베푸시니 / 어버이의 아기 사랑 그 역시 한뜻일세 / 눈이 멀다 해도 미워하지 않고 / 손발이 없어도 싫어함 없네/뱃속에서 길러 친히 낳은 자식이라 / 온

종일 아끼시며 사랑을 베푸시네.

(7) 세탁부정은洗濯不淨恩(더러운 것을 깨끗하게 씻어 주시는 은혜)

생각하니 지난날엔 고왔던 그 얼굴에 / 맵시 있는 자태는 깊고도 소담해라/비취빛 두 눈썹은 버들도 부끄럽고 / 두 뺨은 분홍빛 연꽃보다 뛰어나네 / 은혜 깊이 더할수록 고운 빛 바래지고 / 씻고 닦고 하시느라 손발이 거칠었네 / 아들딸을 사랑하는 한마음 쏟는 동안 / 자비로운 어머니 주름살만 가득하네.

(8) 원행억념은遠行憶念恩(자식이 멀리 떠나면 염려해 주시는 은혜)

죽어 헤어짐도 실로 잊기 어렵지만 / 살아서 못 만남도 또한 가슴 아파하시네 / 아들딸이 집을 떠나 먼 길을 가게 되면 / 어머니의 마음 또한 그 곳에 함께 있네 / 밤낮으로 자식 쫓아 마음이 따라가니 / 두 눈에서 흐르는 눈물 천 줄기 만 줄길세 / 원숭이가 울며불며 새끼를 그리듯이 / 자식 생각에 애간장이 다 끊어지네.

(9) 위조악업은爲造惡業恩(자식을 위해서 궂은 일도 마다하지 않으시는 은혜)

어버이의 크신 은혜 강산과 같사오니 / 깊고 중한 그 은혜 갚을 길 아득하네 / 자식 고생 대신 받기만 원하시니 / 자식이 고생하면 어머니 마음 편치 않네 / 아들딸 먼 길 떠난다는 말을 듣고 / 다니다 밤이 되어 찬 곳에 눕지 않나 / 자식들이 잠시라고 고통을 받을세라 / 어머니는 오래도록 마음을 졸이시네.

(10) 구경연민은究竟憐愍恩(늙어 죽을 때까지 자식을 끝까지 염려하시고 사랑해 주시는 은혜)

어버이의 크신 은혜 깊고도 중하여라 / 은혜와 사랑을 끝없이 베푸시네 / 앉고 서나 자식에게 마음이 따라가니 / 멀거나 가깝거나 마음은 자식에게 있네 / 어머니 연세 높아 백 살에 이르러도 / 팔십 된 자식을 항상 걱정하시네 / 이 같은 부모 은혜 언제쯤 끊길런가 / 목숨이 다한 뒤 그때야 떠나리라.

"산산이 부서진 이름이여 / …… / 부르다가 내가 죽을 이름이여!" 김소월의 〈초혼〉보다 더 곡진한 노래다.

건릉 健陵

조선 제22대 정조와 그의 비 효의왕후 김씨의 능. 근처에 위치한 융릉과 함께 융건릉으로 불린다. 정조는 효성이 지극하였으며, 많은 인재를 등용하고 조선 후기의 황금문화를 이룩하였다. 건릉은 현륭원의 동쪽 언덕에 있었으나 효의왕후가 죽자 풍수지리상 좋지 않다는 이유로 서쪽으로 옮기기로 하고 효의왕후와 합장하였다. 무덤은 한 언덕에 2개의 방을 갖추었으며, 난간만 두르고 있고 그 외의 모든 것은 융릉의 예를 따랐다. 혼이 앉는 자리인 혼유석이 하나만 있으며, 융릉과 같이 8각형과 4각형을 조화시켜 석등을 세웠다. 문무석은 사실적이며 안정감이 있는 빼어난 조각으로 19세기 무덤의 석물제도의 새로운 표본을 제시하였다.

사적 제206호. 경기도 화성시 안녕동 1-1
융건릉 전체 면적 83만9,669㎡(25만4,445평)

왕의 손발, 왕의 그림자, 그리고 이름없는 여인들

역사는 승자의 기록, 양지의 흔적이다. 하지만 존재의 역할은 꼭 그렇지는 않다. 보이지 않고 새겨지지 않아도 역사에 영향을 끼치고 왕들의 삶에 비타민이 되고 독극물이 되기도 하는 이가 내시다. 소수는 이름을 남기기도 했지만, 대부분의 내시는 사극 드라마에 감청색 관복을 입고 허리를 굽혀 등장하는 것으로 만족해야 한다.

내시內侍 또는 고자鼓者는 고려 때와 조선 때 궁궐 안에서의 잡무를 보는 관직 또는 임금을 옆에서 모시는 관직이다. 궁궐 내의 여인들을 넘보지 않도록 내시가 되기 위해서는 생식기를 잘라내야 했다. 처음에는 세도가의 자제들이 내시 일을 했으나, 원나라의 내정 간섭 이후 환관이 맡게 되었다.

조선시대의 내시부에는 140명의 내시가 있었는데, 이들은 궁중 내 살림을 맡아 보았으며, 최고위직인 상선, 즉 판내시부사의 경우 임금을 옆에서 모시는 중요한 일을 했다.

김처선은 조선조 초기 내시로, 세종부터 연산군에 이르기까지 일곱 임금을 모셨다. 그는 내시이면서도 임금에게 직언을 서슴지 않았다. 이 때문에 연산군으로부터 미움을 받아 결국 처참하게 죽임을 당했다.

1505년(연산군 11) 연산군이 궁중에서 자신이 창안한 〈처용희處容戱〉를 베풀고 음란한 거동을 벌이자, "이 늙은 신이 일곱 임금을 섬겼고 경서와 사서를 대강 통하지만, 고금에 상감과 같은 짓을 하는 이는 없었습니다." 라고 직간하니, 연산군이 크게 노하여 활을 한껏 당겨 김처선의 갈빗대를 쏘았다.

그러나 김처선은 피를 흘리며 옆구리의 화살을 부여잡고 다시 말하길, "대신들도 죽음을 두려워하지 않는데, 늙은 내시가 어찌 감히 죽음을 두려워하겠습니까? 다만 상감께서 오래도록 임금노릇을 하실 수 없는 것이 한스러울 뿐입니다."라고 했다.

연산군이 화살 하나를 더 쏘아 땅에 넘어진 김처선의 다리를 장검으로 잘라 버리고 일어나 걸으라고 명했다. 이에 김처선은 연산군을 쳐다보면서, "상감은 다리가 잘리시고도 걸어다닐 수 있으십니까?"라고 했다.

연산군은 분기탱천하여 그의 혀를 자르고 배를 갈라 창자를 끄집어내어 시체를 호랑이에게 먹이로 주었다.

그 뒤 김처선의 가산을 몰수하고 그의 집을 파서 연못으로 만들었다. 양자인 이공신과 7촌까지의 친족도 모두 연좌시켜 처형하고 본관인 전의全義도 없앴으며, 부모의 무덤을 파헤치고 석물石物을 없앴다. 또 연산군은 분한 마음을 참지 못하여 김처선에 관한 일로 어제시를 내리기까지 했는데, 그 내용은 다음과 같다.

백성에게 잔인하기 날 따를 자 없건만
내시가 날 능멸할 줄이야.
부끄럽고 통분한 마음 가눌 수 없어
바닷물에 씻어도 한이 남으리.

또 동·서반의 대소 관원 및 군사 중에 김처선과 이름이 같은 자가 있으면 모두 고치게 하였으며, 일력日曆의 처서處暑도 '처處' 자가 김처선의 이름과 같다 하여 조서徂暑로 고치도록 했다.

심지어 '처處' 자는 죄인 김처선의 이름이므로, 모든 문서에 '처處' 자를 쓰지 못하도록 했다. 그 사례로 사인舍人 성몽정成夢井이 교서를 지을 때 '처處' 자를 썼다 하여 사헌부에 내려 국문하게 하였는데, 그 날짜를 조사해 보니 법이 선포되기 이전에 작성된 것이었으므로, 다시 국문하지 말도록 한 일이 실록에 기록되어 있다.

그 후 1506년 중종반정이 일어나 연산군이 폐위된 뒤, 연산군이 없앴던 전의全義 본관을 복구했다. 김처선은 무시무시한 연산군의 폭정에도 굴하지 않고 직언을 서슴지 않았던 조선조 최고의 충절 내시다. 비록 가장 처참하게 죽었지만, 그의 이름은 역사에 길이 남아 있다.

"내시 이 앓는 소리"란 속담이 있다. 내시는 거세를 했기에 가늘어진 목청으로 이앓이를 한다는 뜻으로, 맥없이 지루하게 홍얼거리는 것을 비유적으로 이르는 말이다. '내시'라는 단어를 들으면 음흉한 눈초리와 가냘픈 목소리, 그리고 쪼그라진 어깨에 종종걸음을 걷는 모습을 떠올리는 것이 고정관념이다. 영화와 드라마의 영향이 크다. 하지만 내시는 동·서양을 막론하고 절대 권력자인 왕의 최측근으로 있으면서, 때로는 정사 깊숙이 개입해 막강한 영향력을 행사했던 특수한 신분의 사람들이었다.

서울 노원구 월계동과 도봉구 창동 사이에 해발 100여 미터의 초안산이 있다. 평범한 야산 수풀과 바위 사이에 석물들이 흩어져 있다. 이 일대에 분묘 유적이

1,127개로 확인되어 조선시대 분묘군(사적 제440호)이라 부른다. 이 중 절반 이상은 그 누구도 관심을 가져주지 않았던 버려진 무덤, 내시들의 공동묘지다.

후손들은 내시가 자신의 조상이라는 것을 숨기려고 했기 때문에, 내시들의 무덤은 없어지거나 훼손된 것이 많다. 하지만 그 당시에는 왕을 모시며 궁궐에서 근무하는 벼슬 높은 관직으로 인식되었기 때문에, 동네에서 가장 큰어른으로 대접 받았다. 그러나 내시들은 왕조의 몰락과 함께 그 존재까지도 점점 잊혀져 갔다.

내시가 궁궐에서 생활하다 궁에서 생을 마쳤을 거라는 상식과는 달리, 내시부內侍府는 경복궁 바로 옆 지금의 효자동에 해당하는 지역, 궁 밖에 있었다. 왕실의 수발을 들기 위해서 내시부는 궁궐로 파견부를 설치하였는데 이를 내반원이라 한다.

중국의 경우 내시에 대한 기록은 3천년을 거슬러 올라가지만, 우리나라는 9세기 신라 홍덕왕 때 처음 등장한다. 당시 내시는 신성한 존재와 속세의 인간을 이어주는 중간자, 거세를 통하여 욕망을 극복한 자들로서 황제의 신성함을 높이기 위해 필요했다. 궁형이 없던 우리나라는 갖가지 방법으로 내시가 충원되었는데, 개중에는 사설 양성소까지 있었다고 한다.

내시는 왕과 가까이 있으면서 궁중 내의 고급 정보를 독점할 수 있었다. 따라서 정치적 혼란기에는 이들이 관여될 여지가 많았다. 특히 극비에 속하는 정책, 간첩, 국제첩보에 관한 사항에 내시들이 간여한 경우가 많았다. 또 부를 축적할 기회도 많았는데, 이는 왕실의 재산 관리, 각종 공사 등을 이들이 맡아서 했기 때문이다.

내시 김계한은 임진왜란 당시 목숨을 걸고 선조를 구해냈다. 그 공을 인정하여 공신에 봉하자 이에 반대하는 상소가 끊이지 않았다. 이처럼 분명한 공을 세웠는데도 내시라는 이유로 그들의 권리가 무시되었던 경우가 태반이다. 역사는 그들을 비

하하고, 분란을 일으킨 행적만을 부각시
켰다. 그러나 조선시대에도 궁중의 사람
으로 자기 직분에 충실했던 수많은 내시
들이 있었다. 그들에 대한 평가는 객관
적으로 재검토되어야 할 것이다. 내시는
천년의 역사 속으로 사라졌지만, 그 역
할은 변형된 형태로 현재도 여전히 남아
있다.

　내시는 왕을 가까이 모신 관계로 그
들 중에는 공신이 된 자가 매우 많았다.
내시 출신의 대표적인 공신으로는 세조
의 왕위 찬탈을 도와 정난공신과 좌익공
신 2등에 각각 책록된 하음군 전균, 성종
조 때 남이 장군의 옥사를 다스린 공으로
익대공신 1등에 책록된 홍양군 신운 등
이 대표적인 경우다. 또 중종 즉위에 공
을 세운 정국공신 4등에 6명, 선조의 피
란을 도운 공으로 호성공신 3등에 24명
의 내시가 책록되었다.

　공신이 되면 많은 사패지賜牌地(나라에
서 내려준 땅)를 받았으므로, 내시는 전국

내시 무덤 앞 석물

각지에 대규모의 농장을 소유한 대지주가 많았다. 또한 공신이 되면 위패를 영구히 옮기지 않고 부조묘不緣廟라는 사당에 모실 수 있는 특전이 있었다. 심지어 시호를 받은 인물까지 있었으니, 고려조에는 영원부원군에 봉해진 신소봉이 있고, 조선조에는 세조의 즉위를 도와 2개 공신에 각각 봉해진 하음군 전균이 양경공에 봉해진 예가 있다.

고려 때의 권신 환관 방신우는 그의 공덕을 기록한 비석과 영정을 봉안한 사당까지 국가에서 건립하기도 했다. 서울 노원구 월계2동 향천사 박점순 보살의 증언에 의하면, "내시들도 사당이 있었다."고 한다. 내시들은 자신의 고향이 승격되는 영예를 받은 경우까지 있었다. 일찍이 왕후의 고향을 승격시키거나 역적의 고향을 강봉하는 경우는 있었지만, 일개 내시의 고향을 승격시키는 것은 예외 중의 예외였다. 비록 지체 높은 사대부라 하더라도 그가 태어난 고을을 승격시킨 예는 일찍이 찾아볼 수 없었기 때문이다. 이는 왕실과 조정에서 스스로 원해서라기보다는 중국황제의 명을 받들고 온 칙사들이 무리한 요구를 했으므로 조선 왕실과 조정으로서도 어쩔 수 없이 한 일이었다.

《세종실록》지리지에 의하면, 고려 우왕 13년(1387)에 이신의 고향 평창군이 지군사로 승격된 기록이 있고,《고려사》지리지엔 충렬왕 때에 이대순의 고향인 소태현을 지태안군사로 승격시킨 예가 있다. 이런 폐습은 조선 초기까지도 그대로 이어졌는데,《태종실록》에 의하면, 태종 3년(1403)에 주윤단의 고향인 임주군을 승격시켜 부府로 삼고, 한첩목아의 고향인 김제현을 승격시켜 지군知郡을 삼은 사실을 확인할 수 있다. 또한 성종은 재위 14년(1483)에 명나라 황실에서 봉사한 후 돌아와 90세로 죽은 윤봉의 공을 생각하여 그의 고향인 서홍현을 부로 승격시킴은 물론,

친히 제문을 지어 내리고, 좌찬성 허종을 빈소에 보내 제사를 지내게 했다.

보통 최고 관리인 영의정이 죽어도 왕의 비서실 관리격인 승지를 보내는 것이 관례인데, 예외적으로 종1품인 좌찬성을 보낸 것은 그가 자신의 신하가 아닌 황제의 신하였고, 과거에 칙사로 왔기 때문일 것이다. 또 명종조에는 상약 노익겸이 어느 날 왕이 계단에서 갑자기 넘어지려 할 때 달려와 붙잡아 주었다고 해서 왕이 친히 가자加資(정3품 통정대부 이상의 품계에 올려줌)한 예가 있다. 또 선조조 내시 이봉정은 자신을 위해 왕이 직접 부채에다 쓴 율시를 하사 받은 사례도 있다. 이상의 예에서 보듯 내시들에 대한 왕실의 예우가 각별했고, 그들의 권력과 자부심 또한 대단했음을 짐작할 수 있다.

내시도 일반 사대부나 평민과 마찬가지로 부인과 자녀를 두고 결혼생활을 했는데, 사대부와 같이 첩도 두었고, 아내가 죽으면 새로 재혼을 하여 두 번째, 세 번째 부인을 맞는 경우까지 있었다. 내시의 아내로는 평민뿐 아니라 왕실과 줄을 대려는 양반 사대부 가문의 규수도 많았다. 내시의 부인은 사대부의 부인과 같이 남편의 품계에 따라 정경부인(1품), 정부인(2품) 등 높은 봉작을 받기도 했다. 내시의 아내는 고래등 같은 기와집에서 많은 전토와 노비, 금은보화 등 그야말로 물질적으로는 부족함이 없는 생활을 영유했다. 그러나 성적 불구자인 남편과의 잠자리만은 불만이 많은 경우가 대부분이었다. 그래도 대부분의 내시 아내들은 이런 성적 욕구를 취미 생활을 통해 해소하기도 했으나, 일부는 외간남자와 정을 통해 사회문제로 비화되기도 했다.

이밖에 환관촌의 내시 아내들끼리의 동성애도 성행했는데, 이를 속칭 '대식對食'이라 했다. 대식 관계가 이루어지면 서방님, 마님이라는 호칭으로 서로를 부르고,

초안산 내시묘

대식 연인끼리 손을 묶고 나란히 목매어 정사한 사례도 있었다. 원로 향토사학자인 김동복 씨의 증언에 의하면, 우리나라 내시는 정낭만을 제거해 그래도 성관계는 가능했다고 한다. 내시의 아내는 남편과 성관계를 맺을 때 반드시 수건으로 내시의 입을 동여매고 했다고 한다. 그것은 내시가 관계를 시작하면 감정이 절정에 달하는데, 사정이 안 되어 괴로워서 아내의 목덜미와 어깨를 사정없이 문다고 한다. 이로 인해 결혼생활을 6개월 이상 유지하는 경우가 드물었다.

비교적 천한 출신으로서 권력과 풍요로운 삶 모두를 영위할 수 있었음에도 불구하고, 이처럼 '씨 없는 남자'로서의 그들의 애환은 안타까움 그 이상이었다. 환관들은 어떤 물건이 없다거나 부족한 것에 대해 아주 민감했다. 예를 들어 꼬리가 없는 개를 보더라도 '꼬리 없다' 혹은 '꼬리가 끊어졌다'고 하지 않고, '사슴 꼬리를 가진 개'라는 식으로 비유해서 말했다. 그들은 '자른다'라는 말에 대단히 민감해서 '자른다' 대신 '찌른다'라고 했다. 환관들끼리만 통하는 환관 특수용어(은어)가 통용되었다고 볼 수 있다.

그런데 수술 때 잘려나간 성기와 고환은 어떻게 했을까? 내시의 절단한 양물을 '고승'이라 부르는데, 이는 주인인 내시보다 높다는 뜻이다. 수술 후 절단된 남근은 썩는 것을 예방하고, 피와 수분을 제거하기 위해 횟가루가 담긴 그릇 속에 넣었다가 젖은 수건으로 깨끗이 닦은 후, 다시 참기름 속에 넣어두었다. 참기름이 다 스며들고 나면 그것을 작은 헝겊 주머니 속에 있는 '목갑' 속에 넣고 잘 밀봉했다. 이후 길일을 택하여 수술 받은 내시의 사랑에 모시는데, 반드시 대들보 위에 놓았다. 그러다 그 내시가 죽으면 대들보 위에서 그 목갑을 내려 죽은 내시의 육신에 원래대로 바늘로 기워 맸다. 이는 죽은 내시가 온전한 남자가 되어 구중천九重天(하늘나라)에 가서는 떳떳한 신분으로 조상님을 만나라는 깊은 뜻이 담겨 있다.

초연이 쓸고 간 깊은 계곡 깊은 계곡 양지녘에
비바람 긴 세월로 이름 모를 이름 모를 비목이여
머어언 고향 초동친구 두고 온 하늘가
그리워 마디마디 이끼 되어 맺혔네.

궁노루 산울림 달빛 타고 달빛 타고 흐르는 밤

홀로 선 적막감에 울어 지친 울어 지친 비목이여

그 옛날 천진스런 추억은 애달파

서러움 알알이 돌이 되어 쌓였네.

초안산에 우거진 잡목더미를 뒤지다가 사방이 트인 정상에 올라 약간 처량하게 〈비목〉(한명희 작사, 장일남 작곡)을 흥얼거린다. 〈비목〉은 1963년 육군 소위였던 한명희 선생(전 서울시립대 교수, 국립국악원장)이 화천 백암산에 근무하면서 순찰을 돌다가 이름 없는 비목을 보고 가사를 짓고, 1967년에 장일남 선생이 작곡한 것이다. 가사의 고난스런 배경이나, 단조에서 느껴지는 고독·우수 등이 엉뚱한 곳, 궁녀들의 공동묘지에서 문득 공감을 일으킨다.

사진작가 최진연 선생과 함께 초안산 일대를 탐험가처럼 뒤지다가 발견한, 비문이 적힌 비석 하나. 비장감과 환희가 뒤섞여 끓어오른다. 잡목 사이에 넘어진 채 '상궁박씨묘尙宮朴氏墓'란 명문이 새겨진 비석을 발견했다. 숲속을 뒤지면서 글자가 새겨지지 않은 비석과 상석은 수십 개를 봤다. 아예 그것마저 없이 허물어져 가는 무덤도 수두룩하다. '상궁박씨묘', 다섯 글자를 직접 발견하니 기분이 묘하다.

서울 노원구 월계동과 도봉구 창동 사이에 있는 해발 100여 미터의 초안산은 조선 왕실의 비밀을 무덤까지 안고 간 이들이 잠들어 있다. 남녀유별이라, 내시들의 무덤과 궁녀들의 무덤은 수백 미터 떨어져 있다.

절대 권력자는 고독하다. 그러나 그 고독은 사치스런 것이기에 빠져보고 싶기도 하다. 왕의 고독은 주어진 것이고, 수행자의 고독은 선택한 것이다. 왕은 고독의 공포를 달래기 위해 여색을 탐하고, 수행자는 고독과 싸우고 고독을 즐긴다. 왕과 한 울타리 안에서 살며 권력의 흥망, 사치와 굴욕을 가장 가까이서 목격한 궁녀들. 그녀들의 삶과 죽음을 살펴본다.

왕족을 제외한 궁중 모든 여인들을 총칭하여 궁녀宮女라 한다. 나인內人들과 그 아래 하역下役을 맡은 무수리(수사水賜)・각심이(방아이)・의녀醫女・손님이라 불리는 여인들이 이 범주에 든다. 그러나 보통 궁녀라 하면, 상궁尙宮과 나인으로 분류되는 여인들을 의미한다. 넓은 의미의 궁녀로 포괄되는 여인들의 내역은 다음과 같다.

- **무수리** 무수리는 몽고어다. 궁중 각 처소에서 막일을 담당하는 여인이다. 조선 제21대 영조의 어머니는 무수리 출신이다.
- **각심이**(비자婢子, 또는 방자房子) 상궁의 처소에서 부리는 가정부・식모・침모 등의 총칭이다. 이들의 월급을 국가에서 지급했으므로 방자라고도 한다. 방자란 관청의 사환으로, 예컨대 〈춘향전〉에서의 방자와 같다.
- **손님** 왕의 후궁으로서 당호堂號가 바쳐지고 독립 세대를 영위하는 여인의 집에서 살림을 맡아하던, 일종의 가정부 같은 여인이다. 대개 친정붙이이며, 보수는 후궁의 생계비에서 지출된다. 따라서, 손님이라는 이름은 궁 밖에서 온 사람이라는 의미로, 무수리나 각심이와는 달리 예의를 갖춘 말이다.
- **의녀** '약방기생'이라고도 한다. 약방이란 궁중 내의원內醫院의 별칭이며, 의녀의 소속이 내의원이지만 전신이 기생이기 때문에 붙여진 이름이다. 소임은 평상시에 궁녀들에게 침을 놓아주기도 하고, 비・빈들의 해산에 조산원 노릇도 하지만, 궁중의 크고작은 잔치가 있을 때에는 기생으로 변신한다. 원삼圓衫을 입고, 머리에는 화관을 쓰고, 손에는 색동 한삼汗衫을 끼고 춤을 추는 무희이기도 하다.
- **나인** 궁녀들은 반드시 자신들을 상궁나인이라 하여 상궁과 나인을 구분하였다. 나인과 상궁은 그들 사회에서는 차원이 다를 만큼 차이가 있기 때문이다. 그리고 궁녀의 신분적 등급은 견습나인・나인・상궁의 세 종류다. 세 종류 가운데에서도 입궁 연조와 소속 부서에 따라 차등이 있

다. 같은 상궁이라도 경력에 따라 정7품도 있고 정5품도 있으며, 또 같은 정5품의 상궁도 소속 부서의 격에 따라 권한과 입지가 다르다.

궁녀는 왕족의 사생활을 위한 일종의 사치 노예이므로, 그들을 필요로 하는 곳은 의식주로 분장된 각 독립 처소이다. 지밀至密·침방針房·수방繡房·내소주방內燒廚房·외소주방·생과방生果房·세답방洗踏房의 일곱 부서 외에, 세수간洗手間·퇴선간退膳間·복이처僕伊處·등촉방燈燭房의 네 부설 부서가 있다.

위 부서에 소속된 궁녀들을 일반 개인 가정에 비교하면, 지밀 나인은 몸종격으로 가장 격이 높고, 침방·수방 나인들은 침모針母, 소주방과 생과방은 찬간饌間의 식모들이다. 궁중에는 무수리가 하역下役을 맡았다. 세답방은 표모漂母로서 빨래 일을 맡는데, 일반 개인 가정에서는 빨래를 보통 노비가 하고, 다리미와 다듬이질은 대개 경험이 많은 부인들이 맡는다.

따라서 궁녀의 격은 지밀이 가장 높고, 다음이 침방과 수방으로, 이들은 양반 부녀와 같이 치마도 외로 여며 입고, 앞치마를 두르지 않고 길게 늘일 수 있는 특권을 가졌다. 그것은 마루 위에서 할 수 있는 일의 성격상 소주방이나 세답방 나인같이 치마를 걷어 올릴 필요가 없기 때문이다.

위 세 부서 외의 다른 부서는 치마를 바로 입고 앞치마를 위에 둘러 걷어 올린다. 이와 마찬가지로 생각시(나이 어린 궁녀)가 있는 곳도 지밀과 침방·수방뿐이다. 나머지 부서들은 생(사양絲楊)을 맬 수 없으며, 머리를 길게 늘어뜨린다.

궁녀의 수는 중국 한대에 약 600명 정도였다. 궁녀는 왕이 있는 법궁法宮 (또는 본궁本宮) 뿐만 아니라 제사궁祭祀宮 (혹은 혼궁魂宮)과 별궁에 소속된 여인까지도 포함된

초안산 상궁 박씨 무덤과 팽개쳐진 비석

다. 그러나 본궁 궁녀들은 별궁 나인을 '궁것'이라고 경멸했다. 본궁의 경우, 왕을 비롯해 모두 독립 세대로 영위되며, 왕과 왕비, 왕대비 등은 같은 규모의 궁녀 인구를 갖는다. 궁녀가 90명이라 할 때 왕·왕비·왕대비전의 처소별 궁녀수는 대개 지밀 20~27명이고, 그밖에는 15~20명 정도로 추측된다.

　궁녀 사회에도 간부들이 있다. 총수격인 우두머리 상궁과, 그 밖의 맡은 바 직책의 중요성에 따라 특별 대우를 받는 궁녀들이 있다. 즉, 제조상궁提調尙宮은 '큰방상궁'이라고도 하는데, 이들은 많은 궁녀들 중에 어른으로 왕명을 받들고 내전內殿의 재산 관리를 담당했다. 비공식 예우는 오늘날 장관급이다. 또한, 아리고阿里庫상궁으로 불리는 부제조상궁은 내전의 창고倉庫(아랫고下庫) 물품을 관리했다.

　그리고 일명 지밀상궁으로도 불리는 대령상궁待令尙宮은 왕의 측근에서 항상 그

궁녀 무덤 석물 (위)
상궁박씨 무덤 비문 (아래)

림자와 같이 시위侍衛했다. 드라마에서 가장 많이 볼 수 있는 상궁이다. 왕자녀의 양육을 담당했던 보모상궁保姆尙宮도 있었으며, 이들 중에서 왕세자의 보모가 가장 격이 높았다.

또한, 지밀상궁 중에서 궁중 의식이나 잔치 때 왕을 비롯한 왕비·대비·왕대비 등의 인도와 진행을 담당했던 시녀상궁侍女尙宮은 지밀의 서책 관리와 국상國喪 때 곡읍哭泣을 담당하기도 했다.

마지막으로, 감찰상궁監察尙宮은 궁녀들의 상벌을 담당했으며, 감시병 구실도 겸한 두려운 존재였다. 궁궐 내의 모든 궁녀들은 입궁에서 퇴출까지 원칙적으로 종신제다. 왕의 직계 및 그 배우자 외에는 후궁도 궁중에서 죽을 수 없으므로, 늙고 병들면 궁녀는 궁궐을 나가야 한다.

궁녀의 선출은 원칙적으로 10년에 한 번이었지만, 예외도 있었다. 지밀나인의 경우 조건이 까다로워서 상궁들이 두세 번씩 선을 보러 나갔다. 그러나 대개 연줄과 세습이라 할 수 있으며, 고모가 조카를 들여놓는 경우가 많았다.

궁녀의 출신 계급은, 지밀과 침방·수방은 중인 계급이고, 기타는 대개 상민 계급이었다. 입궁 연령은 지밀이 가장 어려 4~8세, 침방·수방이 6~13세, 그 밖은 12~13세가 관례였다. 궁녀는 입궁 후 15년이 되면 계례(성인식, 신랑 없는 결혼식)를 치르고 정식 나인이 된다. 남색 치마에 옥색 저고리, 머리에는 개구리첩지를 단 제복이 일생 동안 그들의 복장이다. 나인이 된 뒤 다시 15년이 경과되면 상궁으로 승격한다. 가장 빠른 4~5세 입궁을 기준으로 할 경우에, 35세 이후라야 상궁이 될 수 있었다.

그러나 예외로, 왕의 후궁이 되면 20대에 상궁이 된다. 이런 궁녀는 왕의 자녀를 낳기 전까지는 상궁의 신분에 머물러 있지만, 그 대신 아무 일도 하지 않고 왕의 곁에서 시위만 한다. 이러한 경우를 승은상궁承恩尙宮이라 했다. 이들이 왕의 자녀를 낳게 되면 종6품 숙의淑儀 이상으로 봉해져서 독립 세대를 영위한다.

가혹하게 말해서, 세자는 왕이 죽기를 기다리는 사람이다. 그래서 부자 간에 갈등과 경계가 심했다. 궁녀는 승은 입기를 기약 없이 기다리는 존재다. 궁녀는 지밀내관(=채색교관, 내시)으로부터 섹스 교육을 받는다. 발뒤꿈치 들고 다니기 훈련, 앉은 채 방바닥에 걸레질하는 자세 훈련, 왕의 복상사 대비 구급 훈련, 득남 비방 훈련, 설경舌耕 훈련, 왕의 안마 등 교육 내용이 다양하다. 설경 훈련은 일종의 오럴섹스 훈련이다. 껍질이 얇은 연시를 혀로 다루는 실습이다. 얇은 연시 껍질에 상처가 나면 퇴출이다. 복잡하고 섬세한 훈련에 통과하면 궁녀로 남고, 탈락하면 세답방에 배속되어 평생 잿물에 손 팅팅 불으며 빨랫감과 씨름해야 한다.

궁녀의 보수는 고정적으로 아기나인이 한 달에 백미 너 말(오늘날의 3두꼴)이고, 옷감이 1년에 명주와 무명 각 1필, 여름에는 베·모시도 하사품으로 내려 충분히 쓰고 남을 정도다. 식생활은 궁중에서 해결되므로, 이러한 보수는 친가 부모·형제들에게 보탬이 되었다.

궁녀는 원칙적으로 종신제지만, 특별한 경우, 즉 중병이 들었을 때, 가뭄으로 궁녀 방출이 결행될 경우(단, 젊은 궁녀), 모시고 있던 상전이 별세했을 경우 중도에 나갈 수도 있다. 특히, 가뭄으로 인한 궁녀 방출은 젊은 궁녀가 헛되이 왕권의 그늘에서 늙어 가는 부당성을 국가에서 인정한 증거이다. 결국 이러한 궁녀제도는 절대군주 국가 시기의 희생물이라고 할 수 있다.

궁녀는 궁궐에서 죽음을 맞지 못한다. 늙고 병들면 궁을 나가 본가로 돌아가야 한다. 그러나 집으로 돌아가서는 혼인을 해서도 안 되고 첩이 되어서도 안 된다. 궁궐에서 자라 궁궐에서 핀 꽃이지만, 궁궐 밖 보이지 않는 곳에서 외로이 지더라도 마지막 순간까지 궁궐을 향해야 한다.

궁녀들의 무덤 역시 내시와 마찬가지로 머리가 서쪽을 향한다. 죽어서도 왕을 그리고 보좌해야 한다. 운 좋게 비석을 세우더라도 이름을 새기지 못한다. 그림자로 살다가 죽어서도 잊혀진 그림자가 되어야 한다. 언제 누구를 모셨는지 모르지만 '박상궁'은 운이 좋다. '상궁박씨지묘'라고 적지 못하고 '상궁박씨묘'라고 적은 것도 당시의 법도인 모양이다.

왕자와 공주, 후궁의 공동묘지, 그리고 태실 집장지

어이! 왕자, 공주, 차려!
가로 세로 줄 맞춰!

　삼릉의 이름은 간단하지만 내용은 복잡하다. 희릉·효릉·예릉이 대표여서 서삼릉이라고 한다. 그러나 거기엔 그들만 있는 것이 아니다. 망자의 숫자로는 최대다. 서삼릉 경역 내에는 3원園, 46묘墓에 태실胎室 54기가 있다.

　그 중 꼿꼿이 줄맞춰 서서 숙면을 하지 못하는 이들이 있다. 왕자와 공주, 후궁들이다. 24시간 사열을 받고 있다. 가로 세로 줄 맞춰 서 있다. 조금이라도 줄이 비뚤어지면 불호령이 내리는지 부동자세로 정렬해 있다. 한때는 그들도 잘 나가던 위인들이었다. 정치적 야심만 버리면 재벌2세 부럽지 않을 정도로 호사를 누렸다.

　공주는 중국 진·한나라 때 비롯된 말이라고 하나, 우리나라의 경우 삼국시대 이전부터 공주라는 말을 사용했다. 고구려 호동왕자와 비련의 사랑을 나눈 낙랑공주와 고구려의 바보 온달에게 시집간 평강공주가 있으며, 《삼국유사》에 나오는 〈서동요〉의 주인공 신라 선화공주도 있다.

　제도적으로 공주라는 호칭은, 고려 문종 때의 관제에 따르면, 대장공주大長公主와 함께 정1품이었다. 그 뒤 공양왕 때 도평의사사의 건의에 따라 왕의 딸은 공주라 불렸으나, 조선 초기까지도 제도가 미비해 왕녀·궁주宮主·옹주翁主 등 여러 가지로 불려, 왕의 적실녀 외에 왕의 후궁도 공주라 칭했다. 그 후 조선에서는 왕의 정실이 낳은 딸을 '공주'라 하고, 후궁이 낳은 딸을 '옹주'라 하여 구별했다. 공주는 지극히 존귀한 신분으로서, 품계를 초월한 신분이다.

공주가 혼인하게 되면, 모든 절차와 준비는 종부시宗簿寺에서 주관해 국법에 따라 예로써 치렀다. 공주의 남편은 처음 종1품의 위尉인 광덕대부廣德大夫·숭덕대부崇德大夫로 의빈儀賓(부마도위駙馬都尉)에 봉작되었으며, 그에 준한 녹봉을 받았다. 의빈이 죽은 뒤에도 공주는 계속 쌀·콩·보리를 봄과 가을에 받았다.

공주의 아들은 처음 종7품을, 사위는 2등급 낮은 종8품의 품계를 받고 그에 준한 대우를 받았다. 공주는 내명부·외명부와 함께 궁중의 잔치, 왕비의 시위, 혼인 및 초상 등 여러 행사에 참석했다.

공주가 죽으면 조정에서는 왕녀의 상장제도喪葬制度에 따라 염빈斂殯·예장禮葬·조묘造墓의 3도감을 설치하고 3일간 조회를 열지 않으며, 왕 이하 궁인들은 고기를 먹지 않는 등 정중한 예우를 표했다.

후궁은 간택후궁과 승은후궁으로 구분된다. 간택후궁의 경우 애당초 간택 대상이 양반 사대부 가문이므로, 그 친정의 신분이 문제될 게 없다. 문제는 승은후궁의 경우다. 조선시대 궁녀들의 출신 성분은 대다수가 천민 공노비였다. 승은궁녀가 종4품 숙원 이상의 내명부 내관(=후궁)에 오를 수 있는 기준은 바로 임신과 출산이다.

비록 후궁의 몸을 빌어 태어났지만, 왕비의 자녀라는 개념으로 후궁 소생의 자녀를 다루었고, 후궁은 자신의 소생에게 존댓말과 함께 '어머니'의 호칭을 들을 수도 없고, 들어서도 안 되는 신분이었다.

왕이 죽으면, 왕비는 궁궐에서 살 수 있지만 후궁은 궁 밖으로 나가서 살아야 한다. 그리고 승은을 입었지만 자식이 없으면 후궁의 첩지는 못 받고 상궁이 된다. 이런 상궁들은 궐 밖으로 나가 비구니가 됐다.

서삼릉 경역 내에는 왕자와 공주, 후궁 등의 묘 46기가 있다. 이 중 회묘懷墓(연산군의 생모 폐비 윤씨 묘)와 경선군묘慶善君墓(소현세자 장남 묘) 이외의 묘는 후궁과 왕자·공주묘로 구분되어 집장集葬되어 있다. 가로 세로 반듯하게 정렬한 무덤군이 보기에 참 민망하다. 국립묘지 병사들의 묘역 같다. 왕릉 경역 내에는 왕자나 공주, 후궁의 묘를 쓸 수 없다. 그런

서삼릉 왕족 태실 54기 (위)
대군, 군, 공주, 옹주 및 왕세자 묘 (아래)

데 서삼릉에는 이렇게 많은 묘가 있다니? 사연은 이렇다.

경술국치로 조선왕조가 멸망한 1910년 11월에 일본 궁내성 소속으로 망조왕실亡朝王室을 관리하기 위하여 이왕직李王職이 설치되었다. 이왕직에서는 서울·경기 일원에 산재한 왕자와 공주, 후궁 등의 분묘를 집장관리集葬管理한다는 명목 아래 서삼릉 경역 내 현 집장지를 선정했다. 일제강점기 때 숙종의 후궁인 소의유씨묘 외 15기와 세종대왕의 1녀 정소공주묘 외 18기를 천묘 집장했다.

8·15 광복 후에는 일제강점기 때 옮기지 못한 후궁묘 중 묘역 주변 개발로 인하여 존치가 어렵게 된 명종 후궁 경빈이씨묘 외 6기를 천묘했다. 왕자묘로서는 고

태실 비석

종의 제1남 완화군묘를 천묘했다. 그 많던 왕자와 공주, 후궁들은 어디로 갔나? 아직 서울·경기 일원에 묻혀 있는 일부와 여기 46기가 전부다. 역사에 이름이 올려진 이들은 번듯한 유택을 가졌지만, 그렇지 못한 이들은 갑남을녀처럼 사라졌다.

비구니가 된 후궁은 화장되었을 것이고, 출가한 공주는 시댁의 선산에 묻혔다. 이름만 왕자이지 제 목소리 숨기며 살다 간 왕자들이 어디 한둘인가? 그들 역시 무명용사가 되어 소멸했다. 보위가 예약된 양녕대군마저 갑갑하고 살벌한 권력의 심장부가 싫어 일탈을 감행하지 않았던가?

왕실에서는 왕세자를 비롯하여 왕자·세손·공주·옹주가 태어나면 태胎를 석실石室에 담아 전국의 길지를 가려 봉안하고, 태봉胎峰이라 하여 그 주변에서는 방목과 벌채, 개간을 금했다. 태실 역시 집중관리라는 미명하에 태조의 태실 등 22기와 왕자 등 32기의 태실을 1930년대를 전후하여 서삼릉 경역 내로 이설했다.

서삼릉 경역 내 묘 및 태실의 집장은 능역 일원을 공동묘역으로 변형케 하여 왕릉으로서의 존엄과 품격을 비하 훼손하고자 한 일제의 의도적 책략이었다. 그래도 하나의 경역을 형성하고 있었는데, 1960년대 말에 이르러 시범낙농단지를 조성하면서 경역의 대부분이 낙농방목초지로 바뀌었다. 경역은 예릉·희릉 구역, 효릉 구역, 후궁·왕자·공주묘 구역, 태실 집단 구역, 소경원 구역 등으로 분할되고, 각 권역은 서로 통행할 수조차 없는 고립상태에 있다.

136만 평(448만8천여 m2)에 이르던 서삼릉 능역은 1960년대 무원칙하게 골프장·종마목장·초지·군부대·대학 등으로 소유권이 넘어가 겨우 7만여 평(21만여 m2)이 남았다. 이마저 이들 시설로 인해 5만 평은 일반인 출입이 통제되고 있다. 어수선하던 시절이라 썩둑썩둑 잘라먹는 게 임자였던 모양이다.

2006년, 고양시 지역 유림을 중심으로 시민단체·학계·향토사학자·문화예술인 등 주민 30여 명이 '서삼릉복원추진위원회'를 결성하고, 세미나와 전문가 의견 수렴, 복원 서명운동 등을 추진 중이다. 이들의 1차 목표는, 마사회와 농협이 초지로 사용하고 있는 43만여 평(141만9천여 ㎡)을 돌려받는 일이다. 이곳에 능행로를 연결하고, 재실·돌다리·개울을 복원하고, 소나무 군락지를 원형대로 조성해 시민들에게 공개한다는 것이다.

자연과 유적은 모두의 것이다. 개인이 거기에 문패를 단들 심사가 편치 않다. 영광과 치욕을 통해 역사를 발전시키고 축적해 나간다. 누군들 별이 되고, 꽃이 되고 싶지 않으랴. 그러나 소멸은 평등하다. 우린 그저 적멸로 향해 갈 뿐이다. 그 노정에 업보를 적게 쌓는 것이 이승의 도리일 뿐.

제23대 순조 가계도

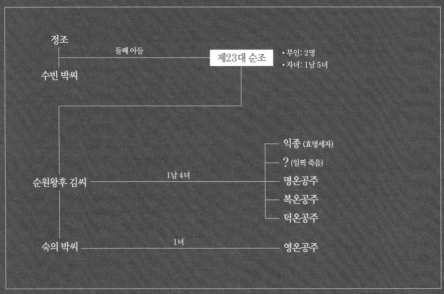

정조
둘째 아들 ─────────── 제23대 순조
수빈 박씨
• 부인: 2명
• 자녀: 1남 5녀

순원왕후 김씨 ─── 1남 4녀 ─── 익종 (효명세자)
? (일찍 죽음)
명온공주
복온공주
덕온공주

숙의 박씨 ─── 1녀 ─── 영온공주

해는 서산으로, 조선의 역사도
함지咸池를 향해 가네

부와 권력은 세습되지 않는다. 수명 또한 그렇다. 조선왕조의 역사는 그것을 극명하게 보여준다. 두세 손가락 안에 꼽을 수 있는 천재 임금 정조는 아홉 수를 넘기지 못하고 48세에 승하했다. 자식 복도 없어 효의왕후는 아예 석녀이고, 후궁 의빈 성씨가 낳은 맏아들 문효세자는 4세에 요절했다. 노심초사 끝에 정조가 38세에 후궁 수빈 박씨에게서 얻은 둘째가 순조다.

정조가 갑자기 승하한 지 5일 만에 열 살, 순조가 즉위한다. 세상이 바뀌고, 양지와 음지가 바뀌고, 역사의 물줄기가 침몰하는 시점이다. 세도정치라는 말이 본격적으로 활개치는 시점이기도 하다.

순조가 태어나는 순간은 화려하다. 《정조실록》에는 "이날 새벽 금림禁林에는 붉은 광채가 있어 땅에 내리비쳤고, 해가 한낮이 되자 무지개가 태묘太廟의 우물 속에

순조 1790~1834(44세) | 재위 1800. 7.(10세)~1834. 11.(44세). 34년 4개월 | 순원왕후 1789~1857(68세)

순조의 인릉 전경

서 일어나 오색광채를 이루었다."고 나온다.

그러나 불과 10살 어린애가 왕의 직분을 수행할 수 있을까? 정순왕후가 수렴청정을 하면서 노론 벽파가 득세하고, 남인을 치기 위한 천주교 박해(신유박해) 등이 벌어져 정조가 물려준 꿈은 흔들렸다.

순조가 14세 되어 본격적 친정에 나서지만, 장인인 김조순 일가가 실권을 잡으며 국정의 어려움은 계속된다. 소위 안동 김씨 세도정치다. 세도世道란 본래 '세상을 바르게 다스리는 도리'라는 뜻으로 중종조 때 조광조 등 사림들이 표방했던 통치원리였다. 그것이 정조 초에 세도의 책임을 부여받은 홍국영이 위임받은 권력으로 독재를 자행하기 시작한 데서 비롯되어 임금의 총애를 받는 신하나 외척들이 독단으로 권력을 휘두르는 말로 변질되었다.

　　세도정치의 대명사가 된 안동 김씨에 대한 약간의 오해도 있다. 경상북도 안동에 들어서면 '정신문화의 수도 안동'이란 광고판이 곳곳에 서 있다. 조선 후기 세도가 안동 김씨는, 안동을 본으로 하는 족벌로 보기에는 문제가 있다. 서울 자하동과 청풍계 일대에 대대로 거주했던 노론 명가를 뜻한다. 자하동이 장동莊洞이 됐고, 세도정치를 펼쳤던 이들은 장동에 살던 장동 김씨를 지칭한다. 괜히 핀잔을 받는 안동에 사는 안동 김씨는 억울함을 풀기 바란다.

　　정치 기강은 문란해졌고 부정부패가 만연했다. 결국 순조 11년(1811) 홍경래의 난이 터졌다. 몰락 양반에서부터 농민까지 다양한 계층이 참여했던 이 난은 조선 왕조

김삿갓 생가 (영월군)

를 부정하는 반체제적 성격이었다. 이듬해 관군이 진압했지만, 조선 후기 사회의 붕
괴를 가속화시킨 분수령이 됐다. 이 사건과 관련되어 방랑시인 김삿갓이 등장했다.

순조는 이밖에도 유례없는 기근과 수재, 전염병, 크고 작은 민란과 역모사건에
시달렸다. 전염병으로 10만여 명이란 엄청난 백성이 죽고, 재위 34년 중 19년간 수
해가 닥쳤다. 순조 14년까지 조선의 인구는 증가 추세여서 총 790여만 명이었다. 그
러나 순조 16년 통계 조사에는 659만여 명이다. 130여만 명이나 감소했다. 엄청난
숫자다. 당시 한성부(서울) 인구는 20여만 명으로 큰 변동이 없다. 130여만 명의 백성
을 잃은 군주, 억조창생을 지켜주지 못한 왕이 순조다. 참고로 조선 초 태종 때 조선
의 인구는 32만2천여 명, 임진왜란 전 인구는 370여만 명, 임진왜란과 병자호란을
겪은 후 조선의 인구는 150여만 명이었다.

물론, 호구수에 관한 자료들을 가지고 당시의 실제 인구수를 추정하기는 어렵다. 인구통계에 관한 연구를 한 토니 미첼Tony Micheell은 조선 후기에 보고된 호의 총수는 일반적으로 약 50% 정도 축소된 수치였고, 기록된 호라고 하더라도 실제 가구원의 약 23% 정도가 호적에서 누락되었다고 보고 있다. 그러나 엄청난 인구 감소는 명백한 사실이다. 백성의 목숨을 지켜주지 못한 군주, 쇠락의 문턱으로 정신없이 내몰린 군주라는 낙인은 지울 수 없다.

수염 난 석호

순조는 안동 김씨 세도정치의 폐단을 막아보고자 조만영의 딸을 세자빈으로 맞았다. 그러나 풍양 조씨의 득세로 이어질 뿐이었다. 개 피하려다 뱀 만난 격이다. 아니 둘 다 피하지 못했다. 두 가문은 득세를 위한 싸움에만 몰두했다. 선정, 민생은 관심 밖이었다.

그러나 피는 속일 수 없었다. 학문을 즐긴 순조는 문집《순재고》를 남겼다.《양현전심록》·《대학유의》·《만기요람》등 학문과 정사에 다양한 저서도 간행하게 했다.

인릉은 합장릉이다. 생전에 금슬이 어떠했던지 간에 영원히 한 이불 속에서 지내야 한다. 함께 묻힌 순원왕후는 아슬아슬하게 왕비가 됐다. 눈앞까지 왔던 금메달을 날려버릴 지경에 용케 낚아채 목에 걸었다.

순원왕후는 본격적 세도정치의 시조인 영안부원군 김조순의 딸이다. 1800년(정조24) 초간택, 재간택을 거쳐 3간택을 앞두고 갑자기 정조가 승하했다. 1차, 2차 시험에 통과하고 최종 면접을 앞두고 심사위원장이 바뀐 것이다. 그동안 수모를 당하며 살아온, 영조의 계비 정순왕후가 대비마마가 되었다. 할머니뻘인 대비와 정조와는 오랜 앙숙이다. 정조가 죽자 대비의 세상이 되었다. 정순왕후는 자신의 외척인 김관주와 권유 등을 시켜서 간택을 무효화시키고 자기 사람을 심으려고 애썼다. 그러나 이제 막 음지에서 양지로 나온 터이라, 조정 여론을 장악하지 못해 결국 간택은 유효하게 작용했다.

순원왕후는 아버지 김조순, 남동생 김좌근으로 이어지는 안동 김씨 집권의 중심축이었다. 가문의 영광을 위해 몸을 던진 여인이다. 지아비 순조와는 관계가 원만하지 못했을 것이다. 인릉 곁에 있는 헌릉에 묻힌 태종만큼 힘이 있었다면 외척의 발호를 묵과하지 않았을 것이다. 태종은 장인과 처남 네 명을 사정없이 처단했다.

순조와의 사이에서 1남 4녀를 두었지만, 외아들 효명세자는 아들 하나 낳고 21세에 죽었다. 아들이 보위를 잇지 못하고 손자가 왕위를 이으니, 제24대 헌종이다. 헌종은 자식 없이 22세에 승하했다. 순원왕후 친정은 가문의 영광을 누렸지만, 자신은 대가 끊겨버렸다. 오호, 통재라! 누구로 하여금 대를 잇게 할 것인가?

순원왕후는 대왕대비 시절, 며느리 조대비의 풍양 조씨 일문이 미처 손을 쓰기 전에 사도세자의 증손자인 강화도령 원범(철종)을 지목하여 왕위를 잇게 했다. 천둥벌거숭이 원범이가 하루아침에 왕이 되는 데 그녀의 역할이 결정적이었다. 나라꼴이 만신창이가 되어가고 있었다.

미우나 고우나 한 이불 속에 잠들고 있으니 없는 정일망정 만들어가시라. 영혼이 잠시 나와 쉬는 혼유석도 한 개뿐이다. 거기서도 서로 부둥켜 안고 노는 수밖에 없다. 밀치고 외면하다간 돌 밖으로 굴러 떨어진다. 이런 의도로 한 개를 설치했을 리는 없다. 왕권이 허약하니 대충 때운 것이리라. 순조純祖, 순원왕후純元王后시여! 그 이름만큼만 너그럽고 유하게 지내시길. 원怨은 푸시고 정情만 가을 잔디처럼 새록새록 푸르러지길 서원하나이다.

인릉 仁陵

조선 제23대 순조와 비 순원왕후 김씨의 능. 1834년 순조가 왕위에 오른 지 34년 만에 승하하자 처음 파주 장릉長陵(제16대 인조의 능) 곁에 능을 조성했다가, 풍수상 불길하다는 의론이 대두되어 1856년(철종 7) 헌릉獻陵(제3대 태종의 능) 오른쪽 언덕(우강右岡)으로 이장했다. 다음해에 왕비 순원왕후가 승하하자 순조와 합장했다. 헌릉과 함께 헌인릉으로 불린다.

합장릉이라 외형상 단릉처럼 보인다. 봉분은 물론 봉분 앞 혼유석도 하나만 설치해 놓았기 때문이다. 장명등은 영릉英陵(세종의 능)의 제도를 따르고 있다. 문무인석의 조각은 사실주의적인 것으로 머리가 어깨 위로 나오고 하반신이 더 길어져서 매우 아름다운 형체를 띠고 있다. 순조와 순원왕후는 1899년(광무 3) 11월 17일에 숙황제, 숙황후로 추존되었다.

사적 제194호. 서울특별시 서초구 내곡동 산13-1
헌인릉 전체 면적 119만3,071㎡(36만904평)

추존왕 익종 가계도

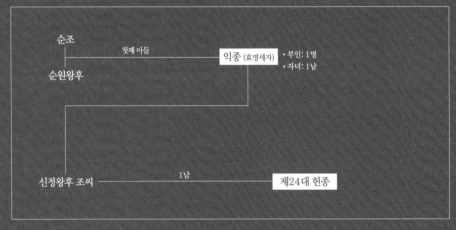

순조

첫째 아들

익종 (효명세자)

• 부인: 1명
• 자녀: 1남

순원왕후

신정왕후 조씨 ——————— 1남 ——————— 제24대 헌종

조선의 마지막 희망, 촛불춤으로 지다

이영 → 효명세자 → 익종 → 문조, 효명세자에 대한 호칭 변천사다. 21세에 요절한 위인치고는 다양한 이름으로 불린다. 그러나 이력서가 복잡하면 그만큼 인생이 파란만장하다는 의미다.

효명세자는 역대 세자 중 가장 예술적 · 문학적 조예가 깊고 뛰어났으며, 무엇보다도 춤을 사랑한 세자였다. 그러나 그의 춤 사랑은 기울어지는 국운을 털고 일어서는 살풀이춤이 되지 못하고, 허약한 촛불춤으로 끝났다. 활활 타오르는 활화산이 되어 부패를 태워버리고 조선의 기강을 굳게 세울 장수를 기대했지만, 그는 낭만적 예술가 기질이 한계였다.

효명세자는 순조와 순원왕후 사이의 제1자로 태어나 순조 12년(1812) 3세에 왕세자로 책봉되었으며, 순조 27년 2월 18일부터 30년 5월 6일 급서하기 전까지 약 3년 3개월 동안 대리청정을 했다. 그는 당시 안동 김씨 세도정치 세력을 억제하고 왕

익종 1809~1830(21세) | 신정왕후 1808~1890(82세)

권을 강화하고자 하는 순조의 염원과 기대를 한 몸에 지고 부왕의 명을 받들어 대리청정을 했다. 대리청정 동안에 아버지 순조의 정치적 염원을 거의 가시화하는 탁월한 정치적 역량을 증명해 보였다.

대들보와 기둥이 썩어 뿌지직! 소리가 나는 조선에 희망이 보였다. 그러나 희망은 곧잘 희망사항으로 끝난다. 사가史家들이 입을 모아 애석해하는 조선의 두 세자가 있으니, 소현세자와 효명세자다. 그들이 요절하지 않고 여법하게 등극했다면 조선의 운명이 달라졌을 거라고 말한다.

효명세자는 예악정치의 일환으로 궁중 연향과 춤을 다루는 고도의 무용정치를 펼쳐, 효율적으로 안동 김씨 세력을 무력화시키는 동시에 강력한 왕권을 확립하는 장치로 활용했다. 당시, 정치적·경제적인 이유로 악정樂政이 중단되어 정재(궁중무용)의 창사조차 제대로 전해오지 않은 상태에서 그는 궁중 연향을 통해 왕이 중심이 되는 정치질서를 과시하고, 왕실의 위엄과 존왕의식을 표명하는 정치의식 양식화를 꾀했다. 예나 지금이나 거창한 군사 퍼레이드, 성대한 잔치는 권력 과시의 수단이다.

그리하여 짧은 통치기간에도 불구하고 전례 없이 화려한 황제식 궁중 연향을 벌이면서 궁중무용의 창사와 가사를 직접 지었다. 연향에 쓰이는 치사와 전문을 직접 지어 올리고, 이름만 남은 옛 정재들을 자신의 악장으로 되살려냈다. 더불어 연향의 규모를 확대하여 왕실의 위엄을 한껏 드러내는 화려한 정재와 연향의 양식을 확립했다.

꾀꼬리가 노는 것을 보고 창작한 〈춘앵전〉, 모란꽃을 들고 춤을 추는 대표적인 궁중무용 〈가인전목단〉을 직접 창작하고, 〈고구려무〉·〈향령무〉·〈장생보연지무〉 등의 궁중무용을 복원 및 집대성했다. 그리하여 효명세자는 조선 후기 궁중 연향

과 정재 양식을 새롭게 정립했으며, 이는 조선왕조가 끝날 때까지 그대로 이어졌다.

그는 대리청정을 시작한 지 3일 만에 자신의 하례식 절차가 잘못되었다는 이유로 안동 김문 계열의 전·현직 예조판서들을 감봉 처리했다. 대리청정 말기에 이르러서는 안동 김씨 세력을 정치적으로 거의 제거하고, 자신의 통치기반을 확고히 할 정도로 정치적으로 안정을 이루었다.

여러 차례 큰 궁중 연회를 개최하면서 행사를 총괄하는 진찬소의 당상에 김조순에 맞섰던 박종경의 아들을 임명하여 안동 김씨 세력을 견제했다. 효명세자는 연향에 쓰일 정재들을 창작하면서 이름만 전해오던 춤들을 모두 자신의 신작新作으로 되살려냈을 뿐 아니라, 전대로부터 전승되어오던 정재들도 다시금 화려하게 채색

수릉 전경

하고 무용수들의 수도 늘려 웅장하고 화려한 대규모의 연희를 열었다.

　그리고 중국에서 유래한 당악정재唐樂呈才를 향악화하고, 당악정재와 향악정재鄕樂呈才 간에 있었던 형식적·내용적 차이를 불식시켰다. 이는 단지 중국에서 유래한 당악적 요소를 정치적으로 제거하려는 노력에서 비롯된 것이라기보다는, 춤이 중심이 되는 향악정재의 예술적인 장점을 강화하는 방향에서 이루어진 결과로 보인다.

　효명세자는 자신이 대리청정한 3년여의 짧은 시기를 통하여 조선 궁중정재의 수준을 정점으로 끌어올려 정재를 왕궁문화의 꽃으로 만들었을 뿐 아니라, 조선조 궁중정재의 황금기를 이루었다. 그 결과 효명세자는 조선조 말까지 전해지는 53종의 궁중정재 중 26종의 정재를 직접 예제하고 재창작하였을 뿐 아니라, 조선 후기의 궁중 연향과 정재 양식을 새롭게 양식화하고, 정비 확충하여 조선 궁중무용의 절정기를 이루었다.

그리고 조선조 초기의 정재들이 왕권 창업의 정당성을 옹호하는 도구로 쓰이던 정치적 색채를 퇴색시키고, 효명의 문학작품 세계가 지녔던 자연 대상과 사물들을 본 뒤의 감흥을 춤으로 묘사하거나 자연의 풍경과 아름

무인석

다움을 이야기하는 춤, 그리고 이제까지 궁중정재에서는 찾아볼 수 없었던 독무 형태의 춤도 등장했다. 창사 없이 전문적인 기교를 선보이고 시각적인 흥겨움을 강조하는 스펙터클한 성격의 정재도 늘어나 궁중무용의 주제와 소재가 다양해지고, 표현 방식과 춤 형식 역시 다양해져서 예술적 수준이 크게 향상되었다. 나아가 공연 구성에 있어서도 향악정재의 비율을 당악정재에 비하여 월등히 높이고 조선적인 주제를 들여오는 등 내용과 형식 양면에서 궁중무용의 진경시대를 열었다.

그러나 그는, 궁중무용단장이 아니라 예비 국왕이었다. 예술을 사랑하는 것으

로 자격이 충분한 무용인이 아니라 조선의 운명을 거머쥔 예비 선장이었다. 그리고 그는 요절했다. 미인박명美人薄命은 남자에게도 적용되는가? 스물한 살 청년 효명의 죽음에 대한 이유는 어디에도 기록이 없다. 연고 없는 노숙자가 죽어도 타살他殺인가, 동사凍死인가, 아사餓死인가를 밝히거늘, 영명한 세자가 왜 요절했는가에 대한 기록이 없다. 결국 독살설에 기대야 하는가? 나라 밖에서는 현란한 신문물이 범람했지만, 조선의 19세기는 장막 쳐진 고인 웅덩이였다.

함께 묻힌 신정왕후는 풍은부원군 조만영의 딸로 순조 19년(1819)에 세자빈에 책봉되어 슬하에 헌종을 생산했다. 신정왕후 개인적인 입장에서는 익종翼宗이 요절함으로 인해 외로운 일생을 보냈지만, 그보다는 국가 권력의 정상에 군림하여 정치적으로는 화려했다. 82세까지 천수를 누리면서 조선 후기 정국을 좌지우지한 여장부였다. 남편이 익종으로 추대되자 왕대비에 올랐고, 철종이 승하한 후에는 대왕대비가 되어 왕실의 권한을 장악했다.

안동 김씨 세도정권의 중심이었던 순조의 비 순원왕후가 1857년(철종 8) 승하하자 새로운 세도정권 세력으로 풍양 조씨가 권력을 잡게 되는데, 결정적 요인은 헌종의 외척 세력이 바로 풍양 조씨였던 것이다.

풍양 조씨 세도정권의 중심이었던 신정왕후는 철종이 후사 없이 승하하자 철종의 후계자 결정에 권한을 쥐고 평소 친분이 있었던 종친 이하응을 권력의 내부로 끌어들여 고종의 왕위 승계를 주도했다. 결국 어린 고종을 대신해 수렴청정을 하면서 권력을 흥선대원군에게 인계하는 역할을 했다.

수릉 綏陵

순조의 아들이자 헌종의 아버지인 추존왕 익종과 비 신정왕후 조씨의 합장릉. 수릉은 몇 차례 능지陵地가 옮겨지다가 현 동구릉 경내로 자리잡았다. 세자 신분으로 죽자 무덤을 제20대 경종과 계비 선의왕후를 모신 서울 성북구 석관동에 위치한 의릉懿陵 옆에 조성했다. 이후 헌종 12년(1846)에 길지로 옮기자는 논의에 따라 경기도 양주 용마산 기슭으로 천장했다가 철종 6년(1855)에 현 위치인 태조의 건원릉 옆으로 다시 천장하면서 동구릉의 마지막 아홉 번째 능이 되었다. 이로 인해 동구릉이라는 명칭이 정착되었다. 문조文祖라는 시호로 많이 불리는 것은 대한제국 성립 후 1899년에 황제로 추존되면서 문조익황제라 칭한 것에 연유한다.

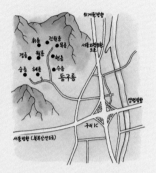

21세의 나이로 요절한 익종과는 달리 82세의 장수와 권력의 정상에 있었던 신정왕후는 고종 27년(1890)에 승하해 수릉에 합장되었다.

사적 제193호. 경기도 구리시 인창동 62
동구릉 전체 면적 191만5,891㎡(57만9,557평)

제24대 헌종 가계도

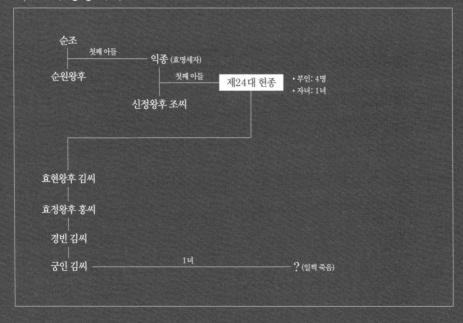

순조

순원왕후

─ 첫째 아들 ─ 익종 (효명세자)

└ 첫째 아들 ─ 제24대 헌종 · 부인: 4명
· 자녀: 1녀

신정왕후 조씨

효현왕후 김씨

효정왕후 홍씨

경빈 김씨

궁인 김씨 ──────── 1녀 ──────── ? (일찍 죽음)

제24대 현종과 효현왕후, 그리고 계비 효정왕후
경릉

가장 아름답게 보이는 삼연릉의 비밀

조선의 역사는 말기를 향해 달려가고 있었다. 말기의 인물들은 삐걱거리는 '비운悲運이란 수레'에 탈 수밖에 없다. 조선이란 함대는 밑창이 터지고 옆구리가 깨지고 있었다. 세도정치에 휘둘린 허약한 조정은 기강이 휘청거렸다. 관리 임명의 근간이 되는 과거제도는 유명무실해지고, 백주대낮에 매관매직이 성행했다. 국가 재정의 기본인 삼정三政(전정·군정·환곡)의 문란으로 왕실의 권위는 실추되고 민생은 피폐해졌다.

1834년 순조가 세상을 떠나자, 헌종은 일곱 살 나이로 왕위에 오른다. 할아버지 영조의 뒤를 이은 정조는 강건하게 국사를 수행했으나, 할아버지 순조의 뒤를 이은 헌종은 너무 어렸다. 일곱 살, 조선 역대 왕 중 최연소 즉위다. 조정의 분위기와 세상 형편은 어린애를 능멸하기에 적합했다. 안동 김씨의 세도는 브레이크가 고장난 채 질주하고, 어린 왕은 할머니 순원왕후(순조 비)의 무릎에 앉아 수렴청정을 감내하

헌종 1827~1849(22세) | 재위 1834. 11.(7세)~1849. 6.(22세). 14년 7개월 |
원비 효현왕후 1828~1843(15세) | 계비 효정왕후 1831~1904(73세)

조선왕릉에서 유일하게 삼연릉으로 조성된 경릉

는 수밖에 없었다. 오죽했으면 그의 묘호를 헌종憲宗이라 지었을까? 국헌國憲을 지키고픈 간절한 염원을 죽은 후 묘호에 담았다고나 할까? 기록상 재위 기간은 14년이다. 그 중 6년은 수렴청정 기간이고, 8년의 친정 기간에도 그는 힘을 쓰지 못했다. 안동 김씨와 풍양 조씨의 세력다툼 틈바구니에 끼여 숨만 헐떡거리다가 스물두 살 청년 이환李奐(=헌종)은 이승을 하직했다. 왕의 죽음인데, 사인死因에 대한 기록도 없다. 스트레스로 인한 사망이라고 후세 사람들은 말한다.

　　헌종의 치적, 그가 남긴 것은 창덕궁 낙선재樂善齋다. 어떤 이는 낙선재 일곽을 두고 '헌종의 예술과 사랑이 빚어낸 곳'이라고 표현했다. 낙선재는 우리에게 낯익은 이름이다. 얼마 전(1989년)까지만 하여도 영친왕의 비妃 이방자 여사가 생활했던 곳이

기 때문이다. 조선의 마지막 궁녀 몇몇
도 이곳에서 살다가 죽었다.

주택풍의 연속된 건물 세 채와 후원
이 딸려 있다. 이 건물은 본래 국상國喪
을 당한 왕후들이 소복素服을 입고 은거
하던 곳이다. 상중에 근신하는 왕후가
소박한 건물에서 예를 갖추고 법도를
지키도록 단청도 하지 않았다. 후원은
절제되면서도 조화 있는 조경으로 꾸며
져 있다. 낙선재는 1846년(헌종 12) 창건되
었다. 1926년 순종이 승하한 뒤 윤비尹
妃(순명황후)가 이곳에서 은거하다 별세했
고, 1963년 일본에서 환국한 영친왕 이
은李垠도 이곳에서 생애를 마쳤다.

홀을 들고 있는 문인석

헌종은 재위 3년에 효현왕후孝顯王后를 왕비로 맞았으나, 6년 후 왕후는 후사 없
이 열다섯 살의 나이로 세상을 뜨고 만다. 이듬해 헌종은 계비를 맞아들이기 위한
삼간택에 전례를 깨고 자신도 직접 간택에 참여했지만, 헌종이 마음에 둔 사람(후의
경빈 김씨) 대신 효정왕후孝定王后 홍씨가 간택된다. 간택의 결정권이 왕실의 어른인 대
왕대비에게 있었기 때문이다.

이에 헌종은 3년 동안 고심한 끝에 왕비가 후사를 생산할 가능성이 없다는 핑계
로 대왕대비의 허락을 받아 삼간택에서 떨어진 두 사람 중 한 사람인 경빈 김씨를

창덕궁 내 낙선재

후궁으로 맞아들인다. 낙선재와 그 일곽인 석복헌과 수강재는 이 때 사랑하는 여인을 위하여 지었다. 말하자면, 경빈 김씨가 곧 왕실의 대통을 이을 왕세자를 낳기 위한 둥지인 셈이다.

헌종의 평소 처소인 낙선재는 경빈 김씨를 맞아들인 왕 13년(1847)에 지어졌고, 경빈 김씨와 대왕대비의 처소인 석복헌과 수강재는 그 이듬해에 지어졌다. 헌종은 이곳 낙선재에서 경빈 김씨를 옆에 두고 세상사 잊고 책을 읽고 서화를 감상하면서 시간을 죽였다. 무거운 곤룡포 잠시 벗고, 나라의 운명도 저만치 밀쳐버렸다. '낙선재樂善齋'란 '착한 일을 즐겨 하는 집'이라는 뜻이다. 문만 나서면 조정 암투의 먹구름이 자욱하고 조선을 넘보는 외세의 야수들이 아가리를 벌리고 다가오고 있건만, 낙선재는 태풍의 눈처럼 적요했다.

헌종은 이곳에서 서화를 사랑하여 고금 명가의 유필을 벗 삼아 지냈다. 그가 얼마나 서화를 좋아했는가는, 당시 헌종에게 여러 차례 낙선재에 불려 들어간 소치 허련許鍊이 기록한 《소치실록小癡實錄》에도 잘 나타나 있다. "낙선재에 들어가니 바로 상감이 평상시 거처하는 곳으로, 좌우 현판 글씨는 완당阮堂의 것이 많다. 향천香泉,

연경루硏經樓, 유재留齋, 자이당自怡堂, 고조당古藻堂이 그것이다."

풍류를 벗 삼으며 경빈 김씨와 낙선재에 기거하던 헌종은 경빈을 맞은 후 2년도 채 못 살고 재위 15년(1849) 6월 6일, 후사 없이 중희당에서 홀연히 세상을 떴다.

경릉은 3개의 봉분이 나란히 조성된 삼연릉이다. 조선 왕릉 중 유일하다. 겉으로 보기엔 참으로 고즈넉하다. 그러나 조성된 경위는 우울하다. 허약했던 청년 군주 헌종의 이력서다. 건원릉 서쪽 다섯 번째 줄기에 있는 경릉은, 원래 선조의 유택인 목릉이 있었다. 목릉을 건원릉 두 번째 줄기로 천장하고 비어 있던 자리였다. 헌종의 원비 효현왕후가 15세로 별세하자 이곳에 안장하고 능호를 경릉이라 붙였다. 6년 후인 1849년 헌종이 승하하자 효현왕후 곁에 묻었다. 왕이 살아 있을 때 왕비 곁으로 가고 싶다는 전교가 없으면 먼저 죽은 왕비 곁으로 가지 않는 것이 법도다. 안동 김씨들은 길지를 물색한다고 열세 곳이나 다녔다고 둘러대며 추천한 능지가 여기다. 흉당으로 꼽히는 파묘破墓 자리인데다, 헌종은 능호도 얻지 못했다.

헌종의 능호를 숙릉肅陵으로 정했으나 국장기간 중에 영부사 조인영의 상소로 효현왕후의 경릉을 함께 쓰기로 한 것이다. 왕인 남편이 아내의 문패를 그대로 사용한 것이다. 왕권의 허약함과 신권의 방자함을 극명하게 보여주는 사례다. 계비 효정왕후 홍씨가 1904년 73세로 별세하자 원비 곁에 묻었다. 효정왕후도 정릉正陵이란 능호를 받았으나, 1904년이면 조선이란 나라가 있는지 없는지 혼미한 시절이 아닌가.

3개의 무덤은 난간석을 터서 한 방을 쓰는 부부임을 나타낸다. 아무리 왕이라 해도 한 방에 두 여인을 들여놓지는 않았다. 참으로 민망한 모습이다.

아름다운 신혼방 석복헌에 살던 경빈 김씨도 결국 자식을 낳지 못했다. 이후 그 여인은 어떻게 되었는지 모른다. 이왕 법도를 무시하려면, 비록 후궁이지만 헌종 곁에 안장하여 4연릉으로 조성했다면 죽은 자의 혼령이 크게 기뻐하며 덩실덩실 춤을 출 것을. 아차, 그런데 혼유석은 따로따로다. 각자 자기 자리에서 노닐어야 한다. 배려할 줄 모르는 후손들의 참을 수 없는 경박함에 분노가 인다.

경릉 景陵

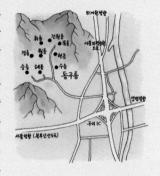

조선 제24대 헌종과 원비 효현왕후 김씨 및 계비 효정왕후 홍씨를 모신 삼연릉으로, 동구릉 내에 위치한다. 조선 왕릉 가운데 유일한 삼연릉으로, 정면에서 보아 제일 왼쪽 봉분이 헌종의 능이고, 가운데가 효현왕후, 오른쪽이 효정왕후의 능이다.

헌종은 요절한 익종의 아들로, 1834년 순조의 뒤를 이어 왕위에 올랐다. 당시 7세의 어린 나이였으므로 대왕대비 순원왕후 김씨가 수렴청정을 하면서 안동 김씨의 세도정치가 계속되다가 이어 풍양 조씨의 세도정치가 시작되었다. 이로 인해 삼정이 문란해지고 계속된 홍수로 백성들의 생활이 곤궁해졌다. 헌종은 혹독한 천주교 탄압정책을 폈으며, 1839년 기해박해로 많은 신자들이 학살당했다. 후사 없이 보령 22세로 승하하여 건원릉 서쪽 산줄기에 장사지냈다.

효현왕후는 1837년 왕비에 책봉되어 6년 만에 승하했다. 효정왕후는 효현왕후의 뒤를 이어 1844년 왕비로 책봉되었다. 헌종이 승하하고 철종이 즉위하자 왕대비가 되었다. 1908년 헌종은 성황제成皇帝로 추존되고, 효현왕후와 효정왕후도 성황후로 추존되었다.

사적 제193호. 경기도 구리시 인창동 산9-2
동구릉 전체 면적 191만5,891㎡(57만9,557평)

허수아비 왕의 사랑과 비극

"사또님 살려주세요. 저는 아무 죄도 없습니다. 제발 살려 주세요."

오색 깃발 휘날리며 그를 모시러 온 영의정을 보고 땅에 엎드려 연신 사또님 살려달라고 울먹인다. 만인지상萬人之上 일인지하一人之下라는 영의정을 본 일이 없는 떠꺼머리 시골 총각 원범에게는 고을 사또가 제일 높은 사람으로 여겨질 수밖에 없었다.

"이러시면 아니 되옵니다. 덕완군德完君 나으리. 어서 일어나시오소서."

한순간에 호칭이 달라졌다. 아직 즉위식을 거행하지 않았으니까 '나으리'다. 농사꾼 원범에게 권력의 필요에 의해서 덕완군이라는 군호君號가 대왕대비의 명에 의하여 내려졌던 것이다. 당황한 영의정 정원용이 예를 갖추며 머리를 조아렸다. 이렇게 하여 열여덟 살 무지렁이 총각 원범이는 어느 날 갑자기 왕이 되었다.

1849년, 제24대 헌종이 후사 없이 갑자기 승하하자 왕실과 조정이 발칵 뒤집혔다. 왕위를 계승할 적자嫡子가 없었기 때문이다. 이때 왕실의 어른이자 종실의 제일

철종 1831~1863(32세) | 재위 1849. 6.(18세)~1863. 12.(32세), 14년 6개월 | 철인왕후 1837~1878(41세)

제25대 철종가계도

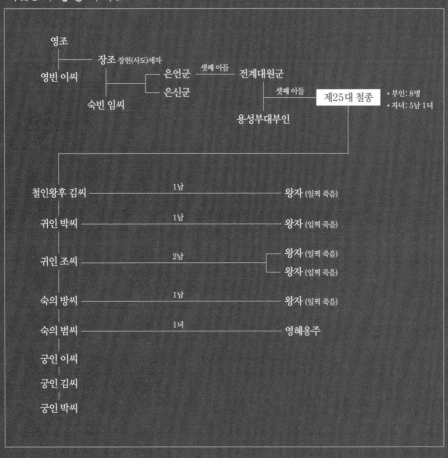

영조

영빈 이씨 ─── 장조 장헌(사도)세자

숙빈 임씨 ─┬─ 은언군 ─── 셋째 아들 ─── 전계대원군
          └─ 은신군

                        셋째 아들 ─── 제25대 철종 • 부인: 8명
          용성부대부인   • 자녀: 5남 1녀

철인왕후 김씨 ──────1남────── 왕자 (일찍 죽음)

귀인 박씨 ──────1남────── 왕자 (일찍 죽음)

귀인 조씨 ──────2남─────┬── 왕자 (일찍 죽음)
                        └── 왕자 (일찍 죽음)

숙의 방씨 ──────1남────── 왕자 (일찍 죽음)

숙의 범씨 ──────1녀────── 영혜옹주

궁인 이씨

궁인 김씨

궁인 박씨

웃어른인 대왕대비가 팔을 걷고 나섰다. 대왕대비 순원왕후 김씨는 김조순의 딸로서, 조선조 말 세도정치의 아성을 구축한 안동 김씨였다.

순조 비 순원왕후를 축으로 하는 안동 김씨와 순조의 장남 효명세자(익종) 비 신정왕후를 축으로 하는 풍양 조씨는 어느 쪽에서 먼저 왕을 내느냐 하는 문제로 신경을 곤두세우고 있었다. 이는 어느 한 개인의 이해利害가 아니라 가문의 영광이냐 몰락이냐 하는 중차대한 문제였다. 신하라는 이름으로 조정의 권력을 틀어쥔 안동 김씨와 풍양 조씨는 때로는 협조하는 동반자로, 때로는 각을 세워 대립하는 라이벌로서 조정의 권력을 양분하고 있었다. 종친부를 꺼내놓고 찾아보니 정조대왕의 아우인 은언군恩彦君의 손자 원범이 떠올랐다. 안동 김씨의 좌장격인 김문근과 대왕대비는 지체 없이 원범을 택했다. 직계 혈통에 마땅한 사람도 없었지만, 정치적인 배경이 있거나 성군이 될 여지가 있는 똑똑한 사람보다도 강화도에서 농사짓고 있는 원범이가 더할 나위 없이 좋은 적임자였다. 또한 풍양 조씨에게 선수를 빼앗기지 않으려면 촌각을 지체해서도 안 되는 일이었다.

대왕대비의 명이 떨어졌다. 종묘사직을 이어갈 왕으로 원범이를 택한다는 교지였다. 이게 바로 택군擇君이다. 임금이 신하를 임명하고 면직시키는 것이 아니라, 신하가 군왕을 선택하는 기가 막힌 처사다. 비록 대왕대비의 명을 거치는 요식행위를 치렀지만, 신하가 임금을 선택한다는 것은 권위를 기반으로 군림해야 하는 왕실로서는, 몰락으로 가는 급행열차를 타는 것이다.

안동 김씨에 의해 간택(?)된 원범은 사도세자의 서자이자 정조대왕의 아우인 은언군의 손자로서, 할아버지 은언군이 천주교 신자라는 이유로 사형당하고, 아버지 전계군은 원경·경응·원범의 세 아들을 두었는데, 큰아들 원경이 민진용의 모반

철종 생가 (왼쪽), 철종 외가 (오른쪽)

사건에 연루되어 사형당했다. 이에 놀란 아버지 전계군은 두 아들을 데리고 한양을
빠져나와 강화도에 숨어들었다.

글을 읽고 깨우치는 것은 죽음으로 가는 지름길이라고 생각한 아버지는 원범에
게 글을 가르치지 않고 농사를 짓게 하며 농사꾼 노릇을 하도록 했다. 이러한 아버
지와 어머니마저 천주교 신자라는 이유로 잃고 작은형마저 죽자, 원범은 천애의 고
아가 되었다. 외톨이가 된 원범에게 따뜻한 마음을 전해주는 여인이 있었으니 복녀
라는 애칭으로 불리는 영순이었다.

떠꺼머리 총각 원범과 섬 처녀 영순의 사랑은 길지 못했다. 1849년 6월 5일, 영
의정 정원용이 이끄는 제왕 봉영 일행이 갑곶나루를 건너 강화도에 들이닥쳤다. 깃
발을 앞세우고 진해루(동문)를 통과하여 위엄있게 들어오는 일행을 발견한 원범은
자기를 잡으러 온 것으로 착각하고 산으로 숨어버렸다. 난감해진 것은 한성에서 강
화까지 온 봉영 일행이었다. 이틀 밤을 강화유수 관아에서 묵은 일행은 대책 마련
에 부심했다.

더욱 몸둘 바 몰라 하는 것은 강화유수 정기세였다. 한성에서 봉영 일행을 이끌

강화전성

고 강화까지 행차한 정원용은 관직으로는 하늘같이 떠받들어야 하는 영의정이었고, 사적으로는 아버지였기 때문이다. 한성에서 내려온 일행이 불편하지 않게 보살피고 임금을 모셔가는 일이 매끄럽게 진행되어야 출세 길도 열릴 텐데, 원범이가 산속에 들어가 나오지 않으니 답답할 노릇이다.

마지막 수단으로 영순이에게 매달릴 수밖에 없었다. 강화유수는 영순이를 설득하고, 영순이는 원범이를 타이르는 형국이 되었다. 원범이를 모셔갈 봉영 일행이 강화도에 처음 당도했을 때 영순이 역시 원범이를 잡아갈 무리라 생각하고 "내가 나오

수복방 주춧돌

라고 할 때까지 꼼짝 말고 있어!'라며 깊은 산 속 동굴에 원범이를 밀어 넣었다.

원범이에게 줄 밥을 삼베 보자기에 싸들고 산을 오르던 영순이가 뒤돌아서 마을을 내려다보았다. 강화유수 관아에서 갑곶나루까지 줄지어 서 있는 일행이 예사 사람들은 아닌 것 같았다. 350여명이나 되는 행렬과 기품 있는 가마가 준비된 것으로 보아, 강화유수의 말처럼 원범이를 잡으러 온 사람들은 아닌 것 같았다.

그렇다면, 유수의 말처럼 '원범이가 왕 노릇 하러 한성으로 가면, 나는?'이라는 의문에 답이 없었다. 가진 것은 없었지만 마음씨 착한 원범이의 각시가 되어 아들 딸 낳고 알콩달콩 살겠다는 순진한 섬 처녀의 꿈은 유효한 것일까, 물거품이 되는 것일까? 아무리 생각해봐도 신통한 답이 없었다. 그러나 철종의 운명은 정해진 수순에 따라 진행될 뿐이다.

대왕대비의 리모콘에 의해 얼떨결에 왕위에 오른 철종이 무슨 일을 할 수 있으랴. 3년간 수습기간(수렴청정)을 마치고 막상 친정을 시작했지만, 왕으로서의 역량도, 의지도, 충성스런 주변 참모도 없었다. 정신이 들어 나름대로 백성을 위하고 선정을 펴려고 애썼으나 안동 김씨의 고용 사장이란 굴레를 벗을 수 없었다. 은밀한 조언자 역할을 해 줄 왕비조차 안동 김씨 김문근의 딸이었다.

그래, 왕노릇 포기하자. 마음을 비우니 그의 세상에는 쾌락 천국이 대령된다. 대궐에 있는 여자는 모두 왕의 여자다. 여색을 마구 탐한들 누가 딴지를 걸까? 오히려 히히덕거리며 그것을 부추기는 세력이 득실거린다. 정비 철인왕후 외에 공식 후궁을 7명이나 두었다. 기록에 없는 하룻밤 풋사랑의 여인들이 얼마나 되었는지는 알 수 없다. 결국 여색에 빠져 요통에 걸려 누웠다가 32세로 승하했다. 슬하에 5남 1녀를 두었으나 아들은 모두 '○○군'이란 이름도 얻지 못하고 요절했다. 여기에도 어찌 음모가 없었으랴. 단 하나 살아남은 딸, 영혜옹주는 갑신정변의 주역인 개화파 박영효에게 시집갔으나 몇 달 살지 못하고 죽었다.

원범이를 한성으로 떠나보낸 영순이는 매일같이 해질녘이면 갑곶나루터에 나가 원범이가 돌아오기만을 기다렸다. 하지만 기다려도 기다려도 원범이는 돌아오지 않고 무심한 갈매기만 끼룩끼룩 울어댈 때 영순이도 같이 울었다. 그후 영순이는 어떻게 살다 죽었는지 모른다. 고인이 된 신상옥 감독은 그녀에 대한 진혼곡 삼아, 영화 〈강화도령〉(1963년 작) 에서는 철종이 그녀를 궁궐로 불러 재회하는 장면을 삽입하기도 했다.

예릉 睿陵

조선 제25대 철종과 비 철인왕후 김씨의 쌍릉으로, 서삼릉에 세 번째로 조성된 능이다. 다음 대인 고종과 순종이 황제릉의 형식으로 조성되었기 때문에, 예릉은 조선조 왕릉 형식의 마지막 능이다.
예릉의 상설제도를 보면, 왕과 왕비 능의 봉분은 난간석으로 연결되어 있고, 병풍석은 설치하지 않았다. 또한 장명등의 위치가 혼유석과 많이 떨어져 있는 것을 제외하고는 전형적인 왕릉의 틀을 유지하고 있다.

사적 제200호. 경기도 고양시 덕양구 원당동 산37-1
서삼릉 전체 면적 21만 7,701㎡(6만5,970평)

제26대 고종과 명성황후
홍릉

대원군의 아들,
명성황후의 남편으로 부르지 말아 주시오

　42기의 조선 왕릉 중 홍릉(고종 능)과 유릉(순종 능)에만 없는 것은 뭘까? 답은 정자각丁字閣이다. 정자각은 조선 왕릉의 표본인 태조의 건원릉부터 제25대 철종의 예릉까지, 조선의 마지막 두 왕인 26대 고종과 27대 순종 능을 제외한 모든 왕릉에서 공통적으로 찾아볼 수 있는 건축물이다. 왕릉 입구인 홍살문과 봉분 사이에 자리한다.

　선대 왕의 제사를 모시던 정자각은 조선 왕릉의 핵심 구조로 꼽힌다. 평면이 '丁'자 모양이라 '정자각'이라는 이름이 붙었다. 그런데 홍릉과 유릉에는 정자각 대신 '一'자 모양의 침전寢殿이 있다. 왜 그럴까? 비밀은 1897년 대한제국의 선포에 있다. 고종은 조선이 중국과 대등한 나라임을 선포하고 황제가 됐다. 이후 왕릉 형식도 '一'자 모양 침전이 있는 중국 황제릉과 비슷해졌다.

　1897년 고종은 국호를 대한제국으로 바꾸어 황제라 칭하고, 연호를 광무라 했

고종 1852~1919(67세) | 재위 1863. 12.(11세)~1907. 7.(55세), 43년 7개월 | 명성황후 1851~1895(44세)

제26대 고종가계도

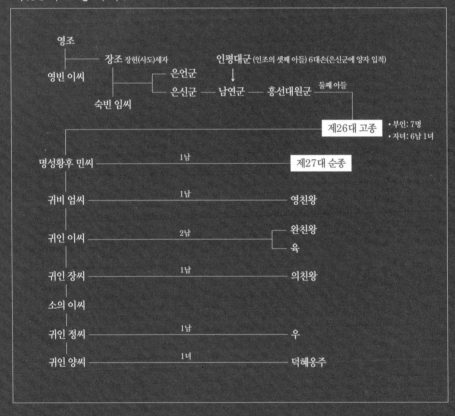

영조
영빈 이씨 ── 장조 장헌(사도)세자
숙빈 임씨

은언군
은신군 ── 남연군 ── 흥선대원군

인평대군 (인조의 셋째 아들) 6대손(은신군에 양자 입적)

둘째 아들

제26대 고종
· 부인: 7명
· 자녀: 6남 1녀

명성황후 민씨 ──────── 1남 ──────── 제27대 순종

귀비 엄씨 ──────── 1남 ──────── 영친왕

귀인 이씨 ──────── 2남 ──────── 완친왕
육

귀인 장씨 ──────── 1남 ──────── 의친왕

소의 이씨

귀인 정씨 ──────── 1남 ──────── 우

귀인 양씨 ──────── 1녀 ──────── 덕혜옹주

다. 고종은 황제 폐하다. 그러나 여러 제후국의 왕들을 거느린 제국의 황제가 아니라, 침몰해가는 조선국 함대의 외로운 황제다. 그렇게라도 격상해서 조선 함대를 일으켜 세우려는 몸부림에서 나온 눈물겨운 황제 폐하다. 고종은 흥선대원군 이하응과 여흥부대부인 민씨의 둘째 아들이다. 순종, 헌종, 철종 3대에 걸쳐 막강한 세도정치를 펼치던 안동 김씨 일파는, 철종의 후사가 없자 뒤를 이을 국왕 후보를 두고 왕손들을 지극히 경계했다. 흥선군 이하응은 안동 김씨의 화禍의 표적이 되는 것을 피해 시정잡배들과 어울리며 방탕한 생활을 하면서 몸을 낮추고 있었다. 심지어 안동김씨 가문을 찾아다니며 구걸을 하기도 했다. 이런 호신술 덕분에 목숨을 부지한 흥선군은 철종의 죽음이 임박하자 궁중 최고 어른인, 헌종의 모후 조대비와 연줄을 맺어 자신의 둘째 아들 명복命福을 왕위에 앉히려 한다. 조대비 역시 그동안 안동 김씨의 세도에 짓눌려 지냈기에 의기투합했다.

1863년 12월 8일 철종이 승하하자, 조대비는 재빨리 흥선군의 둘째 아들 명복을 양자로 삼아 익종의 대를 이은 왕통을 설정하여 대통을 계승하도록 지명한다. 명복을 익성군에 봉하고 관례를 거행, 12월 13일 국왕에 즉위케 한다. 전광석화 같은 인생 역전 작전이다.

이때 고종의 나이 11세였다. 고종 역시 철종과 마찬가지로 정식 제왕수업을 받고 즉위한 왕이 아니다. 세력 간 경쟁에서 엉겁결에 떠밀려서 옥좌에 앉은 왕이다. 왕의 앞날에 놓인 것은 수렴청정과 섭정의 굴레였다. 조대비가 수렴청정을 하고, 흥선군을 흥선대원군으로 높여 섭정의 대권을 위임했다. 흥선대원군은 향후 10년 동안 권력을 쥐고 자신의 의지대로 정사를 운영했다.

한편 1866년(고종 3) 3월 20일, 흥선대원군의 부인인 여흥부대부인 민씨의 천거로 민치록의 딸을 왕비로 책봉하니, 이가 곧 명성황후이다. 여덟 살 어린 나이에 부모를 여의고 혈혈단신 고아로 자란 민씨가 왕비로 간택된 것은 이유가 있다. 순조, 헌종, 철종 3대에 걸쳐 60여년간 세도정치의 폐단과 독선을 경험한 바 있어 외척이 적은 여흥부대부인 민씨의 집안에서 왕비를 맞아들여 외척이 날뛰는 것을 막아보겠다는 흥선대원군의 의지 때문이었다. 그러나 훗날, 시어머니에 의해 천거되고 시아버지에 의해 발탁된 며느리는 시아버지와 첨예한 대립각을 세웠으니, 역사와 운명은 눈 밝은 선지식이 아니면 알 수 없다.

고종이 어느새 20세를 넘겨 성인이 되자 친정親政의 의욕을 강하게 나타냈다. 거기에다 고종 비 민씨가 노대신들과 유림들을 앞세워 흥선대원군의 하야下野 공세를 벌였다. 1873년 (고종 10) 마침내 고종이 친정을 시작하

홍릉의 일자각

중국 황제릉을 닮은 홍릉의 석조물

지만, 사실상 정권은 민씨의 척족들이 장악하게 된다. 흥선대원군이 그토록 우려했던 외척정치가 또다시 시작되었다.

고종은 보수세력과 일부 개화파들을 끌어들여 광무개혁을 추진했다. 그러나 1904년 러일전쟁에서 승리한 일본은 영일동맹, 가쓰라-태프트 밀약을 통해 미국과 영국으로부터 조선의 식민지화를 승인받았다. 또한 일본은 1904년 제1차 한일협약, 1905년 을사늑약을 체결하여 내정 간섭을 본격화하고, 외교권을 박탈했다. 이에 고종은 1907년(광무 11) 헤이그 만국평화회의에 밀사를 파견하여 일본 침략의 부당성과 을사늑약 무효를 세계에 호소하려 했으나 실패했다. 그해에 일본은 고종을 강제로 퇴위시키고 순종을 즉위시켰다.
1910년 식민지가 된 이후에는 이태왕으
로 불리다가 1919년 1월 21일 67세로 승
하했다. 이때 전국 각지에 그가 일본인
에 의해 독살당했다는 소문이 퍼져 거
족적인 분노를 자아냈다. 슬픔과 분노
속에 치러진 그의 장례식날인 3월 1일,
거족적인 3·1만세운동이 일어났다.

홍릉의 일자각 내부

천인공노天人共怒란 말이 부족하다, 명성황후 시해弑害

일본공사관 밀실에서는 미우라 공사, 스
기무라 후카시(공사관 서기), 오카모토 류스노케(공사관 부무관 겸 조선군 부고문), 구스노세 사
치히코(포병 중좌) 등이 황후 시해에 관한 구체적인 음모를 확정했다. 이 시기 고종과
명성황후는 이러한 일본의 의도를 간파하고 있었다. 이에 거처를 경복궁에서도 가
장 북쪽에 위치하고 있는 건청궁乾淸宮으로 옮겼다. 그리고 궁궐에 외국인이 있으면
그들의 눈을 의식해 일본이 함부로 위협을 가하지 못할 것이라고 생각하고, 경복궁
내에 서양식 건물을 짓고 외국인들이 머물게 했다. 이 서양관은 궁궐 수비 책임을
맡았던 몇몇 미국인과 유럽인들의 생활공간이었다. 명성황후 시해사건도 그날 숙
직이었던 외국인이 없었다면 일본의 만행은 감쪽같이 숨겨졌을 것이다.

고종과 명성황후는 친일 세력인 훈련대를 해산시키고자 했다. 마침내 시해사건

명성황후 생가

하루 전 훈련대 해산명령이 떨어진다. 이에 위기의식을 느낀 미우라 공사는 작전명 '여우사냥'을 이틀 앞당겨 시행하게 된 것이다.

1895년 10월 8일 새벽 5시, 궁궐의 정문인 광화문에서 최초의 총성이 울린다. 이 것이 신호탄이었다. 일본의 군인·외교관·언론인·거류민 등 살기등등한 낭인浪 人들로 구성된 암살단을 앞세운 일본 군대는 궁궐의 북서문인 추성문秋成門과 북동 문인 춘생문春生門의 두 갈래로 나누어 공격한다.

궁궐 전방과 후방에서 예상치 못한 일제의 습격을 받자 궁궐은 아수라장이 되 었다. 수비대는 제대로 싸우지도 못하고 약 15분 만에 일본군에 의해 장악되었다. 총성이 울린 시각으로부터 마무리되는 시간까지 불과 45분 걸렸다. 수비대가 순식

간에 무너진 것은, 그들이 일본식 훈련을 받고 일제와 내통하면서 애초부터 싸울 생각이 없던 세력이었기 때문이다.

궁궐문을 뚫고 들어온 일본 군대가 찾은 곳은 건청궁이었다. 평소 일본의 위협을 느낀 고종과 명성황후는 궁궐의 가장 깊숙한 건청궁에서 생활하고 있었다. 건청궁의 서편에는 고종의 침전인 장안당이 있고, 황후의 침전인 곤녕전은 그 동쪽에 있었다. 곧 이어 40~50명의 일본인 패거리들이 침전을 에워싸고 황후 수색에 혈안이 되었다. 명성황후가 시해된 장소는 곤녕전 남쪽 누각인 옥호루다.

1895년 을미년 10월 8일 새벽, 경복궁에 난입한 일제 낭인들은 조선의 국모인 명성황후를 처참하게 시해하고 시신을 불태우는 세계 역사상 유례를 찾아볼 수 없는 참담한 만행을 저지른다. 이 사태는 인간으로서, 아니 국가로서 도저히 상상할 수 없는 천인공노할 사태였다. 그럼에도 불구하고 일본이라는 나라는 오늘날까지 손바닥으로 하늘을 가리듯 일본과 무관한 사태라고 발뺌하고 있다.

그러나 전 모스크바 대학 박종효 교수가, 러시아 외무부 문서보관소 소속 제정 러시아 대외정책국에서 명성황후 시해사건을 현장에서 생생하게 기록하여 러시아 황제 니콜라이 2세에게 보고한 문서를 1995년에 찾아내어 이를 공개했다. 그리고 2001년 11월 KBS는 이를 〈역사스페셜〉을 통하여 방송함으로써 명성황후 시해사건 전말은 낱낱이 밝혀지게 되었다.

이 문서는 당시 카를 이바노비치 베베르Karl I. Veber 주 조선 러시아 대리공사가 명성황후 시해사건의 전말을 기록한 A4 용지 3백장에 이르는 방대한 분량이다. 이 보고서에는 사건 발생 직후 고종이 발표한 성명서, 그리고 전 대한제국 러시아 공사 이범진李範晉, 당시 궁정경비대 부령이었던 이학균李學均, 한 상궁, 사건 현장을 직접

황실 가족, 왼쪽부터 영친왕 · 순종 · 고종 · 귀비엄씨 · 덕혜옹주

목격한 러시아인 건축기사 세르진 사바틴A. J. Srcdin Sabatine 등 당시 궁내에 있었던 사
람들의 증언록, 주한 외교 공사들의 회의록과 신문자료 등 다각도의 정보와 증거
자료가 첨부됐다.

　베베르는 이 보고서에서 황후의 최후를 다음과 같이 기록하면서 일제가 명성황
후를 시해했다고 증언하고 있다. "일본 낭인들은 황후마마가 복도로 달아나자 뒤쫓아
가 바닥에 쓰러뜨리고, 가슴 위로 뛰어올라 세 번 짓밟고 칼로 시해했다. 몇 분 후 시신을
소나무 숲으로 끌고 갔으며, 얼마 후 그곳에서 연기가 피어오르는 것을 보았다."

　이 보고서는 시해 현장에서 일본 행동대와 맞닥뜨린 건축기사 사바틴의 중요한
증언을 다음과 같이 기록하고 있다. "그들은 내 말은 듣지도 않고 황후가 어디 있는

지, 황후가 누구인지만 물었다." 즉 시해범들은 황후 찾기에만 혈안이 돼 있었던 것이다. 그리고 총칼로 무장한 일본 낭인들은 황후를 찾으려고 황제의 침전에 쳐들어온 것을 꾸짖는 고종의 어깨에 무례하게 손을 얹어 폭행을 하여 주저앉혀 고종의 어의御衣가 찢겼고, 태자의 상투를 잡아당겨 방바닥에 내팽개치고 칼등으로 목줄기를 후려치는 행패를 부려 의식을 잃게 했다.

특히 고종이 목격한 증언서에는 칼을 들고 황제의 내실에 침입한 낭인들의 이름을 거명했다. "짐의 눈앞에서 일본인들, 오카모토 류노스케와 전 조선 군부의 고문 스즈키, 와타나베가 칼을 빼 들고 궁궐로 쳐들어왔고, 조선 군부대신 고문관을 지낸 오카모토와 스즈키가 황후를 잡으러 나갔다라고 진술하다 말고 실신했다."라고 보고서에는 기록하고 있다. 일제 낭인들이 황후를 잡겠다고 나간 뒤에도 고종은 황후가 무사할 것으로 믿었던 것 같다. 황제의 처소에 일본군 침입 사실을 알리러 달려간 이학균 연대장이 "황후는 지금 어디에 계십니까?"라고 여쭙자 고종은 이렇게 대답했다고 한다. "황후는 지금 안전한 장소에 있다." 그러나 그 시간 황후의 처소인 옥호루에서는 이미 참담한 학살극이 벌어지고 있었다.

한 상궁은 이렇게 증언했다. "왜인들이 황후와 궁녀들이 있는 방으로 들이닥쳤다. 일본군은 궁녀들을 밀치며 황후가 어디에 있느냐고 물었고, 우리는 입을 모아 여기에 황후는 없습니다라고 대답했다. 그러자 왜인들은 (옥호루) 아래로 궁녀들을 집어 던졌다. 이때 황후가 복도로 도망쳤고, 한 왜인이 황후를 따라잡는 데 성공했다. 그는 황후를 마룻바닥에 넘어뜨리고 가슴을 발로 세 번 짓밟았다. 그리고는 칼로 가슴을 내리찔렀다."

사바틴은 보고서에서 이렇게 진술하고 있다.

"새벽 5시경 궁정 서쪽에서 총소리가 들려 황후의 처소로 급히 가니 25명 가량의 일본 낭인들이 누군가를 찾고 있었다. 그 중 절반 가량이 황후의 방으로 들어갔다. 내가 뜰에 서 있는 동안 일본인들은 10~12명 가량 되는 여인들의 머리채를 끌고 와 창문 너머 마당으로 이들을 내던졌다. 창문의 높이는 6피트(1.8m)쯤 되는 듯했다. 마당에 나뒹구는 여인들은 아무도 신음 소리나 고함 소리를 내지 않았다."

"일본 낭인들이 황후가 있는 방으로 들어오는 것을 궁내 신하(궁내부 대신 이경직)들이 막자 칼로 팔을 베어 버렸다. 황후가 상궁 옷을 입고 상궁 무리 안에 섞여 있어 누가 황후인지 알아볼 수 없게 되자 일본 낭인들은 한 명씩 끌어내 2.5m 높이에서 아래로 떨어뜨렸다. 두 명이 떨어진 뒤 황후가 복도를 따라 도망갔고 일본 낭인들이 쫓아가 발을 걸어 넘어뜨린 뒤 가슴을 세 번 짓밟고 칼로 가슴을 난자했다. 몇 분 후 시신을 소나무 숲으로 끌고 갔으며, 얼마 후 그곳에서 연기가 피어오르는 것을 보았다."

이상은 베베르가 전해 들은 내용을 중심으로 보고서에 기술한 것들이다.

그러나 낭인 속에서 직접 목격한 일본인 에조가 일본 본국에 보고한 〈에조 보고서〉 내용을 살펴보면 다음과 같다.

"특히 무리들은 안으로 깊숙이 들어가 왕비를 끌어내어 두세 군데 칼로 상처를 입혔다處刃傷. 나아가 왕비를 발가벗긴裸體 후 국부검사局部檢査(웃을笑 일이다. 또한 노할怒 일이다)를 하였다. 그리고는 마지막으로 기름油을 부어 소실燒失시키는 등 차마 이를 글筆로 옮기기조차 어렵도다. 그 외에 궁내부 대신을 참혹한 방법으로 살해殺害했다."

이것은 낭인들이 명성황후를 발견하고 강간 후 살해했다는 것을 말한다. 전율

러시아 공관 비밀 통로 (왼쪽), 러시아 공관 주춧돌 (오른쪽)

할 일이다. 역사는 이것을 을미사변이라 부른다. 이 사건을 저지른 일본은 고종으로 하여금 폐위하여 서인庶人으로 전락시키도록 강요했다.

총명했던 여인, 시아버지와 정적이었던 여인, 책략과 수완이 능란했던 여인은 그해 10월 10일 신원伸冤되어 태원전에 빈전이 설치되고, 국장에 의해 동구릉 숭릉崇陵(현종 능) 옆의 숙릉에 안치되었다. 1897년 대한제국 수립 선포 후 민비는 명성황후로 추존되었다. 그해 11월 21일, 능을 오늘날의 서울 청량리 천장산 아래로 이장하여 능호를 홍릉이라 했다. 고종은 홍릉에 잠든 명성황후를 보러 가기 위해 종로에서 청량리까지 전찻길을 놓기도 했으나 홍릉이 길지가 아니라는 풍수설이 대두되어 천장론이 일었다.

1919년 1월 21일 고종이 승하하자 1월 30일 남양주시 금곡에 능역을 잡고 산역을 시작했다. 같은 시각 청량리 홍릉에서도 능을 파기 시작했다. 2월 16일 명성황후가 먼저 금곡으로 이장되었다. 3월 3일 전날 발인한 고종은 명성황후와 합장되었다. 그들은 24년 만에 지하에 함께 잠들었다. 망국의 황제는 능호도 없다. 홍릉은 부인 명성황후의 능호이다.

홍릉 洪陵

조선 제26대 고종과 명성황후의 합장릉. 고종은 1919년 1월 21일
덕수궁 함녕전咸寧殿에서 67세로 승하, 같은 해 3월 3일 남양주시 금
곡동에 초장봉릉初葬封陵되었다.

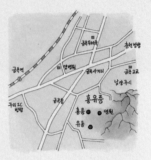

명성황후 민씨는 1895년 10월 8일, 경복궁에서 일본 낭인浪人들에
게 시해당했다. 처음 동구릉 숭릉 옆에 장사지내고 숙릉이라 하였다
가 1897년 11월 21일 한성부 동부 인창방仁昌坊 청량리(현 숭인원)에
천장하였으며, 1919년 2월 16일 현재 위치로 능을 옮겼다.

능 상설象設의 특징은 고종이 대한제국大韓帝國의 선포에 따라 황제가
되어 능역 조성도 명나라 태조의 효릉孝陵 방식을 따랐다. 따라서 지
금까지 없었던 구조물이 대폭 확장되었다. 즉, 능침의 호석護石인 석양과 석호 대신 능침 앞에서부터 기린,
코끼리, 사자, 해치, 낙타 각 1쌍, 마석馬石 2쌍을 2단의 하대석 위에 올려놓았다. 또, 종래의 정자각 대신 一
자형의 정면 5칸, 측면 4칸의 침전을 세웠으며, 문인석의 금관조복과 무인석의 성장盛裝이 강조되었다.

제26대 고종과 명성황후의 묘소인 홍릉, 제27대 순종과 순명황후 및 순정황후의 묘소인 유릉을 합하여 홍
유릉이라 부른다.

사적 제207호. 경기도 남양주시 금곡동 141-1
홍유릉 전체 면적 121만1,286㎡(36만6,414평)

흥선대원군묘

규정하기 어려운 인물

　지하철 3호선 안국역에서 일본문화원쪽 출구로 나와 수십보 걸으면 서울 종로
구 운니동 98-50, 말끔하게 정돈된 운현궁이 있다. 흥선대원군의 거처로 그의 이미
지와 합성되지 않는다. 그곳을 지날 때마다 건물의 단아한 외양에 어울리지 않게,
풍운아, 격동, 불호령, 고집불통, 수구꼴통, 파락호, 실패한 혁명가, 무너져가는 서
까래를 등으로 떠받친 이빨 빠진 호랑이 따위의 단어가 궁의 담장에 포스터처럼 어
른거린다.

　운현궁은 흥선대원군이 살았던 집으로, 고종이 태어나서 왕위에 오를 때까지 자
란 곳이다. 흥선대원군의 집과, 1910년대 새로 지어 덕성여자대학 본관으로 사용하
던 서양식 건물을 합쳐 사적으로 지정했다. 한옥은 제일 앞 남쪽에 대원군의 사랑
채인 노안당이 자리 잡고, 뒤쪽인 북쪽으로 행랑채가 동서로 길게 뻗어있으며 북쪽
에는 안채인 노락당이 자리 잡고 있다. 고종이 즉위하자 이곳에서 흥선대원군이 정
치를 했으며, 궁궐(창덕궁)과 운현궁 사이의 왕래를 쉽게 하기 위해 직통문을 설치했

흥선대원군 이하응 1820~1898(78세) | 여흥부대부인 민씨 1818~1897(80세)

다. 홍선대원군은 10여 년간 정치를 하면서 세도정치의 폐단을 제거하고 인사·재정 등에서 대폭적인 개혁을 단행했고, 임진왜란으로 불 탄 경복궁을 다시 지었다. 지금은 운현궁의 일부가 덕성여자대학교 평생교육원으로 사용되고 있다. 또한 운현궁의 이로당 뒤쪽에는 유물전시관이 마련되어 운현궁을 수리·복원하면서 발견한 유물들을 전시하고 있다.

　홍선대원군 이하응, 그에 대한 평가는 극명하게 엇갈린다. 쇄국정책은 시대착오적이었다는 의견이 있는 반면, 그 시대에 일어났던 일련의 사건들(그의 아버지 남연군 묘가 도굴된 사건, 병인양요, 신미양요 등으로 인한 서구 열강의 횡포 등)로 인한 자구책自救策이었다는 반론도 있다. 하지만 천주교, 안동 김씨, 민씨가문 등 홍선대원군과 관련자들의 복잡한 이해관계로 공정한 평가는 참으로 어렵다.

　대원군은 영조의 현손이며 남연군의 아들로 헌종 9년(1843) 홍선군에 봉해졌다. 1863년 철종이 승하하고 고종이 즉위하자 대원군에 봉해졌고, 섭정을 맡아 조선왕조를 실질적으로 통치했다.

　집권 초기에는 안동 김씨 세도정치를 종식시키고, 당색을 초월해 인재를 등용하는 한편, 국가 제도를 정비하는 등의 개혁을 단행했다. 그러나, 쇄국정책을 고집해 개항의 시기를 놓쳤다. 1873년 고종이 친정을 선포하자 은퇴했으며, 이후 1882년 임오군란으로 정권을 다시 잡았으나, 출동한 청 군대에 납치되어 청나라 천진에서 3년간 유폐생활을 했다.

　1885년 귀국한 후에도 운현궁에서 재기를 노리던 중 위안스카이(원세개)와 협력해 장남 이재황을 옹립하려다 실패했다. 1895년에는 일제가 명성황후를 시해하는

을미사변에 간여하면서까지, 정권을 장악하기 위해 수단 방법을 가리지 않았다.

　　왕실의 종친이기는 했지만 드센 안동 김씨의 세력 밑에서 거짓으로 미친 거렁뱅이처럼 위장하여 목숨을 이어 오던 그였다. '상가집 개'라는 치욕적인 소리를 들어가면서도 때를 기다리던 그였다. 가난과 멸시 속에서 안으로 칼을 갈면서 지내왔기 때문에 누구보다 백성들의 살림살이를 속속들이 잘 알고 있던 그였다. 드디어 아들을 왕위에 앉히자 나이 어린 고종을 대신해서 과감하게 개혁의 칼을 휘두르기 시작했다. 먼저 세도를 부려 온 안동 김씨 일파를 대부분 몰아내고, 파벌과 신분의 귀천을 떠나 능력에 따라 인재를 가려 썼다.

　　그리고 왕권을 강화하기 위해 정부 기구를 대폭 개선했다. 또한, 나라의 법질서

기묘하게 이끼 낀 문인석 얼굴 (위)
대원군 62세 생일 때 찍은 사진 (아래)

를 바로잡고, 양반들에겐 세금을 내도록 하고, 백성들의 세금은 크게 줄여 줬다. 서원도 전국에서 뛰어난 인재를 양성하던 도산서원과 소수서원 등 47개만 두고 6백여 개를 철폐했다. 이에 지방 유생의 반발을 샀다. 그러나 그는 단호했다. "공자가 다시 살아나서 나를 꾸짖는다 해도 이 정책은 밀고 나가겠다."고 호령했다.

사대부들이 길게 늘어뜨리고 다니던 도포 자락도 짧게 자르도록 했다.

"긴 도포 자락에 뇌물을 숨겨 가지고 다닐 수 없게 해야 한다. 그리고 공연히 거들먹거리면서 물고 다니는 긴 담뱃대를 짧게 하고, 큰 갓도 적당히 줄이도록 하라."

제도개혁, 의식개혁, 인사개혁의 칼날을 사정없이 휘둘렀다. 그러나 경복궁 복원으로 인한 민심의 이반과 국고의 고갈, 천주교 신도를 비롯해 외국 신부 9명을 죽인 병인박해, 그리고 병인양요와 신미양요, 며느리 명성황후와의 갈등이 심화된다.

고종은 마침내 친정親政을 선포한다. 국왕의 친정선포 사실을 전국에 알리는 한편, 창덕궁에서 운현궁으로 직접 통하는 2개의 문, 즉 임금 전용의 경근문과 대원군 전용의 공근문을 막아버렸다. 임금이 어리다는 이유로 섭정을 했으나 이제 고종의 나이 21세가 되었다. 대원군을 이를 거부할 명분이 없었다.

대원군은 북문 밖 삼계동 산장에 나가 있다가, 예산에 있는 아버지 남연군의 묘소를 참배한 뒤, 양주로 은퇴하고 말았다. 이 때 대원군은 52세, 민비는 21세였다. 그 뒤 그는 좋아하는 난초 그림만 그리면서 세월과 싸우다가 1898년 78세에 숨을 거두었다.

대원군大院君이란 조선시대 왕이 형제나 자손 등 후사가 없이 죽고 종친 중에서 왕위를 계승하는 경우, 신왕의 생부生父에게 주던 존호이다. 조선시대 대원군은 선조의 아버지 덕흥군德興君을 덕흥대원군으로 추존한 데서 비롯되어, 4인이 대원군에 봉해졌다.

인조반정 후 인조의 아버지 정원군이 대원군의 작위를 받았으며, 인조 13년에 원종元宗으로 추존되었다. 또, 헌종이 후사 없이 죽자, 순원왕후의 명에 따라 전계군의 아들 덕완군 승이 왕위에 올라 철종이 됨에 전계군을 전계대원군으로 추존했다. 철종이 후사가 없이 죽자, 대왕대비 조씨의 명에 따라 흥선군 하응의 2남 명복이 왕위에 올라 고종이 되자, 하응은 흥선대원군興宣大院君에 봉해졌다.

이와 같이, 조선시대 대원군에 봉해진 사람은 모두 4인이지만, 흥선대원군을 제외한 3인은 그들이 죽은 뒤 추존되었고, 오직 흥선대원군만 생전에 대원군으로 봉해졌다. 그래서 대원군하면 바로 흥선대원군을 연상한다.

조선역사상 권력의 달콤함과 쓰라림을 한껏 누린 흥선대원군!

불운한 삶을 살았지만, 야망을 버리지 않았던 대장부, 수십 년 묵은 부패정치를 일시에 해소해버린 정치가, 개혁이란 어떤 것인가를 서늘하게 보여준 혁명가, 국제 감각을 싹 무시하고 우물안 개구리로 자족했던 불쌍한 늙은이.

저자의 초상집 개, 거침없는 국수주의자, 눈치코치 보지 않았던 개혁가, 우리네 풍습상 드물게 며느리와 갈등을 빚었던 시아버지, 흥선대원군이 묻혀 있다. 지금쯤 운현궁에도, 창덕궁에도, 아들과 며느리가 묻힌 홍릉에도 눈이 내릴 것이다. 백설은 세상의 영광과 욕됨을 모두 덮을 태세다.

🏛 흥선대원군 묘

조선 26대 고종의 아버지 흥선대원군과 여흥부대부인 민씨의 합장묘. 묘는 처음 1897년 부인 민씨가 죽자 경기도 고양군에 조성했다. 이듬해 대원군이 죽어 합장했다. 그 후, 1906년 경기도 파주군으로 옮겨졌다가, 1966년 지금의 자리에 다시 옮겨졌다. 묘역은 조선시대 능원제도陵園制度를 따른 듯하나, 간략하게 조성되어 있으며, 상하 2단으로 나뉘어졌다.

상단에는 호석으로 둘러싸인 단분單墳인 봉분과 그 둘레에 석호石虎, 석양石羊 각 1쌍이 있고, 그 바깥에 곡담과 사성이 둘러싸여 있으며, 묘 앞에는 상석이 있다. 하단에는 망주석, 문인석, 석마石馬가 좌우에 각 1쌍이 있고, 묘 앞 중앙에는 방형의 장명등이 놓여져 있다. 묘역 입구에는 무성의하게 놓여진 신도비가 있다. 비석의 몸통에는 6·25의 유산인 듯 총탄자국이 수두룩하다.

경기도 기념물 제48호. 경기도 남양주시 화도읍 창현리 산22-5

아관파천의 행동대장 엄귀비와
나란히 잠든 핏덩이 황손

1896년 2월 11일 새벽. 천지는 적막하나 치렁치렁한 용포를 입은 임금은 두려움에 가슴이 쿵쾅거리고 아랫배에는 비통함이 자욱하다.

"전하, 안심하시오소서. 잠시만 고통을 참으시오면 금방 노서아 공관에 당도하옵니다. 심지를 굳게 하시오소서. 소인이 목숨을 바쳐 모시겠사옵니다. 모든 절차는 빈틈없이 준비했사옵니다. 어서 가마에 오르시오소서."

차마 가마에 선뜻 오르지 못하는 고종 곁에서 몸집이 크고 당차게 생긴 여인이 주먹을 쥐고 허리를 굽혀 왕을 안심시킨다. 엄 상궁이다. 이국 병사들에 둘러싸여 고종은 잠시 궁궐을 바라본다. 캄캄한 밤중이라 건물의 윤곽조차 어둠에 묻혀 있다. 구중궁궐을 버리고 남의 집 곁방살이하러 떠나는 비통한 심정을 아는지 달마저 검은 구름 속에 숨었다. 대장부 같은 여인의 결의에 겨우 힘을 얻은 고종은 허리를

엄귀비 1854~1911(57세) | 이진 1921. 8. 18.~1922. 5. 11.(1세)

영휘원 경내의 숲

숙여 천천히 가마에 오른다. 생전 타본 적 없는 작은 가마다.

거사에는 러시아 장교 5명, 카자크인 4명, 수병 135명이 참여했다. 신식무기로 무장한 이국 병사들의 호위를 받으며 가마가 서서히 움직였다. 경복궁에서 정동까지의 거리가 북극에서 남극까지만큼 멀게 느껴졌다. 자칫 일본군에게 발각되면 시가전이 벌어질 판이다. 그렇게 되면 조선의 국왕은 피투성이가 되어 죽음을 맞을 수밖에. 러시아 공사관은 방어를 위해 대포도 동원됐다. 여자의 가마는 건드리지 않는 조선의 관습을 이용, 궁녀의 가마에 고종을 태워 파천에 성공했다.

일본은 명성황후를 시해한 뒤 친일내각을 수립하고 조선을 마음대로 좌지우지하고 있었다. 고종의 안전도 보장할 수 없는 극도로 불안한 상황이었다. 당시 고종은 조선의 내정을 장악한 일본인들이 음식에 독약을 넣어 올릴지도 모른다는 의심

때문에 미국 공사관이나 러시아 공사관에서 만든 밀폐된 음식만 먹었다. 조선은 이렇게 국왕의 안전조차 보장 받을 수 없는 위기 상황에 직면해 있었다. 이런 상황에서 조선은 또 다른 돌파구가 필요했다.

19세기 말 외국 공사관들이 몰려 있어 '공사관 거리'라고 불렸던 정동. 이곳은 당시 정치·외교의 중심지였다. 정동에는 눈에 띄는 이국적인 건물이 하나 있다. 조선 주재 러시아 공사관 건물 흔적이다. 러시아 공사관의 본건물은 모두 사라지고 건물의 중심이었던 전망탑만 남아 있다. 러시아 공사관은 러시아 건축가 사바틴에 의해 르네상스풍으로 설계된 조선시대 최초의 서양식 건물이다. 명성황후 시해 후 이곳은 고종이 일본의 압력을 피해 1년 동안 피신해 있던 곳이다. 우리에게는 아관파천俄館播遷으로 더 유명한 곳이다.

숭인원 장명등 위 잠자리

　건물 주변에는 러시아 공사관 건물의 흔적이 남아 있다. 건물 주춧돌이다. 주춧
돌의 흔적으로만 봐도 당시 러시아 공사관의 규모가 상당히 컸음을 짐작할 수 있
다. 정동의 넓은 언덕바지에 지어진 러시아 공사관의 전체 면적은 무려 2만2천여
㎡(6천8백평)에 달했다고 한다. 한옥을 개조해 쓰던 다른 공사관과 달리 유럽풍의 2층
건물로 화려하게 지었다. 1884년 외교관계를 맺은 후 급속도로 조선과 가까워졌던
러시아, 1894년 청일전쟁 이후 조선에서 일본을 견제해 줄 유일한 나라였다. 러시
아 공사관 뒤쪽에 예사롭지 않은 통로가 하나 있다. 높이 1.5m, 너비는 1m. 통로 길
이는 50m 정도다. 한 사람이 겨우 지날 수 있는 공간이다. 러시아 공사관 건물 아래
로 통하게 돼 있다. 시멘트로 덧씌워졌지만 원래는 벽돌을 쌓아 올린 이 통로는 무
슨 용도일까? 바로 러시아 공사관과 외부를 연결하는 비밀 통로다. 비밀 통로가 설
치돼 있는 러시아 공사관. 왕비가 시해되고 일본의 위협으로 고종의 신변마저 불안
했을 정도로 조선은 극도의 위기에 처해 있었다. 이 위급한 상황을 타개하기 위해

고종은 러시아 공사관으로 피신하는 극단적인 조치를 내린다. 일국의 제왕이 개구멍 같은 이 비밀 통로를 통해 피신해야 했다. 힘 없는 나라 왕이 감수해야 했던 비극의 현장이다.

아관파천은, 비록 러시아의 힘을 빌렸지만, 일본에 의해 나라가 멸망당하기 일보 직전 기사회생한 조처였다. 아관파천을 통해 일본의 침략으로부터 잠시나마 벗어날 수 있었고, 새로운 활로를 모색, 숨통이 트였다고 할 수 있다.

순헌황귀비 엄씨는 1854년(철종 5) 부친 엄진삼의 장녀로 태어나 7살 되던 해에 입궁하여 명성황후 민씨의 시위상궁이 되었다. 이것이 인연이 되어 고종의 총애를 받게 된 엄씨는 명성황후에 의해 궁 밖으로 쫓겨났다가, 을미사변으로 명성황후가 시해당한 5일 만에 고종의 명으로 다시 궁궐로 들어왔다.

고종은 러시아 공사 베베르와 이범진 등 친러파의 권유를 받아들여 러시아 공사관으로 1896년 2월 11일 피신했으니, 이를 아관파천이라 한다. 이때 러시아 공사관에 고종의 수라를 맡아 들어간 여인이 바로 엄씨였다.

당시 고종의 계비로 정화당 김씨가 초간택된 상황이었으나, 명성황후 시해사건의 주범이 점차 일본으로 밝혀지면서 국혼이 계속 연기되다가, 고종이 러시아 공사관으로 피신하게 되자 유야무야되고 말았다. 이 빈 공간을 엄씨가 맡은 것이다.

러시아 공사관에서 고종과 함께 지내던 엄씨는 1년 후 독립협회의 주장에 따라 1897년 2월 20일 고종이 환궁함에 따라 대궐로 돌아왔다.

엄씨는 이 해 10월 아들 은垠을 낳아 고종에게서 선영善英이란 이름을 하사 받고 귀인으로 책봉되었다. 그리고 3년 후인 1900년 8월, 아들이 영왕으로 봉해지자 순빈淳嬪으로 책봉되었다가 다음해 10월 빈에서 비妃로 봉해졌으며, 경선궁慶善宮이란 궁호를 받았다. 엄씨는 빈에서 비로 승격됨에 따라 사실상 고종의 계비가 된 것이다. 그리고 고종이 순종에게 왕위를 물려준 후에는 엄씨의 아들 영왕이 1907년 황태자로 책봉되었다. 영친왕으로 알려진 대한제국의 마지막 황태자가 바로 그다. 엄귀비 또한 황귀비로 책봉되었다.

엄씨는 좋은 가문에서 태어나지는 못했으나 조선의 그 어느 왕비보다 여성 교육에 뜻이 많았던 선각자이기도 했다. 엄씨는 1906년에 진명여학교를 세웠으며, 명신여학교(현재 숙명여고)를 만들 때 거액을 내놓아 사실상 이 학교의 설립자이기도 하다. 이외에 양정학교 설립에도 중심적인 역할을 하는 등 엄씨는 교육이 백년대계라는 생각을 가지고 있었다. 그리고 자신이 지닌 영향력을 발전적인 면에 사용할 줄 아는 지혜가 있었다.

그녀는 1911년 7월에 별세했다. 같은 해 8월 서울 청량리에 안장하고, 원호園號를 영휘永徽라고 하였다. 사실상 고종의 계비였으나 혼례를 올리지 못해 황후가 될 수 없었고, 따라서 능호도 얻지 못했다. 위패는 덕수궁 영복당永福堂에 봉안되었다가 경복궁 서북측에 있는 칠궁七宮으로 이안되었다.

핏덩이 이진의 죽음 │ 할머니 곁 숭인원에는 이승에서 첫돌도 맞이하지 못한 어린 주검이 잠들고 있다. 일제는 고종의 넷째 아들 영친왕을 약혼녀 민갑완과 강제로 파혼시키고, 일본 왕실의 나시모토 마사코(이방자)와 1920년 정략 혼인시켰다. 황실의 후손을 끊으려는 일제는 일본 어의에게 불임녀라는 판정을 받은 마사코와 혼인시켰다. 그런데 1921년 8월 18일 그들 사이에서 아들 진晉이 태어났다.

1922년 4월 26일, 영친왕과 이방자 여사는 생후 8개월 된 황손 진을 순종에게 보일 겸 일본에서 귀국했다. 영친왕이 볼모로 일본에 끌려가서 어머니 엄귀비의 장례식에 참석하기 위해 귀국한 후 11년 만이다. 이들 부부는 5월 12일 일본으로 돌아갈 예정이었다. 그러나 전 날인 11일, 어린아기 진이 덕수궁 석조전에서 갑자기 죽었다. 아기의 입에서 검은 물이 흘러나왔다고 하여 독살일 거라 했지만, 공식 발표는 배앓이로 죽었다는 것이다.

순종은 이를 애석히 여겨, 왕자 책봉을 받지 않은 아기지만 왕실의 전통을 깨고 특별히 왕자의 예를 갖추어 장례를 지내게 했다. 어린 주검은 아관파천의 선봉장 역할을 했던 용감한 친할머니의 보호를 받으며 할머니 곁에 잠들어 있다

영휘원永徽園과 숭인원崇仁園

조선 제26대 고종의 후비 순헌귀비 엄씨의 묘소인 영휘원과 마지막 황태자 영친왕의 맏아들 진의 원소인 숭인원은 서울 청량리의 한 묘역 안에 있다.

이곳에는 원래 고종의 비 명성황후 민씨의 능인 홍릉이 있었는데, 1919년 고종이 승하하자 경기도 남양주시 금곡동으로 천장되었다. 이런 연유로 이곳은 지금도 '홍릉'이라 불리고 있다.

담장 밖 북쪽에는 세종대왕기념사업회관이 있으며, 구 영릉英陵(서울 내곡동 헌인릉)에서 수습해온 신도비와 능호석陵護石 등이 전시되어 있다.

사적 제361호. 서울특별시 동대문구 청량리동 204-2
면적 5만 5,015㎡(1만6천여평)

제27대 순종 가계도

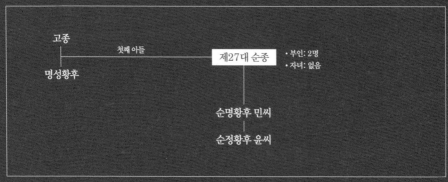

고종

첫째 아들

제27대 순종

• 부인: 2명
• 자녀: 없음

명성황후

순명황후 민씨

순정황후 윤씨

제27대 순종과 순명황후 그리고 순정황후
유릉

마지막 황제의 선물, 6·10 만세운동

신하나 백성들이 황제를 칭할 때 '폐하陛下'라고 한다. 하늘의 아들(천자)이 땅에 내려오셔서 높은 계단陛 위에 계신다. 워낙 높으신 분이라 감히 마주 대할 수 없고 단지 돌계단 아래서 알현할 수 있으니 '폐하'이다. 후삼국, 고려 중기까지 이 땅의 왕들은 '폐하'라는 칭호를 들었으나 원나라 속국으로 전락한 이후는 격하시켜 '전하殿下'로 불렀다. '전殿'은 왕이 거처하는 궁전이다.

전하殿下, 합하閤下, 각하閣下 등은 집의 규모와 품계에 따른 호칭이다. 서열은 이렇다. 전殿-당堂-합閤-각閣-재齋-헌軒-루樓-정亭의 순이다. 사찰의 대웅전大雄殿은 대웅, 즉 위대한 영웅인 석가모니 부처를 모신 집이란 의미다.

〈마지막 황제The Last Emperor〉라는 영화가 있다. 청나라의 마지막 황제이며 후에 만주국 황제에 즉위한 푸이傅儀의 생애를 그린 영화다. 한국에서는 1988년에 개봉되었다. 감독 베르나르도 베르톨루치, 주연 존 론, 이탈리아·중국·영국 합작 영화

순종 1874~1926(52세) | 재위 1907. 7.(33세)~1910. 8.(36세). 3년 1개월 |
순명황후 1872~1904(32세) | 순정황후 1894~1966(72세)

유릉 석물

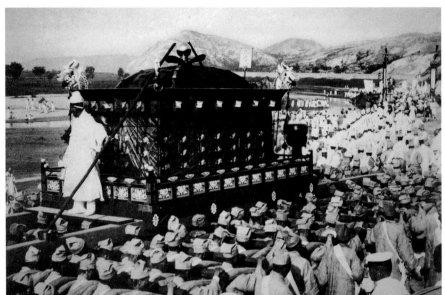

조선왕조의 마지막 왕 순종의 국상행렬(1926. 6. 10.) (위),
순종의 염습과 성빈을 마친 후 상주 및 친족들이 상복으로 갈아입고 예찬을 갖추어 대소 신료들과 함께 잔을 올리고 나오
고 있다 (아래 왼쪽),
열강의 틈바구니에서 몰락해가던 조선황실의 가족사진 왼쪽부터 덕혜옹주, 이방자여사, 순정효황후, 순종, 영친왕, 영친
왕의 아들 이진(이진을 안고 있는 이는 궁중사무관) (아래 오른쪽).
ⓒ 문화재청 종묘관리소 이혜원 제공

다. 1988년 아카데미 시상식에서 9개 부문 상을 휩쓸었다. 중국 당국이 자금성에서 영화 촬영을 허락한 최초의 영화다.

서태후가 푸이를 황제로 지명하고 서거한 1911년부터 생애를 마치는 1967년까지 일어났던 일을 중심으로, 평범한 시민으로 생애를 마칠 때까지 푸이의 인생 역정을 그렸다. 푸이의 자서전《황제에서 시민으로》를 바탕으로 각색했다. 푸이 역은 존 론이 맡았다. 전범수용소 소장 역을 맡은 배우 잉 루오쳉은 당시 중국 문화부 차관이었다. 색채감각이 풍부한 베르톨루치의 영상미는 압권이다. 특히 즉위식의 장엄하고 화려한 장면은 영화사에 남을 명장면이다.

식민지 조선국의 마지막 황제 순종은 자서전도, 영화도 없다. '왕릉은 천하 명당'이라는 통설도 깨졌다. 홍유릉은 일제의 계략으로 흉지에 택지되었다. 홍유릉을 택지한 사람들의 면면을 살펴보면 답이 나온다. 유주현의 소설 〈조선총독부〉에는 이곳 택지를 고영희가 했다고 하며, 당시 조선총독부 자료집인《조선의 풍수》에는 제갈 · 주운한 · 김광석 · 전기웅 등이 선정했다고 나온다.

고영희는 친일파로서, 1910년 나라를 팔아먹은 대신 중 한 사람이다. 나머지 사람들은 풍수장이들로서, 총독부 이왕직李王職(왕실재산 관리 부서)의 직원들이었다. 총독부 이왕직 풍수장이들이 저지른 가장 큰 만행은, 우리 민족의 정기를 말살하려고 한반도 산천 곳곳에 산재한 쇠말뚝 박을 지점을 앞장서서 총독부에 알려준 것이다. 북한산에는 쇠말뚝이 수두룩하다. 지금도 전국 각지에서 가끔 발견된다. 물론 발견하는 대로 뽑아버린다. 그런 자들이 홍유릉을 명당에 택지할 리 없다. 순종은 슬하에 자녀가 없다. 조선의 운명과 같이 절손絕孫되었다.

순종은 탄생 다음 해 2월에 왕세자로 책봉되었고, 1882년에 민씨(뒷날의 순명황후)를

유릉 전경 (위)
제실 (아래)

세자빈으로 맞았다. 1897년 대한제국의 수립에 따라 황태자로 책봉되었으며, 1904년 새로이 윤씨(뒷날의 순정왕후)를 황태자비로 맞이하였다. 1907년 7월에 일제의 강요와 일부 친일정객의 매국행위로 왕위를 물러나게 된 고종의 양위를 받아 대한제국의 황제로 즉위하였고, 연호를 융희隆熙로 고쳤다. 황제皇弟인 영친왕을 황태자로 책립하였고, 거처를 덕수궁에서 창덕궁으로 옮겼다.

순종을 허위虛位의 황제로 만들어 버린 이토伊藤博文가 본국으로 돌아간 뒤 소네曾彌荒助를 거쳐 군부 출신의 데라우치寺內正毅가 조선통감으로 부임해 온 후 일본은 대한제국의 숨통을 끊고자 더욱 거센 공작을 펼쳤다.

일제는 1909년 7월 각의閣議에서 〈한일합병 실행에 관한 방침〉을 통과시켰다. 그리고 한국과 만주문제를 러시아와 사전 협상하기 위해 이토를 만주에 파견했다. 그가 하얼빈에서 안중근 의사에 의하여 포살되자 이를 기화로 한반도 무력 강점을 실행에 옮겼다.

일제는 이러한 침략 의도에 부화뇌동하는 친일 매국노 이완용 · 송병준 · 이용구 등을 중심으로 매국단체 일진회—進會를 앞세워, 조선인의 원願에 의하여 조선을 합병한다는 미명하에 위협과 매수로 1910년 8월 29일, 이른바 한일합병조약을 성립시켜 대한제국을 멸망시켰다.

순종 주변에는 친일 매국대신과 친일 내통분자만이 들끓고 있었기 때문에 왕권을 제대로 행사하지 못했다. 대한제국이 일제의 무력 앞에 종언을 고한 뒤, 순종은 황제의 위에서 왕으로 강등되었다. 창덕궁 이왕昌德宮李王으로 예우하고, 왕위의 허호虛號는 세습되도록 조처되었다.

폐위된 순종은 창덕궁에 거처하며 망국의 한을 달래다 1926년 4월 25일에 승하했다. 6월에 국장이 치러지고 경기도 남양주시 금곡동의 유릉裕陵에 안장되었다. 순종의 인산례因山禮를 기해 6·10만세운동이 전국적으로 전개되었다. 그가 남긴 한맺힌 유언이 조선 천지를 흔들었다. 마지막 유언을 백성들이 알 수 없었지만, 그의 혼백이 천지를 진동시켰다.

"일명—命을 겨우 보존한 짐은 병합 인준의 사건을 파기하기 위하여 조칙하노니, 지난 날의 병합 인준은 강린(일본)이 역신의 무리(이완용 등)와 더불어 제멋대로 만들어 선포한 것이요, 짐이 한 바가 아니도다.

나를 유폐하고 나를 협제하여 나로 하여금 말을 할 수 없게 만들었다. 고금에 어찌 이런 도리가 있으리오. 짐이 구차히 살며 죽지 않은 지가 작금에 17년이라. 종사의 죄인이 되고 2천만 생민의 죄인이 되었으니, 한 목숨이 꺼지지 않는 한 잠시도 잊을 수 없도다.

지금 병이 침중하니 일언을 하지 않고 죽으면 짐은 죽어서도 눈을 감지 못하리라. 이 조칙을 중외에 선포하여 짐이 최애最愛, 최경最敬하는 백성으로 하여금 병합은 내가 한 것이 아님을 효연이 알게 하면, 이전의 소위 병합 인준과 양국의 조칙은 무효가 되고 말 것이라. 만백성이 노력하여 광복하라. 짐의 혼백이 명명한 가운데 도우리라."

순종 폐하시여! 이제는 국권도 회복되었고, 세계 10위권의 경제대국이 되었사옵니다. 월드컵, 올림픽에서 일본을 눌렀습니다. 한을 푸시고 편히 쉬소서.

유릉 裕陵

유릉은 조선왕조 마지막 왕인 제27대 순종과 순명황후 민씨, 순정황후 윤씨의 3인 합장릉. 조선의 마지막 왕릉이며 유일한 동봉3실의 합장릉이다. 순종은 1926년 4월 25일 창덕궁 대조전大造殿에서 52세로 승하해, 같은 해 6월 11일 이곳에 초장봉릉되었다.

순명황후 민씨는 1904년 9월 28일 경운궁(지금의 덕수궁) 강태실康泰室에서 32세로 승하하여, 같은 해 11월 29일 당시의 양주군 용마산 내동, 현재의 서울 어린이대공원 경내에 초장되어 유강원裕康園이라 하였다. 1907년 황후로 추봉되고 능호도 유릉으로 했으며, 1926년 6월 5일 이곳에 천릉되었다.

순정황후 윤씨는 1966년 1월 13일 72세로 승하하여 이곳에 묻혔다.

능의 상설象設로 홍살문과 석물 침전은 일직선상이나 능침은 옆으로 비꼈으며, 국권을 상실한 일제강점기 때 조성된 능이라 석물들이 사실적이긴 하나 표정은 묘하다. 문인석은 무표정에 인색한 느낌을 준다. 무인석의 눈은 겁에 잔뜩 질려 있다.

제26대 고종과 명성황후의 묘소인 홍릉과 함께 홍유릉이라 부른다.

사적 제207호. 경기도 남양주시 금곡동 141-1
홍유릉 전체 면적 121만1,286㎡(36만6,414평)

영친왕과 이방자 여사
영원

격랑의 한일근세사를 살아온 영친왕 전하!

어쨌든, 홍유릉은 황제의 능이다. 일제의 입김에 의해 다소 요상하게 조성되긴 했지만 황제의 능이다. 홍유릉 입구에서 오른쪽으로 30~40분 오솔길을 따라 걸어가면 오솔길이 끝나는 부분에 작은 무덤이 보인다. 규모는 작으나 홍살문·참도·정자각·비각 등을 갖췄다. 영친왕과 비 이방자 여사가 잠들어 있는 영원英園이다. 정식 안내판은 없고 철판에 페인트 글씨로 영친왕 내외의 무덤임을 알리는 안내문이 있다. 홍유릉에서 함께 관리한다. 비공개이지만, 관리인 청년의 배려로 그의 오토바이 뒤에 타고 오솔길을 달렸다. 자물쇠를 열고 안으로 들어갔다.

대한제국의 마지막 황태자 영친왕 이은李垠. 고종의 넷째 아들이며, 어머니는 귀비 엄씨이다. 순종과는 이복형제간이다. 1900년(광무 4) 8월 영왕英王에, 1907년(융희 1) 황태자에 책봉되었다. 1907년 12월 이토 히로부미 통감에 의해 유학이라는 명목으

영친왕 1897~1970(73세) | 이방자 여사 1901~1989(88세)

로 일본에 인질로 잡혀갔다.

1910년 국권이 일제에 의해 강탈되면서 융희隆熙 황제(순종)가 이왕李王으로 폐위되자, 그도 황태자에서 왕세제王世弟가 되었다. 1920년 일본의 흡수정책에 따라 일본 왕족 나시모토노미야梨本宮의 딸 마사코方子와 정략결혼을 했다.

1926년 순종이 죽자 형식상으로 왕위계승자가 되어 이왕이라고 불렸다. 일본에 억류되어 있는 동안, 일본 육군사관학교와 육군대학을 거쳐 육군중장을 지냈다. 물론 허울뿐인 계급이다. 일제가 그에게 사단장이나 군단장 등의 지휘관 직책을 부여할 리 만무하다. 1945년 일제가 패망하자 귀국하려고 했으나 뜻을 이루지 못했으며, 그 뒤 1963년까지 일본에 머물렀다. 1963년 국적을 회복하고 귀국했으나 귀국 당시 이미 뇌혈전증으로 인한 실어증에 걸려 있는 상태였다.

영친왕으로 불러야 하나? 영왕으로 불러야 하냐는 논란도 있다.

이은 씨는 대한제국이 수립된 뒤에 태어났기에 처음부터 신분이 '황제의 아들'이었고, 1900년에 '영친왕英親王'에 책봉되었다. 왕에도 여러 종류가 있어 '황제의 아들로 태어난 왕'에게는 '친왕親王'이라는 호칭을 쓴다. 이은 씨는 친왕이었고, 왕호에 붙여준 이름이 '영英'이라서 '영친왕英親王'이 된 것이다. 《고종실록》과 《순종실록》은 고종 황제가 내린 조서나 각종 제도 등에 모두 '영친왕'이란 왕호를 쓴 것으로 기록하고 있다. 그가 1907년에 친왕보다 격이 높은 황태자로 책봉되자 영친왕이란 왕호王號가 공식 폐지되었다. (《순종실록》 순종 1년 8월 24일조 참조)

그런데도 전주이씨 대동종약원 측은 "이은 씨는 '영왕'으로 책봉되었으며 영친

왕이란 표현은 일본 황실이 예우의 명목으로 붙인 것"이라는 주장을 하며, '영왕 이
은'이라고 부르고 있다. 이것도 바르게 고쳐야 한다. (송우혜 소설가)

종약원 측 주장의 근거는 이렇다. 천황 정비에게서 난 아들(황자皇子)과 그런 아들
이 정식 아내에게서 낳은 아들(황손皇孫) 외에 천황의 형제가 친왕親王이 된다. 따라서
이런 일본 황실 전범 규정을 고려할 때, 이왕에 대한 친왕 책봉은 특권이라고 할 수
있다. 이는 역설적으로 일본이 조선왕실을 포섭하려 얼마나 많은 노력을 기울였는
지를 엿보게 하는 대목이라는 것이다. 영친왕은 1907년 황태자에 책봉됨과 동시에

그해 이토 히로부미에 의해 10살의 나이로 일본 유학을 가게 된다. 이때 고종과 엄귀비는 황태자가 방학 때마다 본국을 방문할 것을 조건으로 유학을 허락하지만, 영친왕은 이후 엄귀비가 사망하는 1911년까지 귀국하지 못했다. 1910년 대한제국이 일본에 강제 합병되면서 왕세자 이은으로 강등되었고, 1926년 이복형 순종이 사망하자 조선 이왕으로 불리게 되었다.

고종은 영친왕이 황태자로 책립되기 전에 민갑완(1897~1967)이란 소녀를 영친왕의 반려로 내정하여 이미 약혼 예물까지 교환했지만, 일본은 조선 왕세자의 부인을 일본 여인으로 앉히려 그 약혼을 강제로 파기시키고, 일본 나시모토궁 수정왕의 맏딸 마사코(이방자)를 영친왕의 약혼녀로 공개했다(1916). 고종은 이에 대단히 분개하며, 결코 용납할 수 없다고 역정을 냈으나, 무력한 분노에 불과했다.

1919년 영친왕과 마사코의 혼인식이 예정된 그해에 고종이 돌연 승하하자 다음 해인 1920년 정식으로 혼인식을 올리고, 그 다음해인 1921년 첫아들 진晋을 낳지만, 1922년 마사코비가 생전 처음 방문한 조선에서 아들 진을 잃었다. 그리고 1931년 둘째 아들 구玖(1931~2005)를 낳았다.

영친왕은 조선 왕실의 재산과 일본정부가 지급하는 연금으로 당시 일본 왕족 중에서는 가장 부유하게 살았다고 한다. 그러나 1945년 일본이 패망하고 조선이 독립하게 되면서 영친왕과 마사코비 모두에게 일본 왕족의 자격이 박탈되어 재산을 몰수당했다.

영친왕은 해방된 조국에 돌아오고 싶어했지만, 이승만 정부는 영친왕의 귀국을 거부했다. 그렇게 고국을 그리다가 1963년 11월 당시 박정희 국가재건최고회의 의

낙선재

장의 주선으로 국적을 회복하고 이방자 여사와 함께 귀국했다. 그러나 그는 두 다리로 한국 땅을 밟지 못하고 이동침대에 누워 겨우 입국할 수 있었다. 그리고 7년 동안 투병 후 1970년 73세를 일기로 한 많은 생을 마감했다.

조선왕조의 마지막 황태자인 영친왕의 비 이방자 여사는 1989년 4월 30일, 창덕궁 내 낙선재樂善齋에서 88세를 일기로 별세했다. 그녀의 죽음은, 파란 많았던 조선왕조 5백년 역사의 종언을 의미하는 것이었다. 일본의 왕녀로 태어나, 한국의 마지막 황태자비로 세상을 떠난 그녀의 88년 일생은, 이 여사가 평소 즐겨쓰던 문구처럼

유릉에 참배하는 이방자 여사 (위)
영원 석호 (아래)

'대공무아大公無我'한 것이었다.

　1901년, 일본 동경에서 메이지明治 가문의 장녀로 태어난 그녀는, 19세 되던 해 일본 왕실의 내선일체內鮮一體 융합정책에 따라 일본에 볼모로 잡혀 온 고종의 아들 이은 왕세자와 정략결혼을 했다.

　광복 전에는 망국의 한을 되씹는 남편의 동반자로, 광복 후에는 패망한 일본이 남긴 무국적자로, 격랑의 한일근세사를 헤쳐 나와야 했다. 광복이 되자, 국적도 왕실의 특권도 상실한 채 곤궁한 생활을 해 오던 영친왕 부부는 1947년 미 군정하에서 '재일 한국인'이라는 평민 신분으로 격하되어 생활고를 겪었다.

　1963년 영친왕과 함께 환국했으나, 1970년 영친왕마저 세상을 떠나자, 홀로 창덕궁 낙선재를 지키며 사망할 때까지 약 20년간을 장애자 봉사활동에 전념했다. 귀국 후 전부터 구상해 왔던 장애인사업을 추진해 1963년부터 1982년까지 신체장애자재활협의회 부회장직을 맡았다. 1966년 1월 사단법인 자행회慈行會를 설립해 정신박약아를 위한 복지사업에 헌신했다.

1967년 11월에는 YMCA에서 빈민돕기사업을 하던 재단법인 보린원保隣園을 인수해 농아와 소아마비아를 위한 명휘원明暉園을 설립했다. '명휘'는 영왕의 아호에서 따온 것이다. 또한, 명휘원의 교육기관으로 1978년 명휘회관明暉會館을 경기도 광명시 철산동에 세웠다. 이곳에서 그는 불우한 이들의 자립을 위해 일본에서 배웠던 칠보七寶를 만들어 파는 등 헌신했다. 1971년 경기도 수원시 탑동에 자혜학교慈惠學校를 설립해 갈 곳이 없는 정박아들을 교육시켰으며, 1973년 자혜학교 여자기숙사도 설립했다.

또한, 같은 해 그의 숙원사업이던 영왕기념사업회를 발족시켜 이사장으로 활동하면서 영왕과 왕가의 유물들을 보전하는 데 진력했으며, 이후에도 자행회와 명휘원의 총재직을 계속 맡아 활동했다. 이후 직장암으로 수술 받고 일본으로 건너가 아들 구와 지내다가 1989년 귀국했으나, 이 해 4월 30일 낙선재에서 죽었다. 이들 부부의 죽음에는 '승하'라는 이름을 붙이지 못한다. 왕조가 없는 왕, 왕비였기 때문이다.

그녀는 평생을 '내 조국도, 내가 묻힐 곳도 한국'이라는 신념으로 봉사한 마지막 조선인이었다. 그의 둘째 아들 구씨는 부모님 묘에서 20여 미터 떨어진 곳에 묻혔다.

조선 왕조의 마침표,
비석조차 없는 의친왕의 무덤

2008년 8월 9일, 전북 정읍시 산외면 평사리 나주임씨 고택 사랑채에서 도난당한 '금사정錦沙亭' 현판이 회수되었다. 이 마을 최모씨(65, 여)가 나주임씨 고택 대문 앞에 놓여 있는 현판을 발견하여 경찰에 신고했다. 경찰은 훔쳐간 현판을 범인이 범행 장소에 놓고 달아난 것으로 보고 범행 흔적을 찾기 위해 국립과학수사연구소에 정밀 감식을 의뢰했다.

이 현판은 고종 셋째 아들인 의친왕 이강李堈 공의 친필로, 고택 주인인 임광순씨(71)에 의해 지난 4일 경찰에 도난 신고됐다. 이 현판은 임씨의 5대조인 증조부의 아호를 따 1919년에 건조된 사랑채에 가로 140cm, 세로 40cm 크기로 걸려 있었다.

의친왕이란 존재가 잠시 세상의 주목을 받는 사건이었다. 영친왕이 묻힌 홍유릉 뒤편 한적한 끝자락에 의친왕과 왕비 김씨가 잠든 합장묘에는 비석도 안내판도 없다. 2개의 망주석, 조그마한 혼유석, 장명등이 전부다. 홍유릉 관리소에 근무하는

의친왕 1877~1955(78세) | 김수덕 여사 1881~1964(83세)

친절한 청년의 안내가 없었다면, 누구의 무덤인지도 알 수 없었다. 왕조의 최후는 이렇게 쓸쓸하다.

1955년, 의친왕은 6·25전쟁의 참화 후유증으로 어수선한 중에 78세를 일기로 작고했다. 200여만 명이 죽은 난리를 겪은 후라 의친왕의 죽음을 챙겨 줄 여력은 어디에도 없었다. 사유지에 가매장되었다가, 서삼릉 한 자락으로 옮겨져 방치되었다가, 왕비가 있는 이곳 경기도 남양주시 금곡동 홍유릉 뒤편으로 이장되었다. 의친왕의 5녀 이해경 씨의 노력으로 1966년 부모를 한곳에 합장했다. 왕조를 포기하고 독립을 위해 젊음을 불태운 왕조의 후예는 지금 세상의 관심에서 아득히 멀리 떨어져 누워 있다.

"하루는 부모님 묘소에 성묘를 하기 위해 사동궁의 다른 형제들과 함께 아버지 의친왕이 잠들어 계신 서삼릉을 찾았다. 그러나 그때 나의 놀라움은 형용할 길이 없었다. 물론 추운 겨울 날씨 탓에 묘소의 주변이 삭막하게 느껴졌는지는 모르지만, 아버지가 잠들어 계신 서삼릉의 광경은 내 마음을 무겁게 짓누르며 아프게 했다.

그 당시 묘소에는 봉분이 두 개 나란히 있었는데, 오른쪽은 아버지 의친왕의 묘였고, 왼쪽은 아버지를 낳으신 할머니 장귀인張貴人의 묘였다. 그리고 두 분의 묘 가운데 '장귀인張貴人'이라는 커다란 비석이 있었으며, 왼쪽 묘 앞에만 상석床石이 하나 있었고, 석등石燈은 세 동강이로 부러져 땅에 뒹굴고 있었다. 또한 아버지 묘에는 아무런 표지標識가 없었다. 그 묘가 바로 의친왕의 묘라고 설명을 듣지 않으면, 도대체 누구의 묘인지 알아볼 수 없었다. 그리고 아무리 가매장假埋藏이라지만, 모자母子를 부부夫婦처럼 같이 모시고 있는 것이 도무지 이해가 되지 않았다." (이해경 지음《나의 아버지 義親王》중에서, 1997년 6월 20일 발행, 도서출판 眞).

일제에 나라를 빼앗긴 후 중국에 망명한 지사들은 독립운동의 구심체로서 망명 정부를 세울 궁리를 했다. 이상설·신규식·박은식 등은 신한혁명당을 만들고 민족 독립을 구심시키려면 고종 황제를 망명시켜 받들어야 한다고 판단했다. 당의 외교부장인 성낙형을 국내에 침투시켰으나 활동 중 발각되고 말았다. 하지만 고종이 아니더라도 왕족 중 누군가를 받들어 민족 구심체를 만들어야겠다는 생각은 1910년대 독립운동의 특색이었다.

그 두 번째 시도가 고종 황제의 셋째 왕자요 순종 황제의 아우인 의친왕 이강을 상해로 탈출시켜 옹립하려는 대동단사건이다. 3·1운동이 일어났던 해인 1919년, 11월 10일 아침 당시 조선총독부 고위 경찰 간부인 지바가 조선 귀족 감시를 맡고 있는 사복경찰관들을 모아놓고 일장 훈시를 하고 있는데, 제3부 경위반 주임이 다가와 귓속말로 정보를 전했다.

어젯밤 의친왕 이강 전하가 궁을 탈출한 혐의가 있다는 것이다. 밤 10시쯤 전하가 살고 있는 저택의 후문 경계를 맡고 있는 시시라는 형사가 키가 큰 두 사람의 모습을 발견하고 그 중 하나가 전하 같아서 미행을 했는데, 명월관 근처에서 놓쳤다는 것이다. 지바는 경위 하나를 보내어, 왕족 감시 담당관인 이왕직의 구로사키 사무관에게 전하가 집에 계시는지 여부를 확인시켰다.

구로사키는 직접 찾아가 왕비를 뵙고 물었더니, 아무 일없이 계신다는 말을 들었다. 행여나 하여 내시를 시켜 결재서류를 들려 보냈더니 결재를 다음으로 미루셨다는 것이다. 결재를 미룬 것이 전하가 직접 나타나 한 말인가, 누가 전한 말인가를

확인했더니, 후자라는 것이다. 곧 전하를 직접 본 것은 아니었음을 확인했다. 전하가 상해로 탈출하여 독립 세력에게 업힐 것이라는 정보가 있는지라, 무슨 수를 써서라도 전하를 직접 뵙고 오라고 지시했다. 비를 만나 전하를 꼭 뵙게 해달라고 조르자 실토를 했다. '실은 어젯밤 전하는 집을 나가셨다'고. 중대사건이 벌어지고만 것이다. 즉시 경무국장으로 하여금 조선 전국은 물론, 일본·만주·시베리아·상해에까지 수배령을 내렸다.

탈출 당시 상황을 회고하는 의친왕 비 김수덕 여사에 의하면, 당시 의친왕은 사동궁에 살았는데, 사무관이 와 묻기에 낮 12시까지 낮잠 자고 계시다고 사무관을 속여 탈출을 공모했다고 한다. 이 와중에 명월관 주인 황원균이라는 자가 경찰에 출두하여, 기생들로부터 이강 전하의 행방을 찾고 있다는 소문을 듣고 집히는 것이 있어 찾아왔다면서, 어젯밤 전하는 명월관까지 왔다가 인력거를 타고 어디론지 갔다고 진술했다. 그 인력거 인부를 찾아 취조하니, 공평동 빈집 앞에서 내려드렸다는 것이다. 그 빈집에 대한 수사를 진행하고 있는 도중 만주 단동에서 경찰 정보가 날아들었다. 전하를 단동역에서 발견하여 모 숙소에 연금 중이라는 것이다.

일본 경찰은, 전하께서 전혀 탈출 의사가 없는 납치라는 쪽으로 몰아갔다. 전하가 돈에 궁한 것을 안 전라도의 한 부호가 남도에 있는 전하의 어장 어업권을 담보로 3만원을 빌려 드리겠다고, 대리인이라는 이민하가 접근해 왔다. 이에 전하는 그 돈을 받으러 김삼복이라는 종 하나만을 데리고 명월관을 거쳐 약속 장소인 공평동 빈집으로 갔다. 그 집에서 기다리고 있던 이민하는 가방을 열어 백 원 뭉치를 보여 드린 다음 지금 독립운동을 위해 상해로 가서야 한다고 설득했다는 것이다. 물론 그 돈뭉치는 백 원짜리 한 장만 위에 얹은 신문지 오린 쪽지로 판명됐다. 그 순간 빈 집에 숨어 있던 5~6명의 청년이 권총을 들고 포위하여 상해행을 강요했다는 것이다.

이상은 조선총독부가 편찬한 《조선통치비화》 중 당시 고위 수사 책임자들의 비화에서 추린 것이다. 실은 어장 담보를 구실로 접근, 상해 탈출을 모의하여 실천을 약속하는 날에 공평동 빈집에서 만나 5~6명의 단원에게 경호되어 세검정 고개를 넘어 수색역에서 만주행 기차를 탄 것이다. 이민하는 전하를 상해에 모셔다가 망명정부를 세우려던 대동단의 우두머리 전협이다. 사실대로 전하가 탈출을 시도한 것으로 수사가 진행되면 전하를 법정에 세우지 않을 수 없게 된다. 그렇지 않아도 3·1 운동으로 민심이 사나워져 있는 당시 정국을 악화시키는 악재로 작용할 것이 뻔하다. 거기에다 왕족을 모셔와 중국땅에 망명정부 수립 계획이 진행되고 있음을 국민이 알면 민심이 그리로 쏠릴 것이 자명한 일이기에, 탈출이 아니라 납치 쪽으로 몰아갈 수밖에 없었다.

강제 송환된 이강 전하를 여염의 살던 집에 두면 언제 탈출할지 모르는 일이라 연금시킬 궁리를 했다. 총독관저 구내에 녹천정이라는 작은 집이 있었다. 이토가 술잔치를 즐겨 벌였던 집으로 당시는 비어 있었다. 여기에 연금시켰다가 일본으로 이주시킬 작정으로 모든 공작을 진행했다. 하지만, 전하가 끝내 거절하여 일본행은 좌절되고 말았다. 이강 전하의 생모인 장귀인은, 이은 전하의 생모인 엄귀인만큼 눈치가 빠르고 처신에 능하지 못했다. 두 분 다 귀인 시절에 고종의 사랑을 받고 명성황후의 질투를 받았는데, 엄귀인은 그런 기미만 보이면 야음을 타고 아무도 모르는 여염에 숨어버렸다. 그러기를 10여년 하여 결국 을미사변으로 사랑을 쟁취하고 만다. 이에 비해 장귀인은 아들과 함께 궁 밖에 쫓겨나 살다가 혹독한 린치 끝에 죽임을 당했다.

이강은 고아 신세가 되어 명성황후의 박해로 끊임없는 생명의 위협 속에 자랐다. 성장해서는 엄귀인과 그녀의 소생인 이복동생 이은에 치여 유학이라는 미명으로 일본, 미국에 가 고독한 젊음을 보내야만 했다. 미국에 유학했던 1903년 3월 1일자 〈뉴욕 헤럴드〉지는 의친왕이 놀라운 성명을 했다고 전제하고, 다음과 같이 보도했다. "이 조선의 왕자는 미국 시민의 자유와 독립심에 매료되어 그의 국내외에서의 자유롭고 독자적인 활동을 위해 왕국의 왕관 계승권과 왕좌에 관련된 어떤 권한도 포기한다"고.

이 신문 기사는 당시 의화군 곧 의친왕이 다니고 있던 대학의 여자학부의 활달한 학생 앤지 글라함 양과의 염문 때문에 왕권 계승 권리를 포기한 것으로 추측하

망주석 세호 (위)
웃고 있는 고석 (아래)

고 있으나, 이미 그때에는 엄비 소생의 영친왕 이은에게 왕위 계승권이 결정되어 있었다. 고종을 닮아 무척 성격이 유약했던 그는 이와 같은 고된 환경에 단련되어 성숙하질 못하고 주변 사람들을 원망하며 자포자기 끝에 주색에 깊이 빠져 방탕무뢰하다는 말도 들었다.

그의 큰아들인 이건은 아버지를 이렇게 회고했다. "아버지는 생활이 문란하기는 했지만 암울한 천성은 아니었다. 일족 중에 머리는 명석한 편이었다. 만약 장귀인에게 엄귀인(엄비)만 한 총명함이 있고 보다 강한 성격과 소신의 소유자였던들, 아버지가 왕통의 계승자는 못 되었더라도 꽤 다른 양상이 벌어졌을 것이다. 평생 주변에 대해 불평한 적이 없었으나 오로지 생모의 비참한 죽음에 대해서는 저녁 반주라도 할 적에는 심히 한탄하고 슬퍼하셨다."

광복 후에도 의친왕의 비극은 멎질 않았다. 왕정복고를 두려워한 이승만 대통령의 왕실 재산 국유화와 왕족을 천대하는 바람에 정부를 원망하며 등지고 살아야 했고, 1951년 1·4후퇴 때 부산에 내려가 돌봐주는 이 없어 먹는 끼니보다 굶는 끼니가 많아 결국 그때 얻은 영양실조로 죽음을 맞았다.

의친왕은 조선왕조 말 1877년 3월 30일 태어나 망국의 황자로서 고난의 세월을 보내다가 1955년 8월 15일 서울 성북구 성북동의 별저 성락원城樂苑에서 78세의 나이로 타계했다. 능은 부황父皇인 고종 황제의 능인 홍유릉 내에 위치한 의왕묘義王墓이다.

가족관계〈12남 9녀〉

순서	황실명	아명	호적명	출생	사망	생모	거주지
1남	이건	용길	X	1909년	1991년	수관당 정씨	X
2남	이우	성길	X	1912년	1945년	수인당 김흥인	X
3남	이방	흥길	해진	1914년	1951년	수현당 정운석	X
4남	이창	창길	해진	1915년	사망	조병숙	X
5남	이주	수길	해일	1918년	1982년	수인당 김흥인	X
6남	이곤	명길	X	1918년	사망	수인당 김흥인	X
7남	이광	형길	해청	1921년	1952년	송씨	X
8남	이현	경길	X	1922년	1996년	수경당 김씨	X
9남	이갑	충길	해룡	1938년	생존	함씨	뉴욕
10남	이석	영길	해석	1941년	생존	홍정순	전주
11남	이환	문길	해선	1944년	생존	김혜수	산호세
12남	이정	정길	해준	1947년	생존	홍정순	LA
1녀	이영	길순	해완	1915년	1981년	수덕당 이회춘	X
2녀	이진	길운	해원	1919년	생존	수덕당 이회춘	하남시
3녀	이찬	길연	해춘	1920년	생존	수완당 김씨	서울
4녀	이숙	길영	해숙	1920년	생존	수길당 박영희	X
5녀	이공	길상	해경	1930년	생존	김금덕	뉴욕
6녀	이장	회자	회자	1940년	생존	김혜수	순천
7녀	이용	숙기	해란	1944년	생존	홍징순	LA
8녀	이현	숙향	해란	1950년	생존	홍정순	서울
9녀	이민	창희	창희	1953년	생존	김혜수	산호세

에필로그

"최상의 법문은 죽음이다."란 말을 참 많이 한다. 불가에서는 죽음을 일컬어 '열반' 혹은 '적멸'이라 한다. 죽음은 숙연한 축제이다. 죽음은 화해와 화합이다. 살아 있는 모든 것들에 대한 경고이자 교훈이다.

열반은 생사를 넘어선 각覺의 세계로서, 불교의 궁극적인 실천목표이다. 인간은 망집 때문에 괴로워하고 업을 짓게 된다. 그러나 인간이 만일 고苦와 무상無常과 비아非我의 이치를 바르게 깨달아서 바른 지혜를 완성한다면, 생사윤회의 근본인 망집을 끊을 수 있을 것이다.

수행의 결과로 진리를 터득하고 망집을 단절한다면, 인간은 일체의 속박에서 벗어날 수 있다. 이것이 바로 해탈의 경지이다. 열반은 마치 바람이 활활 타오르는 불을 끄는 것과 같이, 타오르는 번뇌의 불꽃을 지혜의 바람으로 불어 꺼서 모든 고뇌가 사라진 상태가 된다. 열반은 탐욕과 괴로움과 근심을 추월한 경지이다. 때문에 인간의 유한한 경험 안에서는 그 어떠한 말로써도 제대로 표현할 수가 없다. 다만 체득한 자만이 이를 감지할 수 있다.

왕은 죽지 않는다. 아니 죽지 못한다. 육신은 소멸되었으나 행장은 불멸이다. 잊혀지길 원해도 잊혀질 수 없는 시퍼런 역사로 살아 있다. 피를 동반한 야심과 패기로 권좌에 올랐든, 얼김에 떠밀려서 왕이 되었든, 불멸의 이름을 달고 높다란 봉분 이불 아래 누워 있다.

왕릉 순례는 '죽음과 역사'라는 두 가지 화두와의 만남이다. 사색과 성찰, 휴식과 운동이란 부가가치도 뒤따른다. 조선 왕릉은 왕조 500년 역사의 타임캡슐이다. 대부분 경복궁을 중심으로 100리 안에 있다. 즐거운 소풍놀이다. 후손들에게 남긴 최고의 선물이다.

그러나 그 선물은 달콤한 케이크가 아니다. 그렇다고 쓰디쓴 쑥물도 아니다. 낙화분분한 봄날에는 영화榮華의 가마에 동승하고, 비바람 눈보라 치는 계절에는 권력무상, 인생무상의 하중에 어깨가 무겁다.

역사는 살아 있는 교훈이자 화해의 축제이다. 500년 조선의 역사를 폐기된 역사책이 아닌 생생한 역사로 증명하고 있는 것이 왕릉이다. 그곳에는 해마다 봄이면 파란 잔디가 새롭게 돋고, 가을에는 단풍 치장이 현란하다. 눈보라 치는 날엔 절해고도의 면벽 수행자처럼 의연하다.

그 속에는 영광을 물려준 이도 있고, 치욕을 유전한 이도 있다. 그러나 우리에겐 대등한 조상이다. 조상은 선택할 수 있는 대상이 아니다. 의연히 접수해야 할 운명이다. 그들이 물려준 영욕을 딛고 지금 대~한민국에 우리가 있다. 선택이 아닌 운명으로 대~한민국에 우리가 있다. 조상이 물려준 불굴의 DNA를 담고 이 땅에 살고 있다. 어떤 어려움이 닥쳐도 왕들의 외호가 있을 것이다.

조선시대 능 · 원 · 묘 일람

(가나다순)

능

명칭	묘호	형식	소재지	문화재 지정사항	비고
강릉康陵	명종, 인순왕후	쌍릉	서울 노원구 화랑로 681	사적 201	태강릉 내
건릉健陵	정조, 효의왕후	단릉 합장	경기 화성시 효행로 481번길 21	사적 206	융건릉 내
건원릉健元陵	태조	단릉	경기 구리시 인창동 66-10	사적 193	동구릉 내
경릉敬陵	덕종(성종 생부), 소혜왕후	단릉식	경기 고양시 덕양구 용두동 산30-3	사적 198	서오릉 내
경릉景陵	헌종, 효현왕후, 효정왕후	삼연릉	경기 구리시 인창동 산9-2	사적 193	동구릉 내
공릉恭陵	장순왕후	단릉	경기 파주시 조리면 봉일천리 산4-1	사적 205	파주삼릉 내
광릉光陵	세조, 정희왕후	단릉식	경기 남양주시 진접읍 부평리 산99-2	사적 197	
명릉明陵	숙종, 인현왕후, 인원왕후	쌍릉	경기 고양시 덕양구 용두동 산30-2	사적 198	서오릉 내
목릉穆陵	선조, 의인왕후, 인목왕후	단릉식	경기 구리시 인창동 66-6	사적 193	동구릉 내
사릉思陵	정순왕후	단릉	경기 남양주시 진접읍 사릉리 180	사적 209	
선릉宣陵	성종, 정현왕후	단릉식	서울 강남구 선릉로 100길 1	사적 199	선정릉 내
수릉綏陵	익종(헌종 생부), 신정왕후	단릉 합장	경기 구리시 인창동 산7-2	사적 193	동구릉 내
순릉順陵	공혜왕후	단릉	경기 파주시 조리면 봉일천리 산4-1	사적 205	파주삼릉 내
숭릉崇陵	현종, 명성왕후	쌍릉	경기 구리시 인창동 산66-25	사적 193	동구릉 내
영릉英陵	세종, 소헌왕후	단릉 합장	경기 여주시 능서면 영릉로 269-50	사적 195	영녕릉 내
영릉寧陵	효종, 인선왕후	쌍릉	경기 여주시 능서면 영릉로 269-50	사적 195	영녕릉 내
영릉永陵	진종(영조의 장자), 효순왕후	단릉식	경기 파주시 조리면 봉일천리 산4-1	사적 205	파주삼릉 내
예릉睿陵	철종, 철인왕후	쌍릉	경기 고양시 덕양구 원당동 산40-3	사적 200	서삼릉 내
온릉溫陵	단경왕후	단릉	경기 양주시 장흥면 호국로 255-41	사적 210	

명칭	묘호	형식	소재지	문화재 지정사항	비고
원릉元陵	영조, 정순왕후	쌍릉	경기 구리시 인창동 산 8-2	사적 193	동구릉 내
유릉裕陵	순종, 순명효왕후, 순정효왕후	단릉 합장	경기 남양주시 홍유릉로 352-1	사적 207	홍유릉 내
융릉隆陵	장조(정조 생부), 헌경왕후	단릉 합장	경기 화성시 효행로 481번길 21	사적 206	융건릉 내
의릉懿陵	경종, 선의왕후	쌍릉	서울 성북구 화랑로 32길 146-20	사적 204	
익릉翼陵	인경왕후	단릉	경기 고양시 덕양구 용두동 산 30-4	사적 198	서오릉 내
인릉仁陵	순조, 순원왕후	단릉 합장	서울 서초구 허인릉길 34	사적 194	헌인릉 내
장릉莊陵	단종	단릉	강원 영월군 영월읍 단종조 190	사적 196	
장릉章陵	장조(인조 생부), 인헌왕후	쌍릉	경기 김포시 장릉로 79	사적 202	
장릉長陵	인조, 인열왕후	단릉 합장	경기 파주시 탄현면 갈현리 산 25-1	사적 203	
정릉貞陵	신덕왕후	단릉	서울 성북구 아리랑로 19길 116	사적 208	
정릉靖陵	중종	단릉	서울 강남구 선릉로 100길 1	사적 199	선정릉 내
제릉齊陵	신의왕후	단릉	개성 판문군 상도리		
창릉昌陵	예종, 안순왕후	쌍릉	경기 고양시 덕양구 용두동 산 30-3	사적 198	서오릉 내
태릉康陵	문정왕후	단릉	서울 노원구 화랑로 681	사적 201	태강릉 내
헌릉獻陵	태종, 원경왕후	쌍릉	서울 서초구 허인릉길 34	사적 194	헌인릉 내
현릉顯陵	문종, 현덕왕후	쌍릉	경기 구리시 인창동 산 6-3	사적 193	동구릉 내
혜릉惠陵	단의왕후	단릉	경기 구리시 인창동 산 10-2	사적 193	동구릉 내
홍릉弘陵	정성왕후	단릉	경기 고양시 덕양구 용두동 산 30-5	사적 198	서오릉 내
홍릉洪陵	고종, 명성황후	단릉 합장	경기 남양주시 홍류릉로 352-1	사적 207	홍유릉 내
효릉孝陵	인종, 인성왕후	쌍릉	경기 고양시 덕양구 원당동 산 40-3	사적 200	서삼릉 내
후릉厚陵	정종, 정안왕후	단릉	개성 판문군 령정리		
휘릉徽陵	장렬왕후	단릉	경기 구리시 인창동 산 11-2	사적 193	동구릉 내
희릉禧陵	장경왕후	단릉	경기 고양시 덕양구 원당동 산 40-4	사적 200	서삼릉 내

원

명칭	원주	소재지	문화재 지정사항	비고
소경원昭慶園	소현세자(인조 제1자)	경기 고양시 덕양구 원당동 산 38-4	사적 200	서삼릉 내
파주 소령원昭寧園	숙빈 최씨(숙종 후궁, 영조 생모)	경기 파주시 광탄면 영장리 267 외	사적 358	
수경원順昌園	영빈 이씨(영조 후궁, 장조 생모)	경기 고양시 덕양구 용두동 산30-1	사적 198	서오릉 내
파주 수길원綏吉園	정빈 이씨(영조 후궁, 진종 생모)	경기 파주시 광탄면 영장리 266 외	사적 359	

원

명 칭	원주	소 재 지	문화재 지정사항	비 고
순강원順康園	인빈 김씨(선조 후궁, 인조 조모)	경기 남양주시 진접읍 내각 2로 84-31,외	사적 356	
순창원順昌園	순회세자(명종 제1자), 공회빈 윤씨(세자빈)	경기 고양시 덕양구 용두동 산 30-1	사적 198	서오릉 내
숭인원崇仁園	이진(영친왕 제1자)	서울 동대문구 청량리동 204-2 외	사적 361	
영원英園	영친왕 이은, 방자비	경기 남양주시 금곡동 141-1	사적 207	홍유릉 내
영회원永懷園	소현세자(인조 제1자) 빈 강씨	경기 광명시 노온사동 산 141-20	사적 357	
영휘원永徽園	순헌귀비 엄씨(영친왕 생모)	서울 동대문구 청량리동 204-2 외	사적 361	
의령원懿寧園	의소세손(사도세자 제1자)	경기 고양시 덕양구 원당동 산 38-4	사적 200	서삼릉 내
효창원孝昌園	문효세자(정조 제1자)	경기 고양시 덕양구 원당동 산 38-4	사적 200	서삼릉 내
휘경원徽慶園	수빈 박씨(정조 후궁, 순조 생모)	경기 남양주시 진접읍 부평리 267	사적 360	

묘

명 칭	묘주	소 재 지	문화재 지정사항	비 고
경빈묘慶嬪墓	경빈 이씨(명종 후궁)	경기 고양시 덕양구 원당동 산 37-1	사적 200	서삼릉 내
경빈묘慶嬪墓	경빈 김씨(헌종 후궁)	경기 고양시 덕양구 원당동 산 37-1	사적 200	서삼릉 내
경선군묘慶善君墓	경선군(소현세자 장남)	경기 고양시 덕양구 원당동 산 37-1	사적 200	서삼릉 내
공주묘公主墓	고종 제1녀(명성황후 소생)	경기 고양시 덕양구 원당동 산 37-1	사적 200	서삼릉 내
광해군묘光海君墓	광해군, 비 문화유씨	경기 남양주시 진접읍 송릉리 산 59외	사적 363	
광화당묘光華堂墓	귀인 이씨(고종 후궁)	경기 남양주시 금곡동 141-1	사적 207	홍유릉 내
귀인김씨묘貴人金氏墓	귀인 김씨(숙종 후궁)	경기 고양시 덕양구 원당동 산 37-1	사적 200	서삼릉 내
귀인박씨묘貴人朴氏墓	귀인 박씨(철종 후궁)	경기 고양시 덕양구 원당동 산 37-1	사적 200	서삼릉 내
귀인조씨묘貴人趙氏墓	귀인 조씨(철종 후궁)	경기 고양시 덕양구 원당동 산 37-1	사적 200	서삼릉 내
내안당묘內安堂墓	귀인 이씨(고종 후궁)	경기 고양시 덕양구 원당동 산 37-1	사적 200	서삼릉 내
대군묘大君墓	순조 제2남(순원왕후 소생)	경기 고양시 덕양구 용두동 산 30-1	사적 198	서오릉 내
대군묘大君墓	고종 제2남(명성황후 소생)	경기 고양시 덕양구 용두동 산 30-1	사적 198	서오릉 내
대군묘大君墓	고종 제4남(명성황후 소생)	경기 고양시 덕양구 용두동 산 30-1	사적 198	서오릉 내
대빈묘大嬪墓	희빈장씨(숙종 후궁, 경종 생모)	경기 고양시 덕양구 용두동 산 30-1	사적 198	서오릉 내
덕혜옹주묘德惠翁主墓	덕혜옹주(고종제5녀,귀인양씨소생)	경기 남양주시 금곡동 141-1	사적 207	홍유릉 내

명 칭	묘 호	소 재 지	문화재 지정사항	비 고
덕흥대원군묘德興大院君墓	덕흥대원군(선조 생부), 하동부대부인 정씨	경기 남양주시 별내면 덕송리	경기도	
명빈묘明嬪墓	명빈 김씨(태종 후궁)	경기 구리시 아천동 산 14	사적 364	
명선공주묘明善公主墓	명선공주(현종 제1녀)	경기 고양시 덕양구 원당동 산37-1	사적 200	서삼릉 내
명혜공주묘明惠公主墓	명혜공주(현종 제2녀)	경기 고양시 덕양구 원당동 산37-1	사적 200	서삼릉 내
보현당묘普賢堂墓	귀인 정씨(고종 후궁,이우 생모)	경기 고양시 덕양구 원당동 산37-1	사적 200	서삼릉 내
복녕당묘福寧堂墓	귀인 양씨(고종 후궁,덕혜옹주 생모)	경기 고양시 덕양구 원당동 산37-1	사적 200	서삼릉 내
삼축당묘三祝堂墓	상궁 김씨(고종 후궁)	경기 남양주시 금곡동 141-1	사적 207	홍유릉 내
성묘成墓	공빈 김씨(선조 후궁, 광해군 생모)	경기 남양주시 진접읍 송릉리 산 55	사적 365	
소의유씨묘昭儀劉氏墓	소의 유씨(숙종 후궁)	경기 고양시 덕양구 원당동 산 37-1	사적 200	서삼릉 내
수인당묘壽仁堂墓	수인당 김씨(의친왕 제3부인)	경기 남양주시 금곡동 141-1	사적 207	홍유릉 내
숙신공주묘淑愼公主墓	숙신공주(효종 제1녀)	경기 고양시 덕양구 원당동 산37-1	사적 200	서삼릉 내
숙원장씨묘淑媛張氏墓	숙원 장씨(인조 후궁)	경기 고양시 덕양구 원당동 산37-1	사적 200	서삼릉 내
숙의김씨묘淑儀金氏墓	숙의 김씨(헌종 후궁)	경기 고양시 덕양구 원당동 산37-1	사적 200	서삼릉 내
숙의김씨묘淑儀金氏墓	숙의 김씨(철종 후궁)	경기 고양시 덕양구 원당동 산37-1	사적 200	서삼릉 내
숙의나씨묘淑儀羅氏墓	숙의 나씨(인조 후궁)	경기 고양시 덕양구 원당동 산37-1	사적 200	서삼릉 내
숙의박씨묘淑儀朴氏墓	숙의 박씨(순조 후궁)	경기 고양시 덕양구 원당동 산37-1	사적 200	서삼릉 내
숙의방씨묘淑儀方氏墓	숙의 방씨(철종 후궁)	경기 고양시 덕양구 원당동 산37-1	사적 200	서삼릉 내
숙의범씨묘淑儀范氏墓	숙의 범씨(철종 후궁)	경기 고양시 덕양구 원당동 산37-1	사적 200	서삼릉 내
숭선군묘崇善君墓	숭선군(인조 제5남), 영풍군부인 평산신씨	충남 공주시 이인면 오룡리 산 2-1	충청남도 기념물 6	
신빈묘愼嬪墓	신빈 김씨(세종 후궁)	경기 화성시 남양동 산 131-7	경기도 기념물153	
안빈묘安嬪墓	안빈 이씨(효종 후궁)	경기 남양주시 진접읍 송릉리 산66	사적 366	
연산군묘燕山君墓	연산군, 비 거창신씨	서울 도봉구 방학동 산77	사적 362	
영경묘永慶墓	이양무 장군 부인 (태조 5대조모)	강원 삼척시 미로면 하사전리 산 53	강원도 기념물 43	
영보당묘永保堂墓	귀인 이씨(고종 후궁)	경기 고양시 덕양구 원당동 산37-1	사적 200	서삼릉 내

명칭	묘호	소재지	문화재 지정사항	비고
영빈묘寧嬪墓	영빈 김씨(숙종 후궁)	경기 남양주시 진접읍 장현리 175	사적 367	
영온옹주묘永溫翁主墓	영온옹주(순조 제4녀)	경기 고양시 덕양구 원당동 산 37-1	사적 200	서삼릉 내
영창대군묘永昌大君墓	영창대군(선조 제1남)	경기 안성시 일죽면 고은리 산 24-5	경기도 기념물 75	
완왕묘完王墓	완왕(고종 제1남)	경기 고양시 덕양구 원당동 산 37-1	사적 200	서삼릉 내
왕녀묘王女墓	선조 왕녀	경기 고양시 덕양구 원당동 산 37-1	사적 200	서삼릉 내
왕자묘王子墓	육(고종 제8남)	경기 고양시 덕양구 원당동 산 37-1	사적 200	서삼릉 내
왕자묘王子墓	우(고종 제9남)	경기 고양시 덕양구 원당동 산 37-1	사적 200	서삼릉 내
원빈묘元嬪墓	원빈 홍씨(정조 후궁)	경기 고양시 덕양구 원당동 산 37-1	사적 200	서삼릉 내
원자묘元子墓	철종 제1남(철인왕후 소생)	경기 고양시 덕양구 원당동 산 37-1	사적 200	서삼릉 내
원자묘元子墓	고종 제2남(명성황후 소생)	경기 고양시 덕양구 원당동 산 37-1	사적 200	서삼릉 내
의빈묘宜嬪墓	의빈 성씨(정조 후궁)	경기 고양시 덕양구 원당동 산 37-1	사적 200	서삼릉 내
의왕묘義王墓	의친왕 이강(고종 제5남)	경기 남양주시 금곡동 141-1	사적 207	홍유릉 내
이구묘李玖墓	황세손 이구(영친왕 자)	경기 남양주시 금곡동 141-1	사적 207	홍유릉 내
인성대군묘仁城大君墓	인성대군(예종 제1자)	경기 고양시 덕양구 원당동 산 37-1	사적 200	서삼릉 내
인순공주묘仁順公主墓	인순공주(중종 제5녀)	경기 고양시 덕양구 원당동 산 37-1	사적 200	서삼릉 내
정소공주묘貞昭公主墓	정소공주(세종 제1녀)	경기 고양시 덕양구 원당동 산 37-1	사적 200	서삼릉 내
정화당묘貞和堂墓	상궁 김씨(고종 후궁)	경기 고양시 덕양구 원당동 산 37-1	사적 200	서삼릉 내
준경묘濬慶墓	이양무 장군(태조 5대조)	강원 삼척시 미로면 활기리 산 149 외	강원도 기념물 43	
창빈묘昌嬪墓	창빈 안씨(중종 후궁, 선조 조모)	서울 동작구 동작동 산 44-7	서울특별시 유형문화재 54	
화빈묘和嬪墓	화빈 안씨(정조 후궁)	경기 고양시 덕양구 원당동 산 37-1	사적 200	서삼릉 내
화완옹주묘和緩翁主墓	화완옹주(영조 제7녀) 치달(부마)	경기 파주시 문산읍 사목리 산 115-27	파주시 향토유적 14	
화평옹주묘和平翁主墓	화평옹주(영조 제3녀), 박명원(부마)	경기 파주시 문산읍 사목리 산 57-1	파주시 향토유적 13	
화협옹주묘和協翁主墓	화협옹주(영조 제6녀)	경기 고양시 덕양구 원당동 산 37-1	사적 200	서삼릉 내
회묘懷墓	폐비 윤씨(연산군 생모)	경기 고양시 덕양구 원당동 산 37-1	사적 200	서삼릉 내
흥선대원군묘興宣大院君墓	흥선대원군, 여흥부대부인 민씨(고종부모)	경기 남양주시 화도읍 창현리 산 22-2	경기도 기념물 48	

조선 역대 왕
생존연대 및 재위기간

	묘호	생존 연대	수명	재위	기간	부인수	자녀수
1대	태조	1335~1408	73	1392.7(57세)~1398.9(63세)	6년 2개월	6	8남5녀
2대	정종	1357~1419	62	1398.9(41세)~1400.11(43세)	2년 2개월	10	17남8녀
3대	태종	1367~1422	55	1400.11(33세)~1418.8(51세)	17년 10개월	10	12남17녀
4대	세종	1397~1450	53	1418.8(21세)~1450.2(53세)	31년 6개월	6	18남4녀
5대	문종	1414~1452	38	1450.2(36세)~1452.5(38세)	2년 3개월	3	1남2녀
6대	단종	1441~1457	16	1452.5(11세)~1455.6(13세)	3년 2개월	1	없음
7대	세조	1417~1468	51	1455.6(38세)~1468.9(51세)	13년 3개월	2	4남1녀
8대	예종	1450~1469	19	1468.9(18세)~1469.11(19세)	1년 2개월	2	2남1녀
9대	성종	1457~1494	37	1469.11(12세)~1494.12(37세)	25년 1개월	12	16남12녀
10대	연산군	1476~1506	30	1494.12(18세)~1506.9(30세)	11년 9개월	4	4남2녀
11대	중종	1488~1544	56	1506.9(18세)~1544.11(56세)	38년 2개월	12	9남11녀
12대	인종	1515~1545	30	1544.11(29세)~1545. 7(30세)	9개월	3	없음
13대	명종	1534~1567	33	1545.7(11세)~1567.6(33세)	21년 11개월	7	1남
14대	선조	1552~1608	56	1567.7(15세)~1608.2(56세)	40년 7개월	8	14남11녀
15대	광해군	1575~1641	66	1608.2(33세)~1623.3(48세)	15년 1개월, 유배18년 (48~66세)	10	1남1녀
16대	인조	1595~1649	54	1623.3(28세)~1649.5(54세)	26년 2개월	5	6남1녀
17대	효종	1619~1659	40	1649.5(30세)~1659.5(40세)	10년	4	1남7녀

	묘호	생존 연대	수명	재위	기간	부인수	자녀수
18대	현종	1641~1674	33	1659.5(18세)~1674.8(33세)	15년 3개월	1	1남3녀
19대	숙종	1661~1720	59	1674.8(13세)~1720.6(59세)	45년 10개월	9	6남2녀
20대	경종	1688~1724	36	1720.6(32세)~1724.8(36세)	4년 2개월	2	없음
21대	영조	1694~1776	82	1724.8(30세)~1776.3(82세)	51년 7개월	6	2남7녀
22대	정조	1752~1800	48	1776.3(24세)~1800.6(48세)	24년 3개월	5	2남2녀
23대	순조	1790~1834	44	1800.7(10세)~1834.11(44세)	34년 4개월	2	1남5녀
24대	헌종	1827~1849	22	1834.11(7세)~1849.6(22세)	14년 7개월	4	1녀
25대	철종	1831~1863	32	1849.6(18세)~1863.12(32세)	14년 6개월	8	5남1녀
26대	고종	1852~1919	67	1863.12(11세)~1907.7(55세)	43년 7개월	7	6남1녀
27대	순종	1874~1926	52	1907.7(33세)~1910.8(36세)	3년 1개월	2	없음

주요 통계

❶ 평균수명 47세 ❷ 평균 재위기간 19년 ❸ 최장 재위 21대 영조=51년7개월
❹ 최단 재위 12대 인종=9개월 ❺ 최연소 즉위 24대 헌종=8세 ❻ 최고령 즉위 1대 태조=58세
❼ 8세 즉위 1명(24대 헌종), 11~19세 즉위 12명, 20~29세 즉위 3명, 30~39세 즉위 9명,
 40~49세 즉위 1명(2대 정종), 50세 이상 즉위 1명(1대 태조)

참고문헌

· 국조오례의 / 선원록 / 승정원일기 / 조선왕조실록
· 나의 아버지 의친왕(이해경, 진, 1997)
· 남가몽: 조선 최후의 48년(박성수, 왕의서재, 2008)
· 두산세계백과사전(두산동아, 1998)
· 문화유산 왕릉(한국문원 편집실, 한국문원, 1995)
· 비운의 왕비(이방자, 세신문화사, 1981)
· 사도세자의 고백(이덕일, 휴머니스트, 2007)
· 여기자가 파헤친 조선왕릉의 비밀(한성희, 솔지미디어, 2006)
· 왕릉이야말로 조선의 산 역사다(장영훈, 담디, 2005)
· 왕릉풍수와 조선의 역사(장영훈, 대원사, 2002)
· 인간 영친왕(김을한, 탐구당, 1991)
· 조선 왕 독살사건(이덕일, 다산초당, 2005)
· 조선왕릉(국립문화재연구소, 눌와, 2007)
· 조선왕릉답사수첩(문화재청, 2006)
· 조선의 왕릉(이호일, 가람기획, 2003)
· 조선통치비화(조선행정편집국 편, 제국지방행정학회, 1937)
· 한국민족문화대백과사전(한국정신문화연구원, 1991)
· 한권으로 읽는 조선왕조실록(박영규, 웅진 지식하우스, 2006)
· 헌인릉둘러보기(문화재청, 2008)